非体制順応的知識人

批判理論のフランクフルト学派への発展

第三分冊

「批判理論」とは何か

アレックス・デミロヴィッチ 著　仲正昌樹 責任編集
福野明子 訳

御茶の水書房

Alex Demirovic

DER NONKONFORMISTISCHE INTELLEKTUELLE

*

*

Japanese edition published by arrangement
through The Sakai Agency

第三分冊：「批判理論」とは何か

目次

目次

第一部　管理社会と客観的理性

一章　語られることなきノンコンフォーミズム?
批判的知識人のプロフィールについて……11

二章　ドイツへのまなざし……37

注　68

第二部　理論的実践

一章　遂行的自己矛盾という幸運……89

二章『ミニマ・モラリア──傷ついた生活裡の考察』……98

三章『プリズメン──文化批判と社会』……131

四章　哲学の必要性……180

五章　『否定弁証法』……207
六章　解き明かす言葉――社会批判的に書く技法について……242
七章　超え出ていく実践――革命的保守主義……271
注　315
訳者後書き……仲正昌樹……359

第三分冊：「批判理論」とは何か

第一部　管理社会と客観的理性

『啓蒙の弁証法』は一九四四年に書き上げられたが、その後ホルクハイマーが長らく再版を躊躇い、海賊版の形で出回った後、ようやく一九六九年に正式に著者たちの同意を得て再版された。その再版に際してホルクハイマーとアドルノは次のように書いている。自分たちは、ドイツでは「他のどこよりも理論的また実践的に多くのことをなしうる」[1]と確信し、亡命先のアメリカからドイツに戻ってきたのだ、と。著者たちは、何をなしうると考えたのだろうか？　同じ序言で、次のようにも語られている。一九四七年に出版されたこの本では、「全体的な統合」に向けての展開、全体主義の最も極端かつ究極的な形態への展開が予測されていた。この展開は完全には回避されておらず、食い止められてはおらず、依然として脅威であり続けている、という。

資本主義的な社会形成は単線的かつ終極＝目的志向で展開していくという想定に反対する様々な議論が提起されている今日では、読者は、次のような結論に思い至ることだろう。それは、かつての予測とその根底にあった数々の概念は、端的に間違っていたのではないにせよ問題を孕んでいた、という結論だ。しかし著者たちは、新版の序言で別の結論も示唆している。つまり、歴史が予測とは異なる経路を進むことになったのは、かつてこの予測を表明した者たちの理論と実践の両面での営為の帰結としても理解できるのではないか、ということだ。彼らはこの間、「進歩を前にして」尻込みすることなく、「自由の残滓や真の人間性へと向かう諸傾向」を支援し、予測とは逆方向への傾向の展開に寄与した、という。しかしそう考えるとしても、著者たちは本の内容に対して変わらぬ態度を保持し続けることはできなかった。執筆と再版の間に流れた二五年の歳月、この間に生じた発展傾向の中断、そして、予測とは逆方向、否、もしかすると全く異なる歴史の展開の可能性の浮上は、批判理論にとって、単なる外在的要因に留まらなかった。理論が歴史の過程に組み込まれ、それによって、理論の真理の「時代的な核」が歴史の流れに影響を及ぼすようになるという意味において、予測された歴史の経路は、内的緊張によって規定されていると言える。

ホルクハイマーとアドルノによる、自分たちの著作から慎重に距離を取った自己批判的なコメントに対しては、次のような一連の問いが生じる。「今後は管理社会という形の全体主義が世界規模で広がるだろう」という予測と、「ドイツにおいて自分たちは理論的かつ実践的にこの展開に対抗しうる」という確信の間に連関はあるのだろうか？　この予測が、彼らをしてそのような行為へと動機付けたのだろうか？　世界が管理の全体化という形で閉ざされていくという予測される発展傾向に立ち向かうために、彼らは、何を、どこで、どのように、そして誰と共に成したのか？　また、『啓蒙の弁証法』の時代的な核は、この本の著者たちのそうした活動によって、どのように遡及的に修正されたのだろうか？　しかし、批判理論の真理に時間的次元があるとしても、いわゆるフランクフルト学派の連続性と同一性の本質的要素はどこにあるのか？　フランクフルト学派はいつ学派となったのか？　理論が、言ってみれば、全体として直接的にそこに含まれていて、他のテクストが単なるそのヴァリエーションもしくは自己注釈にすぎないような、基本テクストというべきものが存在するのだろうか——あるいは、理論はむしろ、一連の陸続と発表されるテクスト群の中で展開されているのか？　どのテクストがそれに当たるのか、「伝統的理論と批判理論」のような『社会研究』誌上に掲載された論文か、それとも、後年の例えば『啓蒙の弁証法』のようなものだろうか？　批判理論として同定可能なテクストのコーパス（集成）に、端的に浮き彫りにされ、明らかにされねばならない、全ての言明の根底を貫く理念としての、同一性と統一性は想定されうるのか——あるいは、そうした同一性と統一性は、歴史の展開の流れの中で、理論家たちによって主張され、常に繰り返し新たに産出されねばならないのではないか？だとすると、理論の真理には時代的な核があるという想定は、批判的知識人たちの自らの理論に対する関係は実践的なものであるということを含意しているのではないか？――実践的であるというのは、理論が常に修正され、その結果として、特殊なコンテクストに同調すると共に、個々の議論を強調して、それらが社会的対決への介入として、それも特定の理論に関わっている知識人集団による介入として理解されるように仕向けるということである。こうした一連の問いは最終的に、理論の動態的な原理への問いに、つまり、理論の真理内容の歴史的変化を判定する尺度への問いに行き着く。

これらの問いに対する答えは、理論それ自体が社会的実践であるような場面で探し求めねばならない。理論そのものが実践であるというのは、ホルクハイマーとアドルノにとっては馴染み深い考え方だった。理論的言明の妥当性（Geltung）が、その理論の発生（Genesis）から自立することはない。歴史の具体的な展開が理論の真理に影響を及ぼすからこそ、社会的諸関係やその動態は、理論が自負している、あるいは自負できると信じている妥当性に対して体系的意味があるのである。理論の自らに対する関係、資本主義の発展状況についての診断、及びその中での理論の役割や同時代にとってのその意味をめぐる理論的評価などが、理論の代表者たちの活動、つまり、この理論を構築し、この理論によって自らが生きている社会と関わっている知識人の活動を規定するのである。

こうした考察に照らして、以下では『啓蒙の弁証法』を一冊の実践的な書物として読むことにする。この設定は意外と思われるかもしれない。というのも、この本は、批判理論の展開における転換点と見なされているからである(2)。そうした見方によれば、根本的な変革を目標とする、社会全体の経過についての唯物論的理論は、特に、この『啓蒙の弁証法』というテクストではもはや追求されていない。そのため、理論と革命の連関は解体する。理論は自らの基盤を失うので、ネガティブなものになる(3)。労働運動の衰退、残存した指導者たちの使用者サイドへの統合、反ユダヤ主義の蔓延、独占資本主義の下での市民層の変化、そしてソ連での社会主義プロジェクトの変質を経験し、また理論的に観察したことによって、ホルクハイマーとアドルノは、解放（Emanzipation）のプロジェクトはもはや実現不可能だと考えるようになる(4)。それゆえ、もはや阻止された革命ではなく、未だ来たらざる文明が理論の中心に据えられることになった(5)。学際的唯物論という初期のプログラムはオプティミスティックな歴史哲学によって一面的に規定されていたかもしれないが、この歴史哲学も否定的な姿勢を前面に出したペシミスティックなものへと転化した(6)。『啓蒙の弁証法』の著者たちには学問の意味が疑わしくなっていたので、彼らは、内在的、イデオロギー批判的に伝統的理論と結び付くことがもはやできなくなった。理性は、個別の学問分野の知見からはもはや読み取れなくなった。今なお学問、理性そして概念そのものに対して向けられるイデオロギー批判のこうした「自己超克」の試みは、批判理論を最終的にアポリアへと追い込むことになった。何故なら批判理論は、批判の基準と概念の基盤を、すべて奪い取られてしまったからである(7)。それゆえ『啓蒙の弁証法』は、批判理論の理論的危機の書と見なされた。それは、「階級意識と革命が到来しなくなった」(8)後では、批判理論の価値理論及び階級理論の諸前提はもはや批判の基盤として妥当しなくなり、そこからいかなる適切な結論も引き出せなくなった、ということから生じる危機である。適切な結論とは、道具的理性批判に逃避するのではなく、意識哲学モデルを克服する、というようなことである。そのためこの危機は抑圧され、次々と成される新たな努力によって、いわば先延ばしにされてきたのである。アドルノの『偏見の研究』における経験的研究と、同時期に書かれた哲学的反省は「驚くほど唐突な形で併存している」というドゥビールの解釈(9)は、こうした危機についての診断を補強するものである。診断によれば、『啓蒙の弁証法』は経験的に内容豊かな社会理論への要請との断絶であり、ペシミスティックになり理性に対して懐疑的になっていた著者たちは、結果として、哲学か沈黙のいずれかに引きこもらざるをえなくなった、という。

ホルクハイマー自身がマルクーゼ宛の書簡の中で、『啓蒙の弁証法』は結果として否定的な姿勢を示している(10)と述べているとはいえ、ここで紹介したような判断が性急かつあまりに断定的であることは疑いない。理論と経験的研究の間の連関が失われたというのは、事実に反する主張である。『啓蒙の弁証法』は政治経済学批判や資本主義の発達をめぐる理論的考察だけでなく、『偏見の研究』についての経験的研究とも極めて緊密に結びついている(11)。『啓蒙の弁証法』が、個別の学問分野の研究に対して文化批判・哲学的距離を取っていると、厳密な意味で言うことはできないのである。

それに加えて『啓蒙の弁証法』の著者たちは、内在的に批判すべきことも主張している。彼らの批判が向けられるのは、元来は理性と啓蒙の形態をとっていたのに、科学性という点でイデオロギーになってしまった市民的思考である(12)。「啓蒙という概念は、ここ（訳注：『啓蒙の弁証法』）では、一八世紀の啓蒙主義哲学をはるかに超え出ている。この概念は、都市文明が始まった時以来、西欧史の中で起きてきた、市民的精神の過程を意味している。弁証法的方法という意味で、この過程は、市民的思考そのものに必然的に備わる内的原動力から生じたのである」(13)。この考察は、カール・コルシュや、ある程度までゲオルク・ルカーチによって代表される一九二〇年代の非教条的マルクス主義の伝統における、市民層に対抗して理性を擁護し救出するという思想と結び付いていた。そうしなければならないのは、社会的生産諸力の発達のおかげで、市民層が、理性を社会全体を形成する力として捉えることにもはや関心を持たなくなり、それゆえ彼らが、理性を制限された形でしか妥当させなくなり、理性を没落させ、非合理主義的方向に転ぜしめたからだ。既に言及したマルクーゼ宛の書簡のそれに続く部分でホルクハイマーが書いたことも、この救出という意味で理解することができる。ホルクハイマーはこう書いている。「第一章の譲歩なしの分析は、伝統的な論理学及びそれと結び付いた哲学への攻撃を和らげるべく人が書きうるあらゆること以上に、合理的思考のポジティヴな機能を証明しているように思えます」[14]。そしてホルクハイマーはある手紙の下書きで、次のように述べている。「私は、啓蒙を啓蒙それ自身の精神において攻撃したのであって、反啓蒙の精神によってではありません」[15]、と。

著者たちが、市民層に対抗して理性を批判的に救出することには、自分たちの初期の研究及びマルクス主義の伝統と連続している、という自己理解を抱いていたことは、一九四六年に二人が展開した議論からも明らかである。彼らは次のように論じている。「経験的に実在する政党や集団と同一化することなく、マルクス主義、そして、そもそも啓蒙全体が持っていたラディカルな推進力を堅持することに、私たちは［政治と哲学の分析における］そうした統一の契機を見出している。というのも、啓蒙の救出こそが私たちの関心事だからである。逆説、真の政治の弁証法的秘密は、それ自体が肯定的な立脚点を実体化することのない批判的立脚点を選択することにある」[16]、と。

つまりアドルノとホルクハイマーは、自分たちの理論を構成する語りの位置は、固定されてはならないという限りにおいて逆説的である、という見解をはっきりと抱いていた。第二インターナショナル以降のマルクス主義知識人たちとは違って、批判理論の主唱者たちは何らかの政党からの指図を受けておらず[17]、肯定的な意味でも否定的な意味でも自立していた。もしくは、ドイツの歴史においてその時点まであまり馴染みがなかった、大学教員という立場を採っていた。ホルクハイマーとアドルノは、自らの語りの位置が持つ逆説性を考察することによって、批判的知識人の全く新しい布置連関を規定した。もっとも道具的理性批判によって理性を救出しようとする試みは、その意図に反して、批判の基準そのものの破壊に繋がる可能性がある。以下では、批判的知識人の逆説的な位置の構築が合理的であることを論証していくが、だからといって、知識人の位置の逆説性への批判や、批判的合理性が自らを破壊し、知識人が受身になってしまう危険性への指摘を最初から除外しているわけではない。しかし、たとえそうだとしても、以下の分析にとっては問題提起としての意味しか持たないだろう。というのもアドルノとホルクハイマーは、更に数々のテクストを書き続け、それに加えて、制度面や文化面においても活動を展開し影響を及ぼしていたからである。彼らが書いたものは、少なくともドイツにおいては、一定の期間、批判的知識人という明確な形象のモデルとなった。彼らは名声を得、彼らのテクストは、議論の的となり、ドイツ連邦共和国における学生運動にとっては自己理解の媒体であった。『啓蒙の弁証法』が戦後の批判理論にとって決定的なテクストだったということが事実だとすれば、この書物の陰鬱さ、そのペシミズム、そして誇張されたイデオロギー批判のアポリアに陥った逆説的な語りの位置こそが、まさに、批判的知識人の文化的志向性や形成に寄与したものである。この想定に基づくならば、先ず最初に、『啓蒙の弁証法』を中心に一九四〇年代前半にホルクハイマーとアドルノによって書かれた一群のテクストの解釈が、そして、批判理論とそれを代表する知識人たちの間の関係についての説明がなされるべきだろう。亡命生活を送った知識人たちの、理論的に練り上げられ反省されたこの自己関係性から、批判理論の提唱者たちが自分たちが理論面及び実践面で知識人として何をなしうると信じたのか、そして何故アメリカではなく他ならぬドイツでそれをなさねばならないと考えたのか、に対する答えが見えてくる。以下で示すのは、アドルノとホルクハイマーの知識人としての振る舞い方、すなわち、彼らの理論構築、彼らの制度面での実践、出版活動、そしてフランクフルト大学での教育活動などが、かなりの程度まで、そうした診断によって規定されていたということである。

一章　語られることなきノンコンフォーミズム？　批判的知識人のプロフィールについて

一九三〇年代の終わりから、ホルクハイマーとアドルノの主要テクスト及び講演や書簡の数々は、一つの中心的な問題を繰り返し指し示していた。それは、社会批判的かつ非体制順応的な知識人たちの理性、理論及び社会に対する関係が、紛れようもなく危機的状況にあるということだった。観察されたのは、根本的変革という視点から社会を批判する知識人が、逆説的でアポリア的な語り手としての位置に置かれるということだった。というのも、歴史上、批判的知識人が支配的な発展動向に勇敢に立ち向かうことを可能にしてきた、基準点であり道具でもあった批判的尺度や概念の数々が、独占の支配下で、まさに既存の資本主義社会を維持する契機と化していたからである。このことが批判を無言にさせる。まず第一に、伝来の批判的諸概念を引き続き用いると敵方と共同歩調を取ってしまう危険に陥ることから、政治的アポリアが生じてくる。ヤコービ宛のホルクハイマーの書簡では、次のように述べられている。「人間的なものや連帯のモラルといった諸概念は、このうえなく慎重に用いられねばなりません。そのような言辞は、あまりにも多くの人に受け入れられうる、という危険を孕んでいます。あなたのファシズムに対する批判と、単にファシズムによって脇に追いやられただけの人々による批判との違いが即座に明らかにされねばなりません。それらの概念を正しい媒介の中でのみ用いること、こう言ってよければ、イロニーを正しい尺度で用いること――ご存知のように、それのみが唯一真である批判の全体に対する関係は、イロニーを通して守り続けられるのです――は常に困難であり続けます。ここで、文体上の問題が絡んでくるのです。私自身、この問題のために、書くことを非常に困難だと感じていて、最終的な表現には到底たどり着けそうにないほどです」(18)。

不断に自己破壊的な理性のアポリアは、一九四四年に刊行された『啓蒙の弁証法』の初版で述べられているように、独自の手段によって自らの終極にまで達していたが(19)、ホルクハイマーとアドルノは理論的考察において、文章表現上の困難さに表れてくる上述の政治的ジレンマを、このアポリアよりも更に根底的なものとして理解している。社会に批判的な知識人は、批判の媒体であり基準であると同時に社会の発展の目的でもある理性に対して、アポリア的な関係を取るわけだが、この書物は、このアポリア的関係の歴史的に新たな形態を目指している。知識人として自らが置かれている状況をラディカルに反省することを通して、言語能力と批判能力を取り戻すためには、断固とした態度でこの問題を追究しなければならない――この書物の命題はそう理解することができる。しかし、アポリアへの反省は、構造からして、それ自体がアポリア的にならざるをえない。そもそもホルクハイマーとアドルノの二人は、どのような諸概念をどのように用いて、彼らの診断によれば問題的なものとなっている思考の伝統から大きく距離を取り、この伝統に属する諸概念を二度と用いずに済んだ――ヤコービ宛てのホルクハイマーの書簡からすると、そういうことになる――のだろうか？　ホルクハイマーもアドルノも、諸概念を全面的に強調して使用することを可能とすべく、理性的ポテンシャルという視点からそれらを再構成することはあまり望んでいなかった。二人は、哲学や精神史の伝統はなお無傷だとナイーブに想定する危険と、かの伝統的諸概念を敵方に委ねることで無自覚に利敵行為をしてしまう危険を、同時に回避する新たな道を求めたのである。市民的世界全体を包括する普遍概念が思考されねばならないのだが、それらを用いる過程の中で新たな知的経験を可能にするためには、同時に、そうした概念が持つ通常の論証的（diskursiv）な力学が中断されねばならない。それゆえに、アドルノからホルクハイマーに宛てた書簡では、次のように言われている。「あの研究（ホルクハイマーの論文「新しい芸術と大衆文化」――引用者注）が公刊されたことと、この研究があなたがお書きになったものの中では私に最も近い所にあるということに、私がどれほど喜んでいるか、もう、ただ繰り返すことしかできません。私が申し上げているのは、この論文の中で展開されている個々の理論的洞察だけではなく、とりわけ全体の表現のことです。実際のところ、ここから一つの経験が生じているのです。この論文は、一つの思想を表しているというよりも、一つの身振りを表しているのだ、とさえ言えるかもしれません。例えば、島に置き去りにされた人が、通り過ぎていく船に向かって、呼び止めるには既に遠すぎるのに、必死になって布を振って合図を送っている時のようです。我々の課題はますます、概念からそうした身振りへと移行していかざるをえないでしょうし、従来の意味での理論からますます遠ざかっていかざるをえないでしょう。まさしくそのために概念に対する仕事のすべてが必要とされている、というこの一事に尽きるのです」(20)。こうしたアドルノの見地からすれば、テクストは、論証を展開するだけでなく態度や振る舞いを伝達するものでもあるので、実践的なものとなる。かくして、諸概念の社会への投入、その文脈、その歴史的性格及び遂行的性格が前面に押し出されるのである。

　こうした考察によって、理性の市民的思考形式、あるいはそれが形態化したもの、伝統的理論との対決の土俵が位置ずらしされることになる。そうした思考形式あるいは理論は、ナイーブにも自らの実践面について自覚がない、と批判される可能性がある。啓蒙の弁証法に対するホルクハイマーとアドルノの省察は、啓蒙の継続として、つまり、啓蒙の「自己省察」として理解することができる(21)。その第一の成果は、これまでの啓蒙には一貫性がなかった、という気づきである。一連の言明から窺えるのは、啓蒙の崩壊は自己破壊的な力学の帰結ではない、もしくは、それに留まらないということである。必然的に常に自己自身を越え出て行き、批判的思考の最も進歩した形態を現に表象=代表（repräsentieren）している概念群を全て時代遅れと見なして批判し克服しようとする、啓蒙に内在する発展の論理の帰結としてのみならず、「真理に直面する恐怖に立ちすくんでいる啓蒙」(22)の産物としても解釈されうるということである。啓蒙が、批判的思考によってその都度改めて証明されうる事柄しか通用しないような批判のプロセスとして規定されるならば、不安に満ちた硬直状態は、啓蒙的実践の契機ではない。不動の啓蒙は空虚な態度へと凝固し、この態度が実際に啓蒙を終結させる。継続されない啓蒙など、もはや啓蒙ではないのである(23)。ただし、啓蒙を静止させる契機が、理性の内面から論理的に生じるわけではない。というのも、この静止さえ、やはり社会的・政治的な退行への圧力下で啓蒙の崩壊を積極的に組織する「順応力に富むエキスパートたち」(24)の、具体的実践の産物だからである。とはいえ、一方では、問題はもっぱら啓蒙の静止だと言いながら、他方では、非体制順応的な知識人たちという自らの行為を介して啓蒙の弁証法を組織し具体化するアクター(行為主体)たちが不可欠だと言うのであれば、啓蒙の自己破壊のプロセスはどのように語られうるのだろうか？　厳密に言えば、この二者択一は、理性にも真理にも言及していない。つまり、理性の崩壊は啓蒙の内部から生じてくるわけではないのである――弁証法的論点は見当外れとなるように思われる(25)。実際、ホルクハイマーが「見かけだけは勝利を収めたかに見える啓蒙」(26)について語る口調は、あたかも、啓蒙は核心部分に関しては、自らの弁証法に影響されていないと言わんとしているかのようである。

啓蒙に首尾一貫性がなく、部分的真理で満足しているために、理性は――理性的認識の帰結としてではなく、その逆のもの、つまり、知識人の理性とは無関係もしくは非理性的な、体制順応的実践の帰結として――退行することになる。もっとも、啓蒙の不断の継続というその逆の振る舞いもまた、退行へと至る。啓蒙は、既存の諸理論や諸概念に対する不断の批判を介して、歴史的に制約されたその都度の自己認識を駆り立て、自らを越え出て行かせる。なす術もなく自らのダイナミズムに翻弄された啓蒙は、最終的には、このような振る舞いをもはや自力で中断できなくなり、自らの根底にある諸概念を、合理化と脱呪術化に委ねざるをえなくなるのである。こうした自己関係的振る舞いが有する抗いがたい吸引力は、今にも理性を否定しかねない。逃れがたい必然性によって、「個々の理論的見解は、たんなる信仰にすぎないではないかという否定的批判に服し、ついには精神や真理の概念、それどころか啓蒙の概念さえ、アニミズム的な呪術になってしまった」(27)。

とはいえ、このようなダイナミズムも、実際に啓蒙のプロセスから生じるわけではないので、啓蒙の自己破壊についての言明を基礎付けることはできない。というのも、ホルクハイマーとアドルノは、啓蒙が、他ならぬ自らが展開してきた諸概念を脅かし、産業トラストが年金生活者を扱うのと同じやり方で諸概念を扱うことの(28)不可抗力性を、啓蒙の諸概念に残る啓蒙されていない残余、すなわち先祖がえりの振る舞いと見なしたからである。「終わりなき啓蒙のプロセスを始動させた」(29)のは神話である。そして、啓蒙に付随する暴力性は、依然として啓蒙されていない。「啓蒙は、それ自身の自己意識の最後の残滓さえ焼き尽くしてしまった」(30)のである。啓蒙とは、これまでに世俗化されてきた神話であり、ますます元来の意味において、神話となっている。啓蒙は矛盾した状態にあるのだ。啓蒙が、不可抗力的に振る舞う限り、つまり啓蒙されないままに振る舞う限り、啓蒙的な語りのプラグマティックな側面は、その目標として宣告されている成熟性や自律性と矛盾するのである。

ホルクハイマーとアドルノはかくして、自分たちの出発点だったアポリアを定式化し直すことになった。一見すると、理性が全体主義化して自らを破壊していくがゆえに啓蒙が継続されえないかのように聞こえてしまうわけだが、そのことに対応して、今や論証が根本的に修正されることになる。啓蒙のプロセスは継続されねばならない、更に言えば、理性が自らを意識することによって、啓蒙は何よりもまず自然や神話の呪縛から身を振りほどかねばならない。ホルクハイマーとアドルノによって批判的に構成されたこの基準によれば、知識人は二つの相補的な過ちを犯していることになる。知識人は、啓蒙を停止させると、理性や真理に対する抑圧に加担することになる。しかし、啓蒙をラディカルに継続したとしても、そのような強引な自己啓蒙によって啓蒙が過剰となるため、知識人は先程と同じ抑圧に加担することになるのである。かくして知識人は、啓蒙の適切な、つまりは反省的な継続という意味で、二通りのやり方を名人芸的にこなさなければならない。すなわち、踏みとどまると共に継続しなければならないのである。不安から自由に、かつ思慮深く自らを啓蒙していく未完の啓蒙にして初めて、未熟な状態にある社会的諸制度のすべてを克服できるのである。それの制度には、啓蒙に依拠しているものも含まれる。つまり世界史的視点から見て、すべての社会的諸制度を、克服できるわけである。しかし批判的知識人たちが理性との関係で抱くジレンマは、このやり方でも更に続く。というのは、批判的知識人たちは、自分たちが進める啓蒙の自己省察によって、より高次の次元で啓蒙を不断に継続し、そして、自らの意志に反して啓蒙的な振る舞いを最後の残滓に至るまで破壊してしまいかねない危険を冒すことになる。同時に批判的知識人たちは、啓蒙が不断の運動の中で自らの基盤をなす諸概念を破壊してしまわないためには、啓蒙は最終的に踏みとどまることを学ぶべきだと主張する。ハーバマスは後に、〝理性的論証行為は、外的強制を介して促進されても制約されてもならず、凝固した個々の権力要求に対して自己を正当化するよう強制することなく強いることによって、自らの力を得る〟と論じることによって、理性批判から理性を擁護しているが、ホルクハイマーとアドルノは、この論拠をちょうど正反対の意味で用いて、〝まさに理性的論証行為が持つ強制なき強制力は、権威主義的であるがゆえに逆説的な語り手としての位置に知識人を立たせ、この位置ゆえに知識人には、啓蒙された思考や行動がアプリオリに不可能となる〟と論じている。「その（啓蒙の：引用者注）強さは、ありとあらゆる精神的抵抗に遭遇する度に、端的に増大していく。このことは、啓蒙が神話のうちにさえ自己自身を再認識するということに由来する。たとえ啓蒙に抵抗する勢力がどんな神話を持ち出してきたとしても、その神話は、すでにその対立にあたって論拠として使われているということによって、じつは自分が啓蒙に対して非難している当の破壊的合理性の原理への、信仰を告白していることになる。啓蒙はすべてを呑み込む」(31)。では、批判的知識人は啓蒙や理性に対して適切に振る舞うには、どうしたらいいのだろうか？　この問いに対する解答、つまり、そのための暗黙の行為規則の具体的な全体像は、何故啓蒙は未だに神話と絡み合っているのか、言い換えれば、啓蒙が啓蒙されていないというこの非同時性はどのようにして生じるのか、という問題の解明から導き出されてくる。

更なる中心的な意味を持つ議論によって初めて、著者たちが以下の二つの側面をどのようにして批判的に統合したかが明らかになるだろう。つまり、(a)啓蒙は、単に外的理由からだけではなく、内的理由からも危機に陥ったこと、(b)にもかかわらず理性への反省は解放的形態での啓蒙の継続になりうる——という二つの側面である。この議論は、支配、分業、理性の三者の関連に対する根本的批判を目指すものであり、『啓蒙の弁証法』の中で重要な意味を持つ。もっとも、この書物が資本主義的支配の展開をめぐる理論として唯物論的問題圏の地平で読まれなければ、このことは必然的に視野から失われてしまう[32]。この点について著者たちに責めがないわけではない。というのも、『啓蒙の弁証法』というテクストを出版する際の編集サイドの介入によって、資本主義的階級社会についての言及の多くが削除されたからである[33]。このこと、及び、この本の個々の記述から、理論的関心が、就中、自然支配的文明に対する批判へとシフトしたと解釈することができるように思われる。社会における支配関係は、自然を道具的に意のままにすることから導き出されており、支配は道具的合理性というモデルに従って解釈されているように見える。

伝承されてきた形態での啓蒙に対する批判の中心は、啓蒙の自己関係的性格に向けられている。ごく初期の神話—それらは自然事象を伝達かつ説明しようとしており、それゆえに、啓蒙の他者ではなく、既に啓蒙それ自体である——によって既に、主体と客体、理性と自然は、分離される。人間の知は自然についての知となり、認識は自然支配と等しくなる。理性と自然の双方にとって、この分離は深刻な帰結をもたらした。自然は統一された、同一的な自然へと、つまり、「ただ分割されるだけの混沌とした素材」[34]へと還元される。土地ごとの呪医によるミメシス的な施術は、実際に対象に対応していたので、自然の様々な生物の間に存在する種々の質と多彩な直接的諸関係に、ふさわしかったかもしれない。しかし、生物の個別特性を捨象し、生物を種の単なる一サンプルとして、つまり、自然法則の一般性という視点の下で認識する自然科学の見地においては、そうしたことはもはや通用しない。この純粋な客体へと還元された多様な自然、つまり外部に対して、自らが常にそうであるところのもの以外のものと関わることができなくなった理性の内部が対峙する。かくして、「異なったものがあるとしても、それは均一化される」(35)のである。これは、抽象の帰結である。抽象は、自らの意のままにするために特殊なものを度外視して普遍法則に組み込まずにはいない。抽象化の身振りは、単なる知覚、分類、そして全事象を予測可能で技術的に操作可能な時空間上の大きさに変形にすることに自己限定するものであり、こうした抽象化の身振りに依拠している限り、新たなものや異なるものは経験されえない。そのような思考によって、客観世界、あるがままの事実的なものはもっぱら二重化され、認識は自らの思考の反復に限定され、「思想はたんなる同語反復となり」、世界は巨大な分析判断となる(36)。結果として、啓蒙には決定的な欠陥が生じる。先ずは、自らが構成した世界を越え出ることができず、自らが意のままにしている事物を認識できないという欠陥であり、次いで、洞察力に欠けていて、不可避的に、自らによる自然支配の形態の影響や帰結に、繰り返し改めて驚かされる、という欠陥である。

こうした議論から、『啓蒙の弁証法』の語り（ナラティヴ）の構造は、市民社会の現実の歴史ではなく、市民層の原史を目指していることが窺える。歴史を、一種の精神分析的な構成の手法によって、トラウマとして、すなわち、幻影――それは、根底において作用し続けるアルカイック（太古的）な表象や振る舞いのモデルに囚われている同時代人たちがその中で生きている幻影である――の歴史として理解可能にすることが追求されている(37)。啓蒙が失敗した理由は、哲学的思考が描き出した想像上の根源、すなわち、種の歴史における最古の――神話という形での自然の従属を通しての――自然の横領から既に明らかである。啓蒙は不可避的にこの根源を繰り返す。そして、この根源は依然としてトラウマとして作用し続け、自然とのありのままの宥和を妨げる。人間という種は、更なる展開に対する極めて深刻なペシミズムが生じるのがもっともであるような、致命的な円環の中に閉じ込められているのである。何故ならば、理性の狡知は、見かけとは違って、「人間をひたすら野獣に仕立てあげ、主体と客体との同一性を招来しない」[38]ことにこそあるからである。客体に到達するためには、人は、自然との関係から抜け出さねばならない。しかし、それはまさに不可能なことなのである。したがってホルクハイマーとアドルノにとってここから結論として生じてくる理論構想は、人類という種の自然史を、最終的にはタブラ・ラサで終わるであろう没落の歴史として描かざるをえない、ということになるのである。彼らは次のように述べている。「世界史の哲学的構成といったものがありうるとすれば、それは、あらゆる迂路や抵抗にもかかわらず、首尾一貫した自然支配がますます決定的に貫徹され、人間の内面をあます所なく統合する様を、示さなければならないだろう。こうした観点から、経済や支配や文化の諸形式も導き出せるにちがいない」[39]、と。ただし、この箇所は、初版では「生産諸関係、階級支配、諸文化の形式も導き出せるに違いない」と述べられていた。したがって、ここで、階級支配の諸形態や生産の諸関係が、自然支配から、とりわけ啓蒙的で、従属させる思考の元来の特定の形式から導き出せるとすれば、従属させる思考や自然支配を、階級支配の帰結として規定する、別の考察が見出される。つまり、理性は、社会的分業の一要素であり、それ自体が生産力であり、それゆえに、階級史の構成要素として解読されねばならない、というわけである。

主客の分離と対立、啓蒙の自己言及性と言語、諸々の一般概念と論理的秩序、及び、これら諸々が、ヨーロッパ文明にとってごく初期からいかに決定的であり、数々の学問分野で如何に表出してきたかという見取り図、等々――これらすべては、「それに対応する分業という社会的現実」に[40]基づいている。啓蒙と支配は、実際には同一のものである。というのも、啓蒙と支配は、自然を意のままにすべく知識という形で自然に対置された、というそもそもの起源からして、権力の構成要素だからである。この権力を持つのは、自らが望む作用のために自然を操作して、そこから他人に労働を命じる権利を引き出す人々である。このような支配的な知は、最初から、等価性や、予測可能性及び計算可能性、技術性といった、市民的指標を刻印付けられていたのである。

したがって、合理性は、支配者たちの自己保存の道具である。ある種の人々は自らの知識を用いて集団が生き延びる諸条件を組織することができるわけだが、上述の道具の発達と洗練は、最初から、これらの人々の知的機能や組織的機能と結び付けられていた。彼らが社会的分業内部での自らの特権的地位の維持という特殊利害を追求するにもかかわらず、この知識やそれと結び付いた諸機能は、普遍性と理性の具現と見なしうる。「支配は社会的に分業へと展開をとげるが、この分業は、支配されている全体の自己保存に奉仕する。しかし、それとともに、必然的に全体としての全体、それに内在する理性の活動は、各部分に分れて執行されざるをえない。支配は個別者に対しては普遍者として、現実における理性として立ち向かう」(41)。理性や集団的なものに備わるこのような普遍的なものに媒介されているので、支配集団が、特殊的かつ支配的な集団として現れることはない。むしろ、個々人を支配しているのは、社会的分業と集団的なものなのである。これこそが、社会的解放は労働者階級によって達成される、という観念が時代遅れとなった理由の一つである。個々の労働者は、分業の中であまりにも手ひどく痛めつけられており、そのため、外見上自然支配の道具に見えるだけでなく、その態度においても、独占体制の機械化され、計画的に管理される運営に、広範にあるいは全面的に服従しているのである。ヘーゲルが描いた主と奴の弁証法はもはや妥当しない。というのも、かつては、主人とは違って自らの労働に基づいて対象を経験できたがゆえに、解放への能力を持ち得た奴隷も、今や、生産諸力や分業の実現によって、最低の認識水準にまで押し戻されているからである。「生産体制が長年彼らの肉体をその操作に同調させてきた社会、経済、科学の機構が、ますます複雑微妙になるにつれて、それだけ肉体がなしうる体験は貧しいものになっていく。質を消去してそれを機能へ換算する傾向は、合理化された労働様式をつうじて科学から一般大衆の経験世界へと伝染し、その世界をふたたび山椒魚の世界同然のものに退化させる」(42)。この傾向は、被支配者に対してだけでなく、普遍的に、つまり、支配者にも当てはまる。ホルクハイマーは次のように書いている。「上層の人々も、下層の人々と同じ様に、安物である」。彼が続けて述べているように、権力は、もはや権力者たちの「個人的な栄光や高貴さ」に寄与しないほどに、権力の地位にある人々から機能的に自立していたのである(43)。

歴史的に見れば、事態は、最終的に、反転するに至る。生産諸力の途方もない発達は、支配や欠乏あるいは労働を、原則的に不要にしうるかもしれない。しかし、支配者の自然支配による獲得物はすべて、彼らの支配を維持する手段として用いられることになる。もはや労働者が支配者を養うのではなく、支配者が労働者を養っているのである。「厖大な人口の大衆は、体制のための補充衛兵として、体制の各種の大計画に今日も明日も資源として役立つように、きびしく訓練されることになる。彼らはいわば失業者部隊として飼い殺しにされる。彼らが、言語や知覚に至るまで、近代生活の各分野をあらかじめ形づくっている管理制度の、たんなる客体に落ちぶれるにつれて、彼らはその零落を、あたかもそれに対しては何らなす術もない客観的必然性であるかのように思いこむ」(44)。搾取はもはや起きず、生産は、「経済的観点から理解すれば、その大部分が、わざとなされている浪費」(45)となる。支配は今や自己目的化する。ただし、それはとどのつまり、もはや特定の人間による他の人間への支配ではない。というのも、人間が諸機能の結節点へと還元されることによって、支配のプロセスが、端的な管理および準技術的な計画過程のコントロールに移行するからである。支配者たちは、世界史のエンジニアとなるのである。

しかし、それと共に、理性の機能が客観的に変化する。というのも、それまでは常に支配――ただし、この支配は歴史的に必要なものであり、それゆえに正統だったのだが――の道具でしかなかった理性が、今や、いわば世界史的な規模で、支配者たちの手を離れるからである。これは、技術的発展の水準のおかげである。確かに、技術は自然を意のままにする知の営みとして規定されてきた[46]が、技術に罪があるわけではない。むしろ逆に、歴史の中で技術と分業が、自らをコントロールし再生産する機械化された包括的機構へと発展してきたことが、解放の諸条件を生み出して、あらゆる束縛や支配を不必要としたのである。啓蒙は、「諸力の解放、普遍的自由、自己決定」といった歴史的ダイナミズムの原動力であり、元来は市民層の権力獲得のための道具だった。しかし、市民層が啓蒙を無理やり抑圧に加担させた後で、結局は、啓蒙が市民層そのものに敵対するようになった[47]ために、支配はもはや理性に依拠することができない。「普遍的なものの視野、思考の社会的実現はきわめて広く行きわたっている。その結果思考は、それによって支配者たち自身の手によって、自ずと、たんなるイデオロギーとして否定されるまでになっている」[48]のである。

かくして、事態は歴史的に先鋭化する。理性が自己実現を目指したところでは、理性は、支配者たちによって統制のための多彩な措置に従属させられるか、既成の諸制度からあっさりと除外されるかのどちらかだったため、理性のダイナミズムは、最終的には空転して自らに敵対するようになった。「啓蒙はその原理からして、市民的世界がそれなしには存在しえないような最小限の信仰をさえ容赦しない。啓蒙は、古いさまざまのイデオロギーがたえず尽くしてきたように、支配者に対して従順に奉仕したりはしない。(…)最後には、反権威の原理は、自己の対立物に、つまり理性そのものを裁く法廷へと転化せざるをえない。つまり反権威の原理が内発的な義務づけをすべて放棄するとすれば、それは支配者に対して、彼らがその時々に自分に都合のいい義務づけを上から押しつけたり勝手に操ったりするのを許すことになる」(49)のである。啓蒙は、それ自身においては束縛されておらず反権威的であるが、まさにそれゆえに、支配という目的の道具にされやすい。しかし同時に啓蒙は、普遍性を代表しており、ゆえに特殊な目的を常に超え出ているので、受け継がれてきた数々の支配関係から自由である。もっとも、被支配者ですら、分業、強制と訓練、行政と文化産業といった包括的体制が持つ、事柄に即した合理性に基づいて、社会に統合されているので、そう易々と啓蒙が自らのものだと主張することはできない。しかし、これこそが、支配の全く新しい発展段階なのである。この段階の支配は、啓蒙と理性を自らが課した拘束から解放し、啓蒙を全体として合理的に認識可能なものにすると共に、啓蒙に自らを自覚させることを歴史的に可能にするのである。それと共に、啓蒙という過程の中断か、その実現とそれに伴うこの過程の止揚か、という――歴史的・社会的発展全体を包括する――決断が問題となる。陰鬱な時代と輝かしい時代が、直接的に入れ替わる。これは世界史的瞬間であり、社会に対して批判的な知識人たちにとっての決定的なカイロス（＝まさにその瞬間）なのである。

啓蒙、すなわち理性および真理の妥当性は、市民社会の現実の運動の中で、諸制度や諸人格に表れる諸理念という形で顕わになる、客観的な現実の歴史の事象として理解されねばならない。それゆえに、啓蒙は、主体性の原史を手がかりとして明らかにされうるような歴史のダイナミズムにとってだけでなく、近代市民社会の社会的組織にとっても決定的なのである(50)。社会や知的過程は、世界史上において――ただし、ここで考えられているのはヨーロッパ世界の歴史なのだが――この上なく緊密に織り合わされている。ただし、歴史的発展においては、発展論理上の一種の分岐点が問題となる。一方で、理性や真理は、現行の諸制度の中で物象化されてしまったために、もはや妥当しない。両者は、今や硬直した形態でしか存在せず、かつての拘束力を失ってしまった。啓蒙を介して突き動かされてきた社会の原動力は、停滞しているのであり、生は、人々と個人的意識とを包括して管理する諸機構を備えた閉鎖的体制の中で硬直化しているのである。他方で、理性は、まさにこうした展開によって、解放されて自由になる。歴史の更なる展開についての今や開かれた決定は、知識人の間のやりとりの中で始まる。世界の発展傾向が、管理され全面的に統合された世界として現実化されるのか、それともそれが回避されうるのかは、知識人たちの「思考のモラル」[51]次第だからである。

かくして、伝統的理論への批判は継続される。科学者と実証主義的哲学の主唱者たちは、認識を内在へと制約し、そうすることによって思考を裏切っているのだ。彼らにとって存在するのは、分類され計算されねばならない時空間上の事実だけなのである。それによって彼らは、事実的なものを単純にあるがままのものとして確認し、認識から世界を包括する同語反復を作り出しているのだ。「実証主義がとる純粋内在の立場、すなわち、啓蒙の究極の産物は、いわば普遍的タブーにほかならない」[52]。知識人たちは、既成の諸機構に組み込まれて物象化されている理性の現状に自己を制約することで、啓蒙を押しとどめている。しかし、それによって、啓蒙の弁証法もまた押しとどめられているわけである。というのも、この弁証法は、神話への退行だけではなく、更なる運動における進歩の宥和的な展開をも含意しているからである。「文明の進歩の一歩一歩は、いつも新しい支配を生み出すとともに、また支配の緩和へのあの見通しをも更新してきた」[53]のである。

ホルクハイマーとアドルノは、支配を可能としてきた主体と客体の世界史的な分裂の克服が必要だと見ていたにもかかわらず、誤った形態での両者の宥和には反対し、啓蒙をますます高次の段階で続行していく以外に可能性がないことを強調した。彼らは次のように述べている。「あらゆる神秘的な合一化は欺瞞であり、見限られた革命が無力に内攻した痕跡である。しかしながら啓蒙が、ユートピアの各種の実体化に対して正しく身を持し、支配を分裂の相においてて冷静に告知するかぎり、主体と客体との分裂——啓蒙はこの分裂が蔽われるのを妨げる——は、その分裂自体の非真理と、真理とのインデックスになるであろう」[54]、と。彼らにとって重要だったのは明らかに、支配の緩和という契機を、啓蒙の弁証法が持つもう一つの側面として強調することだった。支配の過程が理性的諸個人によって形成されているわけではないことを指摘するために、啓蒙は主体と客体を分断すべきなのである。断絶を再び取り入れることによってのみ、諸制度の現在の硬直状態が動態化され、現状における啓蒙の停滞は克服されうる。啓蒙は継続されねばならないのである。そして、啓蒙が継続されるのは、知識人たちが、もはや自らの思考をミメシス的に世界に適応させるのではなく、知識を自己反省的に用いて世界から距離を取ることによってである。反省は、求められているると同時に『啓蒙の弁証法』の中で身振りとして実演されてもいるように、いくつかの効果をもたらす。

(a)自己反省的になる思考は、これまでの自らの自然への頽落についての洞察となる。「その強制的メカニズムのうちで、自然をして自己を反省させ存続させる思考は、まさしくその不可避的な帰結によって、自己自身のことをも、それ自身を忘れた自然として、強制的メカニズムとして、反省する」[55]。思考の自己認識は、これまで思考が、認識し思考する個人という自らの自然な側面を体系的に排除してきたことに気付かせる。「しかし人が自ら行為する主体としてそこに居合わせる、ということが、まさしく真理には必要なのである。それ自体で真であるような命題を耳にすることがあるかも知れない。しかしそれが真理であることが経験されるのは、その場で考え、さらに考え進めることによってのみなのである」[56]。経験、考察という幸福、仕事の満足、知識人の苦悩、彼の性的欲求、彼が抱く幸福への希求、競争、他の知識人たちが彼に示す卑劣さ、最終的には彼自身の自己矛盾なども、思考の一部なのである。知識人は、自らを分析対象とし、もはや妥当性を発生から切り離さない。言い換えれば、知識人は、社会的分業という、自らの生存基盤を構成する諸条件から、もはや目を逸らさないのである。

(b)思考する主体や啓蒙的理性の担い手に向けられる反省は、評価や有用性の営みに対して、重要な解釈的距離を取る。距離化によって、支配的全体性を指摘することが可能となる。既存の状態に意味が与えられることによって、また、新たな意義が生み出されることによって、自由の余地が生じるのである。これに対して、自然支配という命題にのみ従う見解、思惟は「意味を放棄した後でしか有意味に」なりえず、形式化された理性という尺度によって理論は理解不可能なものになる、と見なすような見解は、批判される(57)。目前のものは、形式的把握、調整、分類などによってありのままに認識されるわけではなく、その諸媒介が展開され、その概念の諸契機が社会的かつ歴史的に実践的な意味によって補充される限りにおいてのみ認識されるのだが、認識の主観的側面を排除することによって、この事情は完全に視野から抜け落ちてしまう(58)。かくして、外観に惑わされずに事実的なものを見抜くこと、諸事象を解読して意味を与えることが、実証主義者や科学者とは違う、批判的知識人の実践や身振りを特徴付けるのである。

(c)社会の状態に対してそのような自己批判的距離を生み出す反省は、それ自体が既に、支配の単なる自己保存に適応した理性が持つ、有用性原理や個別主義から身を引き離しており、実証主義と対峙している。「実証主義は、思想が現実に対して取る距離を、再び縮めてしまう。このような距離は、もはや、現実そのものから容認されないのである。思想の生命が生じるのは、生活から距離を取っている場合に限られる。思想の生命は、元来は経験的生活に関わっているからである」(59)。とはいえ、批判的知識人は、反省が、最初のアポリアを解決して、千年以上もの間啓蒙や批判的思考の基盤だった概念の一義性を再び生み出すと考えるべきではない。批判的知識人は、逆に、他ならぬ知識人として、自らが啓蒙の諸矛盾を体現する社会的形象であることを自覚すべきなのである。批判的知識人は、啓蒙の自然な主体であり、諸現象を解釈し、その意味を理解しようとするのであり、科学者たちとは違って知識人として、自然の所有化あるいは自然支配、及び自然利用の過程から切り離されているのである。批判的知識人の生活領域は、今や残余という形でしか残されていない循環の領域である。批判的知識人は自由や自律性の仮象性を批判するわけだが、その仮象性の基盤は、彼が認識上の特権や自らの生活を負うているまさにこの領域にあるのである(60)。批判的知識人たちは、批判的反省や自省によって、自らの生活基盤を支えている諸条件が、まさに支配的な諸制度や諸機構の中で理性が停滞するに至ったのと同じ諸条件であることを認識するだろう。そして、彼は自らの理性の切断を認識するだろう。その切断は、支配のための頭脳労働と肉体労働の区別、直接的な活動の中に具現するような諸対象の感性的経験から自らの思考を切り離した結果なのである。自らと自らの思考の社会的諸条件を省みることによって、批判的知識人は次のような洞察を得るだろう。それは、他ならぬ自分は、知識人としての機能を果たす時に支配や抑圧に加担しているのであり、自分の生活基盤は、被支配者たちを奇形にしている肉体労働から分離されることによって可能となっているのであり、自らの特権化された活動によってこの分離をますます高次で再生産しているのだ、という洞察だ。とはいえ、彼は、反省に際して首尾一貫していれば、批判的かつ非体制順応的な知識人として、自分が、肉体労働からも支配の上での役割からも切り離されているという、自らの特殊な社会的地位のおかげで、啓蒙やそれに結び付けられた解放的目標の実現を擁護できるほどに特権化されている、ということをも合わせて知ることだろう。直接的肉体労働の野蛮な諸条件に服すこともなく、支配的職務を直接的に果たすこともない、という事実が、批判的知識人に、余暇という特権、反省の能力、経験や享楽への権能、美的な喜びの知覚、認識の幸福などを与えるのである。「かつての市民階級が退位して以来、（特殊な利害と連帯の）両者は、市民たちの最後の敵であると同時に最後の市民でもある知識人たちの精神において、記憶の中に生き続けることになった。知識人たちは、現状をありのままに再生産することに対抗して敢えてなおも思考することによって、特権層として振る舞う。ただし彼らは、思考するとはいえ、現状はそのまま放置しておくことによって、自らの特権のささやかさを自己申告しているのである」(61)。洞察によってこの矛盾を克服することはできない。この矛盾こそが批判的思考の出発点なのである。

(d) 批判的知識人は、自らの生活基盤の命題に従って、自己保存のプロセスに対して重要な解釈的距離を取り、諸事象に意味を与えねばならない。これこそが、解釈による距離である。このようにしてのみ、批判的知識人は批判的となるのである。アドルノは次のように書いている。「知識人にとっては、どうすることもできない孤独こそが、どこかで連帯をまだ実証できる唯一の形である。参加、あるいは、交際や関与に由来する人情は、すべて、暗黙のうちに受容されている非人間性の仮面にすぎない。人間同士が結びつくべき接点は、他人の苦悩である。人々の喜びへと向かう実にささやかな一歩でさえ、苦悩の強化へと至る一歩なのである」(62)。しかし他方で、この――社会的分業に条件付けられ、反省的距離化の中で自覚的に受け入れられている――孤独が、知識人の側で、幻影や倨傲と化してはならない。「参加しない人には、自らを他人よりも上等だと見なす危険や、自らの私的利害のためのイデオロギーとして自らの社会批判を悪用する危険がある」(63)。反省は、まさしく、知識人が実践に対して取る距離の疑わしさ、彼の孤独が想像的なものであること、そして、知識人が有する尊大さへの、及び、尊大さと同時に現れる誇張された自己懐疑への致命的な傾きやすさなどをも顧慮しなければならないのである。

自らの生活基盤のこれら四契機を考慮する知識人は、啓蒙を自らに応用するという、ささやかな理論的運動によって、広い射程を持つ何事かを成し遂げる。この理論的運動は、どのみち起きる過程に反省を付け加えるだけであり、その過程からせいぜいのところ「まがまがしい暴力」、盲目性を取り除いて[64]、進歩を抑制するだけのことなので、ささやかなものでしかない。啓蒙は自らを自然として認識する。「たとえ人間は、認識そのものを放棄することなしには、必然性からの逃亡、つまり進歩あるいは文明とを中止させることはできないにしても、少なくとも人間は、彼が必然性に対して築いた防壁（つまりさまざまの制度や、自然の征服から転じて昔から社会へとその矛先を向けてきた支配のさまざまの術策）を、もはや来たるべき自由の保証人と見誤ることはないであろう」[65]。もしも事態が別様に進行せず、自らを無軌道に解き放っていく倦むことなき進歩が今にも全面的な管理と否定という形で終局を迎えそうだとすれば、進歩を慎重かつ注意深く継続していくのはなかなか難しい。いずれにせよ、「大きいものへの愛好」[66]は、批判的知識人から程遠いのである。

このわずかな記述はごく慎ましいものであり、ホルクハイマーとアドルノがヨーロッパにおける啓蒙の原史を描き出す中で、理性と支配の絡み合いを自然への頽落の継続として、すなわち、自らの歴史的端緒に対する人間の服従と自然史の永続化として弾劾したことと照応している。しかし、著者たちの目標は恐らく更に遠くまで達していたものと思われる。まず最初に、とりわけ進歩そのものが、進歩が物象化し硬直化していく傾向に抗して、促進されねばならない。重要なのは、「持ち堪える診断」[67]と「理論の不屈さ」[68]を通して、システムが持つ決定的な自閉傾向を妨げることである。ここで想定されている、持ち堪えるというのは、妥協することなく進行していく包括的な技術的自然支配の体系に抵抗し、既に失われた位置を文化批判的に擁護すること以上のものである。「社会は人の意識を喪失させることによって思考の硬化をもたらす」のだが、粘り強い反省は、この意識喪失を刺激して、「真の革命的実践」[69]を可能にする。というのも、反省が啓蒙を継続して、啓蒙を乗り越えていくからである。このような反省を通して、啓蒙は、自分が進歩のダイナミズムの中にあることを自覚し、そのダイナミズムを制御するようになるのである。「自己自身を支配し、暴力ともなる啓蒙がそれ自身、啓蒙の限界を打破する力となりうる」[70]のであり、それと共に、自らを止揚することができるようになるのである。しかし、社会の発展水準に応じてそうこうする内に啓蒙にとって外的なものとなってしまった資本主義的支配の状況とそれと結び付けられた諸制度が、啓蒙の限界になっているのである。社会的分業の歴史的発展と、啓蒙の普遍的諸概念はこれまでは依然個別主義的なものであったという洞察のおかげで、社会の諸関係と社会的自然関係の組織と管理が、個別主義的な集団によって簒奪されることは許容されなくなった――依然として全員で管理することは可能である[71]。

『啓蒙の弁証法』の中で、一方では告発されつつも他方では要請された、理性の反省的な自己関係性は、著者たちによって、まさしくこのテクストで既に実演されているわけである。著者たちの時代診断によれば、反省は、資本主義的独占体制の発展傾向が、文化産業による操作、福祉国家型の措置および行政管理、労働への強制の強化などという形での完全な物象化にまで行き着くのを阻止すると共に、啓蒙を継続し、進歩に別の方向性を与えるうえで極めて重要な意味を持っているわけであるが、彼らは自らこのような反省を実践したのである。したがって彼らは独自の理論的実践によって、すなわち、『啓蒙の弁証法』というテクストのパフォーマンスによって、まさに、自分たちの理論の中で――内容的に見て――未来において実行されるべきものとして推奨したことを成し遂げたのである。批判的知識人は、支配者たちから解き放たれた理性を守りうるのであり、かつ、守らねばならないのである。著者たちは、理性の崩壊過程をそれ自体として解釈しながら、理性の救出に貢献しており、既に啓蒙を継続しているのである。社会的諸制度や理性が崩壊し、かの規則に従った不断の進歩や物神化された成長が展開する歴史的布置連関の中にあって、批判的知識人たちとは、思慮分別、意義、意味、真理という幸福や思考の喜びを想起させることで、理性のダイナミズムを社会の発展動向と結び付けることができる人々のことである。そうした課題を成し遂げうる知識人は、必然的にごく少数である。時折表明された自己理解からすると、ホルクハイマーとアドルノは、残存する知識人は自分たちだけであり、それではあまりに不十分だと思っていたらしい。しかし彼らは、テクストを書いたり反省的知識人として行為したりすることによって、自分たちは歴史の展開を押し止めている行為主体（Akteur）である、と自己理解していたようである。歴史の展開を阻むことに彼らが成功するかどうかは、啓蒙が物質的な暴力に転じうるかどうか、ホルクハイマーとアドルノが『啓蒙の弁証法』の中で練り上げようとしたような、思考の特殊なモラルが他の知識人にも拡大され、そして更に――あらゆる制度面な帰結を伴って――社会に一般化可能かどうか、ということにかかっている。

道具的合理性という還元された形での啓蒙が、既に一般的に生きられた実践になっているので、強調した意味での啓蒙には、もはや行為の方向性、生活を規定する社会的権力として貫徹されうるだけの力はない。『啓蒙の弁証法』は、このことをはっきりと論証している。そして、啓蒙のこれら二つの形態の間には権力関係がある。平等が集団に強制された共同性として、進歩が生産諸力の無限の発展として、貧困の除去が住居・交通機関・労働・消費の各状況において均質化され画一化された人々の全般的な管理として理解されている社会では、平等や進歩、貧困の除去に関する論議はもはや不可能である。

このような展開ゆえに、現実を批判する尺度もまた、市民的支配を先導し、正当化してきた諸規範からはもはや導き出されえない。資本主義社会、その不平等、不公正、非合理性などは、革命的市民層の理性規範に基づいて測られるべきであり、自由や平等の約束と現実の不平等や非自由との間の不一致から、ダイナミックで進歩的な更なる発展の推進力が解き放たれるべきなのである。『啓蒙の弁証法』では、このように市民的思考をイデオロギーとして内在的に批判することが徹底して要求されている。批判理論とイコールと同一視される哲学について、次のように述べられている。「現存体制の暗示からの哲学の自由は、まさしくそれが市民社会の諸理想を、詮索抜きで受け容れるところにある。その理想には、現体制の代弁者が、歪められた形であれ、あるいは、あらゆる操作にかかわらず、技術的文化的制度の客観的な意味として依然認識可能なものもあるが、それは問わない。哲学は、分業は人間のためにあるとか、進歩は自由へ導くとかいう、それぞれの言い分を信じている。だからこそ、哲学は、容易に分業や進歩と衝突するのである。哲学は、信じていることと現実との矛盾に言葉を付与し、かつその際、時代に制約された諸現象に密着している」(72)。しかし、イデオロギー批判を明示的に志向して、それによって根拠付けられているこのような形式の現代社会批判に対して、まさにこの現代社会についての分析から窺えるのは、規範と現実の対立から批判の火花が散ることはもはやありえない、ということである。何しろ、当の規範が、すべて実現され、真逆のものに転化してしまったからである(73)。支配を隠蔽しうる技術的覆いへと物象化された啓蒙は、もはや現実を越え出ることがなく、ただ現実を補強するだけである(74)。この分析からは、イデオロギー批判は歴史的に効力を失った、というラディカルで気がかりな結論が導き出されてくるが、この結論が明言されるに至ったのは、一九五〇年代に入って、全面的に異なる社会的、理論政治的な布置連関の中で体系的論証を展開した、『ミニマ・モラリア』においてである。

知識人として労働者階級の名において語っているのだと主張することは、委任の簒奪であるが、たとえそうしたとしてもそれによって、批判的・解放的傾向と繋がって、理性を有効に働かせられるという保証はかつてよりも更に少ない。というのは、欲求の充足によって、暴力あるいは意識の操作によって、労働者たちが統合されているからだという。「自分たちを一時的に受益者にしている資本主義の基盤は、自分たちに対する搾取や抑圧とは別のものだ」(75)という幻想を労働者から取り除くには、「自分たちがそれであることをまだ知っている労働者たちと、まだそれである」(76)知識人たちが団結することが、以前よりも切実に必要となるだろう。ただし、まさにマルクスに連なる批判的理論の伝統の中で考えられているような認識能力に対して、労働者が抱いている反主知主義が突きつけられる。「大衆が知識人たちに不信を抱くのは、もはや大衆が革命を裏切っているからではなく、大衆が革命を望む可能性があるからだ。このことによって、大衆は、自分たちがいかに知識人を必要としていたかを露わにする。人類が生き延びるのは、両極端が遭遇する場合だけだろう」(77)。

ホルクハイマーとアドルノの分析は、歴史の更なる展開を知識人として知識人の振る舞いに依存させる形で、知識人の政治あるいは真理の政治という、政治の特殊領域を構成している。にもかかわらず、彼らは、この政治について政治の諸概念を用いて語ることは、ない、もしくは、ほとんどない。彼らは理性の普遍化を構想したが、それは政治的戦略としてではない――政治的戦略だと、目指す目標から意図したのとは真逆の作用を引き起こしかねない。というのも、啓蒙のためのプロパガンダなるものは、その特殊なアピール上の性格ゆえに、個々人に対して、権威主義的な身振りに服従し、共犯者となるよう強要するであろうからである。『啓蒙の弁証法』の著者たちは、次のように書いている。「世界を変革しようとするプロパガンダ、何というナンセンス！（…）。プロパガンダは人間を思うままに操作する。それが自由を叫ぶとすれば、それは自己矛盾を犯しているのだ。欺瞞はプロパガンダから切り離せない。たとえ内容そのものが正しくても、プロパガンダをつうじて指導する者とされる者とがそこで相会する共同体は、嘘の共同体である。真理でさえも、プロパガンダにしてみれば、支持者を獲得するという目的のためのたんなる手段である。プロパガンダが真理を口にするとき、それによって早くも真理を偽造しているのだ。したがって真のレジスタンスは、いかなるプロパガンダも知らない。プロパガンダは人間に敵対する。プロパガンダが前提にしているのは、政治は共通の見解に基づいて行われるべきだという原則などは、たんに口先だけ（façon de parler）のものにすぎない、ということである」(78)。著者たちは、自らの言明について、それは今日では、いわゆる大衆にも諸個人にも向けることができず、むしろ架空の証人に向けられたものであり、「われわれとともにすべてが無に帰してしまわないように、その証人に言い残しておく」[79]という一見すれば余りにもペシミスティックにすぎるように見えかねないこうした言明もまた体系的な位置を占めているわけである。直接の読者を当てにできないということが既に、体系的な論証に対応しているわけである——もしもこの本に直接の読者が存在するとすれば、この本の論証は有効性を失ってしまうだろう。名宛人を欠いたこのような語り方が、道具的でない書き方を保証する。まさにいかなる目標も宣伝せず、政治的戦略を何ら論議しないことによって、想定される読者が十分な認識能力を持っていることが前提にされるのである。テクストの身振りは、読者に対して、思考することや反省すること、そして、社会状況から批判的に距離を取ることを要求する。論証の中で、あるいは、論証を通して展開されていること以外は何も勧告されていない。その唯一勧告されていることというのは、自負を抱く知識人でさえ完全に免れているとは言い切れない物象化や思考の硬化もしくは硬直状態に対して限定＝規定的否定（bestimmte Negation）を遂行することである。とはいえ、これだけで既に十分な勧告であり倫理的アピールである。というのも読者は同時に、幻惑の連関に統合されてはいるものの、テクストの読解によってこの連関を既に克服しているごく少数の、かつ、最後の人々の一人として、語りかけられてもいるからである。『啓蒙の弁証法』の読解は、読者を自己や啓蒙に対する反省によって社会全体から引き離すことによって既に、限定的否定を実践しているのである。著者たち、この本、そして、この本の読解、そして読みながらこの本がそれを理解することができる読者に提示する知的要請に応じている想定上の読者は、幻惑の連関に非連続性、非体系的なものという要素を持ち込み、それによって——この幻惑の連関を指し示しつつ——この連関を全体として経験可能かつ批判可能なものにするのである。

しかしこの批判的な距離さえなお社会的分業の産物であり、更に一歩進めて、批判を受けねばならない。反省は、一点に停止していてはならず、社会状況から遠ざかったり近づいたりする反省的・批判的知識人の二重の動きに身を委ねなければならない。アドルノは次のように述べている。「思考する人に今日要求される最たるものは、どの瞬間にも同時に問題の中と外に身を置くべきだということである――自分の辮髪をつかんで自分を沼地から引き上げようとするミュンヒハウゼンの仕草が、単なる確認や構想以上のものでありたいと望むすべての認識にとってのモデルになる。しかも、このモデルに従った場合には、更にお雇い哲学者たちが現れて、確固たる立脚点を持っていないという廉で、我々を非難するのである」[80]、と。非体制順応的な知識人は、時代診断やその規定性ゆえに、その社会的役割、振る舞い、規範や諸概念に関して一義性を期待することができない。彼の活動、発言、議論の意味は捉え所がなく、常に新たな諸側面を呈示する。非体制順応的な知識人が主張するかもしれない自らの立場の自明性は、反省と諸概念の運動によって、すべて、掻き乱され掘り崩されていくのである。この絶え間のなさが既に啓蒙の一要素であるなら、現代のミュンヒハウゼンである批判的知識人に残された道は一つしかない。それは結局のところ、常に新たなミュンヒハウゼン的行為の中で、ますます高次の段階において啓蒙を再生産していくために、啓蒙よりも更に迅速かつ批判的であり続けるということである。ホルクハイマーとアドルノが『啓蒙の弁証法』の中でテーマとして展開したアポリアは、その帰結から言えば、解決されていない。そして、このアポリアが持つ社会的論理への考察と、知識人や知識人が用いる諸概念が逆説的な布置連関にあるという意識は、広く一般化されうる。諸概念は矛盾や多義性を含んでおり、知識人は、それらを用いて、そして、それらの中で、思考したり経験したりしている。それらの矛盾や多義性を一面化したり一義化したりしようとしない知識人だけが、批判的かつ非体制順応的であると見なされうる。知識人は、矛盾なき生活基盤や論理的に完全無欠な理論なるものを期待することができない。たとえ自らがそれによって苦しむことになろうとも、批判的知識人はミュンヒハウゼンとしての役割を担わねばならない。苦悩は、ここで述べたような知的な振る舞い方についての理論的構想の一部である。知識人が苦悩に耐える能力を持っていることが、批判的経験を可能とする必須の前提なのである。

このように、知識人の実存が一義的でないということは、『啓蒙の弁証法』でも論じられている。ホルクハイマーは、ほとんど解決不能な文体上の諸問題について語っている。これらの諸問題は、解決はされていないものの、重要な諸概念が体系的に生み出す多義性を通して取り組まれているように思われる。ここで言う重要な諸概念とは、例えば、啓蒙、理性、進歩、知識、技術などである。これらの諸概念はいずれも、一義的に定義されないし、社会理論が示している宥和し解放された社会という目標を考慮するならば、肯定的あるいは否定的な価値の一義的な指標になっているわけでもない。これらの諸概念のすべてが批判される。しかも、あまりに根本的なやり方で批判されるので、それら諸概念のすべてが棄却されているかのような印象が生じうるほどである。もっとも、隠し絵が問題となる時のように、それら諸概念のすべてが相互に密接に絡み合っていることを確認するには、その一つを詳細に吟味するだけで十分である。批判概念は、それ相応に制約されているのである――ここで重要なのは、進歩が持つ否定的なダイナミズムを打ち破って、進歩を新しい歴史的段階へと引き上げるために、かの諸概念の限界を反省的に意識することであろうと思われる。しかし最終的には、批判的な留保がなされ、宥和された社会において啓蒙と進歩が最終的に止揚されることを示すことが試みられる。反省的になった啓蒙は、必然性から解放されうる。つまり、依然として自然は常に支配されていなければならないと考えることから、解放されうるのである。しかし、他ならぬこの論証が、社会的分業の形式や支配の維持に役立つ。そして、この社会的分業こそ、理性が一面化される場なのである。自然支配を目指すこのような道具的理性は、依然として自然や自然に対する不安に囚われているために、自らを制約している。今なお過去が支配しており、自由な生活のための諸条件は既にすべて揃っているにもかかわらず、進歩は、依然として未来に先送りされ、現在では実現されえないとされる。理性は、反省的理性として、社会的諸関係が、完全に現代的で反省的であること、つまりは理性的であることを理解する——ただし、それは、啓蒙主義が考えたのとは違って、人間による人間的な共同生活の形成というやり方で、理性的なのではない。理性的手段によって自己主張を続けようという強制は、最後の強制であるが、自らを啓蒙した啓蒙ならば、そのような強制から解放されるだろう。『啓蒙の弁証法』は、理性のこうした反省的旋回を表象＝代表しているのである。と同時に、この書物が主張する語りの位置は、反省性についての知でさえ、依然として支配過程の一契機であることを暗示してもいる。というのも、社会的分業の中で支配的職分を担う知識人たちが、この連関について思考をめぐらせるからである。批判的知識人とは、被支配者や支配者とは違って、そして、体制順応的な知識人たちとも違って、これらの諸矛盾、一義性の欠如、振る舞いの両義性、規範をめぐる不安定性などに耐える覚悟がある人、そして、それができる人のことである。この能力こそが、批判的知識人が批判的に振る舞い、万事につけて一義性や機能や効率を目指す社会から批判的に距離を取るための構成的前提なのである(81)。

二章　ドイツへのまなざし

『啓蒙の弁証法』は、その論証の組立からしてもその身振りからしても、政治的な著作である。この本は、理性、生産諸力、支配の三者のアクチュアルな関係を規定し、それらの具体的な布置連関から、社会に批判的な知識人たちの生活、実践、語りの位置にどのようなアポリアが生じるかを明らかにしている。結論が示しているように、知的領野の内部で知識人として特定の形態の理論的実践を選択することが重要となる。このような理論的実践の指標となるのは、とりわけ、多義性や諸矛盾の中に踏みとどまって活動を展開していく能力であり、自らの語り手としての位置に伴うアポリアに耐え抜くことである。このような態度によって、いわば遂行的（performativ）に社会が批判されるのである。というのも、このようなアポリアが存続し、かつ、効力を持ち続ける限りにおいて、社会もまた依然として開かれているからである。社会のオープンさは、反省的な振る舞いによってアポリアを最初に開示する知識人の実践から明らかになる。知識人がもはや両義性に耐えられなくなった時、彼は両義性を一義化し、諸矛盾を一面的に、あるいは全般的に解決してしまい、順応し、その瞬間に社会という地平を排除してしまうだろう。真の実践——これは、真理における実践である——は可能であり、実際にホルクハイマーとアドルノの断想、洞察、エッセイという形で、独自の理論的身振りを伴って行われたのである。こうした発言の仕方は、知識人の歴史的状況を示している。この状況が、批判的営為を骨抜きにし、時代遅れにして無効宣告を下した社会の状態に立ち向かうのである。

　しかし、そのように抵抗し、反省する知的実践が後々まで効力を持つのは、それだけの資質のある知識人がいる場合に限られる。真理や理性が実際に担い手を必要とするという観察は、とりわけホルクハイマーにとって重要な意味を持っていた。彼はポロックに宛てて次のように書いている。「賞賛に値する文化的価値がすべて、恐るべき必然性によって必ず没落していくような社会動向においては、戦争が起きるかもしれないという不安も、それ自体では単なる一契機を成すにすぎません。これまで真理の避難先となってきた極少数の人々が、大袈裟な物言いをして誰からも支持されないでいるような、滑稽な独善家のように見えてきます。唯物論がたどり着いたこのうえなく不愉快な気付きは、理性は自然な主体に支えられている限りにおいてのみ存在する、ということです。理性はこのような自然的主体に委ねられています。つまり、この主体が理性を用いたいと思うかどうかにかかっているのです。たとえこの主体に罪がなくとも、理性がこのような主体から失われていくことは十分にありえます。理性が主体に及ぼす反作用は、主体が自然のままの性格を失うほど、強くも持続的でもないのです」(82)。理性は、自然な主体の中に、自然な主体を介して、存在するのである。しかし、このような自然な主体は、もはや存在しない。もしくは、もうほとんど存在しない。ホルクハイマーは別の箇所で次のように述べている。「ヒトラーの考えは、間違いなくドイツだけにとどまらず世界中で、現代の若者と知識人の多くの部分から、喜ばしいものとして取り上げられた」(83)のである。こうした考察に相互補完的に対応しているのが、恐らくフランクフルト社会研究所のメンバーたちに広く共有されていたと思われる一つの確信である。それは、世界理性の最後の一片は、真理を守りそれに未来を与えようとしている極少数の人々のもとに避難しているのであり、特にこの研究所はそれらの人々に含まれているのだという確信だ。グンペルツはホルクハイマーに宛てて次のように書いている。「とはいえ、長く苦悩に満ちた歴史的過程の頂点をなす諸価値は——少なくとも、我々が生きている間は——全面的な没落へと脅かされているように思われ、現代を生きる人々の心の中でこれらの諸価値が再び強化されるとはほとんど期待できそうにありません。我々の研究所のような施設は、特別な地位と歴史を持つがゆえに、これらの諸価値を守り、これらの諸理念に宿る火を掻き立てることにとりわけ貢献することができます。もっとも、この火は、近い将来にはかすかに灯るだけとなるでしょうけれども。世界は、支離滅裂になってしまったのです」(84)、と。フランクフルト社会研究所近辺で議論されていたような考察から、ホルクハイマーは、研究所にはスタッフの新規採用や教育といったプロジェクトを介して、理性と真理の担い手としての自然な主体を改めて養成する課題がある、という結論を導き出した。フランクフルト社会研究所の理念、活動、プログラムについての一九三八年のメモには、次のように書かれている。「フランクフルト社会研究所が伝達しなければならない数々の理論的知見を、テクストだけでなく直接的教育活動をも介して更に進展させる、という課題が、以前よりも更に切迫して必要になっている。ゼミナールは、以前よりもっと集中的に進められるべきである。ゼミナールでは、主として、現代社会の諸問題を進歩した方法で論じるうえで言及せずには済ますことができない理論家たちについての理解が媒介される。最初に論じられるべきは、ヘーゲル、マルクス、そしてフロイトである」[85]。目標は、「際立って有能、かつ、性格的にも申し分のない」[86]学生たちを優秀な社会科学者へと養成することであり、更にまた、彼らを理論へと社会化させることである。こうした理論への社会化によって、学生たちは、批判的かつ非体制順応的な知識人になり、危険に晒されている諸価値は、これらの知識人のもとで生き延びる。養成されるべきこれらの知識人は、自己保存に関わる諸目的を追求するのではなく、社会支配の技術的・実証主義的な維持に寄与するのでもなく、哲学的に示された要求の多い理論とその理論が規定する人類の解放に関わる諸目標に貢献するものと、考えられていたのである。

ホルクハイマーは、この洞察と四つの相異なる観点を結びつけた。すなわち、フランクフルト研究所、職業教育、理論、パーソナリティの四点である。それによって、議論にある特定の方向性が与えられる。人材養成は、とかくテクノクラート的に誤解されかねないが、実際には、このような直接的目的を超えて、不屈の信念で社会科学の知見を学問領域に定着させる、という、より広範な、はるかに意義深い目的を実現していく。「ようやくにして、社会問題に関してナイーブでない人々が、教育される時が来た。他の学者たちとは違って彼らは、自らの専門分野に目を向けている時にもナイーブではない」[87]。それによって、同時に、批判的かつ非体制順応的な理論の自然な担い手となるべき後継世代が養成されることにもなる。彼らは、「最新の学問的方法論や知見を同時代の火急の問題に応用する方法を経験する」後継世代、すなわち「数々の社会問題と対峙するときにいかなるナイーブさをも持たず、現在に関して何人からも欺かれることのない、明晰にして研ぎ澄まされた自由な意志を持つ後継世代」[88]である。社会科学の専門的能力を身に付けた非体制順応的な知性は、哲学への志向からもたらされる。哲学への志向は、それ自体が「人々の生活の意味や目標と関わり、人々の幸福という使命と、正義や不正と、更には自由や隷従に関わる」(89)。つまり、人々全体に該当する実践的諸問題と関わるが、知識の応用やその直接的効用といった技術的諸問題とは関わらないのである。これらの抵抗的・批判的思考の主体は、昨今の歴史的諸傾向、すなわち、社会の同時代の発展動向と直接結びついている。後継世代は、その専門的能力によって、歴史的に特殊な内実――それは、伝承されてきた意味層の蓄積を介して、社会状況の内在的発展を示す哲学的諸概念によって想定されてきた内実である――を厳密に認識し、かつ、経験することができる。それら諸概念は、抽象的な思考形式ではなくて、「現在の最も進歩した意識が持つ内容的カテゴリー」(90)なのである。しかし、非体制順応的な知識人たちは、現在の最も進歩したこの意識の担い手である限りにおいて、同時に、社会発展の現時点での諸傾向を表してもいる。彼らが、踏みとどまり、主流を成す発展動向を促進するのではなく、それと対決して、それに別の方向性を与える点にこそ、彼らのノンコンフォーミズム（非体制順応主義）の本質があるのである。

ホルクハイマーとアドルノの考察において、要求の多い理性概念、及び批判的理論に対して連続性を与えることのできる資質のある自然な行為主体たちの新規採用という政治的行為の独自の類型を伴う、政治的領域の輪郭線が浮かび上がってくる。そこで明らかにされたように、理論、フランクフルト社会研究所、自然な行為主体という三つの側面は、互いを前提し合っており、実体的連関を成している。理論は、こうして連続性を見出し、社会研究所において組織化されるべき新しい世代の批判的科学者たちの養成を通して、学問領域内で貫徹される。この領域での政治の特徴は、特殊な諸目標に限定されることなく、人間の社会化の文明的な成果を志向している点にある。その社会の基礎的概念は、理性と真理である――理性と真理は、何らかの仕方で政治や戦略から解放されているか、あるいは、それらとの対決を必要とする概念である。

戦後ドイツの発展をめぐる診断やドイツ帰還計画は、このような知識・学問政治的考察を経て決定された。というのも、ホルクハイマーとアドルノは、ドイツを、真理政治がこのような特殊な形態で構成され展開されうる、文化的、そして国家的・歴史的領野と見なしていたからである。真理政治は、資本主義の発達の最新の水準、つまり自己破壊的な理性の水準に対応していると同時に抵抗してもいる。真理政治は、いかなる観点から見ても政治であるが、道具主義や単なる自己保存という誤りを回避している。〝ナチ支配の結末にもかかわらず、ドイツは批判理論の継続にふさわしい場所である〟という、一見すると驚かされる考察を理解するためには、資本主義的な社会形成の非同時代性をめぐる問題についての、特にホルクハイマーの理論的見解を論述する必要がある。

『社会研究』誌上で公刊された諸論文におけるホルクハイマーの中心的議論の一つは、非常に図式的に言うと、大よそ以下のように要約できる。すなわち、歴史において財が不足していた状況下では、支配と支配者による過剰生産の所有化もある程度までは正当化された。ただし、文明の発展が引き起こさずにはいなかった数々の犠牲を言い繕ったり、それらに歴史的意義なる荘厳さを付与したりすることなしに、歴史において最終的に資本主義に行き着く発展は、支配や犠牲がなくても可能だったであろうことを確認することはできる。資本主義的な商品生産の拡大やそれと結び付いた生産諸力の解放によって、欠乏、苦しみ、飢餓、不幸などは、世界史的規模で過去のものとなった。支配が、人々の労働や協働の組織化に向けての命令を通して、自然を技術的、科学的に所有化することを可能にし、人間の再生産を保障してきたという点に鑑みれば、支配が世界史的に見て、一定の理性を有していることを否認することはできない。しかしそうだとしても、支配がそうした歴史的機能を失い、社会的富を自己保存のためだけに投入するようになる瞬間には、完全に非合理なものとなる。これは、ホルクハイマーとアドルノの言葉で言えば、客観的理性から主観的理性への変容である。市民的生産様式やそれと結び付いた思考は、こうした矛盾によって特徴付けられているのである(91)。商品交換は、平等と自由を期待させるだけでなく、万人に対する万人の一般的競争において万人が利害関心から解放されることをも期待させる。各人による利害の追求は、市民社会の諸原理に沿って、万人の豊かさと幸福に帰結するはずなのである。しかし、市民的社会の構成員が行為に際して依拠する諸概念、及び諸原理は、多くの人々の剰余労働が生産手段を所有するごく少数の人々に所有化されるという事実によって、機能転換して正反対の内容になってしまう。市民社会にとって競争に由来する内在的危機の諸傾向と、市民社会の合理性の諸原理は、万人が同程度に社会的決定に参加しており、生産の計画だけでなく不公正や不自由の分配をも根本から阻止されており、人間性の自由な実現が可能となっているような、理性的社会の設立を推奨するだろう。市民階級が、自分たちが革命的だった時期に発揮し絶対主義に対抗して貫徹してきた理性的諸原理に沿って行為するのであれば、ホルクハイマーが理解するように、市民階級は更なる支配の行使を断念しなければならないだろう。しかし、市民階級は首尾一貫性を欠くようになり、最終的には、個別的なものと一般的なものとが互いに宥和している理性的に組織された社会という自らの目標を裏切っている。それゆえに理性は、最終的には、市民社会の克服を通してのみ実現されうるのである(92)。

前の世紀の転換期以来、支配層の個別主義はますます尊大となっている。というのも、支配層は、生産諸力の展開や共通目的を実現する手段の集中を理性的目標のために用いる代わりに、自らの支配を維持するためにすべての手段を投入するからである。「この社会は、経済諸力によって蓄積された共通の富によって可能になる幸福から、ますます多くの人々を遮断するようになっていく」(93)。世界史的規模で、支配者と被支配者の関係が歴史的に尖鋭化する。ヨーロッパやアメリカで主流を成している生産様式と社会形態は危機にあり、「没落へと」(94)追いやられている。危機においては、支配が一時的に不安定になり、文化的生活形式が非常に多様化し、窮乏が容易に憤激へと転じ、「勝利を手にする」のに必要なのは「進歩的諸集団の断固たる意志だけ」(95)という事態になることがありうる。歴史的に、とりわけ同時代の危機を解決するために、市民階級は自由で理性的な社会への移行をどのように妨げているのか、という問いに答えることが火急に必要である、という。というのも、単なる暴力によってのみ、あるいは、「大衆をその経済的利害に関して騙すこと」(96)によってのみ、事ここに至ったとは到底考えられないからである。どうやら表面的動揺の下には、持続性の強い振る舞いの様式や心理的素質が見出されるように思われる。これらの様式や素質は、支配者が依拠することのできる社会の連続性や安定性の本質的要素である。実際、経済的諸要素に対して心理的諸要素が優位にあったのは明らかだ。「というのも、経済的発展の促進によって、人々が示す経済に直接条件付けられている反応様式、すなわち、経済生活から直接生じる慣習、流行、道徳的および美的観念などが、あまりにも目まぐるしく変わるので、それらの変化が定着し、人々の真の特性になるだけの時間はもはやないからである。そこで、心理構造における比較的持続的な諸契機が重みを増していき、それに応じて、一般心理学もまた認識上の価値を得る」(97)。これに対応して、既存の支配形態を維持する際に、文化的諸過程が取る特殊な周期が極めて重要となる。このことは、とりわけ、心理的素質や個人的性格に当てはまる。これらは、慣習に沿って習得され、階級毎に異なる実践を形成し、数多くの文化的制度やイデオロギー装置の中に蓄積されて、今や、ありとあらゆる危機的な変化にもかかわらず、自動性と硬直性によってある程度安定し続ける。それによって、性格的に凝固した習慣群、「いわゆる人間本性」が、とっくの昔に時代遅れとなった振る舞い方を存続させる上で、本質的な貢献をするわけである。利害関心、習慣、観念などの根強さは、「特定の社会集団の構成員たちが、社会全体における自らの地位に基づいて、ある心的状態を持つ」ことに由来している。そして、「その心的状態が発揮する活力の中で、特定の見解が重要な役割を果たす。言い換えれば、人々は情熱的なまでにその見解に固執するのである」(98)。従って、権威にこだわる振る舞いもその一部である。すなわち、「個人の講ずるあらゆる措置の決定に関与する、順応し服従する能力、今ある状況それ自体を思考と行為の両面において肯定し、所与の秩序や他人の意志に従属して生きる特性」(99)もその一部なのである。継承されてきた図式に沿って歴史的な数々の変化を分類し、それに応じて、伝統主義的な振る舞い方や権威を中心とする反応パターンを利用する点に、ホルクハイマーは、性格的素質が安定化作用を及ぼす決定的な理由の一つを見ている。「人々が経済に関する様々な変化に反応する時、諸集団も、その都度の人間的性質に基づいて行動する。心理的装置についての知見なしに、直接的な現在だけからでは、それらの人間的性質を理解することは決してできない」(100)。歴史的に時代遅れとなった社会形態を克服するには、退行的かつ権威主義的な性格の克服が必要であろう。従って、ホルクハイマーによれば、アクターたちには、勇気、力、想像力、高度に合理的な活動などが必要なのである。

ホルクハイマーにとって一九三〇年代の社会的危機は、本質的に、急激な経済成長と文化的諸制度という上部構造の耐久能力の間の非同時代性によって特徴付けられる。資本主義的競争がもたらす情け容赦のない帰結を計画によって克服しうる理性的な社会形態は、世界史的水準で可能である。しかし、被支配者たちが抱く伝統的文化類型や心理的素質が、現在についての適切な認識とそれに応じた解放的実践を、すなわち、合理的に動機付けられた行為を妨げている。もっとも、ナチズムが、反復によって習得された振る舞い方や時代遅れとなった性格的素質を新たな発展に適応させるよう、被支配者たちを強制するということも起こりうるだろう。「前進の原動力となる諸傾向の抑圧や根絶、既に時代遅れとなった生活様式の強引な維持のために解き放たれた諸力は、今日では、社会的諸矛盾そのものの帰結として、それらの矛盾によって保護されている秩序の止揚へと突き進む諸要素を促進せずにはいない。都市と農村部に居住する膨大な中間階層の大衆を時代にふさわしい生活へと教育することだけでなく、彼らの合理的思考を発達させ、それによって彼らを職業上また政治上の無気力から目覚めさせることも、その一部である」(101)。そして、権威志向的な行為類型が獲得される社会化のエージェンシーとしての家庭が、変転する経済状況の圧力下でますます解体されていき、それに伴って文化が安定した性格を失って、自らの革命的側面を誇示することもまた、同様にこの傾向に照合しているのである。

　このような文化上の革命的状況において、知識人たちは、その性格的素質ゆえに、最終的に中心的役割を果たすことになる。「硬化した心理的本性が何ら決定的影響を与えておらず、認識そのものが力となっている諸集団があり」、世界史的転換は「これらの諸集団によって能動的に引き起こされるのを常とする」(102)。こうした体系的に根拠付けられた考察に導かれる形でホルクハイマーのまなざしは、〝合理的思考がその性格の本質的指標であるような素質を持つ自然な主体は、いかにして存在しうるのか〟という問いの重要性に向けられることになる。というのも、これこそが、自然な主体が批判的理論の担い手となる根拠だからである。それゆえに、合理性は、デカルト以来の伝統とは違って、感情、感覚、知覚、情動などの諸領域と対置されておらず、それら諸領域を統制し征服する媒体でもない。そうではなくて、根本的に、それ自体が心理的ダイナミズムとして理解されているのである。基本的に精神分析な論証に依拠するこのような立論によって、生の哲学的な諸見解もまた却下される。それは、悟性あるいは理性は、感情や生に含まれる抗いがたい暴力を文明によって人工的に制約するものであり、合理的思考は冷淡で、感情に敵対的で、ストレスに満ちたものと見なすような見解だ。

　ホルクハイマーが一九三〇年代に様々な論文で論じた構想に従えば、資本主義的社会形態は非常に尖鋭化した状況にあり、その帰結には世界史的意義があった。資本主義支配の本質的な存続条件の一つが諸個人の心的態度であることを指摘するために、彼は、経済的諸過程から文化的諸過程へと注意を移している。この心的態度は、伝統墨守主義で硬直化しており、反復によって習慣化されたものであり、刷新に対して敵対的で、権威主義的な振る舞い方を示す。とりわけ知識人が決定的な意味を担う文化面での変化は、こうした性格の指標群にダイナミズムをもたらし、それらを現在の水準にまで高めうると思われる。

しかし、まさにこのホルクハイマーの戦略的選択は、一九四〇年代初頭に変化する。生産諸力を私有財産という桎梏から解放するという従来の目標に加えて、目下まだ統合されざる生活様式の保持という目標が、新たに同等の比重を持って追求されるようになったのである。歴史的諸傾向の評価が変化したきっかけは、まず第一に、(1)アメリカにおけるケインズ型福祉国家の発展と、ソ連におけるスターリニズムの発展、そしてナチスの支配の安定とその残虐行為を、一つの現在として把握しようとする試みであり、二つ目は、(2)第一の試みと結びついた新しい人材養成モデル、および、新たな現実の定義であり、そして最後に、(3)進歩と啓蒙の弁証法の診断の一部を構成する、反ユダヤ主義と権威主義的パーソナリティについての研究所による経験的研究である。

(1)ホルクハイマーは、資本主義的生産様式の分析に際して、社会の全過程を包括する均質的な理性概念から出発した。すなわち、行為と決断において社会的諸制度とその代表者に決定的影響を及ぼしている、客観精神から出発したのである。彼にとっては、二種類の非同時代性が明らかになった。ある場合には、社会的諸階級の個々のある部分は、この理性が代表する社会的発展の水準にはまだ達していないのだが、他方では、もはやこの水準にはない、という非同時代性である。とりわけ支配階級は、自らの利害に反するかもしれないとなると途端に、理性、および、それと結び付いた平等、自由、真理、個性などの諸概念をあっさり放棄してしまう。というのも、理性的諸観点に従って組織された社会は、競争・破壊・欠乏などを、計画的な生産や分配を介して除外するであろうし、それによって自由と平等の前提条件群と、社会的意思決定への万人の理性的参加をもたらすだろうからである。関連するキーワードは、計画である。計画は、特殊利害の貫徹を不可能にするからである。もっとも、ホルクハイマーはポロックの分析に依拠して、資本主義的生産様式が計画国家という新たな段階に移行していると確言せざるをえなかったわけであるが(103)。それと共に、理性概念と計画概念の内容もまた変化する。というのも、社会的な生活状況を幅広く形成する能力は、今や支配の継続に奉仕しているからである。しかし、同時に理性の地平が、ごく少数の人々からなる集団の自己保存や生き残りのための利害へと切り詰められてしまう。かくして、計画の機能転換によって理性批判が必要となるのである。

国家資本主義の段階の本質的指標は、分配と流通の領域——哲学的に表現するならば媒介——の除去である(104)。市民社会を批判的に評価するうえで、この経過は決定的な意味を持っている。というのも、平等や自由といった諸概念は、媒介の領域に、社会における自らの客観的基盤を見出し、今や歴史的に時代遅れになろうとしているからである。それぞれの商品所有者が自由で対等な存在者として他者と相対するのは、商品交換の領域においてである。交換は、他者がその労働の成果である財産に有する諸権利を承認しながら、なされるのである。市場において私有財産所有者たちが取り結ぶこのような関係は、ホルクハイマーによれば、常に、かなりの程度までイデオロギーだったという。とはいえ、この関係こそが、個人、その自由と平等、諸権利、自由な決定能力などの諸概念に、社会的効力を賦与したのであるが。いくつかの極めて有力な資本集団が、自らの特殊な諸目標のために計画という手段を支配的に所有することによって、市場は除去され、市場経済は指令経済に移行する。「諸欲求は今や、様々に装われた資本的な諸利害の機械的調整によって、最も快適かつ公正に調整されるようになる。各人に許される暮らし方についての市場の判決、すなわち、各人に対する、幸福か貧窮か、あるいは、飢餓か権力かという判決は、経済面での支配者集団群によって下されることになる――かつては支配的集団群ですらそうした市場の判決を顧慮しなければならなかったわけだが。匿名性は、計画性に移行する。それも、人間性にふさわしい自由な計画性にではなく、人間性にとって不倶戴天の狡猾な敵たちが結託して立案した計画性に移行するのである」(105)。ホルクハイマーはそれ以前の数年間はまだ、「計画が部分的に実現されていくにつれ、抑圧が部分的に不要となる」だろう、と期待していたのだが、今や、事態はそうならずに、「諸計画を統制していく中で、抑圧がますます結晶化してきた」(106)。計画は、かくして、その都度の有力者によってもっぱら自らの権力維持を目的として用いられるので、生産諸力の発展も、今となっては、もはや、それらを合理的かつ社会的に規定された形で利用することを意味しない(107)。ホルクハイマーは、計画についての強い概念に固執しているが、伝統的な革命理解に沿って行動する社会主義運動が、既に存在している諸傾向による状況打破を手助けし、結果的に国家資本主義の実現に協力することになってしまうことに警告を発している(108)。

しかし、更なる分析で彼が示そうとするように、まさしくこのような事態が既に起きているという。というのも、生産様式の変化によって、支配の諸関係や階級間関係が変化するからである。企業家同士が市場経済で競合するという条件下において国家が自律的だったのは、被支配者から支配全体を維持するために、調停や調整という形で介入しなければならず、普遍的な法的安定性や数々の自由権を保障しなければならなかったという限りにおいてであった。個々の独占がますます支配的な地位を占めることによって、個々の企業家や株主が生産手段に対して有する処分権が、経営や産業の官僚的機構に都合よく除去されるだけではない。資本主義内部の競合も、事実上不要となる。かくして、計画のための装置を持つ国家が、個々の資本集団の処分権に直接従属するようになる。国家と産業界の、双方の官僚的機構が、管理行政型支配の新たな連合体を構成するのである。「今や、公式には、官僚機構を介しての他者の労働に対する命令が最終審級であり、競合する財産所有者の命令は、ただ委任されているにすぎない。しかし、数々の対立は消滅している。何故なら、財産所有者が官僚となり、官僚が財産所有者となっているからである。国家概念は、支配の特殊性という概念と何ら矛盾しなくなる。国家は、提携した指導者たちのための機構であり、私的権力の道具である。国家が自立化すればするほど、偶像視されればされるほど、ますますそうなっていくのである」(109)。

計画と、競争の排除によって、解き放たれた労働の計りしれない豊かさによって、更なる搾取や剰余価値の生産が不必要となったので、労働者階級は構造的に変化し、もはや資本主義的諸関係の敵対者ではない。国家が労働者を扶養したり雇用したりするのは、もっぱら政治的考慮による。労働者の組織はビジネスとなり、人員管理や経営の特殊な課題となる。資本主義社会で労働運動が積極的な役割を果たすのは、社会に統合されている限りにおいてである(110)。労働組合首脳部の利害を貫徹するために、分配闘争における圧力の手段として、官僚主義化した巨大組織群が必要となる。しかし、それによって、苦悩している諸個人の利害は影が薄れ、連帯的な階級関係は解体する。階級闘争は、労働組合の執行部と底辺の闘争として、労働組合の諸目標を設定する労働貴族とその他のカテゴリーに属する労働者の闘争として、労働組合の構成員とそこから排除された者たちの闘争として、労働者階級内で再現されることになる。労働運動は、支配階級と同様に特殊主義的になり、ゲームの規則や、「職業＝召命（Beruf）としての労働、つまり辛苦としての労働――過去においては、それが彼らが知る唯一の労働のあり方であった」(111)を問題にすることがなくなった。労働者は、「社会的な不公正を強力な事実として受け入れ、強力な事実を尊重されねばならない唯一のものと見なすことを学んだ。労働者たちの意識は、現状と根本的に違う世界への夢に対して閉じられていると共に、事実の単なる分類ではなく、これらの夢の実現を志向する諸概念に対しても閉じられているのである」(112)。

労働組合首脳部は、国家行政と産業行政の首脳と共に、歴史的に完全に寄生的なものになっている相互に競合するラケット（訳註：国家機構にたかる徒党、ホルクハイマーの用語）を構成するようになった(113)。もっとも、労働組合というラケットは、極めて弱小なラケットと見なされており、特にドイツにおける展開を見れば分かるように、資本は必要でなくなれば労働組合ラケットをあっさり切り捨てるかもしれない。結局のところ、労働運動が統合されることによって、抵抗の役割は機能的なものになってしまった。「支配の下で繁栄しようとするものには、支配を再生産する危険がある」(114)。

(2)分配や流通の領域の解体も同じ社会的ダイナミズムであり、これが、資本主義社会における文化の意味を決定的に変える。文化を生み出す知識人たちは、資本主義の自由主義的段階においては伝統的に、直接的生産から解放されていると共に、純然たる再生産としての利潤追求型で自己保存に関わる諸活動から解放されていた。芸術作品は、商品としての性格を持ち合わせているにもかかわらず、社会から一線を画した自己関係的コンテクストを表している限りにおいては、自律的だった。芸術作品は、単なる娯楽品ではない。それは、直接的に享受されることはありえず、解釈され把握されねばならない。つまり、芸術作品は判断力や自由を要求したのである(115)。しかし、それによって、美的文化と社会の間に緊張が生じる。というのも、芸術作品は、社会的分業の中で生産されるにもかかわらず、同時に、自律的意味連関として構成されるからである。社会は、純粋な現在＝現前性（Präsenz）や直接性に吸収されえない。むしろ、芸術作品が芸術ではないものとして社会を示している限りにおいて、芸術作品と共に記号論的な距離が生じるのである。芸術作品は、いわば自らの肩越しに、全体としての社会へのまなざしを提供し、未だに宥和されざるものとしての、社会の全体性という概念を媒介する。しかし、社会が宥和されざる状態にあることは、芸術そのものの存在によって示される。すなわち、他の人が労働を強制的に義務付けられているにもかかわらず、知識人は、社会的分業の中で直接的な肉体労働という辛苦から解放され、自律的な意味連関と批判的判断という二つの自由を享受している、という事実によって示されるのである。

大衆文化の発展によって、自律的な芸術作品がまだ存続しているかのような見かけが維持される。文化産業における独占が、重要な芸術作品を多くの公衆に知らせる流通上のエージェンシーと見なされるというだけのことではない。他方でまた、巨大産業によって仕上げられた文化生産物が、依然として自律的な芸術作品として登場するのである。しかし芸術は、統合されており、資本に完全に包摂されている——ちなみに、芸術の統合は、アメリカでは、ヨーロッパやドイツとは違って、ファシズム以前に確認されていた[116]。映画、音楽、グラビア雑誌、ラジオ放送、スポーツなどは、余暇、娯楽、休養としての効果を得るべく、収益性という観点の下に確定した図式に従って生産される。かくして、文化産業と消費者の需要の間に、閉鎖的な循環過程が出来あがる。というのも、文化産業の代表者たちは、一つには、消費者の受容や教養の水準が低いことを理由に、もう一つには、一般大衆に理解可能な大量生産物を製造することを不可避にする経済的・技術的諸条件を理由に、自らの製品の水準の低さを正当化するからである。文化産業は、そうした自己正当化の根拠である低い水準を作り出し維持することに貢献することによって、現行支配の諸関係を循環的に二重化している。文化産業は、イデオロギー的なのである。芸術は自らの機能を奪われる。自律的な意味連関としての芸術は、解釈という知的行為が必要とする距離を作り出すことによって社会的な全体性の同一性を打破する能力を持っていたのだが、文化産業に牛耳られることによって、この能力を失ってしまうのである。

けれども、ホルクハイマーとアドルノによるこの一般的な論証には、いくつかの不明瞭さが認められる。第一の議論によれば、文化産業の製品が及ぼす作用は、そもそも意識の操作にあるように思われる[117]。産業として組織され管理された文化は、「人間の意識を、夕方に工場を出る所から翌朝出勤してタイムレコーダーを押す時まで、一日中自分の上に保持せざるをえない労働工程の予定表で封じ込める」(118)という一つの目的を成就する。文化産業は、互いを指示し合う製品の体系である。この体系が、無階級的になった自動車から、規格化された住居、イミテーションを喚起する宣伝を経て、ヒットソングや映画に至るまで、大衆の世界、表象、意識をくまなく占拠し、それらを作り換えていく。かくして、カントによれば諸判断の形成が始まる場であるところの、意識に備わる統覚の力のもとで、このような事態が始まるのである。その目標は、現代におけるコミュニケーションや啓蒙のための技術的手段によって事実上与えられている可能性を封殺し、一方における高度な教育水準と、他方での自律的な意志形成の媒介を経て、個別的利害と一般的利害の宥和に漕ぎ着けることである(119)。

第二の説明類型もまた、個人の認知的可能性が損傷されているとして、意識哲学的に論証するものである。その論証によれば、文化産業は直接的に、意識に影響を及ぼしているのでも、意識を操作しているのでもない(120)。文化産業によって作り上げられたイデオロギーの本質は、まさに、写真や言語によって現存在を二重化することにある。イデオロギーは、日常生活の支配的様式を確認するだけであり、もはや、自由や平等といった社会の現状に挑戦する諸規範や、偉大な芸術作品という意味で、日常生活を越え出たものを指し示すことはないのである。

しかし、この論証によって、ホルクハイマーとアドルノは、純然たる意識哲学の立場から文化産業を説明する枠組から離れていく。というのも彼らは、日常の新たな組織化を通しての現実が――支配に都合よく規定される形で――新たに定義されていることを見て取っているが、それに対応する適切な概念を展開していないからである。人々が、直接的かつ完全に、文化産業によって組織された仕方で暮らすようになったことから、文化産業的な効果が生じてくる。この効果によって、解釈と社会的現実の緊張が消え、それと共に全体との距離もなくなる。文化産業は、包括的実践であり、余暇から労働を厳密に分離することを強要し、余暇を再構成するのである。しかし、それと共に、現実と想像的なものの間の境界線が引き直される。芸術作品と社会の間の古典的な関係とは違って、現実と想像は厳密に区別されるのではなく、干渉し合っているのである。「全世界が文化産業のフィルターをつうじて統率される。かつては映画館を訪れた者は、外の街並みを今しがた見てきたばかりの活動写真の続きのように実感したものだった。映画自体が日常の実感される世界をそっくり再現しようとしていたからである。そういう古い経験を、「人工的に」製造することが、今や映画制作の基本方針になってきた。製作技術がますます緊密かつ遺漏なく経験される諸事物の複製をつくれるようになるにつれて、それだけ今日では外世が映画の中で識った世界のストレートな延長であるかのように錯覚させることは、簡単にできるようになった」[121]。虚構の世界が現実世界に及ぼすこの干渉から、イデオロギーを現実の複製と見なす解釈の不十分さが明らかとなる。スポーツ、音楽、映画、遠くへの移動等の余暇行動全体によって、新しい生活習慣や集団的な時間経済というこれまで全く存在しなかった現実が、実際に形成されるのだとすれば、イデオロギー的に二重化された対象領域なるものは、ここには存在しないからである。著者たちが、アメリカにおける権威主義的態度や極右のプロパガンダを経験的に分析することによって確認したように、イデオロギー批判は、歴史的によく知られた形態では時代遅れとなっている。というのも、イデオロギー批判は、平等や自由という諸規範を志向し、文化や教養への関与としてその実現を求めてきたと思われるのだが、今や、他ならぬ当の諸規範が、文化産業に組織された生活実践の構成的諸契機となってしまっているからである。

流通領域では、表向きは、未だに競争や個性が効果を持っていると言われるが、実際には、文化産業は独占企業によって流通領域を維持することを許されている。このような事実から、新しい集団的習慣群を形成する特殊な実践が生じる。というのも、今や競争は、文化産業の生産機構や管理機構のために計画された昇進や人員採用という形でなされるからである。各人にとっての昇進や人員採用は、偶然に左右される。文化産業は、宝くじ、美人コンテスト、懸賞、スポーツ競技などに参加するよう、すべての人を組織する。この過程で新しいタイプの合意が生まれる。これは、『啓蒙の弁証法』がその点でしばしば批判されているように(122)、上からの操作によるのではなくて、下からの参加による合意である。「イデオロギーは、確率計算の中に身を隠す」(123)のである。確率計算に従えば、誰もが勝者になれるかもしれないが、現実には、勝者になれるのはごく少数の人だけである。勝敗は、決定的諸法則とそれによって可能となる統計的偶然という原理の結果である。人は試み、そしてまさに、幸運か不運かのどちらかを得たのだ。これが合意を生み出し、すべてはスポーツ競技のようになる。映画、スポーツ、音楽の世界におけるスターあるいはプチ・スターのような幸運な人々は、世間で脚光を浴び、名声を得て、途方もない富の分け前にあずかる。これは、昇進そのものを組織するためだけに存在するような、どこまでも意味の乏しい昇進過程である。この過程は、広範囲に及ぶ社会的・創造的な帰結を何ら引き起こさない。空転する機構での就業によって諸個人を忙殺する、という否定的帰結を引き起こすだけである。「存続させ、進行を続けさせること一般が、体制をやみくもに存続させるための、否、その変革不可能性の正当化になる。健康なのは、繰り返されるもの、自然と産業における循環である。雑誌からは、同じカワイコちゃんが永遠にニッコリ笑い、ジャズマシンは永遠にドンチャカ響く」(124)。

社会全体にとって抵抗の意味が変わってしまったように、知識人が果たす批判的機能も、構成要素の一つとして文化産業の営みに取り込まれている。文化産業にとって知識人による異議申し立てや抗議は、必ずしも製品のボイコットに繋がるわけではない。それらは、逆に、世間での競争の際に非常に有利なトレードマークとなって、製品の知名度を露骨に押し上げ、売れ行きを高めるのである。「現代社会の公共性の中では、異議申し立ての叫びは目に立つ告発としては響かない。たとえ叫んでも耳ざとい連中は、いち早くその響きのうちに、反抗者が彼らに逆らうのをやめるという自らの優勢の徴しを聞きとっている」(125)。

それと共に、知性の全領野の構造が変わる。文化産業の中には、大勢の監督、映画俳優、ジャーナリスト、音楽家、スポーツ選手たちがいる。彼らはすべて知識人と見なされたがっており、知識人の課題に没頭している限りにおいて、知識人と見なされうる。彼らは、創造的であり、意味を生み出し、集団的生活の数々の形式やモデルを作り上げていく。彼らの見解は、何百万人とまではいかないにせよ、何千人もの人々の議論や意見形成の対象となる。それによって、産業や権力の巨大複合体に支えられながら、新たな形態の文化的ヘゲモニーが生じる。これらの新しい知識人たちは、直接・間接を問わず、平凡な余暇の様々な過ごし方によって、人々の意識を組織する。彼らは、自らの社会的上昇によって、個人的人生目標にとっての様々な方向付けや基準を提供する。従来型知識人は、自立していて、商業化のチャンスを虎視眈々と狙うことなく、読書し思考し対話するのだが、今や、文化産業に関わる新しい知識人たちが、依然として伝統的形態で知的活動を実践している従来型知識人たちよりも、優位に立っている。ホルクハイマーとアドルノは、グラムシのヘゲモニー概念を知らなかったが、ヘゲモニーの過程群を分析している。対象とされたヘゲモニーは、変化を経ており、形式からすればフォード主義的といえるものである。産業・資本主義的発展に基づいて、自由主義時代の知識人は、ヘゲモニーによって周辺へと追いやられていき、そうでなくとも危なっかしい自らの文化的権力を今まさに決定的に失おうとしているのである(126)。二人の更なる実践は、知識人が文化面や社会全体で無力化していく傾向を、阻止することを目指している。というのも、彼らの見解によれば、知識人のこの無力化傾向によって、資本主義社会を批判する可能性が完全に消え失せてしまうからである。二人が追求していくことになる戦略は、批判的知識人のリクルート・モデルの創出の戦略である。

(3)ホルクハイマーは、国家資本主義を、その変種である統合的な国家管理主義やファシズム国家と共に、権威主義的国家の一種として説明している。全般的に権威主義志向の資質に依拠しうる資本主義国家であるがゆえに、権威主義国家なのである。権威主義的な性格的資質は、原史的に自己保存的主体と結び付いている。自己保存的主体が生き残るのはもっぱら、周囲の社会環境や自然環境から距離を取り、自らの利害に関心を集中させて周囲の環境に対して非情になる一方で、その環境を純粋な客観世界として物象化し、その世界に順応し、順応を通してその世界を支配しようとすることによってである。主体の自律性は、最初から交換の産物である。というのも、個人が、自分自身と自らのミメシス的特性を放棄して、自らを道具化したり他人から道具化されたりすることをも厭わない硬直的な性格を作り上げることによってのみ、主体は生き残ることができるからである。宥和されざる主体性は、致命的な矛盾に直面する。すなわち、ミメシス的諸傾向に屈服して退行的に自然と一体化してしまうか、それとも、自己保存のために体制順応的に振る舞って硬直化していくという形で自己を放棄するかの二者択一を迫られるのである。

ヨーロッパ文明の歴史において、自由主義的資本主義の段階は、短期間ではあったとはいえ、主体性のジレンマに満ちたこの構造に、別の選択肢を提示した唯一の時代である。この時期の権威は、生産諸力の水準に応じて合理的だっただけでなく、様々な形態の自律的主体を生み出しもした。そして、自律的主体のそれら諸形態は、かのアポリアの止揚と、主体と内なる自然の宥和とを約束するものだったのである。歴史上のこの時期に市民的家族が置かれていた社会経済状況から、個人化という現象が生じた。市民的家族は、経済の中心的単位だった。父親は、配分領域において、自立し自由な決定権を持つビジネスマンとしての地位を占めており、息子は、父親を手本とし、そしてまた、父親の権威との対決を経て、自律的主体へと成長していくべき、未来の後継者と見なされた。「以前ならば、自らの義務に専念している自信に満ちた賢明な男性を愛情込めて模倣することが、個人の道徳的自律性の源泉だった」(127)。そして、母親は、子供にとっては自明の同盟者であり、子供と共に「数々のユートピア的夢想に耽る」ことができた。母親は、現実原則を体現していたのではなくて、自発性、ケア、心の温かさ、愛する能力の調和された振る舞いの様式を体現していたのである(128)。

独占資本主義が発達するにつれて、家族はその経済的重要性を失っていった。というのも、男性が従属的な被雇用者となって、もはや決定を下さなくなると共に、遠大な計画策定や権威ある自立に必要な諸特性を失うからである。他方で、女性は、職業に就き、もはや、愛情深く情緒的に心を配ってきた家事の維持だけに思考や行動を集中させなくなる。子供にとってはこれが、自律性を育む上で手本となりうる諸審級が失われていく、という帰結をもたらすのである。社会心理学上の見地からすれば、もはや個人化は起きない。というのも、個人は脱中心化されており、個人の身体は、今や、文化産業に意のままにされる振る舞いの様式と信号によって引き起こされる反応群との結節点でしかないからである。社会経済の傾向と文化産業の傾向は、大衆社会において個人が全面的に組織され管理されたモナドに解体されていく点で交錯する。この二つの傾向は、ファシズムによって意図的により強化される。ファシズムは家庭を、「野蛮への退行に抵抗する非常に信頼が高くかつ実に効果的な対抗的審級」かつ、大衆社会に対する防壁と見なし、徹底的に攻撃し破壊する(129)。構造として既に存在していた権威主義的な性格の諸特徴が、この展開を通じて解き放たれ、危険な形で、新たな権威主義的な性格の類型へと纏め上げられる。弱気な父親と愛情のない母親を持つ弱体化した家庭の中で、冷酷で、頑なで、軽薄で、攻撃的な性格が形成されるのである。この性格は、ファシズムによるプロパガンダ、人種差別的偏見、自集団の賛美、労働者階級に対する誹謗中傷、民主主義の諸制度に対する軽蔑などに、特に影響されやすい。権威主義的性格にとって更に特徴的なのは、因習的な諸価値や「正常」性の基準なるものに頑なに固執し、ステレオタイプで思考し、弱者を憎悪し、自己批判が一切欠けており、迷信家で横暴で同情心に乏しく非人間的で、性的純潔さに加えて秩序や清潔さ一般に固執し、楽観的に振る舞うことなどである[130]。これら個々の指標群と共に、とりわけ重要なのが、自分の認知や思考方法をめぐる反省的考察に対する防衛反応という心理的モデルである。ただし、このモデルでは、数々の投影作用は批判されないままとなり、病的な相貌を呈することになる[131]。これらの個々の指標は全て、振る舞いの様式としてのコンフォーミズム（体制順応）という概念に包括されうる。この振る舞いの様式は、社会でその都度最も有力な傾向を確認したり補強したりして、現に今そうであることを理由に現状を肯定し、無力であることを理由に弱者を非難する。権威主義的な性格は、自ら進んで支配の体制に順応した道具となり、その諸特性は、陰画として、対極に位置する非体制順応的な知識人というモデルを浮き彫りにする。このような知識人の要請こそ、ホルクハイマーとアドルノの理論と制度両面での考察が目指したものに他ならない。

これらの考察との関連で、ホルクハイマーは一つの問題に立ち戻った。文体上の問題という、政治的戦略にとって根本的な問題である。既に言及したように、彼は既に長らくこの問題に取り組んできた。ところで、そもそも知識人は、非体制順応的かつ自由な思考をどのようにして支援すべきなのだろうか？　あるいは、権威主義的で人種差別的な人々とどのように闘うべきなのだろうか？　更には、啓蒙や解放的諸目的をどのように達成すべきなのだろうか？

知識人は、あたかも自分が歴史を支配している強力な諸傾向と提携しているかのように論証することによって、権威主義的諸特性を動員すべきなのだろうか？　それとも、反ユダヤ主義を取り締まる諸法規を擁護すべきなのだろうか？　しかしながら、他ならぬこれらの営為によって自らの思考が敵対している権威主義的な態度を強化したくなければ、知識人は、ほとんど何もすべきでないということになる。他方で、権威主義的性格は無意識のうちに根を張っているという社会心理的考察ゆえに、「公正さ・公平感の詳細や、民主主義の諸理想」に訴えかけることも、あまり適切ではない[132]。では、人は何を語るべきなのか？　啓蒙的テクストはどのように書かれるべきなのか？　そして、解放を目指すにはどのように振る舞うべきなのか？

『啓蒙の弁証法』というテクストの形を取った実践は、出発点に戻るために、上述の問いに対する解答を試みた。断片のままに留まって、矛盾や多義性の数々を放置しておくことによって、このテクストは、思想を説明するだけでなく、反権威主義的な考え方や非体制順応的な身振りを教え込む。とはいえ、これだけでは不十分である。個人の同一性の崩壊とヨーロッパ文化の危機は、広範囲に及ぶ非常に強力な経済的諸過程によって引き起こされるのであって、ここから議論が始められねばならない。「文化の没落」は阻止されうるし、また、阻止されねばならないし、諸媒介は、できる限り維持されねばならない。これこそが、歴史上の数々の非同時性ゆえに、アメリカでよりもドイツで可能なことなのである。

何故ドイツなのか？　この帰国については特にアドルノが、個人的でどちらかといえば平凡な発言をしている。ドイツへの帰国は、彼には、端的に当然のことと思われた。というのも、彼は、ドイツの文化や言語への帰属感を抱いており、多くの惜しみない援助を受けたにもかかわらず、アメリカでは自らを余所者と感じてきたからである[133]。しかし、理論的論拠もある。この論拠は、ホルクハイマーとアドルノによる考察に伴う、ある特定の帰結から明らかとなる。

それによれば、ドイツにおけるファシズムは、後発資本主義の展開の帰結ではない。ホルクハイマーは、「ドイツの特殊な道」という想定をあまり評価していないようである。ホルクハイマーは、帰国前の一九四〇年代の時点で、

「遅れてきた国民」論をはっきりと退けている[134]。恐らくホルクハイマーは、先進各国に共通する諸傾向がドイツ・ファシズムの政治という形で結晶したのだ、と確信していたのだろう。彼とアドルノは、個人の社会心理的資質群を資本主義的生産様式の発達と結び付けて論じたので、権威主義的かつ人種差別的な態度を特定の国民的性格に還元することを、特に、ナチズムをドイツ人の国民性に還元することを明快に拒否した。権威主義的な性格の諸特徴は、西側工業国すべてに見出されるものであり、どこの国でも、潜在的にはすぐに全体主義的支配形態に行き着いても不思議でないものだったのである。このような理由から、彼とアドルノは、イギリスのサー・ロバート・ヴェンシッタート外務次官やアメリカのモーゲンソー財務長官が唱えた「ドイツ人の集団的罪」テーゼを誤りと見なしている[135]。

文化産業についての分析は、当時の大衆社会が格段に進歩した水準にあることを明らかにすることができたし、権威主義的性格をめぐる経験的研究の諸成果は、アメリカで危険な権威主義的・反ユダヤ主義的ポテンシャルが発達してきたことを示していた[136]。こうしたことを背景としてホルクハイマーは、ヨーロッパ再建という問題と、ドイツにおける民主主義的な教育および刷新という問題に繰り返し立ち戻った。彼の見解では、ドイツ人は、ナチズムの犯罪に対して集団的に罪を負うているわけでもなければ、ナチスという凶悪な一味の純然たる犠牲者でもない。「ドイツ人は、品位のある政府――そうした政府は、その品位ゆえの見かけ上の、あるいは事実上の短所ゆえに体面を損なうことになる――を受け入れるよりも、ナチスを小さな不愉快事――その不愉快事は、彼らの犯罪の見かけ上の、あるいは事実上の長所ゆえに相殺されることになる――として甘受したのである。ドイツ人は、たとえ自ら認めようとしなくても、自分たちが何をしたのかを非常に正確に知っていたのである」[137]。従って、ドイツ人に民主主義的な諸慣習を教育すべき理由は、たっぷりと存在したわけである。しかしホルクハイマーは、他ならぬ連合国、とりわけアメリカが、教育者として適切かどうかを疑っていた。というのも、ファシズムへの勝利は、彼の見解からすれば、今や「西側諸国」とアメリカが最も進歩した水準の資本主義的生産様式を代表していることを、世に知らしめるものだったからである(138)。更に加えて、アメリカの「せわしない雰囲気」の中では、とっくの昔に、政治的解放のための闘争の基本モティーフは忘れ去られており、「文化に含まれている、批判的かつ非体制順応的で活気のある真に人間的な要素」は取り除かれてしまった(139)。世間一般で勝利を収めたのは、体制順応的な小市民、教養俗物、平均的タイプである。「このタイプがヒトラー支配下のドイツのよりあからさまで、より明白な野蛮に取って代わるということがあるとすれば、その精神は、全世界を広いアウトバーンへと変換することを通して、生き延びることになるだろう」(140)。

フランクフルト社会研究所で危惧されていたのは、第二次世界大戦の未来の戦勝国が、第一次世界大戦の戦勝国と同じ過ちを犯すことである。過ちだと考えられたのは、第一次大戦の戦勝国が、ドイツについて何一つ知らず、平和のための準備を怠って、社会心理的諸要因の盲目的な相互作用を野放しにしてしまったことである。それゆえにフランクフルト社会研究所は、アメリカの戦争遂行に協力しようとして計画された研究プロジェクトを概説したメモの中で、ドイツを一面的に捉えてはならない、と強調したのである。ナチズムは、ピストルの一発から始まったわけではなく、「ドイツとヨーロッパの情勢から」生じたのであり、それゆえに、ナチ体制が消滅したからといって自動的に新しい精神状態が生じるわけではない。むしろ、社会、文化、教育の各方面での集中的な措置によって、戦後のショーヴィニズム（国粋主義）に対して明確に狙いを定めて、攻撃的な闘いを挑まねばならない。そして、社会の基本動向に切り込んで、若い世代に民主主義を教えねばならない。ただし、これはドイツ人と協力しながらなされるべきである。教育制度の改革に際しては、アメリカが模範となるかもしれないが、「ドイツに適さない」ことまで受容してはならない。生み出されねばならない未来のエリートたちは、アメリカに対して友好的であるべきだが、他方でドイツの民衆の間で信頼を得ていなければならず、アメリカに買収されているかのように見なされてはならない。若い世代が獲得されねばならず、ナチス配下に組み込まれてしまったドイツ青年運動の、肯定的側面が再構成されねばならない(141)。ドイツには、醜悪な側面だけでなくそれ以外の側面もあったという。「ドイツは、他の各国よりもヨーロッパ文化に多くの貢献をしてきた。しかし、ドイツ人が残忍であるのに、アングロサクソン人はドイツ人に対してあまりにセンチメンタルであるかのように、叙述されるのが常である。けれども、ドイツ人が示すこの両面は、嘘と真実という関係にあるのではなくて、関連し合う同一の基本特性が示す両極なのである」(142)。

フランクフルト社会研究所での、特にホルクハイマーによる考察の多くが、新たに権威主義を伸張させかねない間違いが戦争終結後に繰り返される危険に対して、警告を発する内容になっている。アメリカ人が、文化をプラグマティックな政治的有用性という点からしか評価せず、特にドイツ文化にナショナリズム、軍国主義、人種差別などの原因しか見出さなかったために、ホルクハイマーは、ナチズムへの勝利が悲劇的な弁証法を始動させるかもしれないと危惧していた。すなわち、アメリカ人は、ドイツにおいて文化に備わる独特の形式的要素を誤解して、文化の破壊というナチズムの仕事を完成させかねず、それと共に、民主主義的なアメリカ文明の基盤でもあるヨーロッパの文化的伝統が根絶されかねないと、危惧したのである。「人間の思考の本当に独立して非体制順応的な変種には、もはや絶滅の危機に瀕して自然公園や自然保護区を定住地としている種の最後の数頭と同じ程度の生存の可能性すらないのかもしれない。少なくともこの国（引用者注：アメリカ）では、そのようである」(143)。彼は、西側連合国に固有の利害に訴えた。「ナチズムの廃墟から建設的諸要素を発掘することは、ドイツにおける戦後政治と再教育という課題を容易にするだけでなく、民主主義諸国の政治的および知的発展にとっても、強力な刺激として寄与するものと思われる」(144)。しかし、文化の全般的破壊という危惧された例の危険を回避するために呼び覚まされたのは、時代遅れであると共にユートピア主義的にも見えるドイツの対抗文化に備わる諸力だった。できることを目指すのではなく、真理の代理を「目標そのものとして」(145)目指すドイツの観念論＝理想主義的（idealistisch）な伝統、つまり非政治的思考の伝統を引き継ぐことができるのは、こうした諸力だけであろう、というのである。

真理を目標として追求することは、既にそれ自体が、真理政治という特殊な政治である。ホルクハイマーは、この政治が歴史の展開に根本的に介入することを期待した。すなわちドイツの民主化と、ヨーロッパ文化の没落と更なる破壊の阻止を期待したのである。だからこそ、真理政治は、尚のこと、特殊な政治なのである。ただし、ホルクハイマーによれば、この真理政治はドイツでのみ追求することができるという。というのも、道具的ならざる真理政治、すなわち、ある意味では政治ですらない政治、という文化的・知的伝統が見出されるのはドイツだけだからである。この伝統とは、ドイツ観念論と思弁哲学の伝統である。「ドイツの思弁的思考は、社会そのものの意味や目標に注意を集中させてきた。ただし、その際に、テーマについての宗教的見解を、あっさり自明のものとして前提することはなかった」(146)。ホルクハイマーは、そのような思考が現実に浸透していく回路網を克明に知りうるとは思っていなかったにしても、回路網の多くは「精神諸科学」の諸制度によって支えられているのではないかと推測していた。何故ならば、精神諸科学の中心は、データ群の観察や分類、客観的諸傾向への適応、論理への従順さにあるのではなく、その時々の現在にとってデータ群が持つ意味連関や意義を見出すことにあるからである。精神諸科学の本質は、「意味連関、整合性、矛盾などへの洞察という批判的契機から切り離せない。一見しただけでも歴史的重大事と思われる事実でさえ、全体としての社会の生活過程と、同様にその肯定的・否定的両面での諸契機、そして最終的には真理そのものと、それぞれ関連付けて初めて理解できるのである。言い換えれば、精神諸科学の問題設定は、そもそも認識であるためには、いずれも哲学的理論を必要とするわけである。このことは、現代社会学の統計的所見でもある」(147)。

この考察は、政治であることを望まない政治というジレンマを繰り返している。というのも、歴史を支配する諸動向や論理的に明快な議論の言説的な強制を志向することよりも、真理の客観的意味に依拠することの方が、権威的ではない、あるいは、権威主義的ではないというのは、直ちに納得のいくことではないからである。このジレンマを逃れるべく、哲学や真理は、認識、内容、テーゼ、諸命題によって規定されることはない。精神諸科学、とりわけ哲学に期待されるのは、未来の知識人に、意味や解釈の心理的拘束力を持つ知性性、そしてまた真理の客観的意義に馴染ませることによって、真理の倫理、すなわち、「真理への情熱」という心理的な作用を及ぼす態度へと教育することである(148)。哲学は、事実内容のそれぞれを解釈して真理と関係付ける振る舞い、思考様式、能力と見なされる。哲学は、個人に非体制順応的な行動を可能にする特性であり、真理の中で生きる態度なのである。しかし、非体制順応的な性格と知識人に備わる諸特性を更に分節化していけば分かるように、真理の中で生きるということは、「人々の生活を全体性に統合すること」や「現実生活の合理化、組織化、統一化」に対して抵抗すること(149)を意味している。つまり、自由への意志と要求を意味しているのである。「哲学は、諸科学の総合ではないし、科学の基礎でも屋根でもない。哲学とは、暗示に抵抗しようとする努力であり、知的かつ現実的な自由を目指す決断である」(150)。

ただし、ホルクハイマーは、精神諸科学の他の側面も指摘している。大学での文献学、哲学、歴史学、そしてギムナジウムでの歴史教育、文献学という形で制度的にはっきり現れているように、ドイツにおける精神諸科学はショーヴィニズムとナショナリズムの中核だったのである。それゆえに、ホルクハイマーの提案では、精神諸科学は、かつての形態ではなくて、インターヨーロッパ的なアカデミーの枠内で引き継がれるべきだとされている。このアカデミーで、「取り返しのつかない喪失や損傷の数々」が回避され、偉大なヨーロッパの伝統が存続しうるだけではない。このアカデミーは、生計を維持する手段という意味ではなく、「英知を得るという意味」での学習という理念を守ることによって、「ヨーロッパの再形成にとって非常に重要な諸力」の一つとなりうるかもしれない。このアカデミーでは、フランス文化も、その文学、哲学、演劇と共に位置付けられ、それによって、「ヨーロッパの知識階級全般と選り抜きの若者に」再び「教育的影響」を及ぼすようになるだろう。更には、「将来的にヨーロッパの経済・文化生活において指導的役割を果たすものと期待される選り抜きの若い人々が、数セメスターにわたって共に学ぶ機会を得て、国際的かつ民主的な雰囲気の中で親交を深めていく」[151]だろう。

インターヨーロッパ・アカデミーの構想が、ホルクハイマーによって更に追求されることはなかった。それでも、アドルノによる考察と同様、彼の考察には、この二人にとってドイツへの帰国がいかに重要だったか、帰国をめぐる個人的理由と理論的理由がいかに密接に絡み合っていたかが、はっきりと示されている。若い世代が、批判理論に習熟し、批判理論とそれに結び付けられた真理道徳（*Wahrheitsmoral*）を引継ぎ、理論を更に展開して、様々な社会領域で実践していく限りにおいて、ドイツでの知的活動は、この地における文化と学問の伝統ゆえに、批判理論が妥当性と連続性を得るチャンスを約束していた。ホルクハイマーの壮大な計画からすれば、フランクフルトで社会研究所の伝統を再開する可能性は、それほど重要ではない選択肢の一つにすぎなかったかもしれない。しかしアドルノとホルクハイマーは、それでもなお、危惧されたヨーロッパ文化の没落や顕在化しつつあった全面的管理社会化を阻止し、改めて啓蒙のプロセスを促進するために、フランクフルト社会研究所でも多くのことをなしうる、と想定せずにはいられなかったのである。精神諸科学、とりわけ哲学、中でもドイツ観念論と、その政治回避傾向に対する強い志向が、ヨーロッパ・アカデミーの設立と結び付いていたのかもしれない。それに対して、アメリカでは実際にはもうほとんど活動していなかった社会研究所の帰国と再建は、精神諸科学よりもむしろ経験的社会研究や社会学に、知的営為の重点を移すことを意味していた。この点に関して、理論面でも制度面でも、社会学と哲学の間に緊張関係が生じることになる。それ以降も、特に、ホルクハイマーとアドルノが、一九三〇―四〇年代とは違って、大学組織から比較的独立した理論家としての自己理解をもはや持てなくなって、大学教師として活動するようになったことと、それに伴って、彼らの知的営為の諸条件と諸形態も変化したことによって、この緊張はますます高まっていった。

本書の研究全体を通して私は、ホルクハイマーとアドルノがドイツでの学生の教育にどのように関与したか明らかにすることを試みる。それによって、彼らの具体的実践を知的実践として分析し、批判理論の影響圏を特定することが、可能となるだろう。思想史の領域におけるこれまでの批判理論研究は、『啓蒙の弁証法』の陰鬱な基本見解を根拠として、著者たちは理論面ではどちらかといえば非生産的になってしまったのだ、と断言している。実際にこれらの先行研究は、帰国後のホルクハイマーとアドルノが、批判理論を展開していく上での制度的諸前提を組織するために、実に多くの時間を注ぎ込んだ、という事実をしばしば無視している。ホルクハイマーは、フランクフルト社会研究所の所長として、また、フランクフルト大学の学長として、数多くの義務を果たさねばならなかった。更に加えて、帰国後のホルクハイマーとアドルノは、自分たちの教授職に付随する多くの任務を引き受けた。それらの任務を果たすために、彼らは、日々、持てる時間の大半をつぎ込むことになった。とりわけ授業によって、彼らの前に公的な討議の場が現れた。彼らはここで批判理論を教え、それを更に練り上げていくことができたのである。彼らは、教育を価値中立的な営みだとは考えていなかった。従って、彼らによる教育の過程は、学生たちを批判理論の理論的思考方法に習熟させて、特殊な知的生活態度の養成に寄与することと、かなりの程度まで一致していた、という解釈は、ますます説得力を増していくように思われる。この教育の過程は、制度面、人材面、知的世界のそれぞれにおいて、独特の布置連関を生み出した。この布置連関の中で、広義の批判的理論に属する理論的伝統の一つが、狭義の「批判理論」、言い換えれば、フランクフルト学派になったのである。この学派こそが、ホルクハイマーとアドルノのテクスト群、問題設定の方法、議論が理解可能なものとなるための、最初の前提なのである。

(注)

(1) Max Horkheimer, Theodor W. Adorno, "Zur Neuausgabe" (1969), in: HGS (=Max Horkheimer, Gesammelte Schriften) 5, S.14.

(2) Gunzelin Schmid Noerr, "Nachwort des Herausgebers. Die Stellung der Dialektik der *Aufklärung* in der Entwicklung der Kritischen Theorie". in:HGS 5, S.430を参照。

(3) Blend Leineweber, *Intellektuelle Arbeit und Kritische Theorie*, Frankfurt am Main 1977, S.180f. を参照。

(4) Helmut Dubiel, *Wissenschaftsorganisation und politische Erfahrung*, Frankfurt am Main 1978を参照。

(5) Rolf Wiggershaus, *Die Frankfurter Schule —— Theoretische Entwicklung —— Politische Bedeutung*, München 1986, S.347を参照。

(6) Axel Honneth, *Kritik der Macht. Reflexionsstufen einer kritischen Gesellschaftstheorie*, Frankfurt am Main 1986, S.68（河上倫逸監訳『権力の批判』法政大学出版局、一九九二年、七四頁）を参照。

(7) Jürgen Habermas, *Der philosophische Diskurs der Moderne*, Frankfurt am Main 1985, S.142ff.（三島憲一他訳『近代の哲学的ディスクルス』岩波書店、一九九九年、二〇六頁以下）及び、Gunzelin Schmidt Noerr, „Nachwort des Herausgebers". in: HGS 5, S.433を参照。

(8) Hauke Brunkhorst, "Paradigmakern und Theoriendynamik der Kritischen Theorie der Gesellschaft", in: *Soziale Welt*, Heft 1, 1983, S.38.

(9) Helmut Dubiel, Wissenschaftsorganisation und politische Erfahrung, a.a.O., S.126を参照。

(10) Horkheimer an Marcuse, 19. 12. 1941, in: HGS 17, S.393を参照。この本の否定的なトーンは、ラジオ・ブレーメンの番組のために学者たちに対して実施したアンケートでもしばしば言及された特徴である。この否定的なトーンはあまりに強すぎる（ヴォルフ・レペニース）、もしくは、「我々にとっては」受け入れるのがあまりに難しい、この本は、批判的傾向によって「我々の」思考を妨げる（ノルベルト・ボルツ）。ウルリヒ・ベックはこの本を、勉強机から生まれた哲学だと感じている。この本の言語の強度は彼を感嘆させたが、他方で、著者たちの高位の聖職者のような身振り、つまり絶望、全知、断言の身振りは、彼に反感を覚えさせた。ヴォルフガング・ヴェルシュにも、この本の著者たちは「頑な」であると思えた。「この本は私から見て、自己防衛と拒絶の身振りを多く含んでいる」（"Faszination und Abstoßung: ein säkulares Buch. Eine Hommage an die vor 50 Jahren erschienene *Dialektik der Aufklärung*", in: *Frankfurter Rundschau*, 7.6.1997）

（11）Theodor W. Adorno（1968）, "Wissenschaftliche Erfahrungen in Amerika", in: AGS（=Theodor W. Adorno, Gesammelte Schriften）10.2, S.721、そして「序文」での説明の内、一九四七年版の『啓蒙の弁証法』で削除されている部分に関しては、Max Horkheimer, Theodor W. Adorno, *Dialektik der Aufklärung*（1947）, HGS 5, S.23を参照。更に参照すべきものとして、Rolf Wiggershaus, *Die Frankfurter Schule*, a.a.O., S.397, Insititut für Sozialforschung, *Forschungsarbeiten 1950-1990*, Frankfurt am Main 1990, Gunzelin Schmidt Noerr, *Gesten aus Begriffen. Konstellationen der Kritischen Theorie*, Frankfurt am Main 1997, S.70などがある。

（12）Horkheimer an Löwenthal, 23.5.1942を参照。これは、Rolf Wiggershaus, *Die Frankfurter Schule*, a.a.O., S.352からの再引用である

（13）Max Horkheimer, Theodor W. Adorno, Selbstanzeige der *Dialektik der Aufklärung*, MHA（=Max Horkheimer-Archiv der Stadt- und Universitätsbibliothek Frankfurt am Main）II 12.95.

（14）Horkheimer an Marcuse, 19. 12. 1942, in: HGS 17, S. 393.

（15）Horkheimer an die Herausgeber der *Philosophical Review*（Briefentwurf）, April 1949, in: HGS 18, S. 25.

（16）Max Horkheimer, Theodor W. Adorno, [Rettung der Aufklärung. Diskussionen über eine geplante Schrift zur Dialektik]（1946）, in: HGS 12, S.597f.

（17）Ingrid Gilcher-Holtey, *Das Mandat des Intellektuellen. Karl Kautsky und die Sozialdemokratie*, Berlin 1986.

（18）Horkheimer an Jacoby, 16.2.1939, in: HGS 16, S. 557-558.

（19）Max Horkheimer, Theodor W. Adorno, *Dialektik der Aufklärung*（1947）, in: HGS 5, S. 18（徳永恂訳『啓蒙の弁証法』岩波文庫、二〇〇七年、一一頁）を参照。

（20）Adorno an Horkheimer, 21. 8. 1941, in: HGS 17, S. 153（強調は引用者）. ベルトルト・ブレヒトは既に一九三〇年代に類似の方法で、諸々の態度を文の形にするであろう身振り的な語り方という構想を展開していた（Bertolt Brecht, *Me-ti. Buch der Wendungen,* in: ders., *Gesammelte Werke,* Bd.12, Frankfurt am Main 1967, S. 458 を参照。これについては、以下も併せて参照。Wolfgang F. Haug, *Philosophieren mit Brecht und Gramsci,* Hamburg 1996, S.122）.

（21）Max Horkheimer, Theodor W. Adorno, *Dialektik der Aufklärung*（1947）, in: HGS 5, S. 18（『啓蒙の弁証法』、九頁以下）.

（22）Ebd., S.19（同右、一一頁）.

（23）Anke Thyen, *Negative Dialektik und Erfahrung. Zur Rationalität des Nichtidentischen bei Adorno,* Frankfurt am Main 1989, S.70 も参照。

（24）Max Horkheimer, Theodor W. Adorno, *Dialektik der Aufklärung*（1947）, in: HGS 5, S. 16（『啓蒙の弁証法』、八頁）.

（25）Rolf Wiggershaus, *Die Frankfurter Schule,* a. a. O., S. 371f.

（26）Max Horkheimer, “Die Vernunft im Widerstreit mit sich selbst”（1946）, in: HGS 12, S. 113.

（27）Max Horkheimer, Theodor W. Adorno, *Dialektik der Aufklärung*（1947）, in: HGS 5, S. 33（『啓蒙の弁証法』、三六頁）.

（28）Ebd., S. 45（同右、五五頁）を参照。

（29）Ebd., S. 33（同右、三六頁）.

（30）Ebd.,S. 26（同右、二五頁）.

（31）Ebd., S. 28（同右、二八頁）.

（32）このことに対する反論として、Axel Honneth, *Kritik der Macht,* a. a. O., S. 63ff（『権力の批判』、六八頁以下）を参照。

（33）Willem van Reijen, Jan Bransen, “Das Verschwinden der Klassengeschichte in der *Dialektik der Aufklärung*”, in: HGS 5, S. 453ff. を参照。

（34）Max Horkheimer, Theodor W. Adorno, *Dialektik der Aufklärung*（1947）, in: HGS 5, S. 32（『啓蒙の弁証法』、三四頁）.

（35）Ebd., S. 34（同右、三八頁）.

（36）Ebd., S. 49f.（同右、六二頁以下）.

（37）Jan Baars, “Kritik als Anamnese: Die Komposition der Dialektik der Aufklärung”, in: Harry Kunnemann, Hent de Vries（Hg.）, Die Aktualität der

“Dialektik der Aufklärung”, Frankfurt / New York 1989.
（38）Max Horkheimer, Theodor W. Adorno, *Dialektik der Aufklärung*（1947）, in: HGS 5, S. 254（『啓蒙の弁証法』、四六二頁）.
（39）Ebd.（同右、四六二頁）また、S.57（同右、七四頁以下）も参照。
（40）Ebd., S.44（同右、五三頁）. S.43（同右、五一頁以下）も併せて参照。
（41）Ebd., S.44（同右、五三頁）.
（42）Ebd., S.59（同右、七八頁）.
（43）Horkheimer an Löwenthal, 18.10.1949, in: HGS 18, S.63f.
（44）Max Horkheimer, Theodor W. Adorno, *Dialektik der Aufklärung*（1947）, in: HGS 5, S.61f.（『啓蒙の弁証法』、八一頁以下）.
（45）Horkheimer an Löwenthal, 18.10.1949, in: HGS 18, S.64.
（46）Max Horkheimer, Theodor W. Adorno, *Dialektik der Aufklärung*（1947）, in: HGS 5, S.26（『啓蒙の弁証法』、二五頁）.
（47）Ebd., S. 116（同右、一九八頁）を参照。
（48）Ebd., S.61（同右、八〇頁）.
（49）Ebd., S.116（同右、一九八頁以下）.
（50）これについては、自己批判的な Ebd., S.255（同右、四六三頁以下）も参照のこと。
（51）Theodor W. Adorno, *Minima Moralia*（1951）, in: AGS（=Theodor W. Adorno, Gesammelte Schriften）4, S. 82（三光長治『ミニマ・モラリア』法政大学出版局、一九七九年、九九頁）.
（52）Max Horkheimer, Theodor W. Adorno, *Dialektik der Aufklärung*（1947）, in: HGS 5, S. 38（『啓蒙の弁証法』、四三頁）.
（53）Ebd., S.63（『啓蒙の弁証法』、八四頁）.
（54）Ebd.（同右、八三頁以下）.
（55）Ebd., S.62（同右、八三頁）.
（56）Ebd., S.276（同右、五〇五頁）.

(57) Ebd., S.116（同右、一九九頁）.
(58) Ebd., S.49（同右、六一頁以下）を参照。
(59) Theodor W. Adorno, *Minima Moralia*（1951）, in: AGS 4, S. 141（『ミニマ・モラリア』、一八七頁）.
(60) Ebd., S.125f.（『ミニマ・モラリア』、一六四頁以下）を参照。
(61) Ebd., S.28（同右、二一頁以下）。より詳細には、Ebd., S.148f.（同右、一九四頁以下）を併せて参照。
(62) Ebd., S.27（同右、一九頁）.
(63) Ebd.（同右、二〇頁）.
(64) Ebd., S.36.（同右、三二頁）.
(65) Max Horkheimer, Theodow W. Adorno, *Dialektik der Aufklärung*（1947）, in: HGS 5, S.63（『啓蒙の弁証法』、八四頁）.
(66) Ebd., S.276（同右、五〇四頁）.
(67) Theodor W. Adorno, *Minima Moralia*（1951）, in: AGS 4, S. 36（『ミニマ・モラリア』、三二頁）.
(68) Max Horkheimer, Theodor W. Adorno, *Dialektik der Aufklärung*（1947）, in: HGS 5, S.65（『啓蒙の弁証法』、八七頁）.
(69) Ebd.（同右、八七頁）.
(70) Ebd., S.238（同右、四二三頁）強調は引用者。
(71) Ebd., S.65f（同右、八七頁以下）を参照。
(72) Ebd., S. 276（同右、五〇三頁）.
(73) Ebd., S.255（同右、四六三頁以下）を参照。
(74) Theodor W. Adorno, "Reflexion zur Klassentheorie"（1942）, in: AGS 8, S. 390 も参照。
(75) Theodor W. Adorno, *Minima Moralia*（1951）, in: AGS 4, S. 299（訳注：以下に続く三つの引用は、邦訳に未収録の「補遺」からの引用である）.
(76) Ebd., S. 300.

（77）Ebd.
（78）Max Horkheimer, Theodor W. Adorno, *Dialektik der Aufklärung*（1947）, in: HGS 5, S. 287（『啓蒙の弁証法』、五一四頁以下）.
（79）Ebd., S.288（同右、五一六頁）.
（80）Theodor W. Adorno, *Minima Moralia*（1951）, in: AGS 4, S. 82（『ミニマ・モラリア』、一〇〇頁）.
（81）これについては以下の仮想の対話を参照。 Max Horkheimer, Theodor W. Adorno, *Dialektik der Aufklärung*（1947）, in: HGS 5, S.269（『啓蒙の弁証法』、四九一頁以下）.
（82）Horkheimer an Pollock, 20. 9. 1937, in: HGS 16, S. 235.
（83）Max Horkheimer, "Programm einer intereuropäischen Akademie"（1944/45）, in: HGS 12, S. 197.
（84）Gumperz an Horkheimer, 25. 7. 1938, in: HGS 16, S. 453.
（85）Max Horkheimer, "Idee, Akitivität und Programm des Instituts für Sozialforschung"（1938）, in: HGS 12, S. 163.
（86）Ebd., S. 164.
（87）Ebd.
（88）Ebd., S. 153.
（89）Ebd., S. 136.
（90）Ebd., S. 157.
（91）Max Horkheimer, "Materialismus und Moral"（1933）, in: HGS 3, S. 135f.
（92）Ebd., S.142f. を参照.
（93）Max Horkheimer, "Materialismus und Metaphysik"（1933）, in: HGS 3, S. 105.
（94）Max Horkheimer, "Autorität und Familie"（1936）, in: HGS 3, S. 342（森田数実編訳『批判的社会理論』恒星社厚生閣、一九九四年、八頁）.
（95）Ebd., S. 349（同右、一五頁）.

（96）Ebd., S. 355（同右、二一一頁）.

（97）Max Horkheimer, "Geschichte und Psychologie"（1932）, in: HGS 3, S. 68f.

（98）Max Horkheimer, "Autorität und Familie"（1936）, in: HGS 3, S. 355（『批判的社会理論』、二一一頁）.

（99）Ebd., S. 357（同右、二一三頁）.

（100）Ebd., S. 348（同右、一四頁）.

（101）Max Horkheimer, "Zum Rationalismusstreit in der gegenwärtigen Philosophie"（1934）, in: HGS 3, S. 179（久野収訳『哲学の社会的機能』晶文社、一九七四年、二〇四頁）.

（102）Max Horkheimer, "Autorität und Familie"（1936）, in: HGS 3, S. 357（『批判的社会理論』、二一三頁：強調は引用者）.

（103）Friedrich Pollock, "Staatskapitalismus", "Ist der Nationalsozialismus eine neue Ordnung?"（1941）in: Helmut Dubiel, Alfons Söllner（Hg.）, *Wirtschaft, Recht und Staat im Nationalsozialismus. Analysen des Instituts für Sozialforschung 1939-1942*, Frankfurt am Main 1981 を参照。Max Horkheimer, "Autoritärer Staat"（1940）, in: HGS 5, S. 295f. も併せて参照。

（104）Max Horkheimer, "Die Juden und Europa"（1939）, in: HGS 4, S. 309（清水太吉編訳『権威主義的国家』紀伊国屋書店、一九七五年、一〇六―一〇八頁）を参照。

（105）Ebd., S. 325（同右、一三二頁）.

（106）Max Horkheimer, "Autoritärer Staat"（1940）, in: HGS 5, S. 313（同右、四〇頁）. このような懐疑的な評価が、特に〝支配は計画の帰結ではない。支配者が計画するのである〟というフライヤーの規定についての知見から生じたことは、ありそうにないことではない（Hans Freyer, *Herrschaft und Planung*（1932）, Weinheim 1987を参照のこと。また、Herbert Marcuse, Sammelbesprechung, in: Zeitschrift für Sozialforschung, Jg.2, 1933, S. 272 についても、批判的に参照）。

（107）Ebd., S. 302（『権威主義的国家』、二三頁）を参照。

（108）Ebd., S. 307（同右、三一頁）を参照。

（109）Max Horkheimer, "Die Juden und Europa"（1939）, in: HGS 4, S. 319（『権威主義的国家』、一二二頁）.

(110) Ebd., S. 312、及び、Max Horkheimer, "Zur Soziologie der Klassenverhältnisse" (1943), in: HGS 12, S. 87 を参照。

(111) Max Horkheimer, "Autoritärer Staat" (1940), in: HGS 5, S. 295（『権威主義的国家』、一二頁以下）.

(112) Max Horkheimer, "Zur Soziologie der Klassenverhältnisse" (1943), in: HGS 12, S. 89.

(113) Iring Fetscher, "Die Ambivalenz des liberalistischen 'Erbes' in der Sicht von Max Horkheimer. Eine Skizze zu seinen politischen Reflexionen im Exil", in: Alfred Schmidt, Norbert Altwicker (Hg.), *Max Horkheimer heute: Werk und Wirkung*, Frankfurt am Main 1986, S.311ff. を参照。

(114) Max Horkheimer, "Autoritärer Staat" (1940), in: HGS 5, S. 296（『権威主義的国家』、一四頁）。ここでは、ラケット論に踏み込んで詳述することはできない。とはいえ、ラケット間の闘争は流通していく剰余生産をめぐる分配闘争に限定されるという考えは、納得のいくものではない。これらの剰余生産は、更に続けられ、横領＝所有化（aneignen）されるはずだからである。ホルクハイマーは自らの考察を詳細に根拠付けなかったが、この考察は彼自身の価値論的な議論と矛盾している（Max Horkheimer, "Zur Soziologie der Klassenverhältnisse" (1943), in: HGS 12, S. 94f. 及び、S. 100 を参照）。全体として見れば、福祉国家についての他の言明の場合と同様に、これらの言明で問題となっているのは、フォード主義的なレギュラシオンのごく初期に知られた指標群の過度の一般化である。

(115) Max Horkheimer, "Neue Kunst und Massenkultur" (1941), in: HGS 4, S. 421.

(116) Max Horkheimer, Theodor W. Adorno, *Dialektik der Aufklärung* (1947), in: HGS 5, S. 157（『啓蒙の弁証法』、二七三頁以下）.

(117) Ebd., S.145（同右、二五三頁以下）を参照。

(118) Ebd., S. 156（同右、二七一頁以下）.

(119) Ebd., S. 146, S. 162, S. 188（同右、二五四頁以下、二八二頁、三二五頁）を参照。

(120) Theodor W. Adorno, "Reflexionen zur Klassentheorie" (1942), in: AGS 8 も参照。

(121) Max Horkheimer, Theodor W. Adorno, *Dialektik der Aufklärung* (1947), in: HGS 5, S. 150（『啓蒙の弁証法』、二六二頁）.

(122) Axel Honneth, *Kritik der Macht*, a. a. O., S. 66f（『権力の批判』、七二頁以下）.

（123）Max Horkheimer, Theodor W. Adorno, *Dialektik der Aufklärung*（1947）, in: HGS 5, S. 171（『啓蒙の弁証法』、二九七頁）.

（124）Ebd., S.175（同右、三〇四頁）.

（125）Ebd., S. 156（同右、二七三頁）.

（126）Alex Demirović, “Il reclutamento degli intellettuali nel fordismo e nel postfordismo”, in: Giorgio Baratta, Andrea Catone（Hg.）, *Modern Times. Gramsci e la critica dell'Americanismo,* Mailand 1989 を参照。

（127）Max Horkheimer, “Autorität und Familie in der Gegenwart”（1947）, in: HGS 5, S. 384（清水太吉編訳『道具的理性批判Ⅱ――権威と家族』イザラ書房、一九七〇年、一四六頁）.

（128）Ebd., S. 386（同右、一四九頁）.

（129）Ebd., S. 395（同右、一六三頁）を参照。

（130）Theodor W. Adorno, *Studien zum autoritören Charakter*（1950）, Frankfurt am Main 1973, S. 45ff.

（131）Max Horkheimer, Theodor W. Adorno, *Dialektik der Aufklärung*（1947）, in: HGS 5, S. 217ff.（『啓蒙の弁証法』、三八六頁以下）.

（132）Max Horkheimer, “Antisemitismus: Der soziologische Hintergrund des psychoanalytischen Forschungsansatzes”（1944）, in: HGS 5, S. 365.

（133）Theodor W. Adorno, “Auf die Frage: Warum sind Sie zurückgekehrt”（1962）, in: AGS 20.1, S. 394 を参照。また、Thomas Y. Levin, “Nationalitäten der Sprache――Adornos Fremdwörter”, in: Michael Kessler, Jürgen Wertheimer（Hg.）, *Multikulturalität. Tendenzen, Probleme, Perspektiven im europäischen und internationalen Horizont,* Tübingen 1995 も併せて参照。

（134）Max Horkheimer, “Deutschlands Erneuerung nach dem Krieg und die Funktion der Kultur”（1943）, in: HGS 12, S. 187 を参照。また、プレスナーの著書についてのH・マルクーゼによる非常に批判的な書評（Herbert Marcuse, *Das Schicksal deutschen Geistes im Ausgang seiner bürgerlichen Epoche,* in: Zeitschrift für Sozialforschung, Jg.6, 1937, S. 184f.）も併せて参照。ただし、一九六一年一月二十八日付のホルクハイマーからプレスナー宛の書簡には、この著作の再版に対する肯定的な表現が見られる（in: HGS 18, S. 503）。

（135）Max Horkheimer, “Deutschlands Erneuerung nach dem Krieg und die Funktion der Kultur”（1943）, in: HGS 12, S. 186f. を参照。また、アドルノの、“Auf die Frage: Warum sind Sie zurückgekehrt”（1962）, in: AGS 21.1, S. 394 も併せて想起のこと。

（136）Max Horkhiemer, “Antisemitismus: Der soziologische Hintergrund des psychoanalytischen Forschungsansatzes”（1944）, in: HGS 5, S. 364 を参照。フランクフルト社会研究所の *Forschungsarbeiten 1950-1990*, a. a. O. も併せて参照。

（137）Max Horkheimer, “Programm einer intereuropäischen Akademie”（1944/45）, in: HGS 12, S. 198.

（138）アドルノの一九四五年五月九日付のホルクハイマー宛書簡（in: HGS 17, S. 634）、及び以下のアドルノの回顧的言明を参照のこと。Theodor W. Adorno, “Wissenschaftliche Erfahrungen in Amerika”（1968）, in: AGS 12.2, S. 736.

（139）Max Horkheimer, “Deutschlands Erneuerung nach dem Krieg und die Funktion der Kultur”（1943）, in: HGS 12, S. 190 und S. 192.

（140）Ebd., S. 191.

（141）Ad Memorandom.MHA IX 172. 32. この Memorandom とは、フランクフルト社会研究所による一九四二年八月時点での、ドイツのショーヴィニズムの除去に関する覚書である（MHA IX 172. 27）。この覚書によって、特別調査局に対して、ドイツの教育制度、一九三三年以前のドイツの青年の発達傾向、青年運動、学生団体と公共的生活におけるその役割、宗教的動向の意味、ワイマール共和国におけるナチス党員の教師の役割の調査に対する研究資金を請求することが意図されていた。社会研究所の内部には、明らかに、いくつかの定式に対する態度留保が見られた。

（142）これは、この覚書に対する注釈からの引用である。MHA IX 172. 31.

（143）Max Horkheimer, “Programm einer intereuropäischen Akademie”（1944/45）, in: HGS 12, S. 210f.

（144）Ebd.

（145）Ebd., S. 206.

（146）Max Horkheimer, “Deutschlands Erneuerung nach dem Krieg und die Funktion der Kultur”（1943）, in: HGS 12, S. 192（強調は引用者）. ホルクハイマーは、アメリカに対して批判的な議論をしたり、ドイツの文化的伝統に備わる肯定的諸契機を守るために数々の提案をしたりしてきた。これらの事実からすれば、ホルクハイマーは、エリートと教育制度のアメリカ化やドイツ社会学の経験的個別科学化を支持することによって、敗戦国ドイツのアメリカ化に寄与したいと望んでいたのだ、と解釈するのはあまりに性急にすぎる（Clemens Albrecht, Günter C. Behrmann, “Die Amerikanisierung der Sozialwissenschaften und das Institut für Sozialforschung”. これは、一九九八年九月十四日から十八日にかけてフライブルクで開催された、ドイツ、オーストリア、スイスの社会学会による、三カ国合同会議での講演である）。

(147) Theodor W. Adorno, “Fragen an die intellektuelle Emigration”（1945）, in: AGS 20.1, S. 354（強調は引用者）. 同じくアドルノとホルクハイマーの以下のテクストも併せて参照。Theodor W. Adorno, “Wissenschaftliche Erfahrungen in Amerika”（1968）, in: AGS 10. 2, S. 703 und S. 736 そして、Max Horkheimer, “Programm einer intereuropäischen Akademie”（1944/45）, in: HGS 12, S. 207f. und S. 209.

(148) Max Horkheimer, “Ernst Simmel und die Freudsche Philosophie”（1948）, in: HGS 5, S. 397.

(149) Max Horkheimer, “Deutschlands Erneuerung nach dem Krieg und die Funktion der Kultur”（1943）, in: HGS 12, S. 194.

(150) Max Horkheimer, Theodor W. Adorno, *Dialktik der Aufklärung*（1947）, in: HGS 5, S. 275（『啓蒙の弁証法』、五〇二頁）を参照。強調は引用者。ただし、このように、ハビトゥスに照準を当てて精神諸科学や哲学を定義している点で、ホルクハイマーとアドルノは、精神諸科学を、専門科学の一つと位置付け、ディシプリンとして限定しようとする、厳密な意味でのアカデミズム哲学的な試みから明確に区別される（Erich Rohtacker, *Logik und Systematik der Geisteswissenschaften*（1927）, München 1965 を参照）。

(151) Max Horkheimer, “Programm einer intereuropäischen Akademie”（1944/45）, in: HGS 12, S.211.

第二部　理論的実践

批判理論の主唱者たちの帰国は、彼らの日常生活を後々まで変えた。ホルクハイマーは、自分が体系的な理論的研究から以後何年間も遠ざかることになるのではないか、と予想すると共にそれを懼れていた。フランクフルト社会研究所の再建および維持運営には時間がかかったが、学長・学部長・教授としての制度面での活動も同様であり、学術団体内部での責務についても同様だった。これらの活動を社会的認知や安定を求める彼の願望の現われとしてしか理解しないのは、心理学的切り詰めというものである。ホルクハイマーとアドルノは、数々の試験、卒業論文や博士論文の指導、ゼミナール、講義そしてオフィスアワーのために、実に多くの時間・多くの日々を、注ぎ込まねばならなかった。これらすべてが、そのまま再び、詳細な準備や反省の対象となった。というのも、数々の試験からは、学生たちが抱く社会理解についての洞察を得ることができたし、成績の悪い学生たちを観察すれば、教養がイデオロギーや凡庸な知能に突き当たって繰り返し挫折する場所を、認識することができたからである(1)。それだけでなく、こなさなければならない講演、インタビュー、ラジオ対談も数多くあった。「それ以後の年月においてなされたのは、引っ張りだこになった人（すなわちホルクハイマー（引用者注））の講演、演説、その他の折々の仕事だけだった」(2)と評したヴィガースハウスのように、これらの実践が理論形成を妨げたのだと理解することは、これらの実践が持つ価値を切り捨てており、決して説得力のあるものではない。むしろ、こうしたパースペクティヴはヘゲモニー論的に転換されうる。すなわち、重要なのは、特定の理論による実践であり、その実践を介して、理論そのものが妥当性を手に入れるわけである。これを受けて、理論がいわば前歴史的実体として常に元々手元にあるものだと想定されるべきではないとすれば、ホルクハイマー哲学は、諸事についての特定の見解、認識の一領域を社会的に一般化したという限りにおいて、上述の実践的活動という形で純粋に展開されたのだ、と更に続けて述べることもできるだろう。このような実践の中心的目標の一つは、知識人の特定の類型やその行為モデル、人物像、語り方などの形成に寄与することだった。そのために、制度上の諸前提が生み出され再生産されねばならなかった。ただし、そうした諸前提は、ひとり歩きし始めて、ホルクハイマーから本来値する以上の時間を吸い取ることになってしまった、目的のための手段という以上のものであった。むしろ、諸前提それ自体に、社会情勢を変革するダイナミズムが含まれていたのである。すなわち、そうした諸前提が市民社会的諸装置が作用する空間を拡大したおかげで、社会批判の実践が所を得ることになったのである。「私にとってますます明白となってきているように、大学と連携した形での現実に対する我々の闘いがますます困難になっていく中で、研究所は、我々の主要財産です。我々が行政上の権限をもはや持たなくなった瞬間、即座にすべてが我々に敵対して結託することでしょう」(3)。アドルノの考えによれば、まさにフランクフルトに生みだされたコンテクストにおいて、実り多い理論的研究が可能となる。「逆説的に聞こえることでしょうが、ありとあらゆる義務や生活上の巻き添えを伴うにしても、孤独のための孤立という否定的契機しか持たないでいる場合よりは、フランクフルトにいる方が、我々はより多くの安らぎを見出すことでしょう。結局のところ、私はそう確信しているのです」(4)。これは、理論は、批判理論とその主唱者による具体的諸矛盾の経験に基づいて、展開されるべきだ、ということを示唆している。理論的研究が再開されるべきであり、具体的な実践が理論という形で継続されるべきである、という。しかし、この場合の理論は、それ自体が実践の一形態である。思考と生活——「両者は、同一のものなのです」(5)。思考は制度に関する駆け引きよりも射程が長いので、アドルノとホルクハイマーはこの形態での実践を優先した。首尾一貫した思考は、いかなる目的にも屈服せず、力強い実践へと自らを駆り立てていくことによってパフォーマティヴに際立つ。「私は更にこう言いたいくらいです。思考そのものの中には、たとえどのような性格を持つものであれ、とにかく何らかの諸目的にとって利用可能である、という意味で即座に操作されうることのない、抵抗力が潜んでいるわけですが、この仮借のなさ、理論面でのこうした仮借なき厳しさそのものが、もともと既に、ある実践的契機を内包しているのです。（…）今日では実践は、かなりの程度まで、理論の中へと、従って、正しい振る舞いの可能性を新たに考え抜くことの領域へと、入り込んでいるわけなのです」(6)

ホルクハイマーとアドルノによる制度的な政治を詳述することは、批判理論の理論展開がその論証となっているように、一群の知識人たちがフランクフルト学派を形成していく過程を知識社会学的に洞察することとなり、更には、特定の定理の生成過程の解明にも役立つ。しかし、それだけでは、理論の妥当性や理論が持つ真理内実はまだ説明されていない。理論には社会的コンテクストや時代に関する指数が付随するにもかかわらず、理論の妥当性は直接それらのコンテクストや指数に左右されるのではなくて、それらから切り離され、脱コンテクスト化されて、多様なコンテクスト群における決定的契機かつ基準点となりうる。このことは、ホルクハイマーとアドルノによる制度に関する駆け引きにも当てはまる。というのも、これらの駆け引きは、概ね大学に限定されていたからである。ただし、理論が妥当する領域はより広く、大学や専門科目としての社会学や哲学をはるかに超え出るわけではあるが。

理論の生産性は、専門科学の狭いコンテクストを超えて影響力を及ぼす程度や、世界理解や社会的行為を規定する程度によって示される、という指摘が正当だとしても、こうした理論理解は観念論的に誤解されるかもしれない。例えば、理論は、真理であるという内的特性に基づいて妥当しうるかのように思われるような場合がそうである。これに対する反論として、すべての理論は自らの妥当性の側面をも組織化しなければならない、という想定もなされうる。

ある議論が妥当するのは常に、具体的なコンテクストや特殊な議論の中にいる具体的な関係者にとってだけである。このことは、普遍妥当性を主張する理論にも当てはまる。普遍主義的に考えられた諸言明は、常に、論証可能で具体的な知的および制度的布置連関という枠組の中でのみ普遍妥当性を主張できるのである。例外は、近代自然科学のように、社会に対する説明を少なくとも時折は免れてきた理論だけである。

従って、ある理論が最初から妥当するとか即座に理解されるとかいったことは、想定されえない。このことは、ある理論が単一のテクストという形で、いわば鳴り物入りで登場することは滅多にない、ということと関連している。むしろ、理論は、時代の中で、そして、体系的にあるいは折に触れて書かれた無数のテクストという形態で展開され、議論と反論を取り入れ、矛盾を解消しつつ、新たな理論に巻き込まれていくのである。理論自体が、自らが、どのような条件下で、どのような時代に、どのような人々にとって、妥当することを望むかについても意見を述べる。理論は、自らの読者や主唱者に対して諸条件を設定し、それに言及するわけである。理論は、自らの数々の欠陥や弱点を認識したり、新たなテーマを切り出したりする限りにおいて、自らを補強していき、別の理論を参照する限りにおいて、自己を拡大していく。この補強と自己拡大の過程の中で、理論は、理解を組織化するのである。その際に特に考えられねばならないのは、極少数の人しか個々のテーゼや論拠を理解しないに違いないということである。批判理論の場合は、個別言明の多くが共同で自由に使える論証ストックの諸要素であるということを、はっきりと示していた。有意味なのはむしろ、体系的関連、すなわち、これらの論証の構成要素を、特殊な意味や妥当性を生み出す布置連関と結び付けることである。従って、理論が自らの特殊妥当性を手に入れて二度と個別部分へと解体されずにすむ場となるようなコンテクストは、前提とされえず、理論を介して構築されねばならない。理論テクストは特殊な枠を構成し、この枠がコンテクストを不在のものとして現われさせる。テクストは、理論的記録文書ではなく、知を組織化するインフラの記録文書でも、それ自体として存在する社会的諸過程の記録文書でもない。テクストは出現することによって、現実に何かを付け加えるのである(7)。コンテクストが決してテクストを十分に説明できないのは、コンテクストはテクストがあって初めてコンテクストとなるものだからである。この意味で、理論テクストは、根本的に対話的であり実践的である。というのも、理論の出現が、テクスト群の布置連関や、述べられたことと述べられえないことの間の関係を、そして、それと共にコンテクストそのものを変えるからである。コンテクストと理論的テクストは外的に連続しているのではなく、構成的な意味で同時的な関係にあるのである(8)。

テクストは理論を文書化したものではない、というテーゼは、一つの理論の妥当可能性（Geltungsfähigkeit）について争うことに帰結するわけではない。このテーゼは、妥当性（Geltung）が複雑な社会的プロセスであることを意味しているのである。一方で、包括的かつ同一性のあるテクスト群のまとまりが存在するわけではないし、他方で、理論に、テクスト群から直線状に導出できて、かつ、包括的に妥当性を持つような、幅のある安定した意味があるわけでもない。批判理論の場合には、そのようなカノン化の試みは「アドルノ主義」として批判的に評価された。ある理論にとって有意味である（gelten）のは、授業、文献購読、コメント、解釈、解説しながらの復習、批判などといった習得実践を介して、あるいは、それらの実践に伴って生じる数々の差異や、それらの実践と結び付いた解釈をめぐる数々の対立を介して特別な重みを獲得したいくつかのテクストだけである。テクスト・コーパス（集積体）の統一性や、「フランクフルト学派の批判理論」としてのその同一性は、結局のところ、習得、自他による解釈、更なる展開などの試みの中で、あるいは、批判理論と闘う敵方の戦略の中で、多様になされた反復の産物なのである。

当然のことながら、同時代人にとって、ある理論家の全著作に目を通すことは不可能である。というのも、同時代人にとっては、まだすべてが書かれてはいなかったからである。理論、とりわけ社会理論であると主張する理論には、想像的なものがつきまとう。何故なら、そうした理論は、その都度、個々の論文や著作といった断片の形でしか見出されないからである。とはいえ、「古典」と見なされる段階へと移行し、まとまってカノンとなったテクスト・コーパスが存在する場合でさえ、理論は、たいていの場合、選択的にしか読まれない。しかし、それは問題にはならない。理論は、知識人たちに特殊なテクスト実践を教えることによって、時代を超えた持続性を組織する。知識人たちは、統一性という想像的なものを追っていく。このようにして理論は、一つの生き方、それに沿った社会的世界の構造化、カノンとなるテクスト、文献購読および議論の方法、重要な対象領域群および関連性基準群などを包括する、連続的な一つの知的実践の構成部分となる。理論は、公式であると非公式であるとを問わず社会的諸関係や、大学、出版社、新聞、雑誌、ラジオ、テレビ、集会、会議、政治集団、政党などにおける制度上の実践と共に、装置へと融合していき、それに伴って、その理論が理解され、その理論の概念装置を人々が思考することや、その理論が習慣に織り込まれて集団の中で生き延びていくことを必然的にする市民社会的状況を生み出す。理論は、調整された一様な仕方で後継世代をリクルートし、世代を超える社会的諸関係を生み出すことによって、自らに未来を与える。その度合いに応じて、理論は、知的領野における一つの権力要因となる。他の知識人集団は、自分たちの独自のやり方や連続性を確保するためにも、あるいは逆に、特定のやり方を受け継ぐためにも、この理論と批判的に関わらざるをえない。というのも、この理論が彼ら独自の知的実践や制度上の実践にとっても有益なことは、明らかだからである。これらの合理的批判、あるいは、テーゼや見解の受容もしくは論争的スタンスを採っての拒絶などの過程が、この理論の妥当性を強化する。理論は、更なる歴史的展開の構成要素となり、それと共に不可逆的になるのである(9)。

　発生と妥当性は、一つの統一体を形成している。このことが、その理論が妥当すべき場である恣意的に規定された外的コンテクスト群から、テクスト・コーパスへと目を転じさせる。テクスト・コーパスは、自ずと明確に差異化される。批判理論と言えば、普通、人は、国家試験規定についてのアドルノのメモではなく、重要な問いを論じた、哲学や社会学に分類されうるテクスト群を思い浮かべる。しかし、実際には、ありふれた小さなテクストも、妥当性を得ていたのである。小さなテクストは、大きなテクスト群を変形したり変容させたりして、特殊なコンテクスト群にとっての意味を持つようになる。その逆に、体系的に有意味なテクスト群は、行政に関するありふれた小さなテクスト群と再び結び付けられ、それらから活力を得て、それらによって生命を得る。つまり、具体的な公衆に語りかけて、理解力ある知識人集団を養成することから、あるいは、制度に関する公共の議論の中で、敵意が広く表明されたり、反論がなされたりすることから、糧を得ているわけである。小さなテクスト群は実践の特殊形態を表している。行為主体（Akteur）たちは、実践をめぐる数々のコンフリクトの中で沈黙して行為しているわけではないのである。

とはいえ、もしも理論が普遍性を要求し、長期的に妥当することを望んでおり、制度化政策によって知識人集団の養成を追求するという目的が達成されるべきだとすれば、これらの小さなテクストだけでは不十分である。これらの知識人たちは、実際に、複合的に世界を見る力を身に付けるように社会化されねばならないわけだが、それは、多数の論証や情報が互いに絡み合って織り込まれ、また、結び付けられているような、複合的なテクスト群を介してのみ可能となる。ホルクハイマーは、理論の連続性にとって決定的なこの契機を著しく疎かにした。そして、唯一この点が、〝彼はそもそもそれ以上の理論展開には従事しなかったのだ〟とする批判が当たっていると思われる点である。学長としての制度面での成功、公的な場での成功、フランクフルト社会研究所の再開、社会学の教育、これらすべては短命に終わった――それによって、これらの諸制度の中で知識人として語りかけられ、養成され、最終的には理論のために獲得される人々の哲学や生き方までもが規定されたわけではなかったが。一般化や連続性を目的とするテクスト群を生産する、というこの課題を理解していたのは、ホルクハイマーよりも、むしろアドルノだった。以下で分析するのは、それらのテクスト群である。

これまで、制度的実践と一体をなすテクスト群が、特に四種類に区別されてきた。

(a)以下で論証されうるように、ホルクハイマーとアドルノのテクストには、一つの体系的帰結があった。それは、批判理論の中で支持されている「精神」や批判理論によって支持されている理性を普及させ、貫徹もしくは洗練していく上で役立つであろう諸制度を、創設もしくは確保しようとする試みに着手することだった。ここで問題となるのは、ドイツへの帰国以前に書かれた、理論的・体系的かつ時代診断的なテクスト群である。

(b)第二の種類のテクスト群について言えることは、それらとそれらによって申し立てられた理論的議論が、フランクフルト社会研究所や大学での制度的実践と密接に関連付けられていることである。というのも、制度上の何かの機会に、演説や講演などの今まさに催されている出来事を自ら根拠付けるような議論が展開されるということがしばしばあるからである。従って、理論のパフォーマティヴな側面が明確に優位になる。発言は、しばしば、そのまま制度上の出来事でもある。演説は、自己関係的であり、制度上の経過を解説する。理論と実践は一体を成している。しかし、ホルクハイマーの演説に対する学生たちの受け止め方が示しているように、演説は特定の理論への貢献とは見なされておらず、従って、その重要性は一定の仕方で低いところに留まることになる。

(c)制度に関する実践が、公務上の厳密に規定された一連の講演という形でなされるのではなく、むしろ、例えば六、七年間かけて履修される社会学の専攻課程開設のような、一連の「無言の」出来事で構成されている場合にもまた、理論と実践の一致が確認されうる。しかし、既に明らかになったように、このような場合でも、出来事はすべて、常に対話が介在した出来事だった。すなわち、個々人がコンフリクトを調停する場である、集会、会議、議決、行政行為、会話などだったのである。関係者たちの背景や動機、および、彼らの間の議論は、ザルデマンやマウスのように論争に参加した人の何人かが研究所を去ったこともあって、フランクフルト社会研究所のメンバーの多くには知られていなかった。そして、アドルノやホルクハイマーもまた、長丁場であったことや他の仕事に忙殺されていたために、制度に関するこれらの制度的実践の意味を、何度も見逃していた。

(d)テクスト群の第四のカテゴリーは、ゼミのプロトコール（記録）である。これを手がかりにすると、アドルノやホルクハイマーによる演説が、かなりの程度まで、彼らのゼミの参加者たちとの対話によって形成されたことが明らかにされるだろう。批判理論の中心的問題は数々のゼミナールの中で展開されていったのである。ゼミナールに加わった学生たちには、彼ら全員が、これから更に仕上げられねばならない批判的社会理論というプロジェクトに参加しているのだと伝えられた。こうした仕事の連関は、学派の連関として把握することが可能であった。そして、その指標の一つが、立脚点に対する批判であった。

さて、私は以下において、こうした言説＝討議的（diskursiv）な出来事の第五のカテゴリーに属すると思われるテクスト群を扱うことにしたい。そのテクスト群は、理論を体系的に追求するという意図を追求するために書籍刊行という形を取る点で、これまで扱われてきたものと公共的ステータスが異なっている。テクスト群の中で遂行的に実現される意図に沿って言えば、理論の妥当性が主張されるのは、論証、経験的調査結果の信頼度、他の理論の参照の仕方の正当性、数々の経験が持つ説得力などの堅牢さという点においてである。これらのテクストが、ある理論を代表するテクストとして自らを指示している時、すなわち、普遍的に妥当することを望んでいる時に、他方で、この理論を練り上げつつある知識人たちは、ある洞察を表明して、その洞察によって、自分たちが他の知識人たちから区別され、自分たちの世界の見方や生き方が一般化可能であることを望んでいる。まさしくこのような視点から、知識人たちについての考察もなされるべきである。ホルクハイマーとアドルノは、一つの知的ハビトゥスの特徴を批判的かつ社会学的に分節化し、このハビトゥスに対して、資本主義社会が抱える諸矛盾に耐え抜き、宥和された社会という目標に抵抗する心構えを高めることを期待した。従って、問われるべきは、これらのテクストの中で、このハビトゥスがどのように分節化されているかである。また、同調への抗いがたい圧力は、まさしくそれが優勢な事実であるというだけの理由で、個々人に対して、権力に屈して優勢な諸傾向に進んで服従するように強いるわけだが、この圧力に抵抗する能力は、どのようにコード化されるのだろうか？　この社会の中で、かつ、この社会に抗して、このような抵抗を要求することは、どのようにして説得力を持つに至るのだろうか？　そして、テクスト群によって呼びかけられた人々は、この矛盾にどう対応するのだろうか？

一章　遂行的自己矛盾という幸運

近年、批判理論について多くのことが、語られ、あるいは、書かれてきたわけだが、それは、一九五〇—六〇年代の同時代人にとってはほとんど入手不可能だったり、まだ存在していなかった、極めて多面的かつ包括的なテクスト群についての知見によって可能になった。というのも、亡命時代に書かれたテクスト群は——一九五〇年代でもまだ書店を介して取り寄せることができた『啓蒙の弁証法』(10)を例外として——ごく僅かしか刊行されていなかったからである。ホルクハイマーは、自分の講義や公式的な講演を幾つか刊行しているが、それらの講義や講演が行われた場所のほとんどは、どちらかと言えば田舎だった。アドルノも、ドイツでは一九五〇年代半ばまで、極く少数の著書しか出版していなかった。その極く少数として『新音楽の哲学』と『ワーグナー論』の名前を挙げることができるかもしれない。この二冊の本は、確かに若干の注目を呼び起こし、書評も数多く出された。しかし、音楽、音楽史・理論についての広範な知見を前提としていたために、これらの本は、より広範な読者層には閉ざされたままだったはずである。ワーグナー論については、以下のような評価がある。「音楽学者、特に音楽社会学者と音楽哲学者のための書物である。従来とは違うやり方で諸問題を全体として把えるこの考察は、彼らに、更なる認識へと至る出発点を提供できるだろう」(11)。また、「著者は、その膨大な学識を駆使した叙述と閉鎖的で外来語中毒の用語法とによって、しばしば、この本に心引かれる読者にすら、彼の意図を理解することを難しくしている。そう断言しても差し支えあるまい」(12)、とも評された。これらのテクストは、社会学に関連するというその出自ゆえに、社会学専攻の学生たちから歓迎されることがないわけではないとしても、批判的社会理論というプロジェクトから見れば、むしろ周辺的な位置しか占めていない。何故ならば、これらのテクストは、社会学的な訓練からも、批判的社会理論が扱う社会学的あるいは哲学的テーマ群からもかけ離れていたからである。しかし、『ミニマ・モラリア』と、一九五五年に『プリズメン』にまとめられて刊行されたいくつかの論文があった。ここで、『ミニマ・モラリア』と『プリズメン』の二冊を、知識人が批判的自己理解を体系的に推敲したものという視点から分析してみたい。この試みが成功する限りにおいて、これらのテクストが同時代人からその都度どのように理解されたかも合わせて示されることになるだろう。

批判的知識人の態度が、批判理論のテクスト群の中で、そして批判理論のテクスト群によって、概念的に推敲されていくという問題をはっきりさせるために、私は、先行世代の批判理論の特定の論証形態に対するハーバマスの反論を改めて詳細に——特にホルクハイマーとアドルノが、自らの弟子たちに、矛盾を伴う数々の要求をしていたことを視野に入れながら——検討したい。

先行世代の批判理論に対する批判の中で、ハーバマスは、先行世代の特定の思考形態が含意している、逆説を伴う無理な要求と、それに結び付けられた生活感情とを浮き彫りにして批判しようと試みている。彼に言わせれば、そうした生活感情はペシミスティックであり、希望のなさをめぐる「気分 Stimmung」であって、「もはやわれわれのそれではない」(13)、と。

既に述べてきたように、アドルノとホルクハイマーの場合には、はっきりとこの気分が望まれており、理性の歴史的な様々な意味の客観的諸矛盾を弁証法的に追求することによって、この気分を理論的に構築するために多大な努力が注ぎ込まれたわけだが、ハーバマスはこの気分を、特殊な自己矛盾の帰結と見なした。言ってみれば、よりよい洞察力があれば回避しえたであろう論理的誤謬の帰結と見なしたわけである。『啓蒙の弁証法』の著者たちが依然として、啓蒙の過程で貫徹されてきた自由や平等という近代の諸規範と、徹頭徹尾イデオロギー批判的に対峙したのは確かである。普遍的利害＝関心を代表しているという支配者たちの主張の数々が、その合理性と実在的な普遍性という視点から内在的批判という形で検証されている。しかし、ホルクハイマーとアドルノが、理性とその実現は自由だけでなく支配をも増大させたと論じたために、初期市民的・革命的諸規範との関連が次第に薄れていくことになった。人々が自らの生活全体を形成することを可能にする客観的理性というのは、意欲的な概念であるが、ホルクハイマーとアドルノによれば、この客観的理性は、ヨーロッパ文明の発達の中で、道具的理性へと、つまり、単なる人間の操作、技術的諸過程の制御、経済効率の計算などに切り詰められてしまったのだという。ここから必然的に、一つの結論が導き出される。すなわち、理性は、常に支配とこの上なく密接に絡み合っているために、もはや歴史的展開や社会的行為を批判する基準にはなりえない、という結論だ。このような議論によって、イデオロギー批判の基盤である理性が更に疑われていくことで、イデオロギー批判は自己自身を凌駕し、全面化していく。そうハーバマスは解釈する。今やもう、理性は、権力の手段である特殊的理性としてしか現われない。この論証は、最終的には自己矛盾へと至る。というのはこの論証は、なおも徹底して、支配の批判を目指し、支配者の特殊利害、合理性の機能化を標的とし続けるからである。そのためこの論証は、理性およびそれと結びついた諸規範という、一般にイデオロギー批判を正当化しうる独自の基盤から身を引き離すことになる。だからこそ、『啓蒙の弁証法』の著者たちは、ハーバマスが遂行的自己矛盾と呼ぶアポリアに陥ったわけである。もしも理性が全体的であって、啓蒙が全体としては支配の媒体だというならば、啓蒙そのものが不信の対象となり拒絶されねばならない。しかしそれと同時に、啓蒙は、自らの発言の諸条件を掘り崩してしまい、もはや批判をなしえなくなる。こう論じるハーバマスによれば、アドルノとホルクハイマーはこの矛盾をよく自覚していたという。アドルノとホルクハイマーはこの矛盾を顕わにし、煽り立てたという。特にアドルノの『否定弁証法』は、一つの「修業」である。「『否定弁証法』は、弁証法的思惟を今一度反省することによって、ただそうすることによってのみ姿を現わすところのもの、すなわち非同一的なもの、という概念のアポリアを明るみに出す」(14)。アドルノの理論は、まさにこの意味において遂行的なのである。つまり、何故「我々がこの遂行的矛盾のなかで堂々めぐりをし、耐えとおさねばならない」のか、「何故、この逆説を執拗に、落ち着くことなく詳述することのみが、ほとんど魔術的呪文で呼び出すかのように語られるあの『主体における自然の想起』への展望を開く」(15)かを説明している、という意味においてである。すなわち、理論がこれらすべてをなすことによって、テクストは「悲しみの修業」を行うのである。テクストは、命題の明白な内容に従って、プログラムとなるような知的態度を身につける。すなわち、消え行く合理性とそれに伴う解放の可能性の喪失とを経験するのである。

ハーバマスは、アドルノのテクストが持つダイナミズムとそれが知識人のハビトゥスに及ぼした帰結とを的確に読み取る能力を持っているが、彼自身はこのハビトゥスを拒絶した。ハーバマスは、その基調、すなわち、「基盤喪失」[16]という帰結と、アドルノとホルクハイマーが「歯止めのない理性不信へと身をやつしてしまった」という事実を批判した。そういうわけでハーバマスは、二重の意志喪失を確認しているように見える。(a)アドルノとホルクハイマーという二人の著者は修業を推奨し、弁証法的過程の終わりなき展開に耐えるべき読者に対して特別な意志の強さを要求するに十分なほどの強さを持っていたわけだが、今や彼ら二人は、退廃的でロマン主義的な気分の犠牲者に見えてくる。何故なら彼らは、意志を放棄して自分たちの理論のダイナミズムに「身を委ね」、理論に内在する矛盾性を訂正したり、「これらの懐疑そのものを疑わせるような基盤を検討」[17]したりすることを放棄したからである。(b)しかし、ある種のデカダンスが、理論内部のダイナミズムを際立たせている。というのも、理論は、その「抑制の無さ」を適切な時期に阻むことができるかもしれない制御メカニズムを何ら知らないからである。批判理論第一世代の主唱者たちは、もしも権力、真理、誠実性という三つの妥当性領域の差異化を近代の根本的指標として知っていたならば、真理と権力とを分析的に区別することができたかもしれないし、学問的言明の妥当性要求と特殊的利害が有する権力とを体系的に同一視することにはならなかっただろうに。近代に適した、強力な合理性概念があれば、彼らは最終的に個別諸科学、とりわけ社会科学に対して疑いを抱かなくてもよかったろう。しかし、そうした洞察を欠いていたがゆえに、彼らの自己矛盾的思考は、最終的には、彼らの理論そのものを経験的検証することの断念、更に言えば、検証の可能性の断念へと陥った。ホルクハイマーとアドルノが少なくとも、依然として矛盾の中に踏みとどまっていたとしたら、彼らは「戦後、フランクフルト社会研究所を再建することができなかった」[18]であろう。つまりハーバマスは、アドルノとホルクハイマーの二人の理論形成と彼らのデカダンスに内包される矛盾の決定的な指標を、二人が実際にはとっくの昔に密かに批判的社会理論というプロジェクトと決別していたにもかかわらず、フランクフルト社会研究所を再建して経験的プロジェクトを実施していた、という点に見たわけである。ハーバマスは、アドルノの後期の著作『美の理論』において、この展開が頂点に達したと見ている。アドルノは、芸術とその認識能力に逃れたのに対して、ホルクハイマーは、理性そのものの基盤に向けられた理性批判のアポリア的帰結を回避することができなかった。そして、このことが、最終的には、彼の理論的生産性を阻害し、初期批判理論とは本質的に異なる彼の晩年の著作へと繋がった[19]、というのである。

ここは、ハーバマスによる論証を詳細に議論すべき場面ではない[20]。ホルクハイマーとアドルノは遂行的に自己矛盾していたとするハーバマスの異議は、こうした形での自己矛盾は正当化されないということを前提にしている。しかし、アドルノの構想に従えば、近代の理論はその都度、自らの可謬性とは両立しえない普遍妥当性要求を掲げるので、必然的に遂行的自己矛盾に陥らざるをえないのだと推測することもできる——諸概念のアンチノミー（二律背反）を伴う弁証法的思考のみが唯一可能だということになる。ハーバマスの基本見解がアドルノやホルクハイマーのそれと違うのは確かなので、ハーバマスの論証は、部分的に空回りしている。アドルノは、矛盾、自己矛盾、論理的不純物、デカダンスなどを繰り返し擁護した。更に、〝アドルノとホルクハイマーは近代に特徴的な合理性の分化を十分に認識していなかった〟とするハーバマスの論証も、事実に即していない。アドルノは近代的（modern）であること、それも絶対的に近代的であることを要求した。彼の見解からすれば、これは「哲学の定言命法」[21]だった。もっともアドルノは、社会の状況は、まだ全く達成されざるモデルネ（近代性）を既に追い抜いているのではないか、という危惧を抱いてはいたけれども。「近代は実際に非近代的になってしまった」[22]理性批判のペシミスティックな帰結としてハーバマスが批判したものは、アドルノとホルクハイマーの見地からすれば、社会そのものの客観的展開に帰せられるべきものである。もしもハーバマスが批判するように、アドルノが悪しき現実に対するイデオロギー批判を引っ込めているのだとすれば、それは、市民層自体が自らの諸規範をはねつけてしまっており、それゆえに、これらの諸規範はもはや批判に基盤を提供しえないということをアドルノが確信していたからである[23]。ウェーバーとハーバマスに従って、妥当性領域の学問、政治、経済への分化が近代の特徴だとすれば、アドルノは、客観的脱分化を、後期資本主義段階にとって決定的な指標として観察しているわけである。問題は、真理を権力に、芸術を価値評価の命令に従属させる過程なのである[24]。こうした脱分化にもかかわらず、精神的内実の妥当性は、その発生についての批判では的確に捉えられない。そのためアドルノはイデオロギー批判を相対主義的に理解することに抵抗し、分化に拘る。「人は、発生への批判に沿ってラディカルに行動すると、真でないものと共に、真なるものすべてを、いかに無力であるにせよ普遍的慣習の軛から身をもぎ離そうとして果たせないでいるものすべてを、そして、より崇高な状況を先取りしているかのような幻影のすべてを根絶やしにしてしまうだろうし、文化に媒介（vermittelt）されているとしてこれまで非難してきた野蛮へと、直接的（unvermittelt）に移行することになるだろう」[25]。

このように、先行世代の批判理論のハーバマスによる再構成には著しい弱点がある、という見解に根拠があるとしても、先行世代の「気分」を彼らのパフォーマンスの帰結とするハーバマスの論述は、分析として興味深い。この気分が、同時代の人々から受容され、摂取され、受けとめられたという想定が当たっているとすれば、この気分は、どのように受容され、どのような意味を持っていたのだろうか？　もっとも、この問題設定からすれば、ハーバマスの論証から導き出される暗示的な価値は、それ自体としては単純に妥当しえない。というのもまず最初に、ハーバマスの理論をも含めて、現代の諸理論が遂行的自己矛盾という形での混乱を回避できるかどうかが疑問だからである。近代の理論は、一貫性、完結性、無矛盾性、確実性、根拠付けといった諸規範の遵守を義務と見なす場合にのみ、近代的なのだろうか？　むしろ、批判理論の常に新しい変種の形で受容された自己矛盾性こそが、近代性の文化的・知的指標であり、まさしくこの指標こそが、数世代にもわたって、学生たちに対して魅力的に作用してきたのではなかったか？　ハーバマスの場合、真正性要求（Authenzitätsanspruch）は、モデルネの理論との何らかの対比という形で存在するが、これは、〝自己矛盾に気づいて以降のアドルノとホルクハイマーはもはや経験的社会研究を推進してはならなかったのだ〟と見ていることからも分かるように、唖然とする程の要求であり、こうした要求を、近代的な社会理論の社会的および知的妥当性のための基準として受けとめることなどできない。アドルノは、自らの理論に含まれる遂行的矛盾を知っていた。そして、未解決のこの矛盾に耐えることをあくまで主張した。このような態度だけが、絶対的に近代的だったのである。ホルクハイマーと同様にアドルノは、「出口はないということ」、そして、パラドクスという居心地の悪い状況に留まり続けねばならないことを、説得的に論じたいと望んでいた[26]。このことはハーバマスも正しく見抜いている。しかしここでもまた、状況は彼らにとってそれほどアポリア的かつ絶望的だったわけではなかった。ハーバマスは、アポリア的状況からは後戻りする道しか生じない、として批判的に考えていたけれども、アドルノとホルクハイマーは、理性に対するまさにそのような最後に残された後ろ向きの信頼を遮断しようとしていたのである。というのも、彼らは、いつの日か、自由な人類の歴史がようやく始まるきっかけとして、希望なき者の希望や、未来に向かっての前向きの脱出や打破を試みる、絶望した人々を励ますことに希望を抱いていたからである。もしも、個々人が、総体として社会諸関係に支配されており、他なるものに規定されているのだとすれば、人々は、社会状況の全体を否定的全体性として思考して実践的に変革する時に、状況を克服することになるだろう。アドルノのテクストは、近代の修業であり、このような自己矛盾が習得されかつ教え込まれる場である。ただし、それらは、ハーバマスが考えているような、「理論的認識という目標の放棄」ではなくて、むしろ、受け継がれてきた支配形態としての論理の強制的性格を、洞察によって打破するという主張を掲げている限りにおいて、ハーバマスが思っているよりも複合的な認識を約束するモデル群なのである。「厳密性と全体性、すなわち、市民的思考が掲げた必然性と普遍性という理想は、実際に歴史の公式を書き換える。しかし、まさしくそれゆえに、堅持されてきた立派な大概念群の中に社会の構成が表出する。弁証法的な批判と実践は共に、これらの諸概念に向けられているのである」(27)。このようなパースペクティヴから、非同一的なものや個別的なものなど、普遍的なものの中では明らかにならないものを、宥和的方法で把握しようとするアドルノの目標は、具体的かつ歴史的で、支配に対して批判的な内実を得るのである。「確かに認識は、勝利と敗北が直線状にあざなわれた不幸な連鎖を表さねばならないが、それと同時に、そのようなダイナミズムの中に入り込んでおらず置き去りになっているもの、弁証法を免れている廃棄物や盲点のようなものにも目を向けねばならない。無力な状態にあって非本質的で不適切かつ奇妙に見える、というのが、敗者の本質である。(…)理論は、歪んだもの、不透明なもの、理解されなかったものに注意を喚起する。それら自体には、確かに、初めからアナクロなものが付随しているのだが、完全に時代遅れというわけではない。というのも、それは、歴史のダイナミズムにいたずらをしかけるからである。このことは、芸術において最もよく見られる」(28)。芸術は、無知の避難所（asylum ignorantiae）、自らの理性批判によって絶望に陥った知識人の避難所、究極の亡命地ではない。ありふれた言い方をするならば、依然としてやはり理論である美の理論もまた、認識への要請を放棄していない。理論の優位が疑われることなく、美学の課題と芸術について理論的に語られている。「すべての芸術作品は、全体的に経験されることが可能となるためには、思想と、それと共に、抑制されえない思想以外の何ものでもない哲学とを、必要とする」(29)、と。このように、遂行的自己矛盾に耐え抜くには、何か英雄的な気分が伴う。諸矛盾に耐え、諸矛盾を引き受け、概念の普遍性と関わりつつ、しかもその普遍性に対して批判的であり続けることを、知識人は学ばねばならないのである。

こうした英雄的側面は度外視するとしても、基調は実際、ペシミスティックで絶望的なものだったが、テクスト群の修業を通して、知的な生活様式の一つとして練り上げられた。この生活様式はもしかすると、次のような問いのきっかけとなりえたかもしれない。もしも、社会の全体性がそれ程におぞましく、理論が、せいぜいのところ、実際にはもっとひどいかもしれない、という懸念を伝えるだけのものならば、全体性の完全な変革、社会関係の細部に至るまでの変革のために、最終的に何かが成されなくてもよいということだろうか、という問いだ。批判理論先行世代が示した特定の思考形態をめぐるハーバマスの論述は、たとえ説得力がないとしても、引き続いて以下の一連の問いを問う形で、テクスト群を分析し受容していく際の出発点となりうる。そこで問われるのは、遂行的自己矛盾はどのように構想されたのか、それは受容されたのか、されたとしたらどのようにしてか、そして、その矛盾は最終的には、どのようにして、「気分」として、つまり今日の「我々」が——どのような動機に由来するかにかかわらず——事実上もはや共有していない理論的にコード化された生活感情として扱われたのだろうか、という一群の問いである。

二章　『ミニマ・モラリア——傷ついた生活裡の考察』

一節　逆説的な語りの位置の構築

アドルノ自身の説明によれば、『ミニマ・モラリア』は、一九四四年に、翌年二月一四日のホルクハイマーの五〇歳の誕生日のために書き始められたという。しかし、第三部に記入された日付からすると、一九四七年にようやく完結して、一九五一年三月初旬にズーアカンプ社から刊行された。アドルノとホルクハイマーに、『啓蒙の弁証法』をめぐる理論的共同研究を継続する計画はなかった。二人とも、偏見をめぐる経験的研究プロジェクトと、そのような包括的な調査に付随する一連の諸研究に関与していたからである。そのため、一方のアドルノは、しばしばバークレーにおり、他方のホルクハイマーは、ニューヨークにいた。にもかかわらず、『ミニマ・モラリア』は、アドルノの献辞によれば、彼と想像上の対談者であるホルクハイマーの一種の内的対話という形で、例の共同研究を継続しているのだと主張する。従って、『ミニマ・モラリア』は、『啓蒙の弁証法』と体系的に結び付けられ、フランクフルト社会研究所によってなされた重要な経験的研究プロジェクトをめぐる研究と同時並行で成立したわけである。『ミニマ・モラリア』は、著者の心積もりでは、これらの仕事を補完するものだったといえよう。この本は、マルクス主義を志向するドイツ系ユダヤ知識人の亡命中の個人的経験という形で、理論的考察を展開している。ただし、アメリカの、特にロサンジェルスやバークレーの状況や地域の知的環境（例えば後年のアドルノのこれらの時期への回顧と比較することができよう）における具体的な状況については、読者に対して多くは語られていない。数々の詳細な観察さえ、具体的論述としてではなく、人々を支配し従属させる世界史的に進歩した形態を採る社会として、アメリカ社会を呈示する、歴史哲学的・文化批判的なやり方で提示されている。

この本の出発点であるアドルノの経験概念は、ナイーブに、あるいは経験論的に想定されているわけではない。経験は、理論的に組織されているように見える。このことが決定的な諸問題を投げかけ、それらの諸問題がこの本の対象となっている。そもそも、個々人が純然たる反射作用の束となり、操作の客体へと切り詰められている社会状況において、なお、個人的経験について力強く語ることは、どのようにして可能なのか？『ミニマ・モラリア』は、読者に、ある個人の諸経験についてのプロトコールとして提示される。このプロトコールは、歴史における個人の消失を、一番最後の経験として確認しようとしている。「認識は、個人が支配的カテゴリーとして断固として肯定的なものと解釈されてきた間は、個人から端的に隠されていた。今や個人が崩壊する時代にあって、自身と我が身に起こることについての個人の経験は、認識にもう一度寄与する」。歴史の客観的過程に従属しているものとしての個人は、経験それ自体の歴史的身分と状態を観察して分析し、経験そのものが消滅していることを確認せざるをえない。しかし翻った見方をすれば、このことが可能となるのはもっぱら、個別的なもの、個々人が、普遍的なものをめぐる状況の認識に基づいて分析される時だけである。そもそも、そうすることによってのみ、個人を普遍的なものの下に包摂する傾向を持ちながら同時にリベラルでもあった、初期市民社会の段階との、特殊な違いがどこにあるのかが確認されうるのである。社会がもはや個人的行為に媒介されていない、というのは歴史的に新しい事態のはずである。そのような状況において、主体がなお存在するのは、客観的仮象として、つまり、対自としてのみである――しかし、新たな歴史的段階に対応する新しい主体は、まだ存在していない。このような移行期においては、個人による経験の位置は、「詐欺の疑いがあるので、もはや確実とはいえない主要な歴史的カテゴリー」としての展開全体を示す、より重要なインデックスになる。個人的なものは、自らの歴史的非同時代性にもかかわらず、あるいは、まさしくその非同時代性によって、全体的画一化という諸条件の下で、差異を具現している。移行的に、いわば、「社会を解放する力を備えたものが、諸個人の領域に収斂したようにさえ思われる」(30)のである。アドルノの論証が矛盾含みで運動していることは明らかだ。経験の源泉であると自己主張する構成的主体を拒絶するアドルノは、解放への衝撃は、もっぱら個人が自分自身や自らの経験を反省する際に、少なくとも一時的に――おそらくは、歴史的非同時代性や差異を経験することによって、すなわち、経験の喪失を経験することを通して――経験されうる、と考察するに至る。

このことに対応して、この本の気分＝基調（Stimmung）は、激しい絶望と希望の間を揺れ動いている。アドルノによれば、もうカタストロフィーを予期しなくてもよい。それはアウシュヴィッツによって既に起きたのだ。世界史の展開は決定されており、人類は、マルクス主義の伝統によって繰り返し召喚された、社会主義か野蛮かという選択を、とっくの昔に通り越しているということを、アドルノは確実視していた。この歴史哲学的考察は、このような事態が、解放のプロジェクトにとって、そして、もはや生が生きられてはいない野蛮な状況において生き続けるよう強いられている諸個人にとって何を意味しているのかを考えるよう迫ってくる。出発点となるこのテーゼ、つまり、もはや生はなく、（それと同義だが）初期市民的生活様式の指標の多くが消滅してしまったというテーゼには、多くの側面でのヴァリエーションがある。いくつか例を挙げておこう。エロティシズムはもはやない。結婚は偽りである。家族は時代遅れとなった。無害なものはもはや何一つない。教養は崩壊していく。共同生活は不可能となった。人はまた、暮らすということもできない。人々は、語り合う能力を失った。人々は贈り物をすることを忘れ、同様にまた、退去時の礼儀正しいドアの閉め方のような、慣習的能力を忘れた。経験が消滅していく。ウィットは致命的に毒々しくなっている、等々。これらのすべてがもはやない。このことが、観察に時代のインデックスを与えるのである。ただし、市民の慣習的な振る舞いの様式の消滅は、市民的支配と結び付いていた日常文化からの解放という利点としてではなく、喪失としてテーマ化され、否定的に評価され、悲嘆と共に語られるのである。

この本の読者たちにとって、特に、真理の倫理や抵抗のために養成されるべき比較的若い人々にとって、亡命の経験は、多くの場合、馴染みのないものだった。彼らは、自分たちが未だかつて知ったことのない何かを失いつつあり、自分たちから引き離されてしまったその何かを取り戻す術はない、という事態に直面させられた。この本を本を通して彼らに対して明らかにされるように、彼らは野蛮の犠牲者なのである。この指摘に対する彼らの反応は、肩をすくめたり、教養市民的ノスタルジーを抱いたり、過ぎ去った数々の歴史的可能性に対して理解を示したり憤慨を示したりする、という具合に、様々にありうる。

しかし、喪失は若い世代にのみ当てはまるわけではない。「アドルノ」という著者主体さえも、既に自らが教養の崩壊の犠牲者であることを自覚しているのである。「時代という単位の陰で、幸福という個人的生活の道徳的実質を形成していた、かの数々の差異が、客観的に消滅していく。我々は教養の崩壊に気付いているが、しかし我々が書く散文作品からして、ヤーコプ・グリムやバッハオーフェンの散文作品と比べると、何も気付かないままに、文化産業と類似の言い回しを多用しているのである。そのうえ、我々はまたヴォルフやキルヒホフとは違って、もはやとっくの昔に、ラテン語やギリシャ語に堪能ではない。我々は、文明が非識字状態へと移行しつつあることを指摘しておきながら、自分はというと、手紙を書くことを忘れたり、同時代の人々にとっては必ずそう読んだはずのやり方でジャン・パウルのテクストを読むことを忘れたりしているのである」(31)。この考察は明らかに、精神的貴族主義者による文化的ペシミズムへと変色している。この文化的ペシミズムは、ドイツ古典主義の時代と、この時代における古典古代を志向した教養理解とを、近代の文化的発展の頂点と位置づけると共に、それらを文化の崩壊を診断する基準として掲げている。ゲーテとベートーヴェンは、絶対主義王政と自由主義的風潮の狭間にいた自由かつ孤独な市民であり、文化的諸規範のカノンを体現している。この諸規範に照らせば、それ以後の市民の時代は、非人間的なものにしか見えないかもしれない。このような論証的要素群と共に、ほとんど自動的に、ドイツにおける保守的な文化批判にとってはレパートリーともいえる諸要素が更に登場する。それらは、既に『啓蒙の弁証法』の中で詳細に論じられている。計数、測定、把握、計算などがその主要なカテゴリーである。社会でこれらのカテゴリーを押し通すことは、崩壊、生への冒涜、歴史的なものの破壊、精神の解体、真理の根絶と解釈される。一方での精神なき生や計算の偏重と他方での魂や歴史を対置することは、ドイツの学者の間に見られる、反動的な文化批判の伝統とも言えるイデオロギー・モデルである(32)。ただしアドルノは、この点では非常に感受性が高く、はっきりと文化保守主義や反動的文化批判に敵対していた(33)。文化的諸能力の損傷をめぐる引用した考察はまた、立論に際してアドルノが文化保守主義から慎重に距離を取っていく過程を、はっきりと示している。というのも、テクストによって確立される経験の主体は、せいぜいのところ、自らが歴史上の偉大な時代を想起することができると徐々に主張できるようになるにすぎないからである。しかし、まさしくこのことによってアドルノは、文化の崩壊を嘆くと同時に、今となってはもはや存在しない例の文化の最後の守り手という特権的地位を自らに要求する、もしくは、失われた文化の復元を主張する、という文化保守主義のパラドクスを回避できるわけである。それは、読者に、自らをかの教養エリートに含めるか、それとも、野蛮という不名誉を引き受けるか、という二者択一しか残さないだろう。しかし、アドルノのテクストはそうではない。想定された比較的若い読者は、歴史的に見ればもちろん、既により低い水準においてでしかないが、文化批判の立場を取ると同時に、崩壊の進展を診断することができる。「アドルノ」という著者主体の語りの位置を受け継いでいる限りにおいて、読者は既に、逆方向へと向かう傾向の一要素を体現している。読者は、確かにノスタルジー的にではあるが、自らのモデルであるアドルノと同様に、文化産業の前に立ちはだかる思考の実践を試みることができるのである。しかしなお、潜在的読者が取るものと想定されるこのような態度は、更なる屈折を経験する。というのも、文化産業との対峙は、まさしく、古典的カノンを復活させ、その残骸をミイラのように保存することを意味しているのではなく、芸術的作品群が互いに破壊し合って、最終的には文化の破壊に繋がる過程に気付くことを意味するからである。この過程こそ、文化産業によって今まさに消されつつあるものなのである(34)。そして最終的にはアドルノも、ドイツ古典主義の偉人を激しく非難している。シラーの語りの身振りが、権力と同一化している無愛想な小市民の身振りだとするならば、ドイツ観念論の精神的巨人たちの非常に人間的な偉大さは、全体として、空しい焦燥にかられて非人間的にも、「ありのままの生活のささやかさを踏み荒らしていく」「市民的な乱暴者の粗野な派手好き」である、という。ドイツ最良の思考の伝統にすら、無罪の痕跡はない。反ファシズム的・ロマン主義的志向から市民文化の始まりに回帰するには、相当な手間隙が必要である。というのも、最終的には市民文化自体にも、支配によってファシズムやドイツの野蛮さへと結び付けられた傷跡が刻み込まれているからである。「市民層が専制政治を罵倒していた時代に、台頭途上にあるとされた市民層の思考は、力を装った弱さのせいで早々とイデオロギーに売り渡されることになった。市民層の魂である人文主義の最も内奥に囚われている暴君が暴れており、この暴君が、やがてファシストとして世界を牢獄に変えることになるのである」(35)。

アドルノは、自己矛盾した思考の運動の中で、自らが宣言した文化的規範を再び取り戻している。その際に決定的なのは、市民文化を抽象的に、かつ、肩をすくめて冷淡に非難することではなく、市民文化の喪失を議論の場の喪失として経験することであろう。具体的な批判において初めて知的緊張の場が成立し、そこに読者が引き込まれていくのである。アドルノは、社会的あるいは宗教的排除に基づく抑圧的文化に加担して、あっさりとその文化の「偏狭な防衛部隊」と化していた人々が示す、文化なるものへの熱狂には反対している。「宥和的でない心情は、野性や新洗礼主義あるいは『非資本主義圏』の反対物である。この心情は、前提として、経験、歴史的記憶、神経質なまでの思想、とりわけ徹底してうんざりしていることを必要とする。ラディカルな左派集団に加わっていた非常に若く無知な人々が、ひとたび伝統の力に気づくや否や、保守に寝返る、という光景が繰り返し観察されてきた。伝統を真に憎むためには、人は自らの内に伝統を持っていなければならないのである」(36)。伝統は学習によって獲得されうるものではない。しかし同時に、このテクストは、伝統をまだ保持していて、まだ伝統を憎むことも抵抗することもできる読者層に出会えるとは、想定していない。まさしく小市民的出自を持つ読者にとって、伝統の喪失は、悲しむべき状況であるだけでなく、危険な状況でもあった。というのも、伝統の喪失は、不寛容な愛着や公認された文化が持つ権力への服従に、あるいは、現在通用しているものや承認されているものに対する過度の敬意に繋がりかねないからである。ドイツ労働運動に広まり、ドイツ民主共和国（東ドイツ）では国家の公的ドクトリンにまで高められた、所謂遺産の分配に預かるという目標設定についても、事情は同様である。「ベーベル一派の俗物性は、彼らが文化と無縁であることにあるのではなく、文化を事実として受け取り、文化と一体化する――ただし当然それによって文化の意味を真逆のものに転倒してしまう――彼らの熱意にあるのでもない。一般に、社会主義は、このような変質からも、実証主義への理論的堕落からも、共に安全なわけではない」(37)。アドルノの論証は、かくして、読者主体を、矛盾する思考の揺れ動きへと引き込んでいく。読者主体はこの動きの中で、ある文化的伝統を承認し、その喪失に気づき、それと共に、この文化の中で、別の文化に対して闘いがなされたものの敗北に終わって野蛮へと至ったことを、理解すべきものと想定されていた。それゆえ、破局の後ではすべての文化に罪が染み付いているとはいえ、文化的伝統は、そこに含まれていたファシズム的含意を超えて検証されねばならないのである。歴史の否定的に評価される展開過程を阻止するために、このような文化の獲得が、目指されねばならない。文化的カノンに対して肯定的ではなく批判的に距離をとった態度だけが、文化の物質主義的で否定的な側面や文化の犠牲者を、併せて顧慮することができ、物質的実在と文化の間の対立を宥和的に止揚することを目指すことができるのである。

実際、アドルノの否定的な発展図式は、読者主体に対して、自分は伝統を身につけていないという事実に絶望しきってしまわない可能性を提供する。読者主体は、再生産及び流通の領域が従属化する以前の段階と関わることができるのである。「今日では進歩と野蛮が大衆文化として絡まり合っているので、野蛮でないものを再び生み出すことができるのは、大衆文化や手段の進歩に対する野蛮な禁欲だけである。（…）大量生産を見込んでいなかった古めかしいメディアが、新たなアクチュアリティを獲得する。それは、組み込まれていないものや即興の産物が持つアクチュアリティである」[38]。非同時代的で、まだ文化産業によって包括的に規定されていないもの、もしくは、もはや包括的には規定されえないものは、少なくとも一時的には対抗的文化となりうる。ちなみに、この見解によって、アドルノは芸術批判の独自のジャンルを切り開いたわけである。そして、このジャンルは、その後何十年にもわたって、ジャズ音楽とロックミュージックの評価を規定することになる。それによって、文化に対する関係も活性化する。「人が持っている」文化は、所有へと物象化され、肯定的なものになる。自己を常に批判し、ついには克服するような文化だけが、抵抗力を持つ。しかし、この意味において文化は、結局、伝統を超え出ていく。対抗的文化としての文化がそれを可能にし、そしてまた、伝統の内にはない者たちが、伝統を――彼らが伝統を〝崇拝される伝統〟として再び硬直させることなく、把握されていないものを探し求める限りにおいて――所有化することを可能にするのである。「主体性を喪失した人々、文化面では勘当された人々こそが、文化の真の後継者なのである」[39]。まさにこうした批判への方向転換によって、文化は、教養の獲得を目指す努力のための目標となりうるのである。

にもかかわらず、このダイナミズムには、依然としてノスタルジーめいた何かが憑きまとっている。その都度の若年層は必然的に、自分たちは一度も手に入れることができなかった伝統を奪い取られている、という感情を抱くだろう。それと共に、「アドルノ」という著者主体との関係で、アンビヴァレント（両義的）に揺れ動く態度が生まれる。人が志向すべき伝統の歴史的経験によって、知的権威としての彼の地位が脅かされることはない。と同時に、文化を所有するには、まさしくこの権威を、常に内在的理由から改めて拒否することが必要となる。従って、テクストは、著者主体と読者主体との関係、すなわち、教師と生徒との関係に、両者の組合せ、相互補完、相互継承を可能とするモデルを提供するわけである。そもそも著者は、読者を獲得することはできるわけであり、エリート主義的な文化批判的の立場から読者を侮辱するよう強いられているわけではない。他方で読者は、著者をいつの日か追い越して乗り越えうることなく、著者の後に続くことができる。テクストは読者に、不当にも従属という形で、批判と自己批判という活動的な姿勢を要求するヒエラルキーを構築する。もっとも、その際にこのことは、読者主体が、自らとの関係の中で、重要な振る舞いの様式としての批判を受容し、社会的に批判の必要性を訴える術を学ぶ、という以上のことを意味しているわけではない。このような宣言が批判的な実践および姿勢として具体化されるかどうか、具体化されるとすればどのようにしてかは、これだけではまだ確定できない。

アドルノの論証に、特権化された認識の位置を排除する傾向があることははっきりしている。矛盾したダイナミックな思考の運動に完全に参加している人々は、それによって同時に、資本主義の同時代の諸条件下における生活状況への展望を手に入れる。彼らは「全体は非真である」(40)ことを知っている。そして、この認識は、目の当たりにできる意識の水準を超え出ており、この認識に対する拒否権は存在しない(41)。社会状況の全体性を包括する展望は、それが――自らが誇張として評価されることを知りたいと自嘲的に望んでいるのでない限り――このような理論的立場を採る人々に対して、多大な認識上の特権を提供してくれるものと思われる。というのも、全体を包括することもなく、類似の仕方で全体を非難することもない他のすべての理論は、真ならざるものの構成要素にすぎず、この全体に対して弁明的かつ肯定的に振る舞うからである。しかしアドルノは、弁証法的思考に含まれる高度な実証＝肯定主義（Positivismus）を簒奪と見なし警告している。「反省は、反省以前の状態に戻る危険に脅かされている。優越感に浸った反省が、弁証法的行為を意のままに操って、あたかも、自らは、弁証法の原理を免れている、全体についてのかの直接知であるかのような口を利く時、この危険が露わになる。人は全体性を自らの立脚点とし、論敵による規定的に否定的な判断に対して、〝そのように考えていたわけではありませんよ〟と教え諭すような身振りでいなし、それと同時に、概念の運動を自分から暴力的に断ち切り、事実が持つ抗いがたい重力を指摘することによって、弁証法を中断するのである」[42]。弁証法は、意のままになしうる独善の手段ではなく、常に既知である一般的なものに包摂することでもなく、むしろ、知識人が認識をめぐる一種の宙吊りの状況に身を置くべき媒体のはずである。宙吊りの状態に置かれた知識人は言明を強いられる。それらの言明は、内的原理に基づいて撤回されねばならないこともあるが、言明されたものであるがゆえに確定されたり、妥当性を得たり、批判されたりすることがある[43]。思考の運動から、自ずと、論理的必然性（Apodiktizität）が禁じられることになる。アドルノの場合、このことは、最終的には、身振りのうえで、全体が非真であることの主張のまさに反転へと通じる。真理政治としての側面が、認識論的側面に歩み寄るのである。全体は、社会から身を引き離し、認識からますます逃れていくだけでなく、概念的思考の無力さを突きつけて知識人を絶望させる。それだけに留まらず、この社会全体を今なお全体として規定しようと望むことが、根本的に問題となるのである。「世界は、恐怖の体系であるが、だからと言って、世界を全き体系として考える人は、世界にあまりに敬意を表しすぎている。というのも、世界を統一している原理は分裂であり、世界は、普遍的なものと特殊なものとの非宥和性を純粋に貫徹することによって、宥和するからである。世界の本質とは、無秩序な状態なのである。しかし、世界の仮象、世界の存続を助けている虚偽は、真理のためにその席を暖めているのである」[44]。体制に順応しない知識人は、確固たる把握や、一義的態度決定を断念して、弁証法の中に埋没する、という覚悟を決めねばならない。しかし、諸概念の運動に身を委ねるというのは、すべてがすべてに媒介されている状態に身を置いて快適にやすらうことではなく、前提として抽象化能力を必要としているのであって、「概念の努力」[45]の成果なのである。思考する主体の努力とは、個別的なものに固執する点と、外から持ち込まれた普遍性に対して不公正にも目を閉ざす点にある[46]。このように、個別のものの一面性に固執し続けて初めて、個別のものの孤立性が克服されるのであり、普遍的かつ抽象的なものの認識へと、思考の過程が移行するのである(47)。

アドルノが企てている価値転換は明快である。彼は、後期資本主義社会の体系について、弁証法家として語っている。もっとも、彼は同時に、この言明が、知ったかぶりの出発点として様式化される危険を警告してもいるのだが。個別的なものや個人的なものが、普遍的なものや全体よりも優先される。正常なものや普遍的なものが、それらに同意する人々が多数派をなしていることによって定義されるのだとすれば、非理性的であり、病んでおり、常軌を逸している、と見なされる逸脱した個人は、広く知られている理性なるものと比較すると非理性かと思われるような、弁証法的理性の適切な出発点である。弁証法は「広く知られている普遍的なものとその均整の取れたあり方（Proportion）を、かつては病的なものとして認識していたわけだが、弁証法にとって治療の場となるのは唯一、かの秩序という基準に照らせば、自ずと、病的で、本筋をそれており、パラノイア的であり、まさしく『気が違った＝背骨が外れている verrückt』ものとして現れるものだけである。支配者のお抱えの道化師だけが真実を言うのは、中世においてと同様、今日にも当てはまることなのである。このような側面において、弁証法家の義務は、当然のことながら、道化師が述べる真理が自らの理性を認識するに至るのを助けることであろう。この認識がなければ真理は、当然のことながら、他の人々に備わる健全なる悟性から同情心のかけらもなく病気の烙印を押され、深淵へと没落せずにはいないだろう」(48)。アドルノは、個人の病を、全体の病理や非合理性を認識する出発点として様式化することによって、〝自分のテクストが全体についての認識へと通じる特権的通路を構成し、知識人を簒奪の実践に駆り立ててしまうこと〟を、繰り返し体系的に回避しようとしている。ただし、他ならぬ哲学的知識人が、道化師の知恵を理論化する弁証法家であることは、明らかである。それゆえに、知識人が、〝適応しすぎて世故に長けているせいで自らに備わる苦悩＝受苦（Leiden）する能力を失っているわけではなく、自らの狂気を世間一般の状況が狂っていることの反映として診断する能力を持っている病人〟として自らを理解しないならば、身を守ることのできない道化師が、知識人の知恵を口にするよう仕向けられないとも限らない。これこそが、知識人の苦悩であり、経験であり、孤立性であり、最終的には自己認識である。そしてこれらが、社会についての認識と、労働への強制から解放された正しい社会という理念とを、共に解き放つ。「大衆が知識人たちに対して不信を抱く理由は、もはや、知識人が革命を裏切るからではなく、知識人たちが革命を望むかもしれないからである。このことによって、大衆は、自分たちがいかに知識人を必要としているかを顕わにする。人類が生き延びるのは、両極端が存在する場合だけであろう」(49)。

抵抗的思考や解放的努力は、実際には、体制に順応しない知識人へと引きこもってきた。アドルノはそう論じているように思われる。このような知識人が、異なる社会への展望を依然として持ち続けている批判的思考がなお存在していることを、保証するのである。この側面から、特定のカテゴリーの知識人が持つ認識上の特権が、徹底的に浮き彫りにされ強調され、まさしく歴史的に必然的なものとして現れてくるのである。というのも、知識人は、世俗の営みから超然と距離を取って、それによって思想と社会的世界の間に緊張の場を生じさせるべき、とまでは言わないにしても、実践の優位に完全に服している社会全般の中でなおも思考すべきであり、理論を構築するだけの余暇を持つべきだからである。アドルノが後期資本主義の抵抗的知識人たちが直面していると見た、遂行的自己矛盾とは、知識人としての自らの役割や特権性に抗する形で議論しながらも、自由のためには、この特権を要求せざるをえない、ということにある。「思考するには、超然たる態度が不可欠である。許された特権は、超然たる態度という形で誇示される。それに対する反感が、徐々に、理論にとって極めて深刻な障害になってきた。つまり、反感に配慮すれば沈黙せざるをえないだろうし、配慮しなければ、身に備わる文化を鼻に掛けることになって、図々しく下品になることだろう」(50)。批判的知識人に残されているのは、自分自身に反して、そして自らが生活基盤を負うている分業や自らの社会的地位に抗して、思考することだけである。「かつての市民階級が退位して以来、（特殊な利害と連帯の）両者は、市民たちの最後の敵であると同時に最後の市民でもある知識人たちの精神において、記憶の中に生き続けることになった。知識人たちは、現状をありのままに再生産することに抗してなおも思考することを許されていることによって、特権層として振る舞う。ただし彼らは、思考するとはいえ、現状はそのまま放置しておくことによって、自らの特権のささやかさを自己申告しているのである。私的生活は、人間にふさわしい生活に近づきたいと切望しているのだが、世間一般で実現されている生活が切望されている生活とは似ても似つかぬものであることによって、同時に、人間にふさわしい生活を裏切ることになる。切望されている生活を実現するには、予め、以前よりも更に自立した思慮分別が必要なのである。巻き添えを免れる道は存在しない。唯一、責任を取りうるのは、自分の生活がイデオロギーとして誤用されることを拒んで、それ以外の点では、慎ましく、地味に、そして気負いなく振る舞うことだけである。このような行為を命じるのは、とっくの昔にこの役目をもはや果たさなくなっている良きしつけではなく、地獄のような現実世界にいても、辛うじて残された空気のおかげで自分がまだ呼吸をしていることに対する羞恥心である」(51)。アドルノは、批判的知識人のための逆説的な出発点を作り上げた。すなわち、ミュンヒハウゼンの身振りである（本書第一部三五頁を参照のこと）。このようなやり方で、後期資本主義社会をもう一度批判に服せしめうるためには、知識人の思考は、本人の自己経験から出発して、自らの社会的地位を反省的に批判しなければならない。知識人は、自分自身とその特権的地位に注意を喚起することによって、思考を擁護すると共に、自分のような存在を可能にすると同時にますます不可能にもしている社会を批判しているのである。このようにして知識人は、自分に抗いつつ思考し、知識人として語ることによって、当然のことながら、常に自己矛盾を来たしてしまっているという状況に陥る。それでも知識人は、社会空間における矛盾を明るみに出すべく、語らずにはいられないのである。

二節　反響のネットワーク（I）

同時期のメディアに現れた新刊書についての書評の分析は、同時代人によって『ミニマ・モラリア』が読まれた時期のばらつきや、この本の注目度、および、解釈のされ方の分布などを窺い知ることのできる、数少ない可能性の一つである。書評は、組織的な受容形態ではない。評論家や編集者たちはむしろ、状況に応じて書籍市場に反応し、売り出された書籍の中から興味を引く本を取り上げるのである。その際に彼らが関心を持つに至る経過は、実に様々ありうる。例えば、著者や出版者もしくは編集顧問との交友関係を介して、広告を介して、あるいは、同僚との会話を介して、などである。彼らは、これらの関心に基づいて、市場で強調したい本、価値を認めさせたい本、それゆえに、自分たちの新聞やラジオ局でも紹介されるべき本を選び出すのである。ただし、これらの活動を介して彼らは、出版の領域を構成したり、出版物の分類を組織化したり、その有意味性を確定したり、読者の受容のための基準やポイントを予め設定したりしている、という限りにおいて、ある程度の状況規定力を持ってもいる。とにかく、この点で特筆すべきは、一九五一年の終わりまでに、アドルノの本について、新聞や雑誌、ラジオ放送に約六〇の書評が現れたことである。すなわち、この本に寄せられた関心は全体として比較的高かったと言えよう(52)。しかし、そうした言説的反応の数や多様性、そしてそれらの地域的かつメディア的分散傾向にもかかわらず、分析すると、これらの反応が連続した系統性を帯びていることが窺える。関心を引き付け、この本をめぐる数々の論述の結晶核をなしている、特定のトポス（問題圏）を見分けることができるのである。多くの書評が、この本のカバーの宣伝文句や出版社による添え書きを引用している。私は別の箇所で既に、『ミニマ・モラリア』のおおよその受容パターンの概略を論じたことがある(53)ので、ここでは特に、テクストの中で構成された語りの位置を書評者たちがどのように評価したか、という側面だけに限定して論じることにしたい。書評者たちは、批判的で対抗的な知識人の形成を求めるアドルノの提案を受け入れたのだろうか？　この提案を一般化しうると見なしたのだろうか？　このテクストが持つ瞑想的性格、論証、伝達もしくは示唆されるこの本の基調が示す、矛盾した動きに苛立ちはしなかっただろうか？　これらの問いは、このやり方で確認することができるだろう。

アドルノの弁証法的な叙述様式が孕む議論の矛盾性に注意を払った同時代人は、ただ一人、アドルノの長年の友人であるジークフリート・クラカウアーだけである。それは私的書簡の中での言明だった。クラカウアーからのこの書簡をアドルノはズーアカンプ社に転送し、ズーアカンプ社は、他の類似の資料と同様に、「宣伝」目的でこの手紙を資料室に保管した。「テディー、私は、この本を読んでいる間中、生活の素材を思想的に貫き通す君の能力に魅了されました。本当です。私にとって特に印象深かったのは、解釈が私には一面的だと思われたり、何らかの別の理由で不十分に思われたりした時にはいつも、その直後に、君の最初の記述を修正したり補足したりする語句が続くので、最終的には、現象が完全に弁証法的過程に嵌め込まれたかのようだったことです。それで私は、しばしば納得しました。読書中に私が抱いた異議の多くは、思考し続けていく間に君自身によって解消されました。時折、実に無気味な気分になったものです。君が肩越しに私を覗き込んでいるのではないか、あるいは、私の内心を見通しているのではないか、私の良心の呵責を見抜いて微笑んでいるのではないか、私が君に言いたかったことを先取りしていたり、多くの場合は更にその先を行っていたりするような、私が考えたことに極めて近い要素を差し出してくれているように思えたので」。クラカウアーは、彼がアドルノ思想における「変更されえない」契機と見なしたものについては同意しなかった。それは、「『ユートピア』の組み込み」、つまり「『単なる存在者』について判断するための、隠されていて、時折ほんの一瞬だけ姿を現す基準」である。「（…）アドルノ思想に本来備わっているユートピア的なものの詳細が広範囲にわたって隠されたままであることは、私には正当なことに思えます。しかし、その内容、及びそれらが現状に対抗して動員される仕方については、それほど正当であるとは思えません」。更にクラカウアーは、アドルノの弁証法的力は、「現在を徹底的に考察するという点では不十分です。大衆文化について十分な考察がなされているようには思えません」(54)という見解を述べている。従ってクラカウアーは、アドルノの弁証法的叙述様式だけでなく、彼が論証の参照点とした、批判の基盤たるユートピアをも、受容可能だと見なしているわけである。しかし、まさしくこの点に関して言えば、出版者のペーター・ズーアカンプは、アドルノのこの本があまりにも批判的かつ否定的で、その批判の基盤も十分分かりやすいとは言えないことを理由に、書評者たちがこの本を拒否するのではないか、と恐れていたらしい。ヴェルト紙、メルクーア誌、ツァイト紙、フランクフルター・ヘフト誌、および、その他の新聞・雑誌の編集部宛に送られた同じ文面の手紙には、「この本が我が社の刊行物であることは」編集者を驚かせるかもしれない、と書かれていた。ペーター・ズーアカンプは、書籍をめぐってもはや議論がなされないという状況にあって、アドルノの新刊が「議論を引き起こす」きっかけとなりうる、という期待を表明し、その理由について、「この本は、激しい反論を呼び起こすであろうと共に、熱狂や関心とを呼び起こすであろうからです」と述べている。ズーアカンプは、解決策を示さない否定と啓蒙という二つの要素の一風変わった組み合わせが、このような世論の関心を引き起こすのではないか、と期待していたわけである。「この本は、その流儀に従って、啓蒙的です。人は今日では一般に啓蒙に賛成しておらず、むしろ、世界を再び霞がかかったもののように理解しています。既に人は再び現状肯定的なもの、解答、福音、この世界の様々な現実についての啓蒙を経た後で初めて現象させる以外のやり方では本当のところは誰も提供しえない何かを、呼び求めているのです。アドルノの本は、一般にはびこりつつある復古の気配を疑問視する、一つの機会かもしれません」(55)。この手紙は、アドルノのこの本を啓蒙的なものとして復古に対置している。この本の広告文も、この手紙をモデルとして作られた。広告文でアドルノは、数々の慣習によって脅かされうることなく、「今ここでの我々の生活を、いわば生の損傷」へと叩き落し、「そして、あまりに馴染み深くなっているもの」を検証していく、情熱的な啓蒙者として紹介されている(56)。あるパンフレットの下書きは、もっと強烈である。そこには、「アドルノがあらゆる制度や慣習に潜む、生の硬直化および凍結の過程を実に丹念に辿る」ので、「極端な形式で語られる彼の反省の中で、我々の時代のニヒリズムは、恐るべき性格を」帯びることになる、と書かれていた。もっとも、アドルノのテクストそのものがニヒリズム的なのか、アドルノが同時代のニヒリズムとその基盤をラディカルに啓蒙しているだけなのかはこの表現では曖昧なままである。ただし、アドルノは否定的行為によってニヒリズムを支持しているのではないか、という疑いは、誰かによって口にされる前に、出版社から断固として反論されている。書評用サンプルへの添え状には、次のように書かれている。「この本の中では、没落しつつある市民世界の幻想や仮象的価値の解体が試みられています。完全な否定性が具体的に貫徹されているおかげで、思考する読者が肯定的なものを補う可能性が与えられている、という意味において、この行為にニヒリズムという非難は当てはまりません」(57)。従って、出版社は、この本を二つの極の間に据えているわけである。一方の極は、肯定＝実定的なものを求める欲求である。ここで言う肯定＝実定的なものは、「既成の習慣」や「慣習」のような意味と、更には、本のカバーの宣伝文句にあるように、事実上は既に崩壊しているが、そもそもは病んだ市民生活の「カモフラージュ」や「お飾り」だったものと、最終的にはまさに「復古」と結び付いている。他方の極は、「ニヒリズム」である。この位置付けによって『ミニマ・モラリア』は、西欧・ヨーロッパ・キリスト教的な伝統とその諸価値をこれ以上妥当させまいとして、ラディカルな身振りによって根底からこれらを拒否する型の批判から区別されるのである。この手の批判に対置する形で、アドルノの批判は、「我々の日常についての」非常にラディカルな「哲学的考察」(58)として紹介されている。この考察は、断固として啓蒙的であり、それ自体として、思考する読者にこの本や公的議論を介して啓蒙され、数々の肯定的な結論を引き出す可能性を与える。

一連の書評は、職業的誠実さでこの本を読み、想定される読者に推奨している。概して、この本の一読が薦められており、しばしばそれは強い調子を伴っている。賞賛されたのは、アフォリズムの水晶のような美しさや、文章表現の洗練、アドルノの思考の目的意識と明晰さなどである。「『世界と時代』が、このような思想の力で捉えられ、個人の精神へと変貌したかのような書物は、同じ時代に二冊とないだろう」(59)。アドルノは、「実に刺激的なこの著作によって、哲学する上で、完全に新しい革命的な方向性を」(60)選んでいる。この本は、「文化診断あるいは文化批判の文献として、我々の世紀にこれまで発表されたすべてを」(61)圧倒している。この本は、「現代の問題圏をめぐってこれまでに提示された中で、最も包括的にして最も刺激的な概説である」(62)。「我々は、哲学上の大事件に直面している」(63)。『ミニマ・モラリア』には、このような賞賛が続々と寄せられたのである。この本は、ニーチェやテオドール・ヘッカーのアフォリズムと様々に比較され、アドルノは、古代やフランスのモラリストたちと肩を並べた。たいていの場合、書評者たちは、このようなモラリスト的伝統への分類と、内容的な叙述へのアプローチとを結び付けている。アドルノの本は、講壇哲学の伝統に反対しており、哲学に「正しい生活」への問いを扱う実践哲学という本来の領域を取り戻しているのだ、と述べた書評者もいる。この本は、このように偉大な伝統によって高められて、「文学通のためのちょっとした主知主義的考察」を含んでいる、と評されたこともある(64)。

アドルノのアフォリズムやエッセイに備わる、慣習的でない批判的性格は、例外なく、それも、しばしばズーアカンプ社による広告に立ち戻りつつ、高く評価されている。概念が持つ、慰めも同情もない凍りつくような冷たさや、アドルノの思考の緻密さと鋭敏さ、彼の熟考する精神などは、現在を貫き通しており、諸対象を「仮借なき批判のネオン灯」(65)の下に持ち込み、「主知主義的空転」(66)に反対し、「社会に対して訴訟を」(67)起こしている、等々。書評者たちが例外なく気付いたことがある。すなわち、アドルノが、人々から「仮象の満足状態」を取り上げたいと望んでおり(68)、表層を打砕し、欺瞞をすべて暴露し、不誠実をすべて明らかにし(69)、お飾りをすべて取り払い、個人が未だに自らに対して抱いている幻想をすべて破壊し、欺瞞と自己欺瞞の正体をすべて暴いていることである(70)。アドルノに対する高い評価は、これらの気付きから生まれたのである。

書評の中に、アドルノを慣習性という極に近付けるものは一つも見出せない。ごく大雑把に言えば、この本は、同時代の「傷ついた生活」に対するこの上なく断固たる批判として理解されている。もっとも、批判概念そのものの評価については、あまりはっきりしない。ほとんどの書評者は、この本が示すイデオロギー批判的身振りを、出版社が予め示していた基準に沿って、ニヒリズム的なものとしてではなく、ラディカルに啓蒙的なものと見なした。このことは、一つの帰結をもたらしている。すなわち、ペシミスティックで、悲惨で、悲しげで、傷ついており、絶望的で、逃げ場がなく、苦悩しており、救いがたい、といった指標が、著者アドルノの立場や気分を特徴付けうる、もしくは特徴付けるはずであるという帰結である。これらの指標は、物質主義、生産、経済、大衆文化、文化産業などが精神よりも優位に立っているという条件下で、傷を負っている個人が置かれている状況を、ラディカルかつ冷静に分析するのに適した描写と見なされたわけである。しかし、この気分がどこまで読者に共有されているか、あるいは、共有されるべきかという点からみれば、こうした考察にはいくつかの相互に対立するヴァージョンがある。まず最初に、アドルノの著作の気分を引き継ぐことが有意義であるということに、何らかの形で異議を唱える書評群がある。

(a)書評者や読者は、アドルノの安っぽいペシミズムを受け入れて、容易くそれに適応してしまわないように、と警告される。「とはいえ、人は、緊張しながら読む。ただし、この緊張は、著者ではなく自分自身を疑わしく思わせるものである。人は、アドルノによる観察や判断をあまりにも易々と身につけてしまわないだろうか。次の機会にこの驚嘆すべき精緻な叡智で自らを飾り立てるために、この英知をあまりにも素早く掘り出すのではないだろうか。なるほど今の時代にとってペシミズムほど流行しているものはない。程度を問わず否定が流行しているのである。従ってこの本は、人生の全状況において陰鬱さを正当化するための洗練された文集となっている。そこで人は、自らの無力さを認識する——それは、歴史的に根拠があり、社会的に条件付けられ、弁証法的に揺れ動いている無力さである。問題は、読者が著者の立脚点をもっともなものとして共有できるかどうかである。『これぞ我々が捜し求めていた人物だ！』とばかりに、単純朴訥に著者アドルノの肩を叩くことほど、ひどいことはあるまい」[71]。この書評でロルフ・シュレーアスは、既に『ミニマ・モラリア』によって鍛え上げられたと思われるやり方で、この本の受容について省察を加えている。確かに、論証の否定的かつ批判的な身振りを単に引き継ぐだけの人々は、（体制）順応的であるにすぎず、時代精神に追随しているだけである。しかし、次のような問いが浮かび上がる。アドルノの逆説的な語り方の位置を共有することが許されるのは誰か、そして、どのようにしてなのか？

(b) アドルノはあまりにペシミスティックにすぎる、という理由で批判される。この批判は、次のように続く。彼の出発点は、失われた幼年時代というユートピアであり、これは一般化可能な基盤を批判に提供するものではない。それゆえに、全世界の不幸から万人の幸福への劇的な転換を期待する弁証法的構成は、無力なままである。「すべての既存のものに対する不信から、事物を弁証法的に修復すべき跳躍への信頼が生じるわけだが、このような跳躍への信頼に対しても、不信が生じる。倒錯した世界の中でさえもすべてが倒錯しているわけではない、というのが実証主義の正しい知見であるわけだが、この知見が有効になるかもしれない」。アドルノに抗する形で、来るべきものの到来が予告される場となる肯定的傾向が強調されねばならない、というわけである[72]。アルフのこの書評に対して、アドルノは、かなり譲歩しながら、次のように答えている。あのアフォリズム集について「語られた中でも、あなたのものは、断然、最も理解あるものであると同時に独創的なものです。単刀直入に申し上げたいと思いますが、私は、あなたの書評の末尾に見られる批判的モチーフを高く評価するだけに留まりません。あのモチーフは、私にとってもホルクハイマーにとっても、極めてアクチュアルです。あの本の限界がどこにあるかを、あなたは的確に指摘なさいました。私たちが望んでいるのはただ一つ、今後の仕事がこの限界を超えることだけです。とはいえ、瞑想の中にあまりに閉じ篭りすぎているという理由からあの本のアフォリズムを非難する人々に対する反論として、あなたの批判を対置することができるかもしれません。あなたの批判は、我々が何を考えているかだけでなく、何を望んでいるのかも把握しているわけですから――両者は、実際には区別されえないものなのです」[73]。

(c) アルフは、アドルノが今日の知識人にふさわしい社会学を提示したものと理解したわけだが、別の立場を採る人々からは、まさしくこのことが否定されている。後者は次のように解釈した。アドルノの諸経験は孤立した亡命者のそれである。それゆえに、私的反省と社会の間には何の関連も生み出されない。アフォリズムで示されたモラリズムは、私的なものに留まっている。「『ミニマ・モラリア』の中の著者の人となりを伝えている文章は、時として、センチメンタルな色合いを帯びており、時として、知られることの少ない叙情詩のように、私的かつ感動的な作用を引き起こすが、これらは、必ずしも社会批判的な文章と結び付いているわけではない。社会批判的な文章は、これとは逆に、思想という硬直した装甲板の中で、個人的感情を欠いているわけであるが」[74]。

カール・アウグスト・ホルストが理解しえたところでは、読者はこの本の気分を受け入れることができるとすれば、亡命者の運命を現在の状況の原型として象徴的に横領することによってのみである。しかし、亡命者の地位は一般化できないので、アドルノは「自らの立場と自由を、否定的にしか」規定できないのである。ポール・ヴァレリーとは違って、アドルノは、「自らの教説を、一見すると断念しているように見えて実は、全面的に受容するよう要請しつつ、聞く耳を持たない同時代人に向かって絶対の権威をもってお説教をするために、(…)社会外部のパーリアとしての地位に」[75]拠り所を求めている、という。

(d)ヘルマン・クリングスによる批判は、この本が持つ否定的な性格やペシミズムを拒否するこうした批判を、越え出ている。クリングスは陰鬱な気分を受け入れるが、希望のなさを神学的見地から非難し、この希望のなさを遂行的自己矛盾の産物と見なしている。アドルノのアフォリズム群は、「才気に輝いていると同時に人を驚愕させるようなモザイクを成している。(…)このモザイクは、崩壊しつつある社会の内部で個人的なものが失われていくことを明らかにする。市民的・資本主義的な生活の仮面、個人的・精神的な仮面、そしてファシスト的・逸脱的な生活の仮面などが、剥がれ落ち、崩壊した世界の像が残る」。哲学的で社会学な分析という形式で、アドルノは「聖職者のように、世界に裁き」を下す。「(…)『ミニマ・モラリア』の各行は、この本が現在への裁きであることを告げている。この本は、単なる社会批判や啓蒙されたモラリストの書と見なすには、あまりにも危険なのである」。カール・ティーメは、『フランクフルター・ヘフテ』誌で、アドルノのテクストを預言者による警告や嘆きという聖書以来の伝統の中に位置付けているが、クリングスもそれと似たような論調で、生ける神への信仰を欠いているとしてアドルノを批判した。アドルノは、何に基づいて裁くのかという根拠を示すことができず、従って、自らの語り手としての地位を示すことができない。彼は、絶対的要請を掲げていながら、否定的な診断を変えない。破滅の円環が完成したので、もはやアドルノは自分がペンを取る理由を語れない。彼は、否定的な診断に固執しているので、人は何をなしうるのか、どうすれば社会を治癒しうるのか、について、もはや何も語れない。同様に、最終的に彼は、誰のために書くのか、についても語ることができなくなる。「アドルノが書くのは、自らが置かれている状況をめぐる幻想に囚われていて、アドルノによるこの仮借なき裁きによって自らの破滅を意識するであろうような、集団化された社会のためだろうか？　もしもそのようなことがありうるとすれば、集団化がそのような認識を不可能にする、という点にまさしく含まれている悪は、無害であろう。それともアドルノは、例えば、排除された個人のために書いているのだろうか？　かもしれない。特定の種類の知識人にとっては、社会の破局を円環として認識しうることが、破局を克服する上で必要な否定的前提なのである」(76)。クリングスは、この最後の考察をそれ以上は追究せず、アドルノのあるアフォリズムを引き合いに出している。そのアフォリズムでアドルノは、空き瓶通信というメタファーさえも拒否しており、そもそも自由な精神の持ち主が、想像上の後世の人々のために書くことがまだ可能だろうか、ただ「死せる神」のためにしか書くことができないのではないか、と懐疑的に考察している(77)。クリングスによれば、生ける神への信仰が欠けていることを示すこの箇所から、アドルノの希望喪失の全貌が明らかになるという。「この本が裁きを下す自らの資格について沈黙するならば——愛以外にこの資格となりうるものがあるだろうか？——この本は誰のために座席を用意しているのか、という問いが実際に積み残される。愛なしに裁きを下すがゆえに、この本は絶望に行き着くのである」(78)。クリングスは、アドルノに次のことを立証しようとしている。すなわち、アドルノが自己矛盾に巻き込まれるのは、社会、社会における精神の喪失、経済や生産の領域での物質主義の浸透などに対する、批判や告発をもはや基礎付けることができないからである、と。アドルノのテクストが示す遂行的自己矛盾を構成しようとするクリングスの試みが成功するのは、この矛盾を神学的問題構成に服せしめるという犠牲を払う場合のみである。つまり、絶対的基点を暗示することによってのみなのである。この解釈によると、アドルノのこの著書は、死せる神についての思想を核とするニヒリズムの近くに追いやられることになる。

遂行的自己矛盾は、別の仕方でも確認されうる。クリングスと同様に、他の書評者たちも、アドルノはマルクスの流れを汲んでいるのであり、ネオ・マルクス主義者と見なされねばならない、と強調した。そこから、アドルノはもはや自らの批判を根拠付けることができない、という結論が導き出されてくる。アドルノの本のタイトルは、「生産がすべてを支配する時代においては、精神的・倫理的な実存はもはや不可能であること」を表している、という。「生産諸関係への反省は、今となっては、思考を生産的にはせず、思考を『主観的省察として（…）自らに対しても批判的な態度を取る』全面的反省へと転じる。そして今や、奇妙な怒りに駆られて、思想家自身がその上に座っていると思い込んでいる枝を、鋸で挽き始めるのである」(79)。アドルノは、その唯物論批判的な考察と共に、全くもって保守的な文化批判の近くに押しやられている(80)。これに対して、いくつかの書評の中には、アドルノは確かにマルクスに依拠しているが、にもかかわらず、マルクスの唯物論を克服したのだ、という和らげられた指摘も見受けられる。アドルノの著書は、このようなやり方で保守的な思考の側に位置付けられるにもかかわらず、神に対する信仰が欠けているという廉で非難されている。信仰の欠如は欠陥であり、論証全体の断念や、最終的には救いのない絶望やペシミズムへと行き着かざるをえない、と見なされたのである。しかし、危険と見なされたのは、まさにアドルノがはっきりと意図していた保守的文化批判との近さゆえかもしれない。このことは、少なくとも、すれすれの反応を容易く引き起こす。「これらの省察は、基本的に、否定的なものの中での文化批判あるいは社会批判に尽きており、特徴的な箇所におけるキリスト教的存在理解については疑問の余地がある。他の省察ははっきりと、キリスト教的に規定された世界観へと通じているように思われる。刺激的だが一義的ではない性格を持つという点で、この本は、〝哲学の素養に富み、かつ、宗教上徹底して堅固な信仰を持つ読者〟にのみ適している」(81)。

これまでに取り上げたいくつかの書評は、論拠とその強調の程度は様々ではあれ、テクストの陰気にして悲しげな気分と、テクストによって要求され展開された語り手の地位とを、拒否する限りにおいて、批判的かつ否定的な極を構成している。では、以下では、対極に位置する、この本に賛同するいくつかの書評を取り上げることにしよう。実際には大多数の書評が、アドルノの著書が示している自己矛盾、絶望、ペシミズムを、冷静にであれ驚いてであれ、いずれにせよ、肯定的に受け止めている。このことから、一つのテーゼが浮かび上がる。すなわち、アドルノのテクストは、自己矛盾性を概念的に練り上げただけでなく、自ら遂行的に体現してもいるわけだが、他ならぬこの自己矛盾性こそが、アドルノ哲学がドイツ連邦共和国の評論家たちの間で大きな反響を呼んだ、かの契機なのだ、というテーゼである。おそらくドイツの評論家たちは、矛盾がなく、堅実で、懐疑とは無縁で、喜ばしい思考様式を確認したいと思ったのではなく、まさに、伝統、社会の現状、大衆文化に対するアドルノのラディカルな批判の中に含まれるアンビヴァレンス〔両義性〕ゆえに、このテクストを歓迎したのであろう。好意的な評価の場合にも、はっきりした差異が認められる。

(a)まず最初に目に付くのは、モラリストとしてのアドルノに直接肯定的なものを見出す書評である。カール・ティーメは、ほとんどクリングスに直接反論するかのように、次のように強調した。アドルノは啓示的真理に心を閉ざしているわけではなく、彼の理論は「我々」――ここで考えられているのは、おそらくクリスチャンとキリスト教会のことであろう――に対して、前世紀のマルクスの唯物論とフロイトの精神分析という、一見するとはっきりと啓示に敵対しているように見える二つの傾向を「神の家に連れ戻す」よう訴えるアピールなのだ、と[82]。アドルノの文体だけからでも既に、彼の著作が「傷ついた生活の深層から探り当てようとする」、「無傷の精神的存在」[83]が際立ってくる、という。他の時代診断とは違って『ミニマ・モラリア』は、そのユートピア的でメシア主義的な特徴によって、「治癒のために、最初にこの上なく慎重な示唆を与えようと」しているのであり、この本は「出発点において自覚的にユートピア的な、新たな道徳の宇宙のための最小の礎石」[84]である。この本でなされている批判はすべて、「より良き新たな世界の建設」[85]に寄与する、等々。

(b)ハンス・クズッツスは、二つの書評を書いており、アドルノの本はニヒリズム的だという嫌疑に反駁するよりは、この本のニヒリズムを再評価することによってこの嫌疑を無効化する機会として利用しているという限りにおいて、(a)の立場の書評者たちとは真逆の論じ方をしている。二〇世紀前半の「ニヒリズム的なパノラマ」について多くのことが書かれてきた。現象としてニヒリズムが存在することには、異論の余地がない。近代人は、キリスト教の信仰と超越性を失っていき、近代人の自律性は、「絶望的なまでに取るに足りないもの」に転じてしまった。しかし、ニヒリズムの著作の多くは、重要ではなく、あまりに娯楽文学に傾いており、雑文風にすぎ、諸概念をキャッチフレーズにまで「貶めてしまった」。文化批判は、これまで無神論的立場をあからさまに示してきたにもかかわらず、依然として文化神学のままであり、人間の現存在の根本状態としての歴史性に敢然と立ち向かうことがない。しかし、「キリスト教的なもの」やキリスト教の歴史的状況もまた、ヨーロッパ文化の一部である。アドルノは、ヘーゲル弁証法の助けを借りて、人間の自己疎外という原罪を「真に哲学する」なかで展開することによって、「人間をして、切り詰められておらず毫も過小評価されていないニヒリズムと遭遇」させせようとする未曾有の「勇気」を示した。「知識人の間でさえも自己満足している人は既にあまりにも多い。（…）アドルノがそのことを彼の著書で我々に示したという〝こと〟ではなくて、どのように示したかが、ニヒリズムについてのこのニヒリズム的な書物における最大の肯定的なもの（Positivum）である」[86]。

(c) クズッスの立論が依拠する考察は、他の何人かの書評者にも共有されている。すなわち、アドルノは、「無気味なもの」「反人間的なもの」「野蛮なもの」「不条理なもの」を、「安っぽい同情」を注いだり慰めようとすることなく分析している、という考察だ。この場合、現実主義的な状況評価として賛同を得ているのはまさに、あらゆる形態の慰め、治療、癒しから距離を取っている、冷淡にして仮借なき診断である。もっとも、アドルノは基本的に、ニヒリズムであるという非難からは予防的に守られている。「今日の我々の世界全体に対する彼のまなざしは、これ以上にないほど冷静であるし、正体を現しつつある彼の批判のエネルギーは、あらゆる意味において、これ以上にないほど執拗だ。しかし、それにもかかわらず、気の滅入る幻滅感も、ニヒリズムは味気なく何一つ促進しないという印象も生じない」[87]。「依然として近代人は、ありとあらゆる世界観をめぐる幻想に満足している。とりわけ市民は、様々な表層的思考の背後に引きこもりたいと願っている。しかし、何事にもこのうえなく強い懐疑を抱きながら反応するアドルノの精神は、世界観をめぐる幻想のすべてや表層的思考を、徹底的に破壊する。アドルノは、高度の不確実性という居心地の悪い宙ぶらりんの状態に留まることを、我々に要求しているわけであるが、破壊を好むニヒリストがこの点で我々から生活基盤を奪っているのだという疑いは、奇妙なことにほとんど思い浮かばない」[88]、等々。この最後の引用が述べているように、アドルノは、近代人が、歴史的過程によってとっくの昔に妥当性を失ってしまった伝統的確実性に依然としてしがみつこうとしている様を、当事者に示している限りにおいて近代を越えている、と認められただけではない。アドルノが賞賛されるのは、彼がまさしく、市民文化の解体をもはや阻止しようとせず、市民文化を鋭く批判し、それによって、慣習の安定して見える外観を破壊していくからである。アドルノが肯定的なものを述べる術を心得ていなかったために読者を宙ぶらりん状態に引き込んだことは、歴史の客観的状況の不可避の特徴として解釈されている。アドルノは、このような批判的姿勢ゆえに、何人かの書評者からは、ペーター・ズーアカンプの挑発そのままに、決定的かつラディカルな啓蒙者と見なされた。啓蒙的否定は、非体制順応的で痛烈であり、苦痛をもたらす。しかし、人はこの苦しみに耐えねばならない。何故ならば、唯一、状況の非人間性をめぐる苦悩という形でのみ、啓蒙は啓蒙となるからである、という(89)。

(d)こうした形での啓蒙への分類は、アドルノは否定的、批判的、破壊的であり、幻想を砕いていく、という想定から導き出されている。しかし、ほんの少し目を移しただけで、アドルノの著書には肯定的要素も見出される。時代遅れの価値判断の復権を望んだり、「真ではなくなった古色蒼然たる表象や概念」へと自覚なく退行していったりする復古に対して、啓蒙家としてのアドルノは、精神史に基づいて抵抗し続けている、という。ズーアカンプ社の書簡に由来する論証を理路整然と述べながら、次のようなテーゼが主張される。すなわち、テクストの批判的な身振り、すなわちテクストのパフォーマンスは、読者に対して、解放の可能性を示したり、あるいは、全くもって教育的に作用するので、既に肯定的なものと見なしうる、というテーゼである。この本は、ルサンチマンとは無縁な注意深い練達の士に向かって、「今日流布している復古に対して免疫をつける、という友情ある行為を示している。今日の復古は、事態をそれほど厳密に考えさえしなければ、『傷ついた生活』などそもそも存在せず、実際に既にほとんどのものが、とにかく何らかの仕方で、以前と同様に再建されうる、と思い込もうとしている。このような浸透に対して、アドルノの反省は、解毒剤を活性化させる」(90)。

ここではまだ、〝自分の態度や意見が歴史的に適切であることを、アドルノのテクストによって確認されたにすぎない既に啓蒙された読者〟が想定されているが、別の書評者たちは、更に踏み込んで、アドルノのテクストを徹底して、啓蒙された自由な思考方法や生き方を身に付ける実践と見なしている。読者の精神や心情が浄化され、思考の特別な強度が読者に伝達され、『ミニマ・モラリア』と関わる人は、「思考しなければならない」という危険に晒される。「そして、今日では思考するということは、多くの場所で、居心地の悪いことになっている」(91)。アドルノは「概念の努力」というヘーゲルに遡る言い回しを用いたのだが、どうやらこれが書評者たちに最も印象深かったようである。というのも、この言い回しは、比較的長い書評のほとんどすべてに引用されているからである。概念の努力は、フランス啓蒙主義者のテクスト以上に、読者に対して「より強い精神」を持つことを要求する(92)。別のある書評者によれば、概念の努力は、読者を狭い橋のように深淵を乗り越えてその向こうへ導くという。何故なら読者は、思考や感情におけるありふれた決まり文句をすべて後に残して、事物の根底に到達せねばならないからである(93)。肯定的なものは、この本の内容に含まれているわけではなくて、「思考という行為に集結している」、という。それゆえに読者は、肯定的なものを簡単にテクストから取り出すことができない。つまり、肯定的なものを「受動的に受け取る」ことができない。読者は、「アドルノの思考プロセス」を共に辿らねばならず、それによって同時に、徹底的に啓蒙された人にとって今日なお「唯一可能な行為」を引き継がなければならないのである(94)。アドルノは、読者に自分の「思考プロセスを共に辿る」よう強制あるいは誘惑することによって、「読者を、真理を目標とするかのプロセスに参加するように仕向けるのである」(95)。テクストが表象しているような「仮借なき啓蒙」は、一見すると、すべての逃げ道を閉ざしているように見える。しかし、読者が「普遍的な災禍に対して、能動的に、つまりは、公共圏の枠内で、社会的、政治的、社交的決定を行なうための刺激を得る」ことを目指して、「啓蒙という行為」を追体験すれば、読者の中で諸力が解き放たれるのだという(96)。

従って、アドルノのテクストが示すように、啓蒙は、読者の特殊なステータスを構成する。つまり、読者は、テクストと関わり合いながら、誘惑されてであれ強制されてであれ、成熟すること、そして、自分が置かれている状況や自らの人格に対する徹底的な啓蒙を承認することを要求されるのである。そこで求められるのは、単なる合理的あるいは合理主義的洞察ではない。というのは、啓蒙は最終的には読者の中で、共同生活を民主主義的に形成することを目指す活動のポテンシャルをも解放するからである。ただし、現に成熟し啓蒙されている読者は、自らの認識上の特権性を主張すること――それはシュレーアスの危惧したところである――はないだろう。というのも、アドルノの啓蒙は、人間軽視とは無縁であり、傲慢さや自らを絶対化する試みから自由だからである(97)。「著者のように、その形態を問わず簒奪はすべて拒否する、と決心している人だけが、この本の論述内容を習得することができるだろう」(98)。アドルノが、自らの批判の基盤、すなわち、災禍を災禍として見抜くことを可能にする力を明示することができるとは思っていなかったこと。彼が、自分の省察が社会の外部で成されるのではなくて、歴史的世界の一部をなしているとは認めていなかったこと。それが、悲嘆や苦悩をもたらすのである。このことを確認している点で、肯定的な評価と、否定的な評価は一致している。しかし、まさしくこのことによって、『ミニマ・モラリア』というテクストは、読者にカタルシス的効果を及ぼし、悲嘆の重荷を引き受けるのであり、「それによって読者の内に希望の光がともる」(99)。このことに同時代の人々は気付いていたのである。

こうして、アドルノのテクストが幅広く多彩な解釈を許す素地を持っていることが、明らかになった。著者の遂行的自己矛盾や、テクストが読者に伝えるペシミスティックな基調が、しばしば注意を引き、強く強調されることになった。ただし、このテクストへの様々な態度表明の中で優勢になっていった立場がある。すなわち、まさにこの遂行的自己矛盾を同時代にふさわしいものと見なし、この矛盾を一つの姿勢として受け継ぐよう読者を勇気付けるだけでなく、読者に対して過大にもアドルノの立場を共有するよう求める、アピールとしての性格を持つものとして、このテクストを特徴付けようとする立場である。ここで読者として想定されているのは、復古に賛同した覚えがなく、自分が置かれている日々の状況をペシミスティックに評価し、ファシズム後のドイツの状況とその展開を批判的に評価しているような人である。更に言えば、一連の書評は、アドルノのテクストを拒否するのは、概念の努力を引き受けることを恐れ、前近代的に刷り込まれた表象や慣習に囚われており、冒険的あるいは集中的に思考したり、自らの人生や社会生活を変革しようとしたりする気概を欠いた読者だけだろう、と示唆している。従って、遂行的自己矛盾が一般化可能と見なされるだけにとどまらない。この矛盾とそれに結び付いた気分は、英雄的で、反ファシスト的で、反復古的で、非体制順応的で、知的で、抵抗力に富み、現代的で、時代にふさわしい特徴を帯びてもいる、とされた。

とはいえ、あまりにも肯定的にすぎる総括は、不適切である。結論を出す前に、もう一度、強調しておかねばならないことがある。それは、『ミニマ・モラリア』が、再三にわたって、これまでに親しんできた枠組に沿って読めるテクストと見なされ、それゆえに、保守的文化批判の言説編成（Diskursformation）の意味明証性（Sinnevidenz）を、特に、経済が優位に立つ物質主義的時代や大衆文化に対立する意味明証性を呼び起こしているように思われ誤解された、ということである。このテクストがしばしば、マルクス主義やネオ・マルクス主義に分類されるのは確かである。ただし、マルクス主義あるいはネオ・マルクス主義との繋がりで中心となる言説的要素は、ほとんど常に、人々の疎外、自己疎外、物象化などである――それは、保守的な技術社会論や大衆社会論でも、実存哲学や神学でも、マルクスとの関連においても繰り返し持ち出されてきたテーマである。それに対して、〝いかなる文化よりも先に、まず第一に物質的な基本的欲求が満たされねばならない〟というアドルノの唯物論的な議論が言及されたのは、正確に二回だけである。従って、この本が追求している社会理論的かつ社会批判的意図は、ほとんど、あるいは全く認識されていないのである。それと共に色褪せてしまうことがもう一つある。アドルノに言わせると、知識人や彼らの経験についての知的語りに含まれる矛盾も、搾取に基づく社会的分業の中で知識人が果たす機能の結果であるという限りにおいては、合理的である。この矛盾の中で知識人は、精神に媒介されて、自らの生活諸条件が制約されていることを自覚することができるのである。これと同様に、書評群の中でテーマ化されることが少なかったのは、アドルノが、社会理論的分析に際して、ナチズムや、アウシュヴィッツ絶滅収容所で頂点に達したヨーロッパ・ユダヤ人の殺害を、基点かつ基準として論じていたことである。アドルノの分析は、この文化を組織する知識人とこの文化そのものが、かの展開にどこまで根本的に寄与したのかを明らかにしようとするものである。しかし、書評群からすると、市民的文化の批判的習得という目標に目を向けられることは少なく、この目標と緊密に結びついたアドルノの振る舞いも、あまり理解されなかったようである。その場合のアドルノの振る舞いというのは、文化、主体、経験、生、精神といった文化の中心的諸概念の意味を、目標志向的かつ体系的に、アポリア的な揺らぎへと陥らせるものであった。文化を保守的な全内実に沿って理解したうえで、保守的な内実が保持している力を、弁証法によって——ある意味、柔道技によって——保守的な内実それ自体へと向け直し、反逆させる振る舞いだったのである。「思考が自らが直面していると自覚する課題の中でもかなり重要なものとして、ヨーロッパ文化に敵対する反動的議論のすべてを、前進する啓蒙に役立てるということがある」(100)。弁証法は、劇的な転換を待つだけでなく、とりわけ、まずもって諸概念をそれらが示す矛盾した経験内実に至るまで考え抜く振る舞いの様式でもある。諸概念を考え抜くことによって、それらの概念は、歴史的発達水準からして今では内的緊張の中でのみ用いることができるのであり、肯定的な観点だけを提供することはもはやできない、ということを明らかにするわけである。

アドルノのテクストは一連の言説的出来事のきっかけとなった。これらの出来事は、偶然による散らばりこそあれ、徹底してある種の体系性を示している。書評者の多くが、アドルノの遂行的自己矛盾、すなわち、知識人の逆説的な語りの位置やそれと結びついた「気分」に気付いていた。もっとも、その評価は、断固たる拒絶から熱狂的同意まで、実に様々に分かれていたわけであり、同意する人々の間でさえも、基本的には悲嘆の感情が優勢であったわけであるが。アドルノに同意する人々は、常に、客観的状況の分析を引き合いに出している――啓蒙は絶望していく醒めた気分と結び付いているが、そうした気分は不可避なものとして受けとめられるわけである。テクストが人を悲嘆から解放するカタルシス的機能があると認められている場合でさえ、そのテクストを読んでも、幸福、つまり、認識と真理の幸福が貫徹される――ホルクハイマーはそれが批判理論の効果と思っていたわけであるが――という印象は生じないのである。

三章　『プリズメン』――文化批判と社会

一節　後期資本主義社会に対する弁証法的批判

『プリズメン』は、それまでに刊行されてきたアドルノの著書と多くの点で異なっている。一九五五年にドイツで『プリズメン』が刊行されるより前に出版された彼の全著作、すなわち、『新音楽の哲学』（一九四九年）、『ミニマ・モラリア』（一九五一年）、『ワーグナー論』（一九五二年）は、アドルノが亡命中に、部分的にはフランクフルト社会研究所での議論と密接に関連した形で書いたものの、その後長らく刊行されないままだったか、もしくは、抜粋だけが刊行されたものだった。これらの著作は、一まとまりのテクスト・コーパスを形成しており、テクスト・コーパスとして、亡命中に書かれたテクストの特徴を示してもいる。つまり、これらの著作では、ナチスに迫害された亡命者が、自らの研究成果を示し、迫害を受けた者の視点からドイツ文化を評価しており、それゆえに、特別な意味を帯びている。そういうわけで、『ミニマ・モラリア』についてのある書評では、次のように書かれている。「この著作の最も内奥には、ドイツと新たな対話を始める、という関心があるらしい。この関心を見抜くには」、ヒトラーの狂気が「ドイツの内実」を損なったということを理解することが重要だ(101)、と。これに対して、『プリズメン』の中には、比較的古いテクストと比較的新しいテクストが混在している。合計一二本の論文の内の五本が、ドイツへの帰国後に書かれた。他の五本の論文は、確かに亡命中に書かれたものだが、そのうちの二本は帰国後にドイツの雑誌上でようやく公刊されたものである。この論文集の巻頭と末尾に収められた残りの二本は、違った位置を占めている。一方の「文化批判と社会」は、まだ亡命中だった一九四九年に書かれたが、それは、レオポルド・フォン・ヴィーゼの七五歳の誕生日を祝ってドイツで刊行される記念論集のためだった。他方の「カフカ覚え書き」は、一九四二年から五三年という長いスパンの間に書かれた。アドルノは、それ以外の出版活動ではなく、まさにこの『プリズメン』の出版によって、亡命中と帰国後という知的生産の二つの時期を一つにまとめている。この著作は、フランクフルト社会研究所がまだ機関誌を編集していた時期にまで遡る、彼の仕事の長い連続性をはっきりと示しているのである。

従ってアドルノは、帰国前に既に六本の論文を、ドイツのコンテクストの中で、あるいは、直接ドイツのコンテクストに向けて書いていたわけである。推測がつくように、特にこれらのテクストは、ドイツ連邦共和国の具体的な人物、情勢、関係を視野に入れて書かれているという限りにおいて、かなりの程度まで対話化されている。重要なのは、アドルノという一人の亡命者がドイツの文化史に含まれる諸問題について考察し、それに基づいて、どの程度まで、ドイツ文化がナチズムの生成に寄与したのか、そして、追放されたドイツ知識人である自分がこの伝統に織り込まれているのか、あるいは、この伝統と共犯関係にあるのかを検証したということだけではない。アドルノが、同時代の無数の文化戦略に介入し、それによってドイツ文化の更なる発展に決定的な影響を及ぼしているということもまた重要なのである。

この本のタイトルからして既に、対話のネットワークのための拠り所を提供している。というのも、このタイトルは、マックス・フォン・ブリュックが、ミヒャエル・フロイト、フリードリッヒ・ジーブルク、及び、フライブルクで出版されていた『ゲーゲンヴァルト（現在）』誌の編集部の一員だったもう一人と共に、『ミニマ・モラリア』の特徴を上手く捉えた二つの書評で用いた見出しを、そのまま拝借したものなのである[102]。二つの書評によれば、『ミニマ・モラリア』でアドルノが主観的経験から出発していることによって、一種のプリズムが生じるという。「世界はクリスタルグラスを通して見られており、このクリスタルの表面がまなざしを様々に打ち砕くのである」。そのような作用の仕方こそ、主客の統一はもはや与えられず、客観の確実性が失われている歴史的発展段階にふさわしい。それゆえに、クリスタルの研磨面の一つ一つを通して今日の世界へと向けられているまなざしは、世界が持つ「歴史的に蓄積された問題圏」にふさわしく、広がりを持つようになるのだ、と。マックス・フォン・ブリュックは、この賞賛に満ちたコメントによって、解釈（Deutung）という問題をめぐるアドルノの理論的核心部分を的確に捉えている。

アドルノは、客観世界は直接的介入によっては認識されえない、というテーゼを既に一九三〇年代初頭に語っていた。現実の諸要素には意味も意図もない。歴史が真理を目指しているわけでもない。哲学の課題とは、「解釈の確実な鍵を一度として持つことはない」が、「真理を要請しつつ絶えず解釈的に」[103]振る舞うことである。意図なき諸要素は、哲学の介入によって、偶然の布置連関で現実が解明され真理が現れるところまで、結合され配置されるという。もっとも、この定理に潜む主観主義と主意主義は、フランクフルト社会研究所の研究者集団内部で批判された[104]。自らの綱領がゲオルゲの綱領だったことにアドルノが気付いていたとすれば、ゲオルゲとホフマンスタールについての彼のエッセイが、解釈概念についての彼の自己批判になっていると見ることができよう。意図なき事物に遡及することは、硬直した現実に含まれる陳腐な意味を、すなわち、「現に存在するものの円環」をこじ開けることになるだろう[105]。しかし、ゲオルゲは、従順にも自らを事物の代弁者にした時点で、実証主義的に歩みを止めてしまう[106]。事物は産出されたものであるのに、この事実はゲオルゲには隠されたままだったのだ、という。これに対応する形でアドルノは、マンハイムについてのエッセイの中で、この社会学者が不適当かつカオス的な経験的題材とは一度も関わっていないことを強調している。製造されたものとしての世界は、常に既に概念に貫かれており、客観精神の歴史的諸形態において、すなわち芸術の題材の発展段階、哲学的思考、及び、自由、平等、主観（主体）、合理性、真理、社会といった、主流を成す文化にとって一般的に拘束力を持つ諸概念の具体的意味内実において解釈される。重要なのは、まずは、これら諸概念とそれらの歴史的水準、すなわち、個々人の意識と行為における諸概念の具体的な用いられ方、ある概念を変容させ新たな光を当てる、常に更新される意味の層を核として諸概念が蓄積されていく様などを探求することである。客観精神の諸形態に、批判的に接続しなければならない。「意識に対する存在の優位というテーゼは、方法論上の要求を含んでいる。それは、思考実践による目的合理的な指標群に沿って諸概念を構成したり検証したりするのではなく、諸概念の形成と運動という形で、現実の動向を表現せよ、という要求である」[107]。ある概念の歴史的水準、すなわち、概念の意味層は、市民社会の歴史的水準のインデックスとして解読されうる[108]。ただし、このような分析が、再び、客観主義的分析と誤解されてはならない。振る舞いとしての解釈は、諸概念が、道具ではなくて、諸個人の知覚、世界理解、実践に決定的役割を果たす意識形態であるという限りにおいて、そしてその限りにおいてのみ可能なのである(109)。諸概念は意味の諸過程を束ねる。すなわち、諸個人は、伝統を介して受け継がれた思考形態の中を、そしてまた、文化的素材のその都度の水準において、揺れ動いているのであり、文化的素材に働きかけ、それら素材を解釈していく。文化的素材の性格が、諸個人の行為にとって拘束力があるかそうでないかに応じて、諸個人はその素材の歴史的意味を変えていくのである。

アドルノは、著者主体として自らのテクストに自己を現前させている。この著者主体は、集団的意味過程に関与している。そして、その限りにおいて、行為志向的諸概念――つまり、著者主体そのものをも包括している常識――を反省的に引き合いに出し、それらを解釈することによって、諸概念が持つ、その都度最もアクチュアルな意味と、行為する個人にとっての意義を把握するのである。従って、著者主体は自らに対して、諸概念がその時代において持つ意味を、個々の断面においてその最終的かつ最新の帰結や、引いては、諸概念の矛盾やジレンマに至るまで考え抜くことを要求するわけである。このような解釈コンセプトによると、著者たちの地位には、特別な認識機能が伴う。というのも、著者たちは解釈によって、すなわち、経験に対して開かれた姿勢か教条主義かの、どちらかによって、社会生活をめぐる諸概念を展開し、それによって、一つの歴史的時代を特徴付けるからである。アドルノは、ヴァルター・ベンヤミンをポジティブなモデルにしている。「ベンヤミンは、真理を製造したり、思考によって真理を獲得したりする者のようには作用しなかった。彼は、思考を介して真理を呼び出すことによって、認識の最高の道具として作用した。認識は、ベンヤミンという最高の道具の上に沈殿していったのである」(110)。著者の機能は、あたかも楽器やミサの道具であるかのように規定されている。著者アドルノは、自分の内で呼び起こされている諸概念のニュアンスを、自分自身を手がかりとして読み取ることができる。それゆえに、『プリズメン』に収録された論文のほとんどすべてが、著者に集中しているのである。

主観的解釈は、諸概念に意味を吹き込むが、その意味は、結局のところ、アクチュアルな状況を規定して、そこから象徴的報酬を強奪しようとする、知識人の努力にしか役立たない。では、特にシュレーアスが『ミニマ・モラリア』をめぐる書評で危惧していたような、主観的解釈の恣意性は、いかにして回避されうるのだろうか？　アドルノは、次のような危険を指摘することによって、この問題に対する解答を示している。すなわち、著者たちが、自らを美的な試みの司令塔に仕立てて、特殊かつ情熱的なパトス、あるいは、ペシミズムを観衆に示し、センシビリティ、諸経験、諸体験へと至る特権的通路を持っているかのような外観を呼び覚ましてしまうこともありうる、という危険である(三)。従って、諸概念の客観性との関係において著者が占める地位こそが、当の簒奪的傾向を批判する際の基準となるわけである。これらの諸傾向もまた、ある概念の合理的に理解可能な意味層となり、概念が持つ歴史性の一要素となる。

次の問題は、更に深刻である。それは、ナチズムもアメリカの文化産業も、共に記号論的過程を停止させていて、ダイナミックな意味過程を象徴や記号に切り詰めてきたわけだが、文化的伝統や今日の前にある文化的意味群に対して、たとえ批判的にではあれ、どのようにして接続したらいいのか、という問題だ。構成的な諸概念は、依然として市民層の生活基盤に対して行為志向的力を持っているということを未だに前提としているようなイデオロギー批判は、そもそも可能だろうか？　この問題に対して、『啓蒙の弁証法』は矛盾を含む解答を示している。この本には、一方では、自由や平等といった初期市民段階の諸規範に力強く接続しつつ、支配的状況に対して独自のメロディーを奏でよ、という初期マルクスの要請を堅持している箇所がある。しかし他方では、とりわけ教養が、文化産業によって組織的に破壊されたことが確認されてもいる。かつて教養は、かの諸規範の意味を経験しうるための、動機と認知の両面での基盤だった。しかし、今や、すべてが、文化産業によって前もって与えられた図式の常に同一なるものの内に埋没している。この図式を通して、日々の生活様式や飾り気のない生活基盤が、イデオロギーとして組織化され演出されるのである。文化と日常は互いに侵食し合い、両者の距離は消滅する。『プリズメン』は、このような思想を取り入れている。諸著作は、もはや生活過程から批判的かつ解釈的な距離を取ることができない。それと共に、それらの著作の「認識力」が失われていく。社会主義リアリズムは、この点で文化産業と異ならない。というのも社会主義リアリズムが「社会的直接性の再現に固執することは、闘争相手の市民たちが抱いてきた経験論的偏見を、自らもまた共有することだからである。（…）強制された直接性は、人々を損なっている当のメカニズムを、人々が自覚的に認識することを妨げる。このメカニズムは、人々の従順な意識の中で再生産されるのである」(112)。この考察は、自由や平等という市民的概念にも同じ程度に当てはまる。市民的概念が、大量消費という文化産業的生活様式や福祉国家的官僚制化の下で実現されたことによって、これら諸概念の内実が真逆のものに転化してしまったのである。イデオロギー批判は、それらの諸概念の中には、もはや何一つ接点を見出せない。少なくとも、直接的接点は何一つ見出せない。アドルノによれば、「『歴史的・弁証法的批判』は、それらの市民的諸概念についてかなり思い違いをしている。「批判のスポークスマンたちは、人間性、自由、公正といった諸理念ではなく、自らがこれらの諸理念を具現しているとする市民社会の主張を疑問に付したのである。彼らにとって、イデオロギーは仮象だった。しかし、それは真理の仮象だった。（…）抽象的形態の諸『理念』は、単に統制的真理を表しているだけでなく、それ自体が不正に苦しんでいて、不正の束縛の下で思考されてさえもいる、ということは意識されないのである」(113)。市民的諸規範は、取り返しがつかないまでに、その拘束力を失ってしまったという。アドルノは暗に、『ミニマ・モラリア』以来のミュンヒハウゼンという思考モデルを再び用いている。批判者はもはや安定した尺度を持ちえず、批判や真理といった諸概念それ自体の展開を、歴史的展開のインデックスと見誤りながら、弁証法的かつ流動的に振る舞っているのである。

レオポルド・フォン・ヴィーゼの七五歳記念論集への寄稿論文の中でも、この考察が展開されている。この論集は、『現代における社会学の進歩』というタイトルで、カール・グスタフ・シュペヒトが編集し、一九五一年にヴェストドイチェ社から刊行された。収録された諸論文は、金融社会学、法社会学、政治社会学その他の社会学の特殊領域についての概観を提供している。このタイトルは実際、多くの寄稿論文の性格を特徴付けているわけである。寄稿者には、ゲオルク・ギュルヴィッチ、ハワード・ベッカー、ルイス・ワースのような国際的に著名な社会科学者たちや、ルドルフ・ヘベルレ、テオドール・ガイガー、マックス・ホルクハイマーのような亡命者たち、更には、カール・アウグスト・エムゲ、ヴィルヘルム・ミュールマン、ヘルムート・シェルスキーのようなかつての国民社会主義者（ナチス）が含まれていた。批判理論の代表者たちと共に、ヴィーゼの後任者であるケルンのルネ・ケーニッヒや、ヘルムート・シェルスキー、ヴィルヘルム・ブレポールらが、ドイツ連邦共和国における社会学の、相対立する多様な流れを代表していたわけである。アドルノとホルクハイマーの論文は、映画社会学に関する論文（F・シュテプン）と知識社会学（F・ズナニエツキ）に関する論文と共に、一つの項目にまとめられていた。アドルノの寄稿論文は、厳密な意味では、社会学のテーマについて論じたわけではなかったので、この関連からはみ出している——権威主義的性格をめぐる経験的調査について報告していれば、厳密な意味での社会学としてこの関連に収まっていたと思われる。しかし実際のところ、アドルノはこの論文で、『啓蒙の弁証法』や『ミニマ・モラリア』以来、知識人の地位について明らかになった、数々のアポリアや問題を体系的に取り上げているのである。

この論文は、はっきりと二つの部分に分かれている。前半部分でアドルノは、批判者の社会的機能とその展開を論じ、この活動の簒奪的性格をはっきりと指摘している。文化に判定を下す人は、そうすることによって常に、自分は自分の評価の対象である当の文化を所有している、と主張する。従って、文化批判には批判者のエリート主義的尊大さがつきものである。更に問題含みなのは、批判者が文化をありのままの姿で見出すだけではない、ということである。批判者は、文化批判者として制度的に、何を文化と見なすかを決める機能を担う。こうして批判者は、精神的製造品の市場について報告し、商品を精選し、市場で売りさばきやすくすべく、品質保証のお墨付きを与えることによって、定義を独占するようになる。批判者は、景気の動向に左右されにくい品質があるのでこれらには投資する価値がある、と証明するわけである。アドルノによれば、全くもって永遠の「文化的価値」なるもののスポークスマンとなる文化批判者は、同時に、商品を選別することによって、文化消費者のために市場の不確実性を軽減する、市場過程の拡大されたエージェントにすぎない。かくして、批判者の職業的論理は、三つの規定的な振る舞い方に繋がる。すなわち、批判者は、エリート主義的であり、保守的であり、そして何よりも文化に献身している。文化批判は、職業的論理ゆえに、批判者たちの営みの対象である文化を物神化していく。「文化批判において最も物神的なのは、文化概念そのものである」。文化理解にとって、このことは次のような帰結さえ持つ。すなわち、文化批判は、文化を、「いわば展示された諸理念のコレクション」と、孤立させられた「精神、生、個人などのカテゴリー」[114]から構成されているものとして理解するのである。

文化批判は自己言及的である。批判者自身が、他ならぬ自分がまず最初に文化と定義した対象によって、構成されているのである。文化的対象は社会的文脈の中で特殊な意味を持っているのだが、にもかかわらず批判者は、この行為を可能にするために、対象を当の文脈から切り離してしまう。批判者の全活動は、発生の側面やダイナミックな媒介関連を抑圧する中で形作られるのである。「というのも、真正な芸術作品や真の哲学は、その意味からして、そのままの形では、すなわち、即自存在という形では、汲み尽くされなかったからである。それらは常に、現実社会における生活過程と関わっている。それらは、この過程から分かれてきたのである」(115)。自律性を獲得することによって文化は、「前後の見境なくかつ非情に自らを再生産していく生の罪連関」から身を解き放つ。この自律化によって、文化は、目的の王国の他律性を拒否する。そうすることによってのみ、文化は、単に〝そうあること〟に介入し、それをそれ自体ではもはや有意味ではないようにする。文化は、無意味なもの、すなわち、無限に繰り返される肉体労働の労苦の〝常に同じもの〟を遡及的に指し示す――それこそが、文化の意義だという。文化は、歴史上の機能転換――もっともアドルノはこの連関では文化産業という用語を用いていないのだが――によって、こうした、暗示的であると共に社会の内在を越え出て行く性格を失った。文化は、商品化から身を守るために、自らの自律性を強調しなければならず、ますます一層自らの中に引きこもらざるをえない。しかし、独自の介入的・解釈的な性格を失いつつある純粋に自己関係的な文化は、自らの実質を空洞化し、諦観に陥る。「文化のうちで退廃を思わせるものは、文化による純粋な『自己自身への回帰』である」。アドルノによれば、文化の名に値するのは、批判的文化だけである――ここで考えられているのは、文化は、生活過程を批判して、「経済の優位という野蛮の増大に」対抗する限りにおいてのみ真である、ということに他ならない(116)。

ところで、とりわけ経済の優位というこのトポスによって、保守的かつエリート主義的な文化批判とアドルノの間の距離が、再び縮むように思われる。というのも、経済は、突然、物質主義と必然性だけの領域として現れ、自由として具体化している精神のより純然たる領域へと介入して行くからである。恐らくアドルノは、文化批判と自分の相違点を、「文化批判は、物質的生産装置の中ですべての意識が徐々に統合されていくことに、逆らう」という点にではなく、啓蒙と統合の過程を介して破壊されてしまった直接性を取り戻そうとする、保守的・ロマン主義的な反転に見出したのであろう。というのも、文化批判の反啓蒙的で非合理的な相貌は、文化批判者が、〝自らの批判が、啓蒙そのものを標的にしているわけではなく、啓蒙が現実における支配の道具である限りにおいてである〟ということを理解し損ねていることから生じてくる。アドルノは、自らの論証が依然として直接的な生活連関という統一体を示唆しかねない危険と、また、それによって、批判対象であるはずの当の文化批判者と主な前提条件を共有してしまいかねない危険に予め対処している。アドルノは、支配的な特殊主義的合理性は生を物象化する、と語ることによって、この印象を回避している。互いに孤立した生活諸領域が、独立した自らの論理に従って、ついには全体的な非合理性へと転化する時、結果として支配は、関連する生活諸領域の分断をもたらす。こうした非合理性は、もっと啓蒙することによってのみ除去される。その場合の〝もっと〟とは、肉体労働と精神労働の分裂という、社会の「致命的な分裂」を除去し、かつ人々が自らの財の充溢を思いのままに享受できるようにする、ということである。それと共に、ダイナミックな過程が再び始動することになる。そこでは、精神と物質的産物は一つの媒介連関を示すようになる。つまり、後者が理性に従属し、「執拗に残存する災禍」が世界史的についには克服される、というわけだ(117)。しかし、アドルノによれば、そうしたパースペクティヴは、文化批判者に対して根本的に遮断されねばならない。というのも文化批判者の生活基盤は、まさに生活過程の分裂と、それに伴う、自らの生活基盤についての文化的諸領域の幻惑によって支えられているからである。「文化批判は、この幻惑を自らの客体と共有している。文化批判は、分裂の只中で無効となったのだが、このことについて認識を深めていくことができない。自らに固有の概念、すなわち人間性という概念に反している社会は、自己自身について完全に意識することができないのである」(118)。

アドルノはこの議論によって、以下の三点を示唆している。批判されるのは、物質的状態としての経済、伝統的諸関係の解体、あるいは文化の市場に対する従属などではなく、分裂の形態である。その分裂のために社会は、経済も元来は精神的・概念的に媒介された連関だったという事実に、もはや気づかなくなる。そこでアドルノは第二の点を強調する。すなわち、彼は自らを、文化批判者として理解していない、あるいは、単に文化批判者としては理解していない。というのもアドルノは、文化批判者の機能を社会理論的に規定しているのである。ただしアドルノは、第三の点として、社会学的分析で立ち止まってはいけないと主張している。社会学の分析——アドルノは、『プリズメン』に二本目として収録されたカール・マンハイムについての論文「知識社会学の意識」の中で、自らの反論を体系的に展開している——は、文化批判者の機能や活動を知識社会学的に記述し分類するのだが、文化批判者が活動中に遭遇する特殊な考察や問題の数々を、それ自体として社会的連関の一契機を成すものとしては思考しない、という。アドルノにとって、文化批判者が示す不満、エリート主義的、保守的、ロマン主義的文化解釈は、知識人をめぐる特定のカテゴリーの指標であるに留まらず、社会のグノーシス主義的自己表象の記号でもある。この記号は、認識されうるし、文化と文化批判にとってだけでなく社会にとっても批判的な形で解釈されうる。かくして文化批判者は、その語りの位置ゆえに、認識の媒体もしくは「道具」となるわけである。文化批判者は、自らが文化と特別密接な関係にあると主張するのだが、この主張に照らして彼自身が判定されることもある。というのも、肯定的な文化概念ですら、目的合理性だけを志向する、労働の罪連関に基礎付けられた社会の単調さと相容れないからである。生活過程からの文化の切断はあまりにエリート主義的だったかもしれないが、文化は常に「自らの生活のその都度支配的な再生産形式に人々が屈服している事態」(119)を告発してもいる。完全に解放されて、今や自律的に自己とだけ関わっている文化は、「対立関係が宥和しえないまでに深刻となったことを、立証している」(120)のである。

文化批判者の活動に伴う機能と諸帰結をこのように分析しつつ、アドルノは、自分がそれらに疑問を投げかけていることを示唆する。彼の批判は、解放のために、文化の物象化、文化批判の盲目性、社会的再生産の非情さ、社会の自己誤認などを標的としているのである。この論文の後半部は、批判的理論家はどのような語りの位置からそのような言明をなしうるのか、批判的理論家は何に依拠して自らを批判するのか、といった問いを扱っている。それゆえに、この論文を、アドルノの理論的著作全体の中核をなすテクストの一つと見なすこともできる[121]。論証は、螺旋状に構成されている。アドルノは、この論文の前半部で文化批判以外の位置を取るべきだと主張した後で、パースペクティヴを絶えず移動させながら、内在的批判者の位置、あるいは、外在的批判者の位置を、その都度様々に支持している。実際にアドルノは、その独自の解釈論にふさわしく、肯定的結果にではなく、何よりもアポリアによって特徴付けられる、歴史的布置連関の構成に辿り着いたのである。

社会主義は、経済を偏重して、文化を単なる付随現象と見なす。しかし、同じ理由から、文化に対して批判的ではなく、その限りにおいて、「悪しきものの再生産」に寄与している。このような社会主義にはっきりと反対しつつ、アドルノは、最初は、文化批判を「文化概念そのものの止揚にまで」高めていく内在的批判者の位置を支持する。もっとも彼は次の一歩で、内在的批判が、「文化の諸尺度」を実体化してしまい、批判の側から物象化や支配の維持に寄与してしまう危険に陥りかねないことを認めている。それゆえに批判は、常に内在的批判以上のものでなければならないのである。記述（Deskription）と規範（Präskription）の間で揺れ動く表現で、次のように述べられている。文化批判の弁証法的な言い回しは、「全体の中での自らの位置を洞察することによって」、文化に「対して」流動性を保っている。「そうした自由、意識が文化の内在性を超え出るということなしに、内在的批判を考えることはできないだろう。対象の自己運動を理解しうるのは、この自己運動と完全には結び付いていない人だけである」[122]。

『プリズメン』に収録されたジャズ論文をめぐっては、何年か後に『メルクーア』誌上で論争が起きた。ヨアヒム・エルンスト・ベレントとのこの論争の中で、アドルノは、この外在的立脚点をもう一度はっきりと強調している。「ジャズ批評家としてヨアヒム・エルンスト・ベレントに気に入られるためには、ファンでなければならないようだが、まさしくこのことが批判を不可能にする」[123]、と。この言明によれば、基本的に批判者が外部から批判対象に評価を下している限りでのみ批判が可能になる、ということになる。とはいえ、批判に際して、このような超越したアルキメデスの点など存在するのだろうか？　この外部はどのように定義されているのだろうか？　しかし、外部なるものは、再びあっさりと内在性の一部になりはしないか？　アドルノによれば、社会に束縛されない「立脚点」の選択というのは、「虚構であり、抽象的なユートピアの構成でしかない」[124]。更に言えば、超越した立脚点は、文化を全体として受け取め、拒否し、最終的には自然状態という理想を引き合いに出さざるをえなくなるので、肯定的であり、それ自体でロマン主義的なのである。

だとすると、そもそも、どのような批判的立脚点が採用されるのか？　アドルノは、イデオロギー批判は、知識社会学によって弁証法的唯物論から切り離され、認識の手段から認識を意のままに操る手段へと変わってから、歴史的に機能を変えたのだということを強調することによって、批判的立脚点をめぐる問いをまずは回避している。知識社会学は、文化現象の客観的内実や真理を顧慮することなく、相対的な意味で文化的な諸現象を社会集団群に帰属させるのだが、そもそも抽象的な外在的立脚点を採用している、というのである。アドルノのテクストは、弁証法的唯物論に含まれる批判的衝撃は依然として妥当性を持つが、まさにそれゆえにイデオロギー批判はもはや継続されえない、ということを理解する一助となる。イデオロギー批判が統制の手段として組み込まれたという点で、支配そのものが歴史的に変化したからである。内容、真理は、諸々のイデオロギーの中ではもはや何の役割も果たさず、強制的に収用された意識の真空状態を満たすにすぎず、「公然の秘密」に言及しようとしない。文化それ自体は、もはや自らが指し示すべき社会の生活過程の外部に位置しているのではなく、生活過程に屈服して、イデオロギー的になってしまったのである。しかしこのことはまた、真逆のことをも意味する。つまり、社会的過程はその自然発生性を失ってしまい、「社会的に媒介され、濾過され、『意識』」はそれ自体文化的に規定されているのである。生活全体、社会全体が、イデオロギーなのである。「今日におけるイデオロギーとは、現れとしての社会である」[125]。この定式化によって、社会そのものが、現れの背後に存在するものや現れを組織化するものについての意識を不可能にする「ベール」であること[126]に注意が喚起される。現れとしての社会は、「全体性によって媒介されている。そして、この全体性の背後には、部分的なものの支配が潜んでいるのである」[127]。繰り返せば、結果として今や、社会は自己認識を意のままにできないわけである。だとすれば、批判的立脚点を確定するのはますます難しくなるだろう。しかし更に吟味すると、アドルノのテクストが更に、考察の方向性を真逆に向き換える議論を提供していることが分かる。意味＝指示(Bedeutung)についての批判理論に対応する形で、〝意義なき(sinnlos)ものとしての社会を指し示していた、精神的な産物によって具現される意義(Sinn)〟は、今や意義としての社会によって歴史的に置き換えられる。従って、一方に社会、他方に誤った(あるいは偽りの)意識があるわけではなく、社会こそが、生きられた経験であり、諸個人が追求する意味なのである。社会は、自らを示す記号となり、今や、背後に隠された意味なしに、自己自身だけを意味するようになる。「あらゆる現象は、現状の絶対的支配を示す国章のように凝固している」[128]のである。それゆえに、イデオロギー批判は歴史的に時代遅れとなった。文化批判がなおも可能なのは、社会批判としてだけであり、それも、社会的共同生活それ自体の意味がテーマ化されねばならない限りにおいてである。これはアポリアではない。というのは、批判者もまた、自らが生きているその都度の具体的な社会の意味に関与しており、独自の解釈を介してこの意味を加工しているからである。しかし、その逆に、社会もまた、諸個人が社会に与える意味によって媒介されているので、社会批判は、もっぱら文化批判としてのみ実践可能である。批判は、それを通して「強大な利害関係が現実化する」文化的諸現象「という形で、社会全体の動向について露わになってくるものを判読」[129]しなければならないのである。

アドルノは、アポリア的で、彼自身を絶望させてしまうことになる立脚点を証明しようと試みたとする解釈があるが、今から示す解釈は、これと対立する。つまり、アドルノの語りの位置は、決定的な点ではアポリア的ではない、という解釈だ。むしろ、テクストは、高度な体系的一貫性を備えており、内在批判の可能性を十分に基礎付けている。批判の意味が持つ歴史的水準を知っており、批判が可能なのは唯一社会批判としてだけだということを知っている、文化に対する内在批判は、最終的には、限界についての不安にさせる経験へと通じる。「しかし、同時に内在批判は、ありとあらゆる精神が今日まで束縛下にあったということを記録に留めるのである。精神は、悩まされてきた矛盾を自ら意のままに止揚する力を持たない。自らの断念に対する最もラディカルな反省さえも、反省のままであり続けるしかなくて、精神の断念という事態が指し示している自らの現状を変化させることはない、という限界を設けられている。それゆえに内在批判は、自らの概念の下に安らうことができない。内在批判は、精神への沈潜を直接的に精神の囚われからの離脱と同一視するほど自惚れてはいないし、悪しき全体をめぐる主観的な知が、いわば外部から、あらゆる瞬間に対象の規定と入り込んでいなければ、惑わされることなく対象へと沈潜することで、事物の論理に従って真理が得られると信じるほどナイーブでもない(130)。内在的批判は、自らを超え出て、社会批判にならねばならない。しかし、内在批判はそれを実際になすのだろうか？　主意主義は疑うべくもない。しかしアドルノは主意主義を看過しているわけではない。むしろ、批判は「記録に留める」と述べたり、あるいは、自らの考察に反する形で、惑わされない沈潜はナイーブになる危険があるとか、内在的批判は前提とされる主観的知を必要とする、と認める際に、彼は、主意主義を、外在的な参照点と共に強調してさえいるのである。一見矛盾に思えるが、この考察は、アドルノによる批判者の構成にとって決定的に重要である。というのも、主体と客体の間の対決及び両者の媒介は、このような主観的な契機を介してのみ生じてくる。この対決あるいは媒介が、自らにはそれ自体で既に意味があると主張する、イデオロギーと化した社会を、しばしば押し止めるのである。批判者が、客観化する態度で批判するというだけのことではない。批判者の批判は、本人の客観的経験と関わるのであり、批判は討議＝言説的な出来事として批判的にならざるをえず、物象化された諸関係を動かさずにはいない。批判者は批判によって、統一的な全体から自らを解放するのである。解釈によって批判者は、社会という所与の集合的な意味から距離を取り、この意味を解釈していく。従って、批判者は、解釈する語り手として社会と自分が「有している」文化を超えた地点に立っているわけではなく、自らが解釈と批判によって変革すべき社会状況の中に嵌め込まれているのである。

従って、主観的契機が、まさしくその恣意性という形で、批判者はアンガジュマンしており、自らの経験を批判的過程の中にもたらす用意がある、ということを証明するとしても、この布置連関はなお、更なる反転によって批判的に評価されることになる。批判の歴史的状態の解釈は、ある外在的位置から他ならぬまさにこの状態を確認する主観＝主体が必要である、という帰結に至る。しかし、自らが主観的で外在的な知を備えていなければならないと知ることによって、批判的主体は、まさにこの知を再び、歴史的状況を指示するものとして解釈し、外在的批判か超越的批判かという二者択一の前に設定されている状況がそれ自体で既に、支配の歴史的布置連関の符号である、と判断することができるようになる。「文化を全体として外部から、イデオロギーという上位概念の下に問題にするか、文化を自らを産出した規範と対決させるか、という二者択一を、批判的理論は承認できない。内在的か超越的か、という決定に固執するのは、カントに対するヘーゲルの論争に該当するような、伝統的論理学への逆行である。限界を規定し、全体の中に自らの対象を含み込んでいる方法は、まさしくそのことによって限界を越え出ていく、という論理である」(131)。

従って、アドルノの考察の成果は、反転である。アドルノは、〝伝統的な文化批判者は、エリート主義的にも、社会の外部かつ文化産業の彼岸に位置するもの、という自己理解を抱くことによって、自らの課題と矛盾している〟として伝統的な文化批判者が果たす役割を批判した(132)。それに対して、自らの独自の批判的語りを意識する弁証法的批判者は、支配の諸条件の下で、もはや何ら確固とした位置を取ることができず、逆説的に運動することしかできない。「文化に対する弁証法的批判者は、この運動に関与せねばならず、かつ、関与してはならない。そうすることによってのみ、彼は、事物と自己自身を公正に扱うことになるのである」(133)。

しかしまた、論証のこの水準においても、不安にさせるような仕方で、問いが生じる。すなわち、悪しき全体をめぐる主観的な知を、なおも手に入れることができるのかどうか、できるとすればどこからか、弁証法的知識人はそもそも、破壊された文化になおも関与することができるのか、といった問いである。これらの問いによって、歴史哲学的に規定されるべき時点が設定される。徐々に「野外刑務所」になりつつあるような、「陰鬱な統一社会」は、文化が持つ「かの相対的に自律しており、沈殿している諸契機」をもはや許容しない。今や「扇動的な嘘」と化した文化は、沈黙を要求する。文化はとうの昔に「真理の塩」を失ってしまったのだ。しかし、超越的批判と内在的批判は、共に歴史的衰弱によって脅かされている。問題なのは、脅威だけだろうか？　アウシュヴィッツ以後の時代は、文化と野蛮の最終的な対置という歴史哲学的にはありえないはずの頂点を越えた。〝アウシュヴィッツの後に詩を書くのは野蛮である〟という文化批判的確認は、なおも進行しつつある文化の中では何ら基準点を持たない。それと共にしかし、弁証法的批判の運動もまた、最終的には、今にも硬直状態へと移行しそうになる。物象化と主意主義という最終的分極化によって、アドルノの論文は中断され、まさしく、投げかけられた問いが解答なく留まるがゆえに、読者は、分業という社会的諸条件の下で、変革という実践なしに批判はいかにして可能になるのだろうか、という問いを新たに立てねばならなくなる。アドルノの論文は、こうすることによって、運動を突き動かそうと試みているのである。「絶対的な物象化は、精神の進歩を自らの諸要素の一つとして前提しており、精神を今日では完全に吸収しようとしている。自足した十分な瞑想という形で自らのもとに留まっている限り、批判の精神は不十分である」。アウシュヴィッツは、完全な人種差別的殺人を可能にした、社会的分業の一形態の狂気の沙汰の符号として、行為のための行為ではなく、精神のための行為を促すのである(134)。

『プリズメン』の書評の一つで、この本のテクストとしての地位について更に考察する上で重要な問いが投げかけられた。イヴォ・フレンツェルは『フランクフルター・ヘフテ』誌上で、不審の念を示しつつ、アドルノの本には、大体「今日比較的たやすく入手できそうな」仕事だけが集められており、『シャインヴェルファー』誌や『アウフタクト』誌の論文は収録されていない、とコメントしている(135)。しかし、ここでは、アドルノや出版社の動機についてあれこれ推測すべきではなく(136)、ただテクストそのものの性格についてのみ、より詳細に規定すべきであろう。まず第一に、個々のテクストのタイトルは、著者が、アカデミックなディシプリンという観点の下で、社会学、音楽論、文学の各領域における専門知識に裏付けられた能力が自らにあると主張していることを示唆している。そうした主張は、もちろん、法外さとして理解され、拒絶されるかもしれない。承認される場合には、「アドルノ」という著者主体と、様々なテーマ領域、そして、カフカやシェーンベルクのような難解でアヴァンギャルド的と見なされる著者たち、あるいは、ジャズ批判やバッハの作品の演奏実践への批判が、このように複雑に絡み合っていることが、アドルノの名声を高めることに寄与する。それと共に美的前衛主義が、理論的前衛主義を強化することになる。後者はこの段階においては、新しい――そしてアドルノが強調しているように(137)――社会批判的なディシプリンとしての社会学と結び付いていた。「アドルノ」は、通常は単に相互に補足し合っているにすぎない、文化的諸動向の統一化と具体化のための意味の担い手となる。「文学性と美的に基礎付けられた普遍的なヒューマニズム＝人文主義とによって規定される知識人集団は、自らの社会批判を社会学的思考や哲学的思考から導出する知識人とは対をなしてきた。五〇―六〇年代は、文芸欄主義の頂点であるだけでなく、社会学主義の頂点とも見なされる。詩的、隠喩的、連想的・解釈的思考と並んで、概念の努力を自ら引き受けて『導出の論理』や『基礎付けの連関』に関心を抱く厳格な体系性を目指す思考もまた姿を現した」[138]。「アドルノ」は文化的なシニフィアン（意味するもの）だった。このシニフィアンは、複数の意味を凝縮＝詩化（verdichten）すると共に、美的に基礎付けられたヒューマニズム、そして、社会学的に情報を得ている＝形成されている（informiert）社会理論、概念の哲学的努力、あるいは前衛的な音楽および文学を代表することができた。この意味で、グラーザーが五〇―六〇年代の知的状況を、批判理論の語彙に由来する諸概念によって解釈したのは、決して偶然ではなかったのである。

アドルノの本の導入的論文のパースペクティヴから理解される第二の点は、収録されたテクストはすべて、文化批判がどのように実践化されなければならないかを実演する、一人の教養ある哲学者兼社会学者の文化批判的態度表明としても理解されうるということである。社会との関連が、生み出されねばならない、あるいは、視野から失われてはならないのである。そしてこのことは基本的に、存在論的、神学的、実存哲学的なエッセイ執筆に対して突きつけられた論争的な要求として理解される。

第三に、一二本のテクストのうち九本は、既にタイトルからして、対象とされたテクスト群の著者たちの名前と関連しているという事実は、アドルノの特別な振る舞い方を際立たせている。すなわち、知識人やその文化的活動および文化的産物を、社会の発展を解釈する基点とする、ということである。その際に、重要と見なされる著者たちの領域が輪郭を定められ、彼らは、何らかの仕方で、同時代もしくは歴史上の諸経験の結晶核である、と主張される。自らを学び手として理解した人々に対しては、これと共に、特にこれらの著者たちを、非公式な教育プランあるいは教養プランの一部と見なし、彼らに対して実践されるべき批判の身振りを学ぶ、という要求が結び付けられる。

第四に、アドルノのテクストは、最終的には、この本で論じられている知識人たちの諸経験や彼らの理論および文化的産物に対する批判や限定的否定に寄与するものとして、従って、これから成されるべき、独自の批判的社会理論の体系的な練り上げに寄与するものとしても読むことができる。しかし、この視点の下では、テクストはもう一つの異なった地位を受け取る。つまり、テクストは、文化批判の例ではなく、むしろ、文化及び〝他の知識人による文化批判〟の分析と批判のためのモデルなのである。とすると、アドルノが導入的論文で描き出したように、弁証法的文化批判は、まさしく二つのタイプのテクストの間の運動を想定していることになる。それは、独自の理論を別の理論に対する批判を介して更に展開し、その運動や力、衝撃を受け入れ、社会批判のエネルギーに変容させる、特定の＝限定された（bestimmt）技術である。この特殊な意味では、独自の理論を、一まとまりの自立したテクストとして書くことはもはや必要ではない。というのも、市民的思想家はもっぱら正しく読まれる時に、自らすべてを語るからである。しかし同時に、適切な読みと解釈が可能になるのは、後期資本主義の段階が、批判的で弁証法的な社会理論の更なる展開を妨げていることが、理論的に自覚されている時に限られる。従って、アドルノのテクストは、一方における、更に完成されるべき独自の大規模な批判的社会理論への約束と、他方での、〝完全に支配された社会という敵意に満ちた諸条件下にあってこの理論は開かれておらず、真っ向勝負的でもなく、もっぱら隠された間接的な形態でのみ現れうるのであり、従って、ある種の歴史哲学的必然性ゆえにその展開を妨害されていること〟についての知識との間で、揺れ動いているのである。

アドルノは、スターリン主義や現実の社会主義国家におけるマルクス主義から、ますますはっきりと距離を取っていきつつも、弁証法的唯物論には繋がっていた。この距離化という意味で、アドルノは、イデオロギー批判的身振り、自らが取り組んだ著者たちの身振りの伝統から縁を切ったのである。これらの著者たちが、市民的・修正主義的な、あるいはまた反動的で非合理的な思想家や作家としての化けの皮を剝がされたので、捨ててしまったかのように。このような仕方で最もイデオロギー批判的だったのが、マンハイムについてのエッセイであろう。知識社会学は、まさに実存主義の場合と同様に、そのラディカルな身振りが、知識人たちに好意的に受け止められた理論類型の一つとして、非難される。というのも、この類型は、懐疑と批判とに行き着かざるをえないが、それと同時に、自らの自律性をめぐる動揺する意識の中で自己を意識しつつ孤独に耐えるパトスにおいて知識人を強化し、そうすることによって、知性が「自らを忘れること」[139]を学ぶのに貢献するからである。従って、ラディカルな身振りは、マルクス主義的イデオロギー批判という「真正な形態でのイデオロギー論」をもっぱら追い払い、統合し、中和しようとする限りにおいて、無害性を組織化する。マンハイムの知識社会学の場合に問題となるのは、秩序思考である。規定されたイデオロギーは、実証主義的に社会集団に帰属させられ、もはやその内実に即して真剣に受け止められることがない。つまり、社会的全体性は、全体として、すなわち、「絶え間ない破局的脅威と馬鹿げた犠牲の下で、うめき声を立てながらメカニズムを動かし続ける」[140]連関として分析されなくなる。肯定的なエリート概念は、マンハイムが大衆民主主義を脅威と感じており、所有と血統の選択原理のために尽力していたことを示している。大衆は、プロレタリアート意識を下層に分類する分類学的・実証主義的な区分に対応して、その生成の連関を顧慮されることもなく、無知蒙昧と見なされる。しかし、それと共に、現実の状況は逆転する。白痴化は、抑圧によって初めて効果を及ぼす。抑圧は愚鈍にする。それも、すべての当事者、すなわち抑圧者と被抑圧者の双方を愚鈍にするのである。被抑圧者の意識は、「最適な機能、すなわち、破局を先延ばしする歯車の機能」のように、エリートによって計画され、組織化されていく。そして、マンハイムの理論それ自体が、そのための補助手段なのである。計画は、権力によってではなく理性によって、規定されるという。しかし、マンハイムはまさに権力者の理性を理性的なものと見なしていた。それゆえに、マンハイムは、自らを「社会に対して抵抗しようと考えていながら、社会の独裁的装置のスポークスマンに」(141)したのである。マンハイムは実はフライヤーに近いのだと非難する、このような厳しいイデオロギー批判によって、アドルノは、ドイツ連邦共和国の読者公衆に対して、マンハイムと自分たちという、かつてのフランクフルトの社会学の二つの流れの間には、ほとんど、あるいは全く、共通性がないことを明らかにした。というのも、マンハイムの理論は、全体、すなわち「体系」のテクノクラート的維持に貢献するものだからである(142)。このことをアドルノは、マンハイムによる文化の危機についての文化批判の数々は、文化批判が機能転換したことを見誤ったのだ、として――この方向での思考をこれ以上追求することなく――ついでの説明ですませている。教養俗物であるマンハイムは、もはや進歩ではなく、沈思黙考とペシミズムが予告されていることを学び、それらの名の下に人間性を否定し、「自らがその没落を感傷的に嘆き悲しんでいる」はずの宝に背を向けている(143)、というのである。ここでアドルノのスタンスは再び既に引用した『ミニマ・モラリア』に対するロルフ・シュレーアスの書評で指摘された問題と暗に関わってくる。この書評でシュレーアスは、アドルノのテクストは、体制順応的な知識人たちのペシミスティックな生活感情を呼び覚まし、それによって中和されてしまう、と警告している。しかし同時に、この点でアドルノは、教養俗物、ペシミズム、メランコリーなどから、明確に区別される。アドルノは、その後のテクストの中で、これらをエリート主義的で大衆蔑視的で権威主義的な態度と結び付けて、批判していくことになる。

それ以後のエッセイの中で、知識人やそのありふれたイデオロギー批判的行為に対するアドルノの批判は、更に明確になる。シュペングラーの保守的な思考に対して無力さを露呈し、彼の哲学に力を与えていた権力の源泉を突き止めることができないできたドイツの知識人の間に見られる特定の種類の経験や思考様式を、アドルノは拒絶した[144]。亡命者としてのドイツの知識人たちは、落ち着かなくさせる脱呪術化した世界に対する不安を「すべてがそう悪いわけではない」という決まり文句で落ち着かせようとしたり、アメリカ文化を「その原始性の束の間の残滓として、あるいは、その成熟途上性の証人」として説明してしまおうとする時常に、繰り返し同様の無能さを示してきた[145]。アドルノにとって、ウェブレン、シュペングラー、ハクスレーという三者三様の文化批判者たちには、社会の全体性をいわば文字通りに受け取っているという共通点があった。現実に対するまさしくこの「読解的」なアプローチが、全体を客体化し、鋭いまなざしの下で、全体を神話的自然連関へと、そして破局へと硬直させていくのである。カール・ティーメは、実存分析的なものに踏み込んでいく形で、アドルノは終末へと至る歴史性を介して、日常的なものが恐ろしいものであることを暴いたのだと観察しているが[146]、この観察は、「無害な日常的なものという幻想」[147]が浸透するだろうと主張する、アドルノのハクスレー論のテクストとの対話という形で叙述されている。三人の著者たちのまなざしは最終的に権力と結び付いていることによって尖鋭化しているが、同時に、このことは、文化批判が保守的で無批判的な性格となる原因でもある。アドルノの見解からすれば、この三人に共通するのは、彼らが歴史を、発展の方向性をその都度過去と未来とに延長しているような、連続体と見なしていることだった。歴史は始まらず、歴史は時間を持たず、静止しているか、おそらくは神学的に、常に同じものの繰り返しとして実現するというのである。まさしくこのように考えることによって、この三人は、自然への頽落とこれまでの歴史の全体の支配の歴史としての野蛮な性格とを示しているわけである。文化批判者たちの悲嘆に満ちた観察が示しているところによれば、個々人は、社会によって捉えられ、組織化され、包摂されている。ここには真理の一要素が含まれている。というのも、アドルノにとってもまた、支配的に組織された社会は、個々人をひどい目に遭わせ、捉えられないものを抹殺してしまうものだからである。「支配的に組織された社会は、常に、実際には、個々人に何の自由も許さないような全体性へと流れ込む。全体性は、このような社会の論理的形式なのである」(148)。

全体的であるがゆえに否定的な社会化の傾向をめぐるこのような観察の数々に対して、アドルノは、更に考察を展開しているが、これらの考察は、それ自体では決して首尾一貫していない。彼は、自然＝本性がまだ把握されていない限りにおいてしか、自らに対峙するものと取り組む自発的意識はもはや可能ではない、と述べる際には、ある意味、保守的な見解を我が物としている(149)——ジャズの中には、原初的なまだ社会化されていない自然が表現されており、それゆえ解放的契機が体現されているのだ、というテーゼに対しては、明らかに反対している(150)。社会化がここまで進んだ段階においては、いかなる解放のアクターも肯定的に規定されない。文化産業も、消費財の大量生産も、共に、諸個人の本来の適切な諸欲求とは見なせないような諸欲求の解放に寄与しているという。しかし、不適切な諸欲求と適切な諸欲求が不可分に混在しているので、諸個人の中で解放への諸傾向が今もなお依拠しうるような接合点を挙げることはできない。文化批判者たちが正しく見て取ったように、諸個人は、完全に文化を喪失し、野蛮かつ体制順応的になってしまっているのである。文化批判にとってデカダンスに見えるものだけが、再び身をもぎ離し、非体制順応主義と〝抵抗するもの〟を、暗示として否定的な形で体現するのである。「暴力的かつ抑圧的な生活がなされている世界において、この生活やその文化、粗野さ、崇高さに対する服従を拒絶するデカダンスは、よりよきものの避難所である。シュペングラーの命令どおり、なすすべもなく歴史によって押しのけられ否定されたものたちは、いかに弱々しくとも常に、文化の独裁を打破してその前史の恐怖に終止符を打つことを約束しているものを、この文化の否定性という形でネガティブに体現しているのである」(151)。あたかもアドルノがマルクーゼが後に周辺集団論として定式化したものの前奏を望んだかのように、アドルノにとって、弱者、無力者、病人、デカダント、そして、我が身をもぎ離そうとするあらゆる非体制順応者や異なる人々は、連続体を打破するがゆえに、より良き変革された世界への出発点を形成するものなのである。しかし別の箇所でアドルノは、解放をめぐる自らのイメージが持つ弁証法的な性格を強調している。そこでは、何の慰めもない連続性が前提になっている。全面的に社会化された社会は、もはや何一つ超越的なものと関わることができず、完全に脱呪術化されている。しかしまたその限りにおいて、全面的に自己自身を指し示しているのである。社会は、一方では自らを完全かつ全体的な社会として理解しつつ、同じ瞬間に、他方では既に、自らの限界を示唆し、自らを越え出ていくのである。「あれかこれか、というのは間違いである。完全な内在という、ひどい安楽さによって思い描かれた状態は、自らを超越しているが、それは、外部から持ち込まれたものによる、望ましいものと非難すべきものの無力な選択によるのではなく、自らの客観的な性質によってである」[152]。このような理論図式の帰結という形で、批判理論は、まさしく解放のために、社会化が持つ全体的で全体主義的な側面を強調し、全体の限界と移行を意識化することを可能にするのである。文化保守主義者たちは、全体的社会化が持つこの側面を強調するので、彼らに直接的に接続することで彼らを弁証法的に克服することが可能になるのである。

とはいえ、社会が持つこの発展動向を同時に外部から否定的過程として、すなわち、人々と社会が依然として自己自身を意のままできていない、支配の野蛮なる連続の継続として、理解することを可能にするような差異があるはずである[153]。

アドルノは三つの議論によって、彼によって論じられた文化批判者たちから、距離を取っている。まず第一に、彼は、歴史は文化の単なる上昇と下降であり、精神や一民族あるいは一人種の集団的魂の表現にすぎない、という表象を非難した。内向きのもの（ein Inwendiges）の表現の領域として、経済と芸術とは、単なる形式となり、歴史は、美学化され、最終的には「様式史」(154)になる。これと関連することだが、ホルクハイマーが一九五〇年にエーリッヒ・ロータッカーを批判したラジオ講演の大部分は、アドルノの企画によるものだった。諸文化を様式の美的諸理想によって、従って、閉鎖性と形式性によって測る歴史のコンセプトは、野蛮な諸文化を――そこで集合的なものによって課せられた掟に従うよう諸個人が強要される場になるがゆえに――比較的高く評価することになるだろう、というのである(155)。どちらの場合も、批判されたのは、自然と人間との対決、物質的貧窮やそれに伴う労働、支配・強制などが度外視されることだった。

第二の議論は、この批判と直接結び付いている。文化や精神をだけを志向する文化的保守主義な批判は、物質的なもの、経済、お金などが、精神や文化の領域へと入り込み、これらの領域を征服し堕落させる、と主張する。アドルノとホルクハイマーは、啓蒙の弁証法をめぐる洞察の中心的図式としてこうした批判を展開したわけだが、今やアドルノはこのかつての自らの批判をも批判している。こうした物質的なものの文化に対する優位を今日の不名誉と見るべきではなく、依然として存続し続ける社会的分業、すなわち意識が、「その社会的実現態――そこにこそ意識の本質があるとされる」(156)から分離されている事態こそが不名誉なのである。精神は、実践に対して実体化されてはならない。その内実からして精神は、自らの内に、物質的な現実の変化をも客観的に把握するのである。物質的諸欲求と理念的諸欲求とがそもそも区別されるならば、無条件に、経済の優越と文化の崩壊についてあれこれ悲嘆する前に、物質的諸欲求の充足に固執しなければならない――アドルノは、ハクスレーのテクストをめぐって研究所内部でなされた議論のコンテクストで、ホルクハイマーが行った未公刊の報告(157)を引用しながら、このように述べている。この全くもってどこか粗野で唯物論的な介入は、文化保守主義を制限し、独自のコンセプトへと統合するために、あるいは信用失墜させるために繰り返しなされた。「シェーンブルン宮殿のゴブラン織りを救い出し、ザルツブルクでのキリストを題材とする宗教劇を主催する人よりも、子供がもはや飢えなくても済む」ように気にかける人の方が、精神により多く奉仕するのだということを、カール・クラウスは「他の誰よりも良く知っていた」。「文化概念は、彼の文化批判に当たって、砕け散った。それによって彼は、文化が偽りの生活の再生産過程における自足した部門として自らを確立するや否や失ってしまった名誉ある何かを、再び文化に与えたのである」[158]。ホルクハイマーとアドルノにとって、とりわけ、労働の必然性の維持が問題だった。そして、ウェブレンに対する批判もまた、まさにこの問題を対象としていたのである。ウェブレンに関しては、『啓蒙の弁証法』の著者たちとも共通の考え方をしていたことが斟酌されている。それによれば、あたかも文化はようやく事後的に支配に従属したかのごとく見なしてよいような、文化の無垢な起源や性格など存在しない[159]。文化は、昔から分業の産物であり、その限りにおいて支配者の文化だったので、常に初めから、野蛮さ、傲慢さ、自己顕示欲、浪費のようなものを伴っていたわけだが、ウェブレンは、文化が持つまさにそうした尊大な性格をはっきり示したわけである。しかし、この正しい洞察は、ウェブレンによって、実証主義的かつプラグマティズム的に、〝文化そのものが詐欺である〟というテーゼへと、過剰に一般化されてしまった。マンハイムに関してもそうであるように、ウェブレンも、物質的生活の再生産や文化もその一部である社会全体のプロセスを、自らの分析の基準点にしなかった廉で非難された。一貫した帰結としてウェブレンは、最終的にはピューリタン的に、もっぱら労働を志向しているという。「彼は、生産の領域を神格化した」のである。功利性原理を免れているもの、すなわち、浪費や贅沢は、傲岸不遜な浪費として、社会における破産者の非合理的な行為として非難される[160]。贅沢が人々の普遍的な欲求や幸福を実現するのではないということ、および、「時代遅れの諸状況を維持するために」[161]浪費がなされるというのは、正しい。しかし、俗物的な節約は同時に、贅沢さにおける幸福感、つまり、〝直接的な再生産に寄与しておらず、その意味で必然性の領域が少なくとも部分的に止揚されていると見なしうる側面〃を見誤っているという。アドルノは最終的にはこの幸福を、強迫観念的に浪費を続ける、商品の物神崇拝者の振る舞いの内にも発見した。最終的にヴェブレンはラディカルな身振りで文化産業の時代における文化を非難したが、それはもっぱら、労働への強制の連続や、支配的に組織化された社会的共同生活という不運を存続させることにしかならない。ウェブレンにとっては、「現存在という地獄よりも、より順当で、よりポジティヴで、より現存在的であるということ以外に、宥和された生活を正当化する弁明は存在しない。（…）彼によれば、堕罪より前に既に、人々は額に汗して自らのパンを食べたいと望んでいたのである」[162]。

アドルノはこの点を第三の議論と結び付けている。すなわち、依然として自然への頽落と神話とに束縛されている連続体としての、これまでの歴史全体に対する批判である。この考え方もまた『ミニマ・モラリア』に対する書評の一つに一致するものであった。クリスチャン・レヴァルターは、『ツァイト』紙上において、西欧の歴史に浸透している貧困の賞賛の内に、西欧の根本的な虚偽、西欧の隠された良心の傷を見出している。アドルノは今や、ネオ・マルクス主義的に、経済的なものの人格的なもの（das Charakterliche）の内への増殖を分析することによって、同時に、西欧の歴史のこのような全体とその解体過程を批判しているというのである。

レヴァルターは、既に一九五〇年に『モーナト（月刊）』誌に発表されていたシュペングラー論の視点から、『ミニマ・モラリア』を一貫性をもって読むことができた。このシュペングラー論は、歴史の連続体との断絶を力説したものだった。アドルノのネオ・マルクス主義的プロジェクトは、ここでまたもや、西欧の歴史を、全体として、そして過ちを犯しているものとして視野に入れようとしたハイデガー的な視座に引きつけて理解されている。しかし同時に、レヴァルターは、両者の間の一つの重要な相違点を見逃していた。アドルノは、西欧の歴史の前起源的な起源がありうる、というような見解は抱いていなかった。歴史は全体として、ただしそれ自体から、矛盾と社会的闘争のプロセスとして思考されねばならない。シュペングラーのような反ユートピア主義者とハクスレーのようなユートピア主義者は、否定的な進歩概念の下で交差する。共通するのは、「生産諸力の」限定された「発展形態」を直線的に前史から未来へと繋げるような単純な「全面的発展」のモデルである(163)。そうしたモデルでは、歴史は、一つの方程式の中に埋没する。「歴史はこのようなものである、という言明は、別様のあり方の可能性をあらかじめ排除している」(164)のである。しかし、まさにここから、政治的カテゴリーでの診断の拒否が帰結する。「政治的な『力関係』をもはや考慮に入れることなく、『諸力の戯れ』に終止符を打とうとする人々と彼らの行為に対して全てを期待する理論は、予言しない」(165)。

こうしたコメントは、存在論だけでなく、マルクス主義の伝統で流通していたような論証図式にも反対するアドルノの理論の特徴をよく示している。アドルノの議論は、政治や政治理論全体に反対するものなのである。にもかかわらず、アドルノは、歴史との抽象的な断絶という表象は持っていない。「真なるものは最も近いものであって、最も遠いものではない。（…）既存の社会と別の社会とが一通りの真理を持つのではなく、別の社会における真理は、既存の体制内での現実の動きや、その動きの個々のあらゆる契機と切り離すことができない」(166)。ここでアドルノが引き合いに出している現実のこの動きは、別の脈絡では、より詳細に名指されている。それは、「諸々の敵対関係」(167)であり、自然の強制を打破しようとする試みの形で構成される人々の自由であり、自らの再生産の条件をめぐる人々の闘いであるという(168)。生活の再生産の形式をめぐる闘争、物質的供給状態――こうした言説的な要素は、アドルノによって統辞的に真理と結び付けられ、この真理がまた正しい社会と結び付けられる。「社会全体の幸福をそれ自体の内に潜在的に含んでいない」(169)ような、個人的幸福は不可能であるという。ハクスレーやウェブレンとは違ってアドルノは、技術の発展が持つ肯定的な可能性の数々を強調しており、それらが人々が自由に生きることを可能にす

るであろうことを指摘している。「しかしそれはまさに、今日その社会的形態において時代遅れのものであることが露呈している生活上の困窮の実体化であり、そうなったのは、かの技術発展のおかげである。（…）人々に豊かさと過剰さを約束している現在の技術的状況にふさわしい、ということは、自己自身を意のままにできるようになったがゆえに、もはや暴力を必要としなくなった人類の欲求に適合している、ということを意味している。（…）今日可能なものに適応する（sich anpassen）ということは、もはや自分を合わせる（sich anpassen）ことではなく、可能なものを実現することを意味しているのである」(170)。

貧困の賞賛に再度反対するこの考察によって、アドルノは、『啓蒙の弁証法』の論証の流れを繰り返している。そして、保守的技術批判から明確に距離を取っていることを強調しつつ、〝ハンス・フライヤーやカール・シュミットに連なる形で、技術を拒否するというよりも、技術を形態化して支配者や計画立案者に従属させることを歴史的必然と見なすドイツ保守主義の特殊な方向性〟に対しても距離を取っていたわけである。ただ、そういうことがあったため、保守革命的知識人たちが進め支持してきた、技術の政治的形成をも含む国民社会主義的な支配プロジェクトの失敗に対する、彼ら自身の――理論的な側面も含んだ――反応への、対話的な反響は、五〇年代半ばまでのこの段階でのアドルノのテクストにはまだ見出されない。

二節　反響のネットワーク（Ⅱ）

『プリズメン――文化批判と社会』は一九五五年に刊公された。書店に出回ったのは、三月末のことだった。出版されたのは二〇〇〇部であり、更に二〇〇部の贈呈本が用意された。書店での販売価格は、一九マルク八〇ペニヒだった。『プリズメン』はある書評者には、「印刷も装丁も美しい異色の本」[171]と思われたが、そのせいで、フランクフルトのある学生は書評の中で、「スノッブにしか買えない」価格と「復古的な装丁」とが「この本の内容と甚だしい矛盾」を生んでいる[172]、と批判した。アドルノは販売価格の一〇％の原稿料と二〇部の現物を受け取った。アドルノが、この二〇部のうち一六部までを、以下の人々に宛てて、ズーアカンプ社から送らせたことが、送付リストから明らかになっている：トーマス・マン、ゴットフリート・ベン、ヘルムート・ベッカー、ヘルムート・プレスナー、カール・レーヴィット、ヴィルヘルム・ヴァイシェーデル、ヨーゼフ・ケーニッヒ、リヒャルト・ヘルツ、参事官へレーネ・フォン・ビラ博士、ジェームズ・ウォーサム、カール・ラインハルト、フリードリッヒ・ラウ、オスカー・ガンス、フリッツ・ノイマルク、グイド・フォン・カシュニッツ＝ヴァインベルク、ゲルハルト・ショーレム。

ズーアカンプ社は、七〇部以上の贈呈本をドイツ語圏の雑誌社やラジオ局、それから、アルフレート・アンデルシュ、イーリング・フェッチャー、カール・コルン、フリッツ・ウジンガー、クリスチャン・レヴァルター、エゴン・ヴィエッタらの個人宛に送った。名を挙げた人々の何人かは、アドルノの以前の著作を論評したことがあったが、確認できる限りでは、誰も『プリズメン』を書評していない。約二年以内にこの本について四〇以上の書評が出たとはいえ、この数は、『ミニマ・モラリア』の書評数よりも明らかに少ないものにとどまった。

本のカバーの宣伝文は、六つの言説的まとまりから成るシークエンスで構成されていた。それによってこの本の内容にアクセントが置かれており、このアクセントは、書評者たちによって繰り返し取り上げられることになった。(1)アドルノは、フランクフルトの哲学と社会学の講座主任として紹介された。(2)「素材」が多様であるにもかかわらず、テクスト群が「堅固に組み立てられた連関」を持っていることが強調された。この連関とは、文化批判に対して、批判は文化概念の止揚にまで高められる、という弁証法的な転回を与えるものである。つまり宣伝文のアクセントに従えば、テクスト群は、文化批判に対して体系的になされた批判として読まれることになる。(3)この意味において徹底的に首尾一貫すると、アドルノが吟味した文化批判の端緒は、そこで社会の発展動向が打ち破られるようなプリズム（屈折点）とはみなされない、という見方が浮上してくる。それは、むしろアドルノによって、「弁証法のプリズム的に屈折した光に晒される」。もっともこの言い回しでは、弁証法の光が、最初からプリズムのように屈折した光なのか、それとも、対象に当たることによって初めてプリズムとして屈折するのかは、不確かなままである。そしてまた、想像的な著者が、弁証法という光の源泉であるかのように見える。つまり弁証法は、著者の思考の運動の中でのみ生じ、客観精神の概念的布置連関――そちらの方がアドルノの関心事なのだが――の中で生じるわけではないということになる。(4)おそらく、出版社は、この本の語りの位置を逆説的なものとして様式化することを、意味あることと見なしたのだろう。二つの「意図」が結び合わされていた。一つは、救済――全く特定されてない、救済それ自体――であり、もう一つは、「我々を包み込んでいる」幻惑連関の批判的除去である。この指摘には、揺らぎが含まれている。というのも、緊張を形成する、二つの矛盾する目的と対立する意図があることが明白だからである。(5)この揺らぎは、更に二つの文で、救出と除去の関係をもう一度取り上げることに繋がる。二つの概念は置き換えられ、それによって矛盾がずらされる。今や救出は、伝承されてきた「精神的形成物」との対決を通して新しい哲学が「可視的」になることによって、意図なくして生じてくる。従って、新しい哲学の形成に到達するには、伝統が必要である。この間接的な哲学において新しいのは、それが、先に、堅固に組み立てられた連関であると断言されているにもかかわらず、体系的な哲学として「抽象的に」「固定化されて」いないことである。新しい哲学はもっぱら「可視的」になるだけである。「幻惑」「プリズム」「光」「可視性」といった視覚的な隠喩は、抽象的なものや固定されたものの分厚いベールの背後で際立たされる、流動的なものを、アドルノの思考にもたらしている。なお幻惑されている読者は、距離をとって観察することができ、論証の強制力や抽象的哲学体系の要請によって強要されていると感じずに済みながら、新しい明るみと視界に自らが既に引き付けられていると感じることができるだろう。この強制力なしに距離化された幸福感を光の隠喩を介して構成する、この広告のテクストは、啓蒙のトポスに従って、この光の隠喩を真理——真理は理性と同様に専制的支配の闇の中の光として理解されてきた——と結び付けているのである。アドルノの可視的になりつつある哲学は、「客観的幸福という理念を真理と」一つにする。そういうわけで、宣伝文の言い回しは、はっきりと、批判理論の一つのトポスを示唆している。というのも、とりわけホルクハイマーは常に、真理の感情的な側面を繰り返し反実証主義的に強調してきたからである。すなわち、真理と結び付いた、理性の無合理的(arational)な基盤としての幸福である。真理と幸福のこのような同一視は、『プリズメン』の中には見当たらない——それは、社会とその変革という、論証上の中間項を抜きにすれば、見当たらないということであるが、この中間項のことは、宣伝文句では何ら言及されていない。そのような解釈によって初めて、何が「客観的」幸福として想定されているかが理解可能になるのだが、出版社の広告の意味は不明確なままである。(6)最後の文章で変革が鼓吹されているのは確かだが、それは、呼び出されたばかりの幸福がただちに、幾重にも撤回されるような仕方においてである…「自足した観照からの逃げ道を自らに禁じる思想が示されるだろう」。この文章では、空間的隠喩のために、視覚的隠喩が断絶されている。というのも、「示す」という動詞が持つ直示的な意味によって、著者の思考からのずれが生じているからである。「…が示されている」という言い方は、突然、大きく距離を取るような語り方である。この本は、幸福そうにではなく、禁欲的に、自らに「逃げ道を禁じる」思想を示している。その逃げ道は、遠くに見えるものを観察し、真理の幸福を甘受する読者にとっての逃げ道だったのかもしれない。しかしこの幸福は、読者が今や経験しなければならないように、禁じられているのである。今なお幸福と結び付いている観察は、単なる自足した活動であり、逃げ道は、空間的に制約され、重力によって地球に縛られているがゆえに、禁じられた道になっているからである。このような禁欲的な方向転換が逆説的なのは、この禁止が自らが課したものだからであり、表明されていないよりラディカルなオプションのために安易な道が拒否されているからである。ここでは、ほとんど権威主義的な身振りによって、労働への強制及び余暇と観照を批判した時にアドルノが示唆していた、まさに理論と実践の弁証法が静止されている――ただし観照は、思考を可能にするものとして、また、肉体労働への強制が克服されている時間のための営みとして、繰り返し擁護されてもいる。

アドルノは、この本は拒絶されるだろうと推測していた。『プリズメン』は、「本当に多くの幸福を生み出すように思えます。その幸福の一つに、これが正しい人たちの間に、あるいは場合によっては間違った人たちの間に引き起こす罵詈雑言を含めておきたいと思います」[173]。「そうこうするうちに君は『プリズメン（屈折光）』を経験したことだろう。今回は、普遍的な復古的傾向との関連で、激怒して騒ぐ人がかなり多い。それに、ダルムシュタットでの対談の際の私の講演も、解体という言葉を再び口にする人々すべてを活気付けることになった。この講演が無害なものであることは、神様ならご存知なのだが」[174]。しかし、書評群の中には、非常にはっきりと否定的な受け止め方をしているものは見受けられない。『ミニマ・モラリア』の書評の場合と同様、『プリズメン』の書評でも、アドルノはしばしば、なお著者紹介を要する人物だった。一度だけだが、アドルノはトーマス・マンによってドイツの公共圏に紹介された、と示唆するようなコメントさえ依然としてあった[175]。書評者が、自分たちもアドルノの著作を一九三〇年代から既に知っていたことに言及している書評が二つあった。それらを除けば、今やアドルノは「哲学と社会学の思考の領域における実に不快な現象」[176]の一つ、精神的な高地においてサバルタン（下級）な学派の中で闘っているフランクフルトの「精神的指導者」の一人[177]、「現在の揺るぎなき思想家」[178]の一人、有名な「現代ドイツにおける指導的社会学者」[179]の一人などと見なされている。彼の抜きん出た知性、彼の博識さ、彼の炯眼、彼の勇敢さ、包括的な知見、比類のない鋭敏さと的確さ、そして、彼の思考と表現に見られるエネルギーなどが、口々に賞賛された。

『プリズメン』そのものに対する一般的な評価は、様々である。論文の集め方は時として、偶然的なものと見なされた。理論的連関について語るカバーの宣伝に反論が加えられ、アドルノは「冬のバーゲンの初日における精神の百貨店の店長の身振り」[180]でテクストを呈示している、との見解が示されたこともある。アドルノの弟子の一人であるヘルマン・シュヴェッペンホイザーは、これに対して、精力的に、しかし幾分教養市民的な仕方で反論し、カフカを図版入りの物語のように貪ったり、ゲオルゲについてあたかもスターについてのように語るような人だけが、アドルノをそのように見ることができる、としている。「『プリズメン』によって月並みな教訓を買い込むつもりの人は、〝たとえ衝撃的な状況についての刺激に満ちた情報を提供する書物でも、そうした書物に接しても傍観者であり続け、安穏としていられる人にとっては無に等しい〟、ということに気付くだろう。既に市場に取り込まれている文化の消費者たちの自信は、これを読んだ時点で、どこかに行ってしまうだろうし、選り抜きのエッセイ集から、享楽と、自らの非俗物性の証明を得られるものと期待する、老練ぶった物知りはかつがれることだろう」[181]。

集められた論文は、機会に応じての臨時の仕事と見ることもできる。しかし、著者はそれらの仕事を、「自らの精神世界の中に既に長くあり続け、影響を及ぼしてきた事物を、形作って語るための」[182]きっかけにしたわけである。アドルノの新しい本は「この上なく重要な新刊書」の一冊である、といった大げさな発言さえある。「社会調査、文化批判、音楽、詩そして文学――彼が扱うテーマの豊富さは圧倒的であり、鋭くて簡潔なその思考操作は、同時代の文献中に比肩すべきものがない」[183]。ただ、限られた反応ではあったが、この本が『ミニマ・モラリア』の水準に達していないことも指摘された[184]。一貫して肯定的なある書評では、最終的にはソロモンの判定が下されている。それによれば、『プリズメン』は、「緩やかに、偶発的に、まとめられている」のだが、「風変わりにしておぞましいこの時代の肖像」を与えており、「不条理さと無気味さに満ちている」[185]という。

評価の主な対象の一つは、アドルノの言語だった。テクストは理解しにくいと見なされ、アドルノの言語は難解で外来語で飾り立てられていると見なされた。読者は、鍛えられた理解力を備えていなければならず、多くの時間を費やす覚悟がなければならない、とされた[186]。アドルノの文体上の能力については意見が分かれた。一方では、アドルノの文体は素晴らしいと見なされ、彼の批判の多くは精神的な出来事と見なされ[187]、彼の言語は「ドイツ語のエッセイの文体に今日提供されている強烈な経験」[188]の一つだとされた。『ミニマ・モラリア』以来、「テオドール・W・アドルノは、いわば、ラテン語で書くドイツの（モラリスト的）作家として知られるようになった」[189]とも――〝文化に関与する人〟らしい権威的身振りを伴って――主張された。他方で、アドルノの言語は、「文体上の虚飾やわざとらしさ」[190]という面から特徴付けられ、多くの言葉に「用語法上のひねくれた癖」がささくれ立っており、アドルノは「言語にひどい仕打ち」[191]を加えている、ともされた。言外に含まれている脅かすような響きは見まがうべくもないが、マリアンネ・レーゲンスブルガーが、「アドルノの言語との付き合い方という問題を一度徹底的に追求する」ことには公共的な意義があると見なすことができたという点も注目に値する。書評の中でアドルノの言語について特に詳細に論じたのは、ヴォルフガング・イルテンカウフだった。この書評は三度公刊されている。アドルノの言語はあまりに極端なので、意欲はあっても「語彙があまりに貧困な読者」は、この本を実際に最後まで読み通すことがないだろう。たとえ一〇回読んだとしても、定式は鮮明にならないだろう、というのである[192]。

しかし言語の評価は、書評の中で、想定される読者に警告したり、アドルノのテクストの魅力を読者に伝えたりするという機能を持っていただけでなく、しばしば、このテクストによって構成される語りの位置についての評価とも結び付いていた。アドルノの言語の排他的な要素は、「安直な同意」を妨げようとする試みだという(193)。既に言及したイルテンカウフの書評では、教養への嫉妬と知識人への敵意の奇妙な混合物が際立っている。『プリズメン』を理解することはできない、という。というのは、「我々の半端な教養あるいは無教養――喜んでそうだと認めよう――に精神が降伏することになるか、理解しているふりをして、実際には理解しないまま、煮立てて作られた蒸留物をちびちび舐めることで、(意図的に)自分を騙すことになるか、どちらかだからである。今日の『召されし者』として哲学のジャーゴンを思いのままに操っているつもりの一ダース程度の職業哲学者たちは、自分たちの階級に属さない人々のそうした努力に接しても、穏やかに微笑しながら、素通りするだけかもしれない。それでも私たちには依然として気にかかることがある」。イルテンカウフは排除されていると感じている。彼は自分が中途半端な教養しか持っていないこと、もしくは無教養であることを認めており、その限りで、アドルノが一般的に軽蔑的なニュアンスをこめて使っていた判断基準を採用している。しかし、それは戦術的譲歩である。というのも、イルテンカウフは自らの批判の対象をずらしているからである。アドルノもまた、自らを「召されている」と見なしているという点で、自惚れを非難されているのではないかと思われるわけだが、アドルノは、ジャーゴンを操る職業哲学者たちほど排他的ではない。「気にかかること Anliegen」という言葉によって、書評者は、アドルノが後にこの言葉を本来性の隠語(ジャーゴン)の一つとして数え上げるに至るきっかけになったと思われる言説的運動を始動させている。というのも、それによって、書評者がアドルノのテクストを理解する権利を主張して譲らないことが明らかになるからである。同時に、お願い(Bitte)とという意味での〈Anliegen〉は、ある種の卑屈さ＝従属性(Subalternität)を暗に含んでもいる。ただし、この卑屈さは、"請願(Anliegen)としての気にかかることは、既に何がしかの権利を持っており、こっけいなものと考えられてはならない"ということによって埋め合わされる。気にかかることそれ自体を軽視することは、軽視する人自身に跳ね返ってくる。重要なのは、アドルノのテクストがこの気にかかる対象であり、アドルノが、人々が——職業哲学者たちが微笑しながらやるような仕打ちを恐れることなく——自らの教養的関心を方向付ける基準にすることができる著者である、ということだ。

こうした定式において目立つのは、アドルノの言語がこの時点、五〇年代半ばで既に、時代のジャーゴンと見なされうるようになっていた、ということだ。どうやら、ジャーゴンによる社会的排除が、そのジャーゴンを実質的に——つまり職業哲学者がたちがそうしているように単に外的にではなく、本質的に——使いこなせる人たちの一員になりたいという欲求に繋がったようである。別の書評からは、アドルノ流の文化批判が、既にこの時点までに、ある種の様式を形成するヘゲモニー的な作用を及ぼしていたということが、一層はっきりする。彼の文化批判がそうした影響を及ぼしたのは、それが基準を設定し、他の文化批判者たちがそれによって自らを方向付けることを余儀なくさせたからである。アドルノは、芸術は理念——彼の場合は共産主義という理念——に使えねばならないという考え方に、「それなくしては、目標意識をもった文化批判者が今や物笑いの種にしかならないような、弁証法的繊細さ」(194)を取り戻した、という。従って、アドルノは、文化批判のための諸基準を設定したのである。アドルノが文化的ヘゲモニーを獲得するための戦略を追求していることは、既に引用したフランクフルトの学生が大筋において示唆していた。野蛮への転換に抵抗し、より良きものの可能性を保持するという目標を持っていたアドルノは、単なる著書の刊行以上に時代に適った、影響を及ぼすための手段を取ったという。それも、まさにヴァルター・ベンヤミンの意味においてそうしたというのである。ベンヤミンは、自らの意見を目標もなく散漫に述べることは許されず、それを機械油のように、社会の巨大な装置の隠された金具や継ぎ目に注入しなければならない、という見解を抱いていた。「アドルノは、この金具や継ぎ目を知っている。彼は定期的に、ラジオ対談や重要な討論に参加し、ラジオで講演を行い、それらを『ノイエ・ルントシャウ』、『フランクフルター・ヘフテ』、『モーナト』、『メルクーア』といった雑誌に掲載した」(195)。従って学生たちの間では、アドルノは、文化的支配装置の使い方を知っている現代の際立った知識人の一人であると認識されていたわけである。しかし、アドルノがこの実践のために何ら理論的説明を提供していないという問題は認識されていなかった。同様に、批判されるメディアにおいて批判者の役割を引き受ける、というこの矛盾をどのように扱うべきか、という問いも追求されることが少なかった。

アドルノの文化批判の技術が既にある程度ヘゲモニー的なものと見なされていたという事実からすれば、アドルノの文体は排除するという非難よりも書評者たちがアドルノの文化批判的身振りを受容し、そのスタイルを応用する例の方が多く見られることは驚くにあたらない。それゆえに、ある書評では、アドルノの難解な言語は、知識人そのものが置かれている状況の示唆として解釈されている。この本は、熟慮しようと望む人々の間で読まれ、広まるべきだが、アドルノはアクセスを遮断している、という。「このことは、多くの思想家が、本来の事物を言語の茂みの中に隠そうとし、単純で明晰な言明を純粋に外面的に回避して、『聖別されたもの』にコミットしているかのようなスタイルを好む、時代と方法の特徴に属する。(…)というのも、教師たちが意識的に孤独になることを正しいことと見なすとすれば、このこともまた、同時代の文化と社会の状況の兆候の一つだからである」(196)。

傲慢さやエリート意識の廉による非難にまで高まりかねないこのような批判に対して、アドルノを擁護する議論もあった。「疑いようもなく難解な言語形式についての苦情は、それゆえに不適当である。アドルノは、言わんとすることを、このような形式でしか言うことができなかったのだ。(…)著者は、著者自身が諸現象を解読する際に苦労したのと同じだけの努力を、読者に要求しているのである」(197)。アドルノは、自分自身が費やさねばならなかったのと同じだけの努力を読者に要求することを諦めることもできたはずであり、このことによってアドルノの認識内容へのアプローチが容易くなったかもしれないのだから、この議論は説得力に欠ける。フリートレンダーは最終的に、アドルノの難解なスタイルは事柄そのものに根ざしている、という説明に訴えかけた。つまり、事態の複雑さは、再びまた難解な言語によってしか伝えることができない、というわけだ。アドルノ自身もまた、そう論じている。無論アドルノは、社会理論上の諸概念や諸矛盾の中で思考を活発化したいと望んでいたので、難解に書くことを必要だと見なしていた。あわただしい読書や扱いやすいテーゼといった、文化産業によって強要された消費モデルから、思考を奪い取らねばならない。しかし、批判的思考は、自らのテーゼに忠実に、自らにのしかかっている――思考を快適にし、単純な事態において挫折するように仕向ける――画一性への圧力を克服しなければならないがゆえに、とりわけ多くの労力を必要とする。従って、事柄の複雑さは、思考そのもののステータスをも指している。この問題は、一つの書評の中でもテーマ化されている。そこでは、「事柄そのものが純粋に、通常は支配的な言語によってそれから切り離されているような言語へと至るのを助ける」ことをアドルノが試みているがゆえに、彼の考察は非イデオロギー的と見なされている(198)。ここでは、アドルノの複雑な言語は、支配に対抗して、諸現象の抑圧された側面を際立たせる言語として理解されている。従ってテクストの難解さは、単純に文体的・美学的な難解さではなく、特別な、すなわち、解放的な認識の仕方から生じてくるものである。更にアドルノはまた、産婆術的に振る舞い、事柄そのものを語らしめているがゆえに、免責される。ハイデガーの言語は、存在そのものをして語らしめようとする試みによって動機付けられていたが、アドルノも暗黙の内に、そうしたハイデガーに近いところに位置付けられているわけである。ただし、アドルノは支配を批判していると見なされており、その点で、両者の違いは一応示されている。

ここで問われている――そしてアドルノがゲオルゲとホフマンスタールについての論文の中で自己批判的に論じている――のは、事柄は直接的に発話にもたらされるのか、主体は言語を聞き取る純然たる耳となりうるのか、そしてそれによって主体は、権威に従属するかのように、あるがままの存在に従属すべきなのか、といった問いである。書評群が、一方での解釈の主観的恣意と他方での言語化された事柄の客観主義の間での抽象的な対立を際立たせたせいで、「事柄 die Sache」よりもむしろ、歴史的・社会的プロセスの中で構成される、概念の意味層に関わるアドルノの解釈論は切り詰められた。しかし、アドルノの言語的実践のこの次元を見抜いていた書評群もある。「アドルノの言語。これを目にする時には常に、高度に形成されたものが現れる。そして、その魅力から逃れることはできない。思想は、生きられた経験の充溢と力と共に自らを呈示する――。社会に対する非常にラディカルな批判となる、全体的な幻惑連関の指摘は、言語的に、ほとんど攻める余地のない肯定的なもの、すなわち最高次の言語形象へと転換する」[199]。思想の難解さに対応する言語の難解さは、あまりにも性急な一致を非体制順応的に回避し、被支配者が言葉に至るのを助ける――概念のこれらすべての努力が快楽、テクストの快楽を生み出す。「この本は、極めて鋭い思考過程を追うことができるという感情によってだけでなく、更に、勝ち取られた認識の中に見出される解放感を通して快楽をもたらす」[200]。理論によってコード化されてさえいる、読解と言語的・概念的努力は、読者の解放的な振る舞いの一つの要素となる。読者は、テクストに対するこの振る舞いを同時に、快楽と認識として、真理の幸福として経験するのである。

書評群における、そうした一連の肯定的言明に対して、否定的・批判的なそれがはっきりと対峙している。アドルノの議論のトーンにはグロテスクな自惚れがあり、彼の語彙は歴史的に時代遅れであり、辛辣でニヒリズム的であるという。というのもそれが、「一九二〇年代の市民層のサークル内」の語彙だからである。このサークルは、「自らが祈願しているその否定が実現された時に、自分たちも犠牲になってしまうことを知らないまま、自分たちの批判によって破壊しようとしている」かの市民的世界と分かちがたく結び付いていたのである。この言明によって喚起されているのは、知識人としてのアドルノが自分自身も最終的にはその犠牲者となるはずの歴史的プロセスに対して共犯関係にある、ということだけではない。それに加えて更に、彼の「階級なき社会のプロパガンダ」が、かの危険な動力学を新たに始動させるかもしれないことに対する警告もなされている(201)。この批判から見ればアドルノの諸考察は権威主義的だったわけである。アドルノは、自分が「真理の託宣」ではなく、社会の中で作用する一つの形象であることを忘れている。彼の知性は彼を高慢さと「他者の異なった存在に対する」敬意の欠如へと誤って導いている、という(202)。ドイツの公共圏にもともとあった再教育に対する留保が――そうした留保の姿勢を直接的に表明することなく――反アドルノの形で動員され、それがまた、〝知的温室の中でヘーゲル的な観念を再生させた亡命者のルサンチマン〟を抱いているとして彼を非難しようとする反インテリの動機と結び付くことになった。アドルノは、教育政策的な目標を追求しており、「彼は、自分が様々に非難を浴びせかけている同胞のドイツ人たちに対して、教育＝教養（Bildung）の崩壊を――嘆かわしくはないやり方で――目の前に突き付けたうえで、自らの批判によってそこからの救済のための前提条件を生み出そうとしている」(203)というわけだ。

もっとも、このようなどちらかといえば否定的な書評においても、アドルノの観点と判断基準はしっかりと受けとめられている。ただし、それは、この本の矛盾を立証し、より根拠付けた形で拒否することができるようにする、という目的あってのことだった。この本は、「マルクス主義という輪郭のぼやけた理念の世界」に属するものとされた(204)。文化を救出しようとするアドルノの試みは、「マルクス主義という、ぐらつく基盤の上に立てられた」ジャングルジムを用いている(205)。マルクス主義の視野に入るのは、社会的なものだけで、芸術は入らないので、マルクス主義は文化批判の手段としては使い物にならない、というわけだ。文化概念の止揚という目標のためにアドルノが、性急にレーニンに行き着いたとすれば、彼は道徳的人格を放棄し、党活動家にならなければならないだろう、という。この評価が示唆するところに誤解の余地はない。アドルノは、意に反して権威主義的共産主義者として批判され、彼の理論については、その自己矛盾ゆえにスターリニズムへの傾向を持っているとの憶測を加えられた。こうした全体主義的なものを指摘する、際立った形での非難は、ジークフリート・メルヒンガーの書評に決定的な形で見出される。哲学的知識人や歴史哲学が掲げる全体性要求に対するポパーの考察が、批判理論との対比を際立たせることになった、実証主義論争よりもはるか以前に、メルヒンガーは、哲学者の王国に反対する同じ様な議論を追求したわけである。アドルノによれば、社会の公正さは、啓蒙と理性によって規定されており、それに対応して、不正は、社会にはびこる非理性の程度を知るための基準になるという。それゆえアドルノは彼の著作のすべてにおいて、愚鈍さに対して憤激して闘ったのである。アドルノは、理性的であるがゆえに公正な社会の尺度を、彼自身の——議論の余地なく標準＝規範（Norm）を超越した——知性の内にしか見出していない、というのだ。「このユートピア的社会には、標準人間（Norm-Mensch）しかいない。この標準人間のモデルの名は、アドルノである」(206)。従って、アドルノは、単に全体性のイデオロギーであるマルクス主義を追求しているという理由からだけではなく、更に、エリート主義的に自らの知性を社会的公正さの基準にまで高めているらしいという理由からも、権威主義的であると見なされたわけである。

『ミニマ・モラリア』の書評において決定的だった見出し語が、『プリズメン』の書評の中にも再び見出された。アドルノは、無を商っている人物、すなわちニヒリストとして評価あるいは批判されるか、あるいは、そのような疑いから擁護されたりした(207)。ラディカルな診断と分析、暴露癖が非難されたり、啓蒙及び合理主義として擁護されたりした。しかし、コンテクストは、ズレていた。「弁証法」という見出し語が驚くべき重要性を獲得したのである。この見出し語は、初期の書評群においてはごくわずかの役割しか担っていなかったし、『プリズメン』自体においては、せいぜい「文化批判と社会」という最初のテクストの中でのみ重要であるにすぎない。カバーに印刷された宣伝文においても、弁証法という言葉は一度しか出てこない。しかし、アドルノ自身に肯定的に繋がろうとしながらも、この本を批判しようとする書評は、この見出し語を頻繁に引き合いに出した。こうしたむしろ共感を示すような批判は、カール・レーヴィットやユルゲン・ハーバマスが数年前にハイデガーに対して実践したのと同じ身振りを受け継いでいた。次のように言われた。「アドルノもまた、自らが不可避的に非真理に陥っていることを認めさせられることになるだろう（し、そうでなければならない！）。しかし、彼に抗して考えるには、彼と共に考えるしかない」(208)。

弁証法は、書評群の中で一連の意味を与えられていた。弁証法は、ヘーゲルやマルクスの伝統にアドルノを位置付け、これらの伝統とのアドルノの関連や差異を取り出すことを可能にする。書評者たちは、弁証法という概念の内に、ニヒリズムと啓蒙、肯定的治療法のないラディカルな診断といった、アドルノの思考様式の相矛盾する特徴をまとめる決まり文句を見出したのである。というのもこの概念は、テーゼ（正）、アンチテーゼ（反）、ジンテーゼ（合）というヘーゲルの三段階に対応する形で、物象化をめぐる「致命的な認識」を越えて一段高くそびえ立つことへの希望が、ラディカルな批判と無理なく結び付くことができる運動を示しているからである(209)。弁証法は、アドルノのテクストの特別の難解さを説明するものでもあった。というのも、「非常に注意深く読解することと自らの内面で著書と共に考えること」を要求し、「実り多い対抗的思考」へと刺激するのが弁証法的な書き方だからである、というわけだ(210)。弁証法は、従って、単なる語り方（façon de parler）、文体ではないのである。むしろ、弁証法は、読者のテクストに対する特定の関係を特徴付けているのである。弁証法は、成熟し自立した読者を要求し、そうした読者を矛盾へと挑発する。しかし、この矛盾、反論＝対抗的語り（Gegen-Rede）は、弁証法の運動でもある永続的運動の吸引力に巻き込まれていく。テクストは、安全な語りの位置を保証してくれない。このことは、読者を、耐え抜き、批判的意識を持ち続ける英雄的行為へと追いやる。「この上なく批判的な意識性の中で耐え抜き、弁証法の助けによって偽りの客体化を見抜くだけでなく、弁証法的錯覚をコントロールすること。問題になるのは、それだけである」[211]。従って弁証法は、何ら安全を提供することなく、自らを反省の対象とし、「自らの炎」の中で燃やさずにはおかない――思考の「健全な人間の知性から見て、自殺的なまでに循環的な構造」[212]。いくつかの内在的な理由から、アドルノの振る舞い方は、批判的検証に晒されざるをえないという。ヴァルター・フリートレンダーは、アドルノは弁証法を方法論として用いており、それゆえ、「実際にはそれ自体が枠から解き放たれた弁証法であるものを、より良き方法と見なし、もっぱらそれを駆使する」[213]実証主義者にいつのまにかなってしまったのではないか、という疑念を生じさせるとして非難している。ギュンター・ブッシュにも、妨げられることのない技術的発展とアドルノが結び付けているユートピア的期待は、実証主義的なものに見えた[214]。アドルノの根拠付けられていないメシア的希望（フリートレンダー）、自らの生産性に対して彼が抱くドグマ的なまでの信頼（クズッス）といった、弁証法以前の思考の残滓を彼の内に見出し、批判する文脈では、弁証法は――まさにアドルノ自身に抗する形で――更にラディカル化されるべきだとされた。

弁証法という概念には、更に、第三の観点が含まれている。というのも、弁証法は同時に、認識論的問題だけでなく社会理論的問題をも視野に入れているからである。文体や方法論と間違われるべきでない弁証法とは、思考と社会の現実の運動との間の対応関係のことである。「社会過程の弁証法に対応して、弁証法的文化批判のみが、真に批判的な分析をなしうる」[215]。そうした言明を真に受けるとすれば、それが意味するのは、アドルノの思考運動は、現実の社会の運動それ自体に対応しており、読者は、アドルノのテクストを読みまた理解しながら直接的に、社会の発展のアクチュアルな、そしてその限りで最高次の水準に参与することになる、ということだ。思考の弁証法的運動に耐え抜く自律的読者は、社会の現実の運動に対して開かれている。「しかし弁証法的思考は、諸現象の矛盾を否定せず、独自の思考運動の方法に反映するという意味で、思考一般の最も現実主義的にして同時に最もフェアな形態、すなわち現実性に最も適合した、あの思考の形態である。（…）弁証法的思考は、最終的には、ドグマの誘惑に抵抗し、諸概念やカテゴリー群のかの硬直化を回避する、唯一の可能性であることが証明される。（…）アドルノの批判的考察の対象は入れ替わる。諸現象の内在的対立を回避しない、事実連関の弁証法的な照射は清廉であり続ける」[216]。弁証法は読者の目を社会のプロセスへと開き、ドグマ的な立脚点を取ることを防ぐ。それによって読者は自律的になり、矛盾に耐え、抵抗しさえするようになる。無論、読者は、どこか別のところで始まった過程を自律的に理解する能力を必要とあれば獲得するという意味で、思考の運動と現実の社会の運動の連関を、まだ消極的にしか経験していないわけではあるが。マリアンネ・レーゲンスブルガーはこの点に、アドルノ特有の一貫性のなさを見出した。というのもアドルノは、ラディカルにすべての既存のもの（alles Bestehende）に迫っていくものの、同時に「にもかかわらず、この既存のものの一部であることに甘んじ」続けているからである。イヴォ・フレンツェルはよりはっきりと、弁証法が抱える根本問題を指摘している。弁証法は、思考の現実への関係を、なおも弁証法的に分析しなければならない。アドルノの場合、何が現実の弁証法であり、「それとは逆に何が弁証法的仮象の広大な王国に属しているのか」が必ずしも明確に区別されていない、という。アドルノにおいては、社会的存在という理念は透明なのだが、社会的実践という問いは論じられていない、という。「弁証法は、活動（Aktion）と観照（Kontemplation）の間の関係をも含んでいる。批判的精神は、自足した観照に留まる限り、我々の現存在の絶対的な物象化に対抗するまでに至らない」[217]。書評者たちは、テクストに実践の義務を負わせることによって、内と外で批判の位置を展開する、テクストの弁証法を切り詰めてしまっている。アドルノの批判は、成熟と並んで単なる観照的態度をも奨励し、肯定的な特性を帯びている、と非難された。そういう風に、知的活動が実践的活動と敵対させられることになった。このことは、ある程度まで、思考は実践を目標とする、というアドルノの思想に対応している。そうした考えによって彼は、体系的に不在のものを指し示し、それを現前するものにしたいという希望を掻き立てたのである。

『プリズメン』に対する公衆の反響において、弁証法はアドルノの思考の多彩な展開を、いわば「理解へともたらす auf den Begriff bringt」、すなわち、著者の特性を非常に性急に特徴付ける決まり文句によって表現する概念（Begriff）として機能した。アドルノが弁証法ということで何を理解していたのか実際に把握される（begriffen）ことは少なかった。ヘーゲルとマルクスを参照していることが、アドルノの位置をヘーゲルの観念論へと、すなわち、精神に内在する運動と矛盾の解決と進歩信仰へと追いやることになり、それによって誤解が培われることになった。アドルノの理論にとって解釈（Deutung）が有する重要な側面と、それと結び付いた、〝現実性は直接現れるのではなく、アクターの行為を規定している客観的な意識形態を解してのみ見出される〟という定理はあまり省みられることはなかった。同様に、そこから帰結する、文化的人工物の内的な概念的運動を展開し、それによって、理性と社会の客観的状態を、個人にとって経験可能な仕方で認識させるというアドルノの分析の性格もあまり省みられなかった。多くの場合アドルノは、ありふれた言葉どおりの意味で文化批判者として理解され、もはや肉体労働を必要としない社会的分業の新たな形態に賛同する、文化及び文化批判の批判者としては理解されなかった。アドルノに対する書評を、客観的精神の表出と見なすことも可能であったという意味で、それらの書評は、アドルノをして、誤解を一掃すべく、あるいは刺激を受容するために、自らの定理のいくつかを更に展開するよう、挑発したかもしれない。アドルノは、不可解であるとか権威主義的であるという非難に対して自己弁護をし、知的活動を擁護するのではないかと期待された。明らかにされるべきは、解釈、文化、理論そして実践などの概念、及び、理論的実践、教養、そして書き方についての彼の見解だった。そしてその後のアドルノは、これらの多くをこなしていくことになる。

『ミニマ・モラリア』についての書評群によって生み出された反響空間でのアドルノの評価が、どちらかといえば肯定的ではあるものの、拘束力がないものに終わったとすれば、『プリズメン』についての書評群によって、アドルノのテクストが読まれ、彼が著者として認知される意味領域が変容した。それは分極化と見ることができる。ある書評者たちにとっては、アドルノと批判理論は確固としたものとして確立した。彼の本は、その内で暗示されている定理を自ら更に展開していくよう、読者を挑発していると理解された。アドルノは今や、知識人の間での正統な語りの在り方を規定する思想家として性格付けられた。また、アドルノのヘーゲル主義のゆえに、アドルノの矛盾の思考は、それ自体が矛盾している歴史の発展の現実の状態に適合している、と書評者たちが主張することが可能になった。努力して定式化された思考の運動の中で読者が現実を把握し、読書という行為において、矛盾に満ちた現実に対する自らの関係を変えていく、抵抗的、自律的かつ解放的な姿勢を手に入れるであろうがゆえに、アドルノを読むことが勧められた。アドルノの挑戦を受けとめ、要求の多い変革的実践が可能だと彼に向かって証明してやろうとする試みが既に現れつつあった。

四章　哲学の必要性

一節　専門科学の彼岸に位置する哲学

ホルクハイマーとアドルノは、自分たちが自らの理論的著作を、社会学と哲学の結合として理解していることを様々に強調した。一九五〇年代前半のアドルノの出版活動は、いくつかの論評において、哲学とその刷新への重要な貢献の一つとして特徴付けられた。しかし、このイメージでは、まだ不明瞭なままである。大抵の場合アドルノは、どちらかといえば、社会学者かつ音楽学者として(218)、あるいは、文化批判者そして社会批判者として、社会哲学者あるいは音楽哲学者(219)として紹介されており、哲学者として紹介されることはほとんどなかった。しかし、アドルノに対する一般の評価は、一九五〇年代後半から六〇年代初頭にかけて変化したように思われる。アドルノの専門的能力の型についての認識が新たに構築され、哲学が前景に出てきた。六〇歳の誕生日に際してアドルノは、多くの新聞記事で、哲学者にして音楽社会学者と記されている(220)。補足的に文化批判者としての彼についても語られた。「その際自明なのは、近代全般についてのこの非常に鋭敏な時代診断者が、そこに触れれば蜂の巣をつついたような反応が起こる急所を狙ったところでは、その衝撃を受けた者たちのめそめそした鳴き声や叫喚に必ずや遭遇することだ。実際に、アドルノは常に、人々が神経質になる急所を突いてくる」(221)今や公共的にも、様々な文化的実践の意味の凝縮体が、アドルノという人格の内に認知されることになった。学派形成という効果もまた、この凝縮と結び付いていた。「アドルノを無視することはできない。彼は一つの学派を作った。彼の弟子と免許皆伝者たちは、劇作評論家、音楽理論家として、あるいは、講師兼（文化）管理者として、文化政治を行っている。音楽界と文学界のアヴァンギャルドは、彼に拠り所を求め、彼の発言を傾聴し、従順にも彼に解釈されるがままになっている。（…）彼は哲学以外に、社会学と美学、特に音楽美学を講じている。彼は、フランクフルト社会研究所の所長である。それは、ドイツにおける社会学の領域で独特の地位を占める研究所である」(222)。

ホルクハイマーとアドルノは、社会学と哲学は同等の重要性を持つ、と繰り返し明言してきたが、実際のところやはり哲学との取り組みを優位に置く、もしくは、哲学に認識上の優先権を与える傾向があった。文学の真理内実を明るみに出すのは哲学だという(223)。そして、「社会学入門」の講義の枠内で、弁証法概念を説明する段になって、アドルノはいったん立ち止まって、これは本来哲学においてのみ行われるべきことだと強調した(224)。従って彼らが公言していたのとは異なって、全体、媒介、弁証法、理性などの諸概念を思考する哲学が社会学の上位に置かれたのに対し、後者は折に触れ、「上からの諸理論」の「おしゃべり」を経験的に訂正するという課題を引き受けねばならない(225)分野として紹介された。にもかかわらず、大学の科目としての哲学に対するホルクハイマーやアドルノの態度は、距離を取ったものだった。哲学は専門化を通して、「専門知の絶対的な命令に従わない精神の自由、という自らの概念の拠り所」(226)を否定してしまったのだという。支配的位置を占める哲学は、時代から取り残され、古臭くなってしまった。全体の契機としての哲学は依然として全体を表現すると共に、時代を思想において捉えることができる、ということに対する同一哲学的に動機付けられた信頼は、時代遅れの要求であるように思われる(227)、というのだ。

ホルクハイマーとアドルノがドイツ社会学会で、時間的に見て極めて集中的にコミット――それは明らかに、社会研究所、そしてそれに伴って自らの仕事の場を確保するということと関係していた――したのとは対照的に、彼らがドイツ哲学会にそれに匹敵するような形でコミットした形跡は確認できない。

ドイツ哲学会は一九五〇年一〇月になってようやくブレーメンで設立された。イニシアティヴを取ったのは、ある学術委員会である。この委員会は、それ以前に既に、ガルミッシュ・パルテンキルヘン（一九四七年九月二―九日）やマインツ（一九四八年八月一―八日）で哲学会議を組織しており、部分的には、一九四六年以来刊行されている『哲学研究誌』の編集とも密接に結び付いていた(228)。O・F・ボルノー、J・フォン・リンテレン、W・ヘルパッハ、Th・リット、H・プレスナー、E・ロータッカー等が、この学術委員会に所属していた。もっとも社団法人ドイツ哲学会は、大学の哲学教師の代表団として設立されたわけではなく、哲学に関心を持つ人々の協会として設立されたものだった。恐らくこのことが、「もしも哲学が何百人もの会員を持つ協会の関心事となり、公共の講演等の催し事や討論の対象になるのであれば、哲学は『営業』へと平板化されるかもしれない」(229)と危惧する哲学教授たちが、加入を躊躇する理由となったのだろう。この危惧に対処するために、本来の哲学教授だけからなる特別なサークルを学会内部に作ることが考えられた。フォン・リンテレンとリットは、ドイツの歴史的状況において哲学が担ってきた特別な責任を示唆することによって、この提案への支持を集めようとした。「まさに今日のドイツにおいて、広範に存在する専門的素養のない人々が哲学の討議に積極的に関与しているせいで、様々なディレッタント的過ちや混乱がもたらされているのは確かだが、これはまた一つの肯定的要素でもあると見なされるべきだろう。これは、我が民族が歴史的状況を危機的に尖鋭化させることによって陥った内的貧窮の一つの表現なのである。今やこのような関心が存在するという前提に立つ場合、十分な資格を備えた哲学の代表者たちが高潔にも自制することで、そうした欲求の充足を、現に目前に出現している数多くの偽り預言者たちに委ねてしまうことが、正当化されるだろうか？　むしろその逆に、哲学者として身に付けている力を尽くして、人々の頭をクリアにし、広範囲に広まった誤謬を除去し、影響力の大きい誤った学説と闘うことこそ、哲学者の義務ではないだろうか」(230)。つまり大学の哲学者たちは、「学問的水準」として妥当しうるもの(231)を自分たちだけが確定できるような状況を生み出そうとしていたわけである。インナー・サークルにとっての理論政治的課題は、社会での取りとめのない討論過程に抗する形で定義の独占を確立し、それによって職業的哲学者たちが合理的なものと非合理的なものの境界線を引くことを容易にすることだった。

インナー・サークルを設立する更に重要な理由として、制度的諸側面にも言及された。大学における哲学は、ドイツ連邦共和国の様々な大学行政機関に対抗して大学行政上の活動をしたり、大学の試験規定やギムナジウムの科目としての哲学に関わる問題について立場を明らかにしたり、ドイツ学術振興会の専門委員会への委員の選出や研究財源の割り当てを組織化することができるような代表機関を何一つ持っていなかった。一九四八年にアムステルダムで設立され、国際的な学術会議を主催していた国際哲学協会に代表を送れるかどうかも疑わしかった。というのも、ドイツの大学の哲学教員には、出席資格となる哲学会が何一つなかったからだ。

フォン・リンテレンとリットによる提案は、ハンス＝ゲオルク・ガダマーが一九五一年四月の通知に対して示した反応のような躊躇にぶつかった。彼も、専門組織の必要性については賛成せずにいられない。しかし、この組織のメンバーとなるために、〝哲学に関心を持つ人々〟の非常に大きなサークルを包摂する一つの協会に加入するのは、彼には不合理に思われた。それゆえガダマーは、協会から独立した専門組織の設立への賛同を表明し、ホルクハイマーに対して支持を求めた(232)。もっともガダマーの努力は成功しなかったようである。独立した組織の設立は、彼の同僚たちにとっては、あまりにコストが嵩むと思われたからかもしれない。エビングハウス（マールブルク）、ハイデ（ベルリン）、クリユーガー（テュービンゲン）そしてラントグレーベ（キール）らのイニシアティヴと哲学会の理事会の取り決めに基づいて、一九五一年一〇月のマールブルクでの哲学会の会合で、所謂インナー・サークルの形成が決定された。このサークルに所属するのは、ドイツの大学で哲学を教授しており、博士学位審査権を持っている人々に限られることになった[233]。一九五四年の報告書からは、この時点までにインナー・サークルには一一二人のメンバーがおり、そのうちの八四人はドイツ連邦共和国の大学に、六人は「東側」の大学に勤めていたことが分かる。インナー・サークルは、内容的に哲学問題、及び組織上の問題を話し合うために、毎年会合を開いた。そして、その準備は、その年に代表幹事に選ばれた大学教師が引き受けることになっていた。

しかし、インナー・サークルの課題規定と組織形態は、更なる議論の対象となった。それらは、一九五九年一〇月二七日にハンブルクで開かれた幹事会で、論題に上り、詳しく論じられた。大学教師の中には、インナー・サークルをどちらかといえば専門の代表と理解し、それゆえ学会との繋がりを弱めることを支持する、ショットレンダーやクーンのような人々もいれば、更なる妥協に反対し、「真の専門家団体」を推奨するモーザーやライナーのような人たちもいた。それに対してエビングハウス、ハイデ、クリングスの三人は、既存の解決策に固執しようとした。何故なら、彼らは、独立した場合のインナー・サークルの終焉を恐れていたからである[234]。もっともエビングハウスは、インナー・サークルが多くの同僚にとって魅力がない哲学会へ組み込まれており、哲学会の付属機関としての性格を有するということが、「そうした種類の関心に支配されている哲学会の内部での我々の職業的利害を代表すべきサークルに、彼らが入りたがらない理由」になっていることを認め、哲学会からの解放は考慮に値すると認めていた[235]。

他にも争いの種はあった。インナー・サークルのメンバーであることを許されるのは誰か、哲学会の会員ではない講師や哲学教師はどうか、教会が設立した大学や教育大学で哲学を教えている人、場合によっては、教授資格を持っていなかったりする人も、加入する資格を持つべきかどうか、という問題である[236]。エビングハウスが彼らは「基本的に」メンバーとして数えられると主張し、ラルフスとリッターが規定の緩和に賛成していたのに対し、ハイデは制限によって学会の学術性が守られるのだと考えた[237]。傾向として、制限的運用が貫かれた。「モーザー氏は、インナー・サークルを『上部構造』の身分制組織として定義することを提案した」(238)。

インナー・サークルが解体してしまう可能性についてエビングハウスが表明した不安は、恐らく全く不当なわけではなかったろう。というのも、運営という課題を引き受ける用意のある人があまりいなかったからである。誰も用意がなさそうだったので、一九六二年のミュンスターでの幹事会では、一九六四年のハイデルベルクでの大会の準備担当者として、本人不在でハーバマスが選ばれた。ハーバマスは「入会して間もなく、このサークルの中では新参で事情も分からない私のような者を、不在投票で選ぶのはあまりいいことではない」として、エビングハウスや他の年長の同僚から助言を得たいと申し出た(239)。エビングハウスはハーバマスに人々の布置連関を説明した。「あなたにとって最も身近な手助けとなる人は、本来ならガダマー氏であるはずです。しかし、彼の関心は気まぐれです。そして、もしも彼が偶然インナー・サークルのために何かをすることに賛同したとすれば、それは、関心のないまま何か行動する用意がある、という意味なのです。ミュンスターではこの無関心さのおかげで、引き受けたいかどうかあなたにお尋ねすることができないまま、あなたを選出せざるをえない状況に我々は追い込まれたのです。インナー・サークルの中で飛び抜けて熱心な同僚はハイデ氏です。彼は、担当幹事だった時にベルリンでの大会を最も成功裏に組織しました。彼とラントグレーベ氏には、関心と行動する用意の双方が備わっています。唯一ハンディキャップとなるのは、この二人の行動が常に効果的であるとは限らない、ということだけです。それは、ラントグレーベ氏の場合は、彼があまりにも周りの人々の言うことに耳を傾けすぎるからですし、ハイデ氏の場合は、他の人々があまりにも彼に耳を傾けようとしないからなのですが」(240)。

また、そもそもインナー・サークルのメンバーを実際に参加させることができるかどうかからして問題だった。エビングハウスはハーバマスに、講演を企画する本当の理由として、このことを挙げている。「学術講演と大会を結び付けることが必要不可欠と見做されたわけですが、その理由はもっぱら、さもなくば会員にとって大会があまりにも魅力に欠けるものになるだろう、ということにあります。とはいえ、講演は、招聘（berufen）すべき若手の同僚について判断する機会を様々に提供してくれるので、中心的目的にとって有益だということが明らかになりました。彼らを招聘することは、私たちの仕事＝使命（Beruf）ですから」[241]。ミュンヘンでは、ハイデルベルクの大会で討論すべきテーマについて議論が分かれた。哲学と技術、プラトンとプラトン主義、デカルト主義とライプニッツなど多くの提案が成されて、過半数の賛成が得られず、大会の準備担当者であるハーバマスにテーマの選択を委ねよう、というエビングハウスの提案が通った。ハーバマスのテーマ選択は、特に社会学の領域でなされていた方法論をめぐる論議に規定されていた。エルンスト・トーピッチュが「分析的方法論と解釈学的方法論」について語り、ディーター・ヘンリッヒが「方法論の哲学的基礎付けの条件」について、カール＝オットー・アーペルが「言語分析哲学の発展と精神諸科学が抱える問題」について、最後にヴォルフハート・パンネンベルクが「歴史的解釈学と神学的解釈学」について、そしてヤーコプ・タウベスが副報告をした。全体としてこれらの講演から、実証主義論争の土俵をなす問いの数々が哲学の中で論じられており、この論争はもはや単なる社会学内の専門的討論と見なすことはできない、という印象を受ける。ハーバマスはまた、これまではだいたい一〇月に開かれていた大会を五月の一―二日に移すことを決めた。この日程は、ＤＧＳ（ドイツ社会学会）が開くマックス・ウェーバー会議の直後に当たる。二つの組織の大学教員の多くが、このテーマに対して積極的であるか、テーマに関心を持っているかのいずれかだったので、この決定は意義深かった。ヨアヒム・リッターは、大会プログラム自体とウェーバー会議に参加できる可能性が「非常に魅力的」と思われるにもかかわらず、副学長としての義務のために参加できないことを残念がった[242]。フォン・ケンプスキーの受け止め方は違った。「社会学会の大会と時間的に近いスケジュールであること自体は、私が参加する決心をすることを容易にするはずでしたが、マックス・ウェーバーについて十何人もの社会学者が語るのを聞くのだと思うと、興ざめです」[243]。

ホルクハイマーとアドルノは、哲学会の会員であると同時に、インナー・サークルのメンバーでもあった。しかし、残されたプロトコールから確認しうる限りでは、二人とも代表幹事を引き受けていない。彼らは、インナー・サークルの議論にも加わらなかった。一九五二年五月一一日のリットからの通知で、インナー・サークルのメンバーは九月末のマールブルクでの幹事会に招かれると共に、講演を引き受けるつもりがあるかどうか返事をするよう要請された。アドルノは「哲学の概念について」という講演テーマを申し出た[244]が、最終的には講演を断った。何故ならば、彼はアメリカに出発する前にフランクフルト社会研究所で多くの仕事を処理しておかなければならず、出発直前に時間も余裕もありそうになかったからである[245]。ラントマンとハイデは、一九五五年一〇月にベルリンで開かれたインナー・サークルの会合で、「哲学の機能転換」について講演してもらうためホルクハイマーを招待することを考えた。しかしホルクハイマーはイスタンブールで所用があり、そこから妻と共にギリシャを旅する予定であることを理由に、この招待を断った[246]。エビングハウスは、一九六二年にミュンスターで開かれた哲学会議の席上でアドルノに、次の次の一九六五年の大会のために代表幹事役を引き受けるつもりがあるかどうか尋ねた。アドルノは乗り気ではなかったようで[247]、この話は実現しなかった。オド・マルクヴァートは、この会議の後でアドルノが、「哲学者の協会というのは、世捨て人の労働組合のようなものです」と述べたことを記憶しているという[248]。

確認しえた限りでは、フランクフルト社会研究所内での哲学会議への評価は、距離を置くものとなった。ホルクハイマーは、ヘルマン・ヴァイン、ヘルムート・プレスナー、フリッツ＝ヨアヒム・フォン・リンテレンらによって準備された一九五〇年一〇月のブレーメンでの第三回ドイツ哲学会議で企画されていたいくつかのシンポジウムの内、クフルト社会研究所を代表して、これまでにもこの会議を訪れたことがあると思われる人物が参加しており、いくつかの講演や雰囲気、講演者の哲学的背景などについて克明な報告を残している。その報告者によると、大会会場としてブレーメンが選ばれたのは、南ドイツの教授たちを、旅行費用が嵩むゆえに参加しにくくさせる、もしくは参加を不可能にするためだった。それは、「哲学の無冠の帝王として、ここである種の精神的後継体制の確立」を望んだ、ニコライ・ハルトマンの優位を保証するための措置だった(250)。参加者がそれぞれ遠くのホテルにばらばらに別れて宿泊していたため、前回までの大会のような対話ムードは実現しなかった。報告者は、個々の講演についての記述の後で、全体をまとめている。「全体として大会は、『相対性理論の存在論的基盤』についてのヤコービの講演を除いて、世界史的そして社会的な大変動に直面した、ドイツの精神科学者や哲学者たちの、困惑や不安定さを示していた。そうした大変動は、認識されておらず、存在を認められてもいない。にもかかわらず人々は、それらの大変動を脅威的と感じており、演説家のポーズによってそれらに立ち向かう、もしくは、それらを回避することができると信じているようだった。ある新聞が、この会議のライトモチーフとして、黄昏時になってから飛び立つミネルヴァの梟というヘーゲルの言葉を引用していたが、それはこの企てに対して敬意を示しすぎである。むしろ、senex loquax（おしゃべりの老人）が西欧文化の残照の中で自惚れた演劇をしている、という印象を受けた。高名なナチ党員やナチスの精神的心酔者たちのこの催しに対する貢献を書き留めておくべきだろう」。それに続けて、該当する人たちの名前が挙げられている。ナチ支配下で文相になりたがったくせに、今や「カメレオンのような印象を与える変わり身の早さ」を示している「平凡な精神科学者」であるロータッカー、「哲学的人類学を標榜する権力理論家」であるゲーレン、「ナチ時代にA・ヒトラーに賛歌を捧げたことで広く知られる、常軌を逸した」ノアック、「出世したナチスの法律屋にして、ありとあらゆる弁証法を迅速に吸収した人物、あるいはカール・シュミットの栄光に満ちた信奉者、そしてまた、才知をひけらかす八方美人的猟犬、ベルリンのナチ御用達の学術アカデミーのお高く止まった会員」だったカール・A・エムゲ、そして最後に、ポーランド侵攻後にポーゼンの所謂帝国大学に赴任したK・シュターフェンハーゲン。「道義的にしっかりした人物ならば誰一人として、戦時中にシュトラスブルクやポーゼンの大学には赴任しなかったと思う」(251)。

一九五七年にマールブルクで開かれた哲学会議についてのホルクハイマー宛のアドルノの報告から、大学での哲学とこの会議に対する二人の関係が、依然としてアイロニカルに距離を置いたものであったことが分かる。「私は、マールブルクでの言語に絶する会議の席上で、クーン氏が会長に選出されるであろうことは疑いなく、自分が敗者側に立っていることを知っていたにもかかわらず、総会の場でおおっぴらに問いかけました。そもそも、まず最初に『無との遭遇』についての本を、続いて『存在との遭遇』についてのそれを書いたような人にドイツ哲学を代表させることが可能だろうか、と。誰も笑いませんでしたが、とにかく、全会一致での彼の選出が確実だと思われていたのが、実際には辛うじて全体の三分の二の票を集めたに留まりました。(…)講演の水準については、あなたは想像だにできないでしょう。いわゆる少壮学者世代の貧困が、この世代を、最初から、講座主任各氏の発言を鸚鵡返しにするよう強いています。そこから生じる事態は、推して知るべしです。因みに、ハークとシュヴェッペンホイザーの二人の講演は、まさしくこの二人の独立した態度ゆえに、大変な成功を収めました。唯一の肯定的な点としてお知らせしておくべきは、ハイデガーの影響が衰えているように思われることです。もっとも、私はこのことすら、体制順応的に『ポジティヴ』な態度修正という意味で懼れているのですが。私はリットが大変気に入りました。ガダマーは、秘教的でない真理と秘教的真理をあまりに区別しすぎますが、彼に対する私の印象も悪くはありません」(252)。

しかし、ディシプリンとしての哲学に対するフランクフルト学派の態度は、ミュンスターで開かれた第七回ドイツ哲学会議によって変化し始めた。ゲルト・カロウは、あたかもホルクハイマーとアドルノの基準に真価を発揮させようとするかのように、この会議が新しい方向を打ち出しており、哲学が「自らのせいで生じた長年の孤立」から外へ歩み出したことを強調している。哲学は専門科学と学部ごとの縦割り思考を飛び越え、ヘルムート・クーンの言葉によれば、「人類の政治的また文明的運命に対する責任に関与する」(253)という約束を果たした、という。カロウのこの判断は、その後に続く、いくつかの講演に関する指摘によって補強され、彼は、レーヴィットとアドルノによる講演を、ハーバマスとゲーレンによる講演と共に、「ミュンスター大会の頂点」に数えている。「進歩の宿命」について語ったレーヴィットと共に、アドルノは「進歩の弁証法」について第二の公開夜間講演を行った。二人は「いくつかの中心的論点でほとんど驚くほど」一致しており、背中合わせに立ちながら、様々な方向に向かって闘っていた。レーヴィットは、神の国は地上で実現されうる、というアメリカやロシアで追求されている進歩概念は、人類にとっての自殺行為である現実の危機を引き起こすだけだと見なし、ヨーロッパ哲学の中に、このような進歩概念に対抗しうる審級があると考えていた。同様に進歩を批判するアドルノは野蛮に対して警告を発した。「アドルノは（いくつかの著作におけるブロッホを例外として）、そのテクストが言語による芸術作品と呼ぶべき域に達している唯一人の存命中のドイツの哲学者だと言ったとしても、レーヴィットやゲーレン（及び、それ以外の――残念ながら――ごく少数の人々）の傑出したドイツ語を不当に扱うことにはならないだろう。すべての単語の連想＝上音（Obertton）に至るまでの全思考のラディカルな動機付けや、素材の芸術的・多声的な分節化が（アクセントがほとんどなく、統語論的構造を「使わない」演奏＝朗読様式（Votragsweise）によって）、クリスタルガラスの光景が呼び起こすような、快楽的でクールな魅力を媒介する。思考の身振り（これは、ロラン・バルトによれば、芸術的テクストの最初の「メッセージ」である）が伝染し、聴衆は、その曲にたとえ部分的にしかついていけなくても、虜になって耳を傾けずにはいられないのである」[254]。

ホルクハイマーとアドルノは、エビングハウス、ガダマー、ケーニッヒ、レーヴィット、ヴァイシェーデルのような哲学者たちとの友好的かつ親密な関係にもかかわらず、ディシプリンとしての哲学を、どちらかといえば懐疑的に評価していたので、大学の哲学教師たちからも、正面切ってこの専門の代表者とは見なされてはいなかったようである。ヴォルフガング・クラマーは怒り狂いながら、ホルクハイマー宛の手紙で、自分は長らくホルクハイマーとアドルノから非友好的に扱われてきたと感じているので、フランクフルト大学の哲学講座に招聘されたいとは思わない旨伝えている。彼は、ホルクハイマーたちのこの敵意に満ちた行為の理由を、「あなた方二人［ホルクハイマーとアドルノ］が授業や著作物の中で提唱している学説が哲学ではない」ことを、あなた方自身が分かっているからだろう、と決めつけている[255]。エビングハウスもまたアイロニカルな調子で、自分がアドルノの哲学的努力に対して懐疑的に対峙していることを示唆している。ハーバマスがフランクフルトに招聘された後、エビングハウスは彼に次のように書いている。「しかし、今となっては、私はあなたに対して、事後的にではありますが、新しい使命について友好的にお祝いを申し上げてもよいでしょう。悲劇的なことにクラマー氏がヘーゲルの精神から哲学を生み出すのに失敗したのと同様に、アドルノ氏も音楽の精神から哲学を生み出すことに失敗した今、失われてしまった宝物をフランクフルトの学部に産みつけるための精神を、あなたは自由に選ぶことができるでしょう」[256]。しかし、ハーバマスもまた、大学の哲学に対して動じることなく肯定的な態度など持ち合わせていなかった。ホルクハイマーとハーバマスの間の往復書簡群からは、『学生と政治』ゆえの見解の不一致にもかかわらず、ハーバマスが自らを批判理論に分類しており、ホルクハイマーもこの主張を認めていたことが伺える。というのも、ハーバマスは、ホルクハイマーとアドルノが、ホルクハイマーの講座の後継者として希望した候補者だったからである。「あなたもご存知のアドルノと私の希望が適わないということがある場合に限って、あなたはベルリンへの赴任をお決めになるべきでしょう」(257)。ハーバマスも、招聘者リストに書き加えることができそうな、教授資格を持つ自分以外の哲学者の名前を挙げるに際して、未だかつてないほど直接的に感じられる「哲学の惨状」について、懐疑的に発言している。名前を挙げることができるのはフォン・ケンプスキーとリュッベだけだという。後者は、一定の水準で哲学を展開しているが、お家の利益からすれば、彼がゲーレンとシュミットから受けた影響に多くを負うていることを考慮に入れねばならないだろう(258)、という。

結局のところ、討議や制度の布置連関からして十分に想像できるように、ディシプリンとしての哲学を代表する機関の枠内でホルクハイマーとアドルノがコミットするには至らなかった。一九六一年のヴュルツブルク大会の準備のための議論では、アドルノも取り組んでいた哲学のアクチュアルな意味と公共圏での作用をめぐる問いに関して問題提起がなされた。哲学のターミノロジー(用語法)という、ヘルムート・クーンが持ち出したテーマに対しても、アドルノは関心を持ったかもしれない。というのも、アドルノ自身が、一九六二年と一九六二/六三年の二つの学期の間、それについて講じていたからである。もっとも、どちらのテーマも、インナー・サークルでは支持されなかった。「しかし、ターミノロジーの問題は哲学そのものの中にはそもそも存在しないので、ターミノロジーと取り組むのは賢明ではない」(259)というのである。エビングハウスはそう論じて、カントと新カント主義に取り組む、という自分の提案に過半数の賛同を得ることに成功した。

インナー・サークルは何年にもわたって、学校と大学における哲学の制度的枠組み条件の問題にも取り組んだ——それは、ホルクハイマーとアドルノが、哲学の教育的機能についての自分たちの考察に基づいて、相当な関心を寄せてきたテーマに他ならなかった。

一九五三年七月にフォン・リンテレンは、一〇月二三日から二五日にかけてマインツでインナー・サークルの集会を開くべく召集をかけた。マールブルクでの会合から始まった、大学行政をめぐる議論が、引き続いて行われることになった。哲学の国家試験、高等教育機関での哲学授業、哲学の予備教育における試験、学問上の後継などの問題が、議題に上った(260)。返信の中でアドルノは、自分が参加できるかどうかまだ分からないと述べつつも、議論される問題の中に、大学での哲学の初等授業の問題を加えることを提案した。「繰り返し経験することですが、学生たちの中には、一方では、非常に教養豊かな哲学的エリートが存在し、他方では、最も初歩的な知見すら欠いている多数派がいます。ただそういう認識ではまだ不十分で、エリートでさえ、確かにヘーゲル論理学の扱いにくい諸問題には通じていても、哲学の初歩的なテクストのことは良く知らないということが時折確認されます。しっかりした哲学教育によって、この状況を変えて基盤を作ることが火急の課題の一つに思われます。奇妙なことに、今日のドイツにおいては、哲学の基盤が問題含みになっています。基盤の不在は、学生たちが、奔放な幻想やいかさま的言動に易々と身を委ねることに繋がっているのです。他方で、哲学の『授業運営』への従事は、まさに生産的思想家たちには、ほとんど評価されていません。これを論題に加えれば、状況を改善するのに役立つ具体的なプログラムに辿りつくことができるかもしれません」(261)。アドルノの示唆は受けとめられ、彼は自ら主張を述べるよう求められた。印刷された会合のプログラムでは、いささか早まった形で、彼が「哲学の初歩的授業」というテーマについての報告者になることが告知された。しかしアドルノは最終的には断った。というのも、彼は、同じ時期に、社会学教育の新規形成についてのケルン会議に参加しなければならなかったからである（第一分冊第六章を参照）。

一九五七年九月に創設された学術審議会は、一九六〇年に学術研究志向型大学を強化することを推奨し、一九六二年には新しい大学の設置を提案した(262)。その中に含まれていた哲学に関わる提案は、何度かインナー・サークルの議論の対象となった。一九六一年にヴュルツブルクで開かれた会合では、推奨されていることの趣旨が不明確だったため、エビングハウスの提案によって、ハインリッヒ・シュプリングマイヤーが、次の会合で学術審議会の意見表明について報告するよう依頼された。シュプリングマイヤーの報告はミュンスターでなされたが、協議するには時間があまりにも押し迫っていたため、フォン・ケンプスキー、シュプリングマイヤー、リッター、ヴィーラント、ヴィルパートそしてツェルトナーから成る委員会の設置が決められただけに終わった。ヴィルパートとツェルトナーの二人は、一九六三年初頭に、態度表明の草案を練り上げた。この草案は、変更を加えられた後、最終的にハイデルベルクで採択された。哲学というディシプリンを代表する人々が非難した論点は、学術審議会が現在と未来の大学における哲学の諸課題を決定しているという一般的な批判の他に、五つあった：①テーマ重点型教育を特定の大学で推奨することは、ディシプリンの自律性への介入と見なされた。②科学論は、自然科学のみを対象とする哲学の特殊ディシプリンと見なされるべきではなく、哲学の統一性という視点から見て、社会・歴史・精神の諸科学も対象とすべきであり、またその場合でも、もっぱらディシプリンの代表者の関心に基づいて個別領域への特殊化がなされるべきである。③論理学は、数理論理学だけに限定されるべきではない。④学術審議会は特殊ディシプリンしか顧慮しておらず、哲学全体を見ていないので、哲学の下位ディシプリンと見なすことができないはずの哲学史が完全に抜け落ちている。⑤今後新たに招聘される人々は、手堅い独自の哲学史的な仕事によって、自らの能力を証明するべきである。「哲学は、秘教的なディシプリンになってはならない。むしろ、哲学は学問の良心であり続けるべきであり、そしてまた、我々の教養意識の統一性に対して、決定的な意義を保持し続けるべきだろう」(263)。まさにそれゆえに、哲学が他の精神諸科学のディシプリンと同様に「マス・ディシプリン」になってしまったという事態も甘受せねばならない、という。しかし、それと関連する授業課題は、中間組織が拡張されない限り、適切に充たすことはできないだろう、という。ユルゲン・フォン・ケンプスキーは、この構想に同意せず、距離を置いた。彼が特に気に入らなかったのは、哲学史が招聘の前提になるべきだということだった。これは彼に言わせれば、「若い世代の哲学者たちのテーマ選択の自由を、間接的かつ無責任に制約する」ことに等しい(264)。「マス・ディシプリン」発言から引き出された結論についても、彼は懐疑的だった。哲学がマス・ディシプリンになるのは、「教職受験者の試験科目になるだろうから」である。そこから、非常に限定された学生層の面倒を見ることと、それに応じた教員招聘を行うことが必要になる一方で、倫理学や学問論などの別の部分ディシプリンについては、何も問われないままになる、ということが帰結するだろう、というわけだ。そして最後に、次のように述べている。「講師や学生担当講師などの幅広い中間組織が必要だという——おお神よ、哲学教授たちが置かれている状態は既に十分に劣悪なのではないか。なのに、哲学の講師とは⁉」(265)。エビングハウスもまた、哲学がマス・ディシプリンになっている理由は教職を目指す学生がつめかけているということだけだと強調した。「周縁部の聴衆」のためにではなく、「第一義的にディシプリン自体の必要条件から」各大学に最低でもそれぞれ四つのポストがあるべきだ、と彼は主張している(266)。最終的な声明から分かるように、こうした考えのすべてが考慮に入れられた(267)。

他の哲学教授たちと同様に、アドルノもまた、マス・ディシプリンとしての哲学を身をもって知っていた。彼もまた、多数の教職志望者を試験しなければならなかったのである。この経験は、彼が哲学会の枠内で特別なコミットメントをするきっかけにはならなかったものの、一九六一年秋にフランクフルト大学学生会館で彼が講演するきっかけにはなった。この講演でアドルノは、教職のための勉学と哲学の関係について、そして哲学の意味について熟考する機会を得た。この講演を規定していたのは、多くの学生が哲学を専攻しているからといって、教養が尊重され浸透しているわけではない、という他の人々によっても様々に表明されていた認識であった。哲学の試験が意味するのは、教職志望者たちが反省によって「実際に身に付けているものの範囲」を超えられるかどうか、精神的人間、知識人であるかどうかを確認することだった[268]。アドルノによれば、知識人たる指標は、愚かさに対する抵抗、精神的力、自己反省、批判的努力、関心、そして経験する能力にあった。そのような特性によって、偏見を持たず開放的に精神的なものと関わり、意識的に分け入って行き、それを専門知として学習するのではなく自分のものにすることが、可能になるはずである。しかしアドルノは、精神的な客体である哲学と、主体である学生の間に、断絶があると断言する。教養という概念の下で考えられていることとは違って、関心と専門的勉学の一致が促進されるのではなく、自己疎外が促進されている。対象は、学生たちにとっては外的なものに留まり、しぶとい勤勉さによってのみ獲得される。こうした不自由な姿勢は、学問性という鎧を必要としていながらも、自己を生き生きした経験に対して閉ざしている物象化された意識の特徴である。このことは、まさに教職志望者がしばしば専門試験を望みながら、同時にディシプリンから課せられる過剰な期待に憤慨することと繋がっていた。彼は、このようなハビトゥスの内に、ナチズムとの連続性を見ていた。すなわち、その都度妥当しているものに易々と順応する態度である[269]。アドルノは、教職志望者の精神的態度に含まれている不幸感と不安とを嫌った。彼は、多くの学生は、関心の欠如と当惑から、近親者の勧めで教師になると決めているのだろう、と見ていた。多くの学生は既に最初から諦めており、自分たちの中に眠っている数々の可能性を伸ばすのを断念していた。彼らは、自分自身を低く評価しているせいで、哲学や反省を低く評価する。田舎から自分を解放し、状況の直接性から自分を解き放つ機会を、彼らは利用していなかった。しかし彼らは今後教師として授業をしていくので、学校での苦しみや欠陥が「生徒たちの中に引き継がれ、かつてと同じ精神状態を果てしなくもたらし続けることになるだろう。私はこの精神状態は、無垢なナイーブさと見ておらず、むしろナチズムに対して連帯責任があると思っている」[270]、という。

アドルノのこのような考察と観察は、彼が、哲学が特別な教養＝形成機能を持ちうると期待していたことを示している。そして彼は、家庭背景ゆえに、伝統的に教育上不利にある学生たちは全くもって、野心的な教養のハビトゥスを獲得しうる立場にある、と考えていた。そうしたハビトゥスは、「授業課程では保証されず、自発的な努力と関心によってのみ獲得されるものである。それは、一般教養の類型に属する努力や関心であろう。実際、哲学は決して努力によって獲得されることはなく、開かれていること、すなわち、そもそも精神的なものを自らに引き付ける能力によってこそ獲得されるのである」[271]。精神はあるがままの状態を越え出る躍動を秘めているのであり、未来の教師たちは精神に身を委ねるべきである、というわけだ。しかし同時に、哲学がディシプリンになってしまい、自らの無力さと物象化によって概念と事物の間の媒介を思考する能力を既に失っているかもしれない、という恐れを彼が抱いていたことにも疑いの余地はない。「自らの独自の領域を世界の中心と見なすような人々の職業的ゆがみを、学生たちに受け継いでほしくはない。哲学は、一つのディシプリン以上のものであるところでのみ、成立しうるからである」[272]。学生たちの間には、自らの〝自由意志〟で自律性や自由から逃走する、という精神的態度が見受けられたが、アドルノはこうした態度を、哲学と精神諸科学全体を包摂する、概念と対象の間に生じた変化の指標と見ていた。学問がその組織上の装置と共に、両者の間に割って入ってきた。整然としていること、首尾一貫性、方法、コントロール可能性、組織上の装置などが決定的になっている。それによって、自発性、自由、抑制されない洞察などが不可能となった。「教養の弁証法、主客の内向的な過程」――つまり、まさに、主体を拘束する認識を可能にする意味と解釈のプロセス――はもはや成立しえないという[273]。個人が思考されるものを単に外面的なものとしてしか認識せず、思考されるものがもはや徹底して考え抜かれることも経験されることもないという事実、個人がもはや自らのハビトゥスを特徴付けるものではない専門知を操っているという事実、真理がその真理倫理的側面、情緒的・形成的次元、愛情などを失いつつあるという事実——これらすべての現象から、アドルノは、哲学教育それ自体ではほとんど対抗しえない、態度としての実証主義が広範に広まっていると結論せざるをえなかった。

二節　ヘーゲル哲学の諸側面

公共圏でアドルノが、第一義的には哲学者ではない、と長らく見なされてきたのは、不思議なことではない。幅広い公衆に理解可能なものとして紹介された、文化批判的著作である『ミニマ・モラリア』と『プリズメン』を別にすれば、彼が狭義の哲学書を公刊したのは、ようやく一九五六年になってからだった。それは、亡命中に書かれたフッサール論である『認識論のメタクリティーク』だ。アドルノと親しかったイヴォ・フレンツェルは、この本を、専門の哲学者たちも真面目に取り上げなければならない著者としてアドルノを紹介するきっかけと見なした。「ドイツ哲学のかの職業的代表者たちでさえ、この体系的堅固さを無視することはできないだろう。(…) 彼らは、弁証法的思考に対する深く根ざした不信から、そして『純粋な』哲学をやりたいという口実の下に、あらゆる社会理論上の論争を懸命に回避しているのである。今や、西洋哲学の基盤と我々の世紀におけるその業績要求が論議の俎上に載せられている」[274]。この発言から、弁証法概念が持っていた論争的で挑発的な意味がはっきり読み取れる。アドルノはドイツのメディアでは、何度かヘーゲル主義者として紹介されてきた。「弁証法」概念は繰り返し強調され、同時に、著者の性格付けのためのエキゾティックで意味深い決まり文句以上のものとして用いられているという印象を与えることになった。「解釈 Deutung」概念については、アドルノによって体系的に展開されていないということが特に強調された以外は、注意が払われなかった。アドルノが一九五六年一一月にベルリン自由大学で行ったヘーゲル没後一二五年記念講演と、同じ機会にヘッセン・ラジオ局で行った講演の二つから、アドルノが置かれていたこのような状況を読み取ることができる。その後アドルノは、この二つの講演を、『ヘーゲル哲学の諸側面』と題する小さな本にまとめた。

タイトルからも分かるように、このテクストを、単一のテーマあるいは特定の問題設定に切り詰めることはできない。むしろこのテクストは、自らがなしたヘーゲル哲学の性格付けを自己自身に応用すべく、自らの諸概念を宙吊りにし、自らの哲学をざわめかせるような布置連関を展開している(275)。このテクストは、解釈と真理の時間性についての考え方を、弁証法の中心的規定として説明している。それによってアドルノは、常に虚偽でしかありえない統一が成し遂げられることなく、主体と客体が相互浸透していることを示めそうとしたわけである。彼は、実証主義の学問的営みに対して、論争的に反対する姿勢を取っていた。何故なら、実証主義は、主客を互いに切り離し、主体に登録と分類という課題を与えることで、主観主義へと後退するからである(276)。この分離は、主体は認識過程そのものから隔離されることが可能であり、客観的な態度で世界を「外部で」分析する、という想定に基づいている。これに対してアドルノは、〝関与していない、あるいは、純粋な認識主体〟という表象は保持しえないと異議を申し立てた。何故なら、認識そのものが、経験的個人と、認識すべき事物に対するその人の限界を示唆しているからである。従って、ヘーゲル弁証法の合理的な内実は、認識し、かつ対象において自己を外化するものとしての主体を、合わせて考えることにある。主体は、認識過程のダイナミズムに対して自己を閉鎖するのではなく、事物に身を委ねるのだとすれば、このことは事物への訓練（ディシプリン化）された従属に等しく、「概念の極限までの努力」(277)を要求する。事物は思考を規定し、自己措定を断念して、「事物の中に消えつつある」(278)主体を吸収するのである。従って弁証法は、一方における、単なる思考の振る舞いにも、他方における、歴史的発展枠図式にも切り詰められない。「個々の定義に対して好意的であることが少ないほど、弁証法は、自らを何らかの定義に従わせることが少ない。弁証法は、自らについての理性の批判的意識と、数々の対象の批判的経験とを、何とか一致させようとする、不屈の努力なのである」(279)。

弁証法のこのようなモデルは、第一のものを許容しない。切り詰められていない弁証法においては、主客は互いに還元し合うことなく、同一性を形成するわけでもなく、一つの停止されえない具体的な媒介連関を形成する。つまり、時間は真理の一契機となるのである(280)。今やアドルノは批判的に、ヘーゲルはこの媒介連関を主体に都合よく解消したのだ、と言い添えている。というのも絶対精神は、世界が精神によって構成されたものとして把握される場合に限ってのみ、対象世界を包摂するからである。アドルノは四段階で、ヘーゲルによってヘーゲルに反論する。ヘーゲルの狡知をヘーゲル自身に向けることによって。彼はヘーゲルのように、「世界における優勢な力に対する勝利」を望む。この優勢な力をそれ自身に差し向け、最終的に、「別のものへと変容するに至らしめることを」望んでいるのである(281)。最初の一歩でアドルノは、絶対精神、つまり、構成的で超越論的自我は、客観性から引き剥がされえないことを示している。というのも、思考する精神は、自らの経験的意識を模写し、「有限な主体の自分自身についての経験を借用している」(282)からである。

第二歩として、精神概念の救出が試みられる。精神は、素材に対して外的に加えられる単なる主観的作用として把握されるべきではない。むしろ、精神は、生産的原理かつ構成的力として対象世界を貫通しているのだ、という。アドルノは、普遍的主体の活動的精神を社会的労働という概念に読み替えた。このことは、恣意的に見える。アドルノは、ヘーゲル哲学を社会学主義的に解釈し、ヘーゲル哲学の真理内実をその発生に還元している、という批判を先取りしている。論証の中でアドルノは、若きマルクスがそのヘーゲル批判でしたように、問題を反転させているのである。すなわち、自分の論証は、第一のものの論理学が維持され、社会が精神から導出される時にのみ、社会学的に妥当しうるのだ、という。社会は、個々の契機すべてを媒介する抽象的な社会的労働の全体性として把握される。社会的労働は、具体的な主体群の具体的な活動から抽出されるものであり、それらの諸主体を、その反省（Reflexion）とは独立に交換において互いに関係付ける(283)。ヘーゲルの精神概念は、経験された現実の呪術化を表している。このことは、精神の決定的な規定が、労働の領域から借用されていることから読み取られる。概念の労苦（Mühe）と努力（Anstrengung）――これらは、書評者たちから繰り返し肯定的に理解されている、アドルノ自身が書き加えた、ヘーゲルの思考形象であり、アドルノは今やこれらを、批判的連関にもたらそうとしている――は、生活の必要と労働倫理の「反射 Reflex」として、比喩的でない仕方で理解されねばならない、という。反射や鏡像（Spiegelung）といった表現は、実際、ヘーゲルの社会学な読解を連想させる。彼の精神概念は、アナロジーとして、社会的労働の哲学的反省形態として解釈されているのである。しかし、精神と社会的労働の間のこのような概念上の一致は、精神と理性自体が自然支配の契機、すなわち社会的労働と人々の欲求充足の諸契機を形成しているがゆえに、アナロジー以上のものである。

哲学者は、精神概念によって、合理的な何かを、つまり社会的再生産を保証する労働の契機を表現する。しかし、この契機を肉体労働から切り離して自立化させるならば、哲学者はイデオロギー的になる。アドルノの論証の第三段階は、この事態に対する批判を提起する。労働は、ヘーゲルによって、精神的労働として「永遠にして正しきものへと美化された」(284)、という。しかし、労働からその自然な契機がかき消されていくと、人々が、もっぱら自然の制約ゆえに、生産手段を意のままにできる人々に依存していることは、もはや認識されなくなった。「労働の形而上学と他者の労働の横領は相互補完的」(285)なのである。ヘーゲルは、非同一的なものを否認し、同時に絶対的主体を主体-

客体と偽った。しかし、弁証法のこのような構成的一面化と短絡化は、精神的労働に対して、そしてその権化としての哲学に対して復讐を加える。哲学は、精神的統一体の自立化および産出という形で、自らが支配を行使していることを知っているのである。「というのも、労働の絶対化は、階級諸関係の絶対化だからである。労働から自由な人々は、支配からも自由であろう。このことを精神は知ってはいるのだが、それを知ることは許されていない。これこそが、哲学の貧困のすべてである」[286]。アドルノは、哲学と決定的に批判的に対峙した。自立化し即自存在となっている精神の論理に従うならば、意のままにしている者たちの支配は、事実上、哲学的に崇拝されることになるという。この支配は、何一つ外部に放置することができないシステムとなる。しかし、システムという形で頂点に達する哲学は、交換関係という形で統合された世界にふさわしく状況を性格付ける限りにおいて、合理的である。そして、この世界は、社会的労働の普遍性を介して、飽くことを知らない破壊的拡張に依拠するシステムを構築しているのである。

アドルノの論証における第四段階として、社会的連関の強制的統合についてのこうした考え方は、体系（システム）として意味を持つ。何故なら、この水準において、弁証法のダイナミズムが新たに展開されうるからである。というのも、「社会的労働から閉ざされた普遍性」を介して自然の宿命的な優位についての自己意識に到達し、ヘーゲルにおいて弁証法が何によって呪術化されているか明らかにすることを可能にする概念的布置連関が産出されるからである[287]、という。全体の限界が認識される。何故なら、全体は自らと同一ではないものとして規定されうるからである。システムの全体、すなわち主客の宥和は、非真であり、「宥和されざる暴力」の端的な主張であると共に帰結でもある市民社会は、敵対関係を介してのみ維持される。ヘーゲルの全くもって合理的な誤りは、既にマルクスによって批判された市民階層の誤りである。つまり、自分自身の特殊な利害関心を普遍的利害関心と偽称することである。「敵対関係にあるものの非同一性（…）は、かの全体、すなわち、真ではなく非真であり、正義に絶対的に対立する全体の非同一性である。しかしまさにこの非同一性が、現実においては、同一性の形態を取り、第三項や宥和的なものが一切作用しえない、孤立閉鎖的な性格を持つのである。そのようなまやかしの同一性が、社会的に必然的な仮象であるイデオロギーの本質なのである」(288)。非同一性は、具体的な弁証法の中で決着をつけられねばならないのであって、虚偽の普遍性を介して停止させるべきでない。ただし、過程における一つの契機、矛盾が取り出され、絶対化される時にも、非同一性は停止させられる。新たに解放された弁証法は、システム全体を主体の絶対的対立物として把握するわけだが、この弁証法が進行していくと、宥和に至るかもしれない。「矛盾を絶対者へと和らげることによってではなく、唯一、矛盾を絶対化することによってのみ、矛盾は融解して、もしかするといつの日にか、ヘーゲルが――宥和が持つ現実的な可能性が彼にとってはなお覆い隠されていたがゆえに――言葉巧みに信じ込ませなければならなかった、かの宥和へと至る道を見出すかもしれない。」(289)。

アドルノの論証は、その内で同一性が最終的に非同一性と共に止揚される、宥和された他者の思想を展開していく。主体／客体という哲学的思考形象、更には宥和への要求が、両者は目的論的過程の中で、現実の、もはや虚偽ではない統一体へと至るはずである、ということを示唆するにもかかわらず、アドルノは、自分が何か別のものを目指していることを、はっきりと知らしめている。主体／客体という概念の内実にふさわしく、まさに両者の弁証法はもはや押し留めることはできない。というのも、両者は一つの社会的力の場を形成しており、「この場においてすべての個人は、予め社会的に形態化されているものの、ここでは、個人を介して以外は何一つ現実化されない」(290)からである。従って宥和は、両者のロマン主義的に表象された同一性、すなわち、具体的な開け（konkrete Öffnung）以外のものとしては考えられない。これが可能なのは、ハーバマスによる批判が示唆するのとは違って、アドルノが、自然支配的・道具的・科学的な合理性に対する批判を理性全体へと転化したわけでなく、従って、批判の基盤を喪失したわけではなかったからである。アドルノは、道具的な合理性と労働――彼は道具的な労働を道具的合理性に還元する――を拒否した。自由は、自然への頽落の必然性および継続に対する洞察以上のもの、すなわち理性の現実化である、という。「太古からの重荷、神話を蝶番から外せるような梃子の支点を示せる時にのみ、理性には、希望がある。重荷は、最終的に個人の中に立てこもる、単なる存在者である。この梃子の支点とは、存在者自身の理性としての、個人の理性に他ならない」(291)。再開された弁証法的過程の中で最終的には個人もまた変化し、自らの理性に基づいて可能な程度に応じて合理的になる。個人は、自らが、自らの欲求、利害、経験、及び概念と共に、客観的布置連関を体現しており、弁証法的過程の中に取り込まれていることを把握する。個人が、「外」の世界からの分離をもはや甘受しないことによって、真理が個人に物理的に浸透し、個人の身体は霊的なものとなる(292)。

アドルノのヘーゲルについての六一ページの著書は、一九五七年四月に発行部数二〇〇〇部で刊行された。ズーアカンプ社は、約五〇部の書評用献呈本を、新聞、雑誌、ラジオ局に送り、更にいくらかの献呈本を、友人や関心のありそうな人、名士たちに送った。献呈を受けたのは、アルフレート・アンデルシュ、マックス・ベンゼ、ヴァルター・ベーリッヒ、ヴァルター・ディルクス、マックス・フリッシュ、ヴァルター・ヘレラー、ヘルマン・コザック、カール・コルン、カール・クロロウ、マックス・リュヒナー、カルロ・シュミット、エミール・シュタイガー、ホイス連邦大統領、オットー・フォスラー、ペーター・ションディ、ヘレーネ・ヴァイゲルらである。この本への反響は非常に小さいままに終わった。この年の終わりまでに出版社のリストに上った書評は一〇本だった。それらの大半は、非常に簡潔でたかだか数行にすぎなかった。この本は「ヘーゲルを熟知している人物」(293)、「専門知識豊富で才気溢れる哲学者にして社会学者・文化批判家」による書物と評され(294)、アドルノは、「ヘーゲルとの対話に留まらず、ヘーゲルを『自分たち』の人と見なしてきたすべての哲学的方向性との徹底的かつ、何ものにも左右されることのない批判的対話。刺激的で主体的な衝撃を伴う困難にして勇敢なる業績」(295)を称賛された。ヘーゲルの新しい解釈と共に現在の問題が語られている(296)。ヘーゲルがそうであったような偉大な哲学者の思想をめぐる考察は、アドルノのようなやり方によってのみ、意味を持つ(297)。この本は実り多い読書を提供してくれる(298)。「熟練の精密さによって、(…)一般にそれが最も頻繁に見失われてしまいやすい、まさにその点で、すなわちヘーゲルのラディカルな観念論と体系の全体性要求において、ヘーゲルの現実への近さを示したこと」こそが、アドルノの「ブリリアントなエッセイ」の功績である(299)、等々。難解な語法に対する懐疑的な見解もいくつか表明されている。「この本の言明に対して普遍的関心が抱かれていようとも、この本を敢えて通読しようとするのは、ごく小さなサークルだけだろう」(300)。アドルノの著作の社会批判的文脈が指摘されたのは、唯一、『ショラスティィーク（スコラ学）』誌上だけであり、それもごくわずかに、しかも留保付きでのことだった。その書評によれば、ヘーゲルの良き弁証法は確かに「今日の生産社会」や「すべての個人の社会的な前形成」を分析するための実り多い手がかりを与えてくれるが、アドルノに見られるように、マルクス主義に「精神を強引に結びつける」ようなやり方をした場合には、そうした良き弁証法は成立しえない――「他ならぬアドルノによってしばしば軽蔑された『伝統的形而上学！』」の下では成立しえないのと同様に(301)。

実存主義哲学に対するアドルノの論争についても言及されている。しかしテクストの体系的諸問題、弁証法、社会的労働、社会的分業、哲学批判といった諸概念は論じられなかった。このテクストは、哲学的テクストとしてではなく、常にブリリアントに論じ著述するゆえにほとんど理解しえない文化批判者による書物として紹介された。注目すべきは、アドルノとホルクハイマーのフランクフルト大学の同僚であるヴォルフガング・クラマーの反応である。彼はこの本を、既に言及したようにホルクハイマー宛書簡で、ホルクハイマーとアドルノの学説は哲学ではない、と述べるきっかけにした。クラマーの非難は、このテクストの哲学批判としての側面に向けられていた。すなわち、アドルノが体系的で哲学的な問いを、「社会へと立ち返ることによって、社会という概念がその問いを解決する原理となるようなやり方で［扱っている］」ことである(302)。クラマーは、社会哲学的問題圏の価値については争わなかった。しかし、超越論的哲学の諸問題は、社会哲学的には扱いえない、という。彼は、アドルノが超越論的なものを完全に抹殺したいと望んでいるのではないかと、危惧したのである。しかし、そうなるのはもっぱら、超越論的なものをめぐる根本思想が「もはや理解されえない」か「忘却されてしまう」かのいずれかである(303)。実際アドルノにとって、経験行為に先行してそれを構成するような、知をめぐる概念が存在しなければならない、と想定する超越論的哲学――クラマーも超越論的哲学をそのように理解していた――の克服こそが問題だったので、クラマーの主張はある程度まで正しかった。ホルクハイマーは返信の中で、クラマーは結局のところ何が第一のものと見なされうるのか、それは社会か、それとも精神と主体か、という問いをめぐって争っているのだということを強調した(304)。クラマーはその帰結に正しく気付いていたにもかかわらず、アドルノの思考回路を誤解している。というのも、アドルノは、超越論的なものを社会へと解消したのではなく、超越論的なものを、〝社会的プロセスがある歴史的段階において超越論性という哲学的カテゴリーとの媒介連関を形成していること〟が把握可能になる布置連関の内にもたらしたのである。このような全体的布置連関は、社会理論的に暗号解読される。哲学は、社会的アクターたちによって生きられる、社会を把握する知的実践なのである。それも、非常に高い水準の合理性によってなされるので、その合理性が現在の社会にとっても基準となるのである。問われるべき問いは、「彼［ヘーゲル］の絶対的理性以降、到達されたものと思い込まれている理性はひょっとすると、実のところ、とっくの昔にヘーゲル以前に逆戻りしており、単に存在するもの――ヘーゲルの理性は、存在するもの自体の内に働く理性の力で、その重荷を揺り動かそうとしたわけだが――に順応してしまったのではないか」(305)ということだ。もっともアドルノは、自らの論証によって、ある位置ずらしを企てた。すなわち彼はこのような論証によって、超越論的哲学が独自の問題圏を持ち、それ自体として、つまディシプリンとしての哲学としてなお継続されうるということに異議を申し立てたわけである。むしろ、既に別の箇所で彼が示唆していたように、哲学から歩み出ることが必要なのである。「熟考は不可避的に、私が頭の中で考えているもの、すなわち、唯一のもの――それは、実際に円環を越え出て行くけれど、それを始動させるや否や、幻惑の連関をまさに強化することになります――としての精神という概念の端緒に通じます」(306)。そして、その後のアドルノは、『否定弁証法』というプロジェクトとそれに関連する数々の研究とによって、支配が合理性の形を取る客観的意識形態としての哲学を、哲学という手段によって克服しようとする新たな試みを企てるのである。

五章　『否定弁証法』

一節　理論の時代

否定弁証法のプロジェクトは、アドルノによって長らく追求されてきたものである。体系から反体系的なものや具体的思考へと至るために、ヘーゲルの概念とは違って、概念と対象の間の同一性を打ち破るような弁証法概念を練り上げるという目標は、既に一九三〇年代のアドルノの仕事を規定していた(307)。プロジェクトは、年月が経過すると共に視点を更に幅広く拡大していき、特に、存在論への批判という、ホルクハイマーが一九五〇年代に目指したが実現しなかった計画をめぐって強化されていった[308]。それゆえに『否定弁証法』は、ホルクハイマーとアドルノの論証の筋が編み合わされた作品として理解されうるものであり、アドルノの諸構想が実現していたならば、いわばアドルノの『純粋理性批判』になっていたであろうものである。というのも、それは美学に関する一冊、道徳哲学に関する一冊と共に、「私が吟味すべきもの」[309]を呈示することになるはずだったからである。アドルノは、一九五九年から六六年まで、『否定弁証法』のための研究に携わったが、この仕事は、この時期の彼の教授活動と密接に絡み合っている。一九六〇／六一年の冬学期以降の講義は、これまで公刊されているものを見る限り、その連関をはっきりと示している。『哲学のターミノロジー』(一九六二と一九六二／六三)では『否定弁証法』の特に導入の章の中心的なモチーフが、『道徳哲学』(一九六三)では、自由についての章のモチーフが現れている。そして最終的には、『形而上学』(一九六五)についての講義の最後の部分でアドルノは、はっきりした形で、最終章の完成草稿に依拠してさえいる。『否定弁証法』は、公刊後、二学期にわたって哲学の主ゼミ(一九六七年と一九六七／六八年)の対象となった。このことから推測されるのは、アドルノにとって、執筆と教育の二つの活動を時間経済上の理由から互いに結びつけることだけではなく、恐らくは、それ以前の教育活動よりも体系的に学生たちに対して批判理論の中心的定理を伝達することも重要だったのだろう、ということだ。というのも、これまではどちらかといえば暗黙の内に、あるいは、付随的に——ただし、部分的には非常に集中的に——議論されていただけの、批判理論の根本的問題が、今や明示的に対象となったからである。批判理論は一九五〇年代末以降、恐らく学派的な連関として認識され、その意味で肯定的に認められるようになっていた——このことはとりわけ、彼の授業に学生が殺到したことに、はっきりと現れていた——わけであるが、アドルノは、この理論の教師かつ提唱者としての自己理解を強めていたように思われる。

アドルノは、語られた言葉よりも書かれた言葉をはっきりと優先した。執筆は、うまくいけば、純粋な形で思想を集中的かつ精密に表現することを約束する。それに対して、授業で語られる言葉は、暫定的なもののままに留まる(310)。にもかかわらず、以下の論述では、『否定弁証法』だけを扱うことはしない。授業活動とこの本とは密接な参照連関をなしており、部分的には相互に解説し合い修正し合っているからである。特にマルクス理論に関しては、論証の含意や結論は授業において初めて明らかとなる。このことは恐らく、理解を助けるための解説がなされたという教育的理由だけではなく、アドルノが聴衆と共に活発に議論し、聴衆に語りかけ、寄せられた非難や期待の数々に反応したことと関連していると思われる。そしてまたアドルノは、聴衆が自分による仄めかしを理解し、批判的思考の伝統をよりはっきりと示唆してほしいと望むであろうと予測することができた。境界線はかなり広く設定されており、テクスト・コーパスは非常に包括的である。そのためここでは、互いに絡み合い、層を成している様々なテーマや論証の筋道の内、批判的知識人の逆説的な語りの位置の構成、及びそれと付き合うための要求や推奨に関連する側面の内の、ごくわずかしか取り上げることができない。

『否定弁証法』の序章の最初のいくつかの文からして既に、この本が展開している問題構成にとって根本的な意義を持っている。これらは、批判的・唯物論的理論にとって歴史上決定的な状況、すなわちマルクスによる哲学批判を思い起こさせることによって、マルクスとの批判的対話を始めている。それは、『ヘーゲル法哲学批判序説』と『フォイエルバッハ・テーゼ』の中で繰り広げられた批判であり、それによれば、哲学はこれまで世界を解釈してきただけだったが、重要なのは世界を変革することであり、それゆえ、哲学はブルジョワ的イデオロギーの一形態としての存在から救出されねばならない、という(311)。アドルノは、マルクスによる哲学批判を、一人の哲学者による偶発的見解とは理解していない(312)。むしろこの批判は、一八世紀の革命的市民の思考の形態としての啓蒙主義が要求したもの、すなわち、理性という基準に従っての社会的現実の形態化を遂行しようとしている、という(313)。実践への歩みが失敗したので、今やマルクスに抗して[314]、一瞬理性が現実と一つになりえたかのように見えた、この世界史的瞬間に立ち戻り、哲学が掲げた実践に移行すべき諸根拠になおも説得力があるかどうかを批判的に検証しなければならない。「ヘーゲルとマルクスにおいて理論的には不十分なままに留まったものが、歴史的実践へと伝えられた。ゆえに、理論的に改めて反省しなければならない」[315]。実践は、強調された意味においては理性的な形態化に挫折しており、もはや単なる行為でしかなく、実践の思考はもはや規定できない、という。人が時代を思想に委ねず、思想が役に立つという証拠を要求するならば、それはまさに反主知主義の兆候である[316]。カント以来の理論に対する実践の優位をアドルノは打破したいと願っていた[317]。「現代は理論の時代」[318]であるという。従って、アドルノは、マルクスを志向する批判的な理論が置かれている同時代の状況――そしてそれと共に、社会に対して批判的な知識人たちが成すべきこと――を、理論の反省的方向転換へと向かう歴史的に強制された必然性によって、時代診断的に性格付けたのである。理論のこのような方向転換は、解放的実践の形態を変えることや、これまでの歴史において解放的思考からほとんど必然的に生じてきたおぞましい帰結を、今後は回避することを可能とするはずである。「自己自身を実現すべく、他なるものを想定し、他なるものの内に入って行こうとするものは、それ自身の内で自己に敵対的な原理さえも発達させる。それによって、常に、まさしく再び神話へと逆行していく危険が存在するのである」[319]。理性や批判的理論に対する反省は、啓蒙の弁証法の恐るべき巻き添えから、どのようにして解放的思考が脱出しうるかをめぐる認識に寄与するはずである。ここでアドルノは、同名の著作『啓蒙の弁証法』での見解や問いかけを新たに取り上げている。すなわち、啓蒙の脱神話化と、理性の批判的自己反省による、啓蒙の悪しき全体主義的相貌からの治癒である。アドルノはこの思想をラディカル化したわけだが、彼は理性の統一をめぐる考察を基盤としており[320]、ホルクハイマーの場合しばしば特徴的だった、主観的理性と客観的理性の区別を行なおうとはしなかった。両者を区別する場合、外的に対立し合う二つの理性のコンセプトがあり、その内の主観的理性だけが問題含みのものであるということにして、理性の自己矛盾性を無害化してしまう、という危険が生じてくる。もっとも理性の批判的自己検証というカントのプロジェクトの続行は、理性という概念を限定するか、撤廃しようとする傾向のある、変化した社会的諸条件にも対応しなければならない。「啓蒙の自己反省は、啓蒙の撤回ではない。啓蒙は、今日の現状に都合が良いよう、自己撤回へと買収されることになるだろうが」(321)。アドルノは、こうした言明によって、理性の味方をするだけでなく、理性を理性の弱体化や矯正のための手段として用いようとする試みに反対する、理性批判を擁護してもいた。目標は明らかに、一方における意義と世界の説明を求める主観的欲求と、他方における理性とを、「精神的宇宙と現実の宇宙の樹立に向けて」(322)の理性の力への信仰に再び統合するような、知的素質と姿勢に寄与することだった。アドルノは最終的には、『否定弁証法』によって、特に『ミニマ・モラリア』や『プリズメン』で叙述してきた自らの理論の、公共圏での認知のされ方にも対応している。自分の文化批判は、あたかも、自分が文化の化けの皮を剥ぎ、廃墟の中にたたずむ文化を脇に片付けようとしているかのように受容されてきた、という。ただし、廃墟の下に何か根源的なものや真なるものがあるとか、新たな出発が可能であるといったほのめかしを、アドルノは拒絶した。彼の見方からすれば、そのような考えは、日常の常識における存在論の優位を示唆するものであり、その帰結として、直接的なものや単純なもの、第一のもの、深遠なもの、根源的なものへの還元を肯定的に評価することになる。「文化が失敗したから、あるいは文化が約束したものを保持していないから、または、文化が自由を、個性を、真の普遍性を人間に渡さなかったから、つまり文化が自らの概念を満足させていないからといって、今や文化をお払い箱にし、元気よく陽気に、権力関係の皮肉な生産に直接置き換えるべきである、というのは形而上学的に誤った結論であると申し上げておきたい。そしてみなさんが、そういう誤った結論に至らないよう注意を促したいと思います」(323)。

アドルノは、目下必要なのは実践ではなく理論である、という自分の診断と課題設定に含まれる危険を自覚していた。個人が政治的にも活動的である時にしか、個性は発展しえない。アドルノが詳細に論じたエピクロスの「隠者のように生きよ」という倫理的格率が勧めているように介入的な実践を自制することは、自分を目立たせないために、体制順応的に生きるだけでなく、もはや、敢えて非体制順応的に思考するということを一切しなくなる、という致命的な帰結をもたらすかもしれない(324)。精神的活動が「真の実践の形態」となっており、思想を思考することは、「今なお世界を変革するための非常にラディカルな催し事をする」ことよりも危険だ、という。すべての「抵抗の力」と思考における仮借のなさは、それ自体の内に実践の契機を宿しており、「正しい実践」、「正しい行為の可能性」の認識に到達しうる(325)。アドルノは、理論と実践の差異と対立を引っ込め、理論それ自体を社会的実践として規定する時には常に、従来の理解とは違う理論‐実践関係を目指していた。理論から帰結として実践が生じてくるのは確かだが、理論は実践の優位に服従するわけではなく、自律的であり、内面から現実に向かう、という。というのも、自我から非自我への移行が、理論そのものの内在的条件を意味しているからだ。「思考そのものが一つの振る舞いであり、思考する際に同時に現実と関わらない人は、そもそもよく思考することができない人なのである」(326)。従ってアドルノにとって問題だったのは純然たる理論ではなく、自らを具体的な社会において時代に適合した実践と理解し、それにふさわしく振る舞うような理論なのである。思考は、直接的所与性に屈服せよという不当な要求に反対する抵抗かつ拒絶であり、それゆえに、主体の自由の一形態である(327)。アドルノの考察は、両義的なままに留まった。というのも、ある面で彼は、最終的には実践に対する理論の優位は一時的なものに留まることを示唆しているからである。理論の自己省察が正しい実践に役立つ限りにおいて、実践は決定的側面であり続ける。しかし、別の側面では、これとは逆に、理論と認識は、解放的実践そのものの形態であるとされる――もっとも、それによって間接的に、実践が再び優位に立つのだが。

マルクスに結びつく論証に基づいて、アドルノは理論を哲学と同一視した。ただし、この哲学は、哲学一般ではなく、その真正にして最終的には形而上学的な意味における哲学のことである。アドルノはこの哲学を、特定の対象領域を持つ特殊なディシプリンとしては理解しなかった。哲学は、分業の結果を受容せず、全体と取り組み、「通常は流行によって厳密に分割されているもの、もしくは、確立された諸科学の使い慣らされた規則や規範によって排除されているもの」を気にかける(328)。それゆえにアドルノは、哲学を「意識の振る舞い方」(329)として規定した。それも、概念に対する自由な反省の振る舞い方として。このような思想は、講義の中での聴衆への直接的な語りかけを規定してもいた。確かにアドルノは、自分の聴衆の内、とりわけ自分の「弟子」(330)と見なした人々に向かって語りかけていた。しかしアドルノは、様々に哲学の学生の教養を批判している。哲学の学生たちは、思考や諸概念の生き生きしたダイナミズムを、自分たちが身に付けており、自分たちを、秘教的知識を持つ聖別されし人にしてくれるであろうターミノロジー（術語法）へと固定化してしまう。そのため学生たちは、特定の問題圏の伝承という規律（ディシプリン）に服従させられる。コミュニケーションとレトリック――両者は思考にとって必須の言語的契機であるのだが――が蔓延することになる(331)。使い手が「思考の公務員」、より高次の考察を意のままに操る善良にしてお行儀のよい心情の持ち主を自認している限り、ターミノロジーはエリート的かつ権威主義的なものになる。しかし哲学は、きちんとしていて、厳密に画定され、物象化する思考とは真逆のものであり、自律性、自立、そして自由に対する心構えを鼓舞し、要求する(332)。こうした考察によってアドルノは、自分が、自らの哲学素をターミノロジーへと凝固させることを望まず、それを学校教育の基盤とは見なさず、自らが「導師（グル）」として語るのを拒否することを根拠付けたのである(333)。

もっとも、哲学的振る舞いの自由は、自ずから理解されることはない。緩やか、開放的、剥き出し、非体系的、非連続的……理性は百科全書派のフランス啓蒙主義者たちから、そのように自由に理解されてきたという。しかし、理性には、内部から、つまり諸概念のダイナミズムを介して、体系という形を取る傾向があるという。すべてが理性的であることが証明されるのを求めるのは、まさに理性による自律性の要求である。他律的なものは何一つ永続せず、理性が措定し、根拠付け、作り出すものだけが、永続するのである。そのため、貫徹された体系が、自由の形態のように思える。ここに、一見すると、体系の説得力があるように思われる。しかし、アドルノが提案するように、こうした体系へと向かう思考の運動の全体を視野に入れるならば、歴史上の市民層の時代全体の特徴である、恒常的な挫折によって、体系が性格付けられていることが窺える。というのも体系は、すぐに入れ替わるからである。諸体系は、自らを自律的かつ自由に措定しようとする意図に反して、自らをそれよりも良いものにしようとする、次に来る体系による批判と主張によって、その力不足を証明されることになる。他方で体系は、内側からも挫折する。体系は、すべては理性によって措定されている、と偽って申し立てるので、遠大な運動の中で対象世界を包摂し把握しなければならなくなる。しかし、対象世界を組み込むことを可能にするためには、体系は、現実の適合的な側面だけを取り出さなければならない。かくして体系構築という目的のために、現実はトートロジー的に解釈される。存在者は、体系の中に組み込まれるべく、常に初めから規定されていなければならないのである。このことはヘーゲルにもまた当てはまる。ヘーゲルにとって、現実は、その質的差違性の全体と共に常に既に精神であり、対象の抵抗によって自己を更に何度も螺旋状に普遍性へと高めていくべく努力するよう挑発される、体系の既に予め思考された矛盾の契機へと凝集していく。しかし体系は、最終的には完結し、自足的に自らを支えているのだと主張し、それによって静止状態となる。体系は、全面的に、諸体系を構成している者たちの主観的恣意となるのである。理性は、体系の中で、また体系を通して、まさに自らにとって本質的な自由と自律性を失うのである。理性は最後には、完全に束縛され、強制的かつ暴力的に、本来ならば自らが把握すべき客体と対峙させられる。個別的なものは、上位概念の下での一例として要約される。この論理は最終的にアウシュヴィッツで頂点に達する。「民族虐殺は、絶対的統合である。この統合は、人間が画一化される、軍隊の用語で言えば、しごき抜かれる（geschliffen）あらゆる場所に準備されている。完全な無という概念からずれた人間は、そのずれが文字通り、研磨され（geschliffen）ることで、消滅するに至るのである。アウシュヴィッツは、純粋な同一性は死であるという哲学素を確認したのである」(334)。

理性は、批判的な自己反省を介して、同一化における閉鎖と完結の動力学を免れようと試みる。しかし、アドルノによれば、理性が、体系の拘束的な首尾一貫性に対して距離を保つことができると小心気味に信じているとすれば、それは不可能だ。アドルノが見出した唯一の可能性は、否定弁証法という可能性であった。すなわち、自らの内在的論理に従って、繰り返し上へと螺旋状に上昇していく運動を介して、対立し合う現実や矛盾を肯定的諸契機として体系の中に組み込むのではなく、その同一性への拘束力を打ち砕く、理性の運動である。アドルノがヴィトゲンシュタインの『論考』に反論して強調していることだが、哲学は、語りえぬことを語ろうとする努力であり、「概念が概念を、つまり飾り立て刈り込むものを乗り越え、それによって概念なきものに達することができる」(335)ことへの信頼なのである。思想には、概念という堅固な基盤を離れて、限定されることなく対象の経験に身を委ねる心構えがあるべきだ。恣意的に対象と関わるのではなく、対象にぴったり寄り添う心構えが必要だ(336)。アドルノ自身は、その際に重要なのは逆説的な企てだと見ていた。というのも、ひとたび概念的に発見された非概念的なものもまた、概念であるだろうからである。このことから、アドルノが概念的思考を本来の問題と見なしていたこと、非同一的なものは、確かに諸制度や芸術の中で直接的に経験されうるが、もはや把握されえない、ということが窺える。ただしアドルノは、自らの非同一的なものというコンセプトを、生の哲学的な直観主義や芸術の領域から決然と切り離していた。「硬直した普遍概念に対する憎悪は、非自由なものの只中での、非合理的な直接性や至上の自由への崇拝を引き起こす」(337)。概念に対する批判が、哲学への非難になることは許されない。というのも、非概念的なものは、概念という形でのみ確認しうるからである、という。

このように理解してみると、アドルノの逆説的な課題が、どちらかといえばアポリアであることが明らかとなる。しかし、彼は更なる論証の筋道の中で、問題を非常に陳腐化してしまう。というのも、概念によって概念を越え出ることは、まさにアドルノの解釈論（本書第二部第三章一節を参照のこと）の意味で、概念が自ずから常に何か対象的なものを意味している（meinen）がゆえに、実に簡単であるからだ。「実際に、哲学的概念を含むすべての概念は、非概念的なものへと向かう。何故なら概念は、実在性の契機であり、実在性が――第一義的には自然支配という目的のために――概念の形成を強いるからである」(338)。すなわち、諸概念は常に社会的自然支配の契機であるがゆえに、何かを意味しているというのである。「思考とは、その固有の意味に従って、何かについての思考である」(339)。正確に理解すれば、哲学がなすべきなのはもっぱら、哲学が概念の論理に抗して自らを密閉している事態を洞察すべく、哲学の自己愚鈍化に繋がる衰えを克服する勇気を奮い起こす、ということである。つまり、概念について概念的に反省するならば、概念は常に、概念が自ずから属しているところの非概念的なものについての概念である、ということが認識される(340)。従って、非概念的なものを概念によって認識することは、逆説的でもなければ、アポリア的でもない。むしろ、思考は、単純に、概念のダイナミズムに身を委ねる必要があるということになる(341)。もっとも、このことによって、拠り所、安定性、意味を求める欲求を克服し、開かれたものや揺らぎのショックに身を晒すことが必要となる。思考が諸概念を極限まで追求するならば、思考は、諸概念は、社会的現実の中で自らが持つ客観的意味ゆえに、自らと一致することがない、という考察へと行き着く。連関を生み出すと偽称している予め規定された普遍性は、同一化し、事柄を捻じ曲げるのである。「その限りにおいて非同一的なものは、自らの同一化に抗する事物（Sache）に固有の同一性であろう」(342)。それゆえに、最も小さい事物の前に留まらねばならない、という。「具体的なものについて哲学するのではなく、むしろそれから出発するのである」(343)。個別的なものはその都度、全体以下、あるいは以上のもの、すなわち「特殊なものの中の全体性」(344)である。この個別的なものは、一つの概念あるいは定義によって理解されるのではなく、複雑な媒介された連関としての具体的なものを目指して――諸概念が相互に引き寄せ合い、一つの布置連関に組み合わされるのを許容する形で――作用する思想の展開を介して、把握されるのである。「諸々の布置連関だけが、外部から、概念が内部において切り離したもの、すなわち、概念がそうあろうと望むがそうなれない『それ以上のもの das Mehr』を表象する。諸概念は認識されるべき事物の周りに集結することで、潜在的にそれらの事物の内部を規定し、思考が必然的に自らの内から消し去ったものを、思考しつつ獲得するのである」(345)。それゆえに、概念的思考が問題なのではない。決定的なのは、以下のいずれを取るか、という思考の態度である。一つは、安定を志向して、普遍的なものや第一のものに固執し、同一性や一義性を目指し、矛盾する概念の運動を性急にも退けるべく、まさに市民的意識にとって特徴的だったように、主観的安定性を保証する――あらゆることに対して常に既に矛盾のない説明的な解答を用意している――世界観的決まり文句を採用する態度である(346)。もう一つは、確固たるものと第一のものを見捨てて、客観的真理や非同一的なものに向かい(347)、概念が持つ歴史的に蓄積された意味の層を妥当せしめ、概念が展開した矛盾のすべてを客観的布置連関として解釈する努力を引き受けようとする態度である。「事物が置かれている布置連関に気付くということは、生成したものとしての個物が自らの内に担っているものを解読することである」(348)。歴史的契機をめぐるこのような知、すなわち伝統だけが、社会的実践が概念という形で自己理解を獲得するということ、従って概念は恣意的ではなく、その矛盾が合理的に解消され、理論的操作によって除去されることはない、ということを認識させるのである(349)。

では何故、アドルノは、事態がそれほど陳腐になっている時に、一方における体系や概念と他方での非同一的なものとの対立という問題を、持ち出したのだろうか、という疑問が浮上してくる(350)。そして彼は、自らが客観的事実として確認した事象、すなわち、哲学が非同一的なものという目前にあるものに対して遮られ、あまりにも安全性志向で不安気にしていることを、どのように説明するのだろうか? アドルノによれば、体系への批判は、支配の基底層に触れるがゆえに、意味を持つという。一八〇〇年の歴史的契機、つまり、哲学体系の構築によって理性を展開するという要求の多い試みによって思考が規定されていた、市民社会のとっくの昔に過ぎ去った段階についての記憶が、弁証法的・唯物論的社会理論と、批判の新たな形態のための洞察を可能にする。自らの自律性についての理解を市民層に与えた哲学体系という形の下で、理性の自由と概念のダイナミズムは、展開されると共に制約されている、という。展開された理性は、社会の更なる発展ゆえに、危険と化す。その強調された概念が既存の生産諸関係の狭さを突破するからだという。「それゆえに、理性は自らを制約する。市民時代を通して、精神の自律性という理念は、精神の反動的自己蔑視につきまとわれていた。精神は、自らによって制御されている現存の体制が、自らの概念に含まれるかの自由への展開を、禁ずるなどということを自らに許すことはないのである」(351)。それゆえにアドルノは、理性を裏切ってきたとして、哲学の伝統を非難する(352)。市民層は体系の精神を本気で実現し、ますますその精神に従って、社会的現実を形成してきた。しかし、市民層は人々の自律性を拡大せず、逆に無力なものにしてしまった。社会化の本来の媒体としての交換が、商品の具体的な形態や使用価値からの理性的抽象化という操作や、商品に含まれる諸価値の同一化を前提として必要としている限りにおいて、社会は徹底して精神によって媒介されている、という。

数量化された比較の尺度は、競合関係にある私的生産者たちの抽象的に普遍的な社会的労働である。私的生産者たちは、見通しがたい市場に向けて生産しているので、自分たちの労働の産物全般に対して支払い能力のある需要があるかどうか最初から知ることができない。それゆえに、交換によって媒介された社会は、理性によって洞察されることも、形態化されることもない。支配は、理性と現実、主体と客体を引き裂いてしまった。体系は、あたかも、人間的活動、精神によって媒介されていないかのように見える。自己保存に囚われている主体は、社会的関連を媒介する自分たちの活動の内で自らを理解しておらず、そのため、客観性によって規定されている。哲学はこれを助長する。哲学は諦念し、理性への強調された要求――それは哲学に対して、自立化した社会を、体系としての哲学から逃れようとする媒介連関として認識することを迫る要求である――を放棄してしまう。「全体性が反対されねばならないのは、それが自らの概念に従って非同一性を否定しているにもかかわらず、自分自身との非同一性に陥ることがやがて証明されるからである。否定弁証法は、まずその出発点においては、同一性哲学の最高位のカテゴリー群と結び付いているのである」(353)。理性は自ずから、虚偽の普遍性としての体系に対する批判へと移行する。これに対して、哲学者たちの哲学は、不安気にしり込みし、自らを制約してしまう。社会的現実が一つの体系であるならば、哲学的諸体系に対する批判は、解放のために必要な洞察を準備することができる。同一性に対する哲学的批判は哲学を越え出ていく。何故ならそうした哲学批判は、現実の体系の同一的な論理を、一種の柔道の技で批判する能力を習得するからである。「弁証法は、客観的な幻惑連関についての自己意識であって、この連関を逃れているわけではない。この幻惑連関を内部から打ち破り、脱出すること、客観的にはそれが弁証法の目標である。脱出へと至る力は、内在的連関から弁証法に生じる。弁証法は、敵の力を吸収し、その力を敵へと向けるのだ、というヘーゲルの格言を、今一度、弁証法に適用すべきかもしれない。しかも、弁証法の個々の点においてのみならず、最終的には、全体としての弁証法に適用することが必要だろう」[354]。

哲学が自ら盲目となっているという事実は、アドルノの論証にとって決定的な意味を持っている。問題は、知的怠惰を克服して概念の努力を自らに引き受けるようにという要請によってのみ是正されるであろう個々の思想家の個人的な無能さや無力さではない。確かにアドルノは、思考すること、それも首尾一貫して思考すること、従って、厳格な思考の強制的な性格を性急に中断してしまわないようにする心構えを様々に訴えている。「思考は自らに内在する強制的性格を批判的に認識しうる。思考そのものの強制こそが、思考の解放の媒体なのである」[355]。アドルノは、単純に首尾一貫して、従って弁証法的に思考するのは容易いことだ、と示唆している。しかし、自己幻惑は決して陳腐なことではなく、むしろ、市民的支配──それはまた、自由な認識の可能性の条件へと拡大されていく──が歴史的に発展していく基本的指標である。「既存のものの力が、意識が突き当たって跳ね返される正面（ファサード）を構築する」[356]。従って、社会の全体性の認識不可能性が、見通しが効かないようにする支配の様式であるならば、認識不可能性のそうした作用は、哲学によって積極的に支持されることになる。すべての文化と同様に哲学もまた、その構成的諸概念に至るまで、支配の組織に関与しているのである。「精神の支配や、その特権の正当化という印の下で、精神労働が肉体労働から区別されてからというもの、引き裂かれた精神は、自分こそ第一の根源的なものである、というテーゼから帰結される、あの他ならぬ支配要求を実際に請求するに当たって、良心の呵責がつのるのを感じずにはいられなかった。そのため精神は、没落すまいとすれば、自らの支配要求が何に由来するかを懸命に忘れなければならなかったのである。精神は、自らの安定した支配が精神の支配などと言えたものではなく、最後の手段＝最終理性（ultima ratio）は自らが意のままにしうる物理的暴力であることに、内心では感づいている。ただ精神にとって、没落を代償として自らの秘密を言葉にすることは許されないのである」[357]。概念的思考の独自のやり方によって、すなわち、自らは全体を思考するので、自分自身は全体の単なる一契機ではない、と信じることによって哲学は、主／客の媒介連関を、構成的意識とその諸概念に有利なように、一方的に寸断してしまう。この意識とその概念は、普遍性と全体性という外観を帯びている支配的思考を組織化することで、構造的に特徴付けられている。思考は、他者や非同一的なものとして認識されることが決してないような、盲点の周りをめぐるかのように、支配という中心の周りをめぐる。思考は、支配の持続を自ら保証しようとするのである。さもなければ、哲学は、社会的分業に対する批判へと移行せねばならず、哲学に対して批判的になり、自己克服を目指して努力しなければならないはずである。これこそが、否定弁証法の目標に他ならない。もっともアドルノは、アウシュヴィッツを不吉な前兆と見なし、市民社会は、「自らの基層を脅かすような反省へと思い切って向かう」[358]よりも、全体的没落の方を選択するのではないかと危惧していた。

観念論が最終的にはすべてを精神と主体に還元してしまうのに対して、唯物論の伝統は、批判のための出発点を端的に示すことができる。その批判の成果は、価値転換である[359]。というのも、観念論や形而上学の伝統が、普遍的なもの、第一のもの、高次のもの、深遠なもの、本質的なものなどへの加担を暗に含んできたのに対して、唯物論は、低次のもの、個別的なもの、一時的なもの、ありふれたもの、感性的実在などへの加担を暗に含んできたからである。それゆえに唯物論は、未だかつて、観念論に匹敵する体系的形を採りえなかった。もっとも、唯物論は、観念論に対する現実的オルターナティヴを表しているわけではない。というのも、唯物論は、社会的現実の理性的媒介を把握せずに、すべてを一面的に物質へと還元するからである。唯物論もまた、同一性哲学に多くを負うており、観念論に対する抽象的オルターナティヴとして、常に従属的な立場に留まっているのである。最終的にアドルノは、このような同一性哲学の契機ゆえに、Diamat（=Dialektischer Materialismus　弁証法的唯物論）においては、「現実の個々人という主体の要求をどんなときでも満たすことと引き換えに」[360]普遍的なるものとしての共同体のエートスが絶対的に措定された、と見なした。唯物論は、個別的なもののために、すなわち具体的な幸福のために、弁証法的に自己自身を修正せねばならず、主客の媒介関連という緊張に決着を付け、内在を内側からこじ開けねばならない。アドルノは、その最も特徴的なモデルをマルクスの内に見ていた。マルクスの理論は、市民的思考の展開された諸体系の高みにおいて、それら諸体系の力を我が物としたうえで、それを元の諸体系に対して向けようとする、否定的唯物論の極端な形態である[361]。マルクスによれば、社会的諸過程は依然として自然法則的に規定されて進行しているというが、アドルノに言わせれば、そうしたマルクスによる分析は、社会外の審級が運命を導くことはないという、唯物論の伝統的見解を受け入れている、という。マルクスによる分析は、同時に、すべてのエネルギーを傾注して、自由がまだ存在しておらず、精神が――それが抽象化機能としての交換という形において暗示しているように――単なる支配の機能へと切り詰められていることを示唆している。「これに対応して、マルクスの体系を、否定的体系あるいは批判的体系、徹底して批判的な理論と呼ぶことができる。世界は確かに体系ではあるが、それは、人々にとっては自分たちと異質なものとして、他律的に負わされている体系なのである。世界は仮象としての体系なのであり、彼らの自由とは何の関係もない。これは、イデオロギーとしての体系であり、(…)マルクス理論の内部では、真ならざるものであるような全体、ということになる」[362]。

アドルノは、講義の中では『否定弁証法』の中でよりももっとはっきりと、マルクスを、既に否定的弁証法という意味で思考していた著者として紹介した。アドルノの理論とマルクスの理論は、相互に反映し合っている。実践哲学の伝統やその論証、目標及びその戦略に対して、アドルノの定理は広範囲に及ぶ帰結を有している。まず最初に、アドルノが、理性は自らによって制御される現実の中で自己を再認識し、自らが、自らの産みだした――しかし、自らを物象化する――現実の一契機であることを把握すべきだと論ずる時、彼は、あたかも実践哲学の枠内に留まっているかのように見える。ここからは、アドルノが、市民的社会から引き裂かれた主体と客体が再び一つになる場としての宥和状態を目指して努力していたことが窺える。それは、自己同一的に、自己自身に対して透明な世界である。それは、主体とその構成的理性が、主体によって自由の中で形態化された現実と、直接一体となっている世界である。そこでは、哲学の約束が現実化し、特殊なものが、現実的な普遍性としての自己同一的な社会的全体性において救済されることになる。

しかし、アドルノの論証は、まさに、このような実践哲学的図式から決定的に逸れていく。新たな直接性の産出という、執拗に浮上してくるロマン主義的モチーフを彼は拒絶する。主体と客体の宥和は、これまでのように弁証法的に媒介された両者の統一の再生産にあるのではない。重要なのは、最終的な二元性でも最終的な統一でもなく、「一つになりえないもの」のための反省概念である(363)。この考察は、以下のことを示唆している。すなわちアドルノは、成功した自己同一的な普遍性という形で肯定的に理解される主客の弁証法的な解消を念頭に置いていたわけではなく、むしろ、差異の中で主体と客体が両者の可能性を許容する、開かれた、ヒエラルキー的でない一つの布置連関に移行するような、媒介連関を視野に入れていたのだ、ということである。ここからまた、アドルノの批判が、主客が互いに離れ離れにあることに向けられていたのではなく、主客がその媒介関連から引き剥がされ、両者がそれぞれを自立的なものとして理解し、主体が構成的かつ超越論的なものとした自己を誤解することに向けられていたことが窺える。

解放（Emanzipation）は、歴史を究極の同一性の中に閉じ込めるのではなく、地平を開く。個々人は、今や初めて、不安を抱くことなく、自分たちの可能性を実現していき、ありのままで幸福になることができる。個々人だけが普遍性の尺度なのである。主客の矛盾が、最終的には、非同一的なものを同一性――一つの階級であれ、自然との統一であれ、もはや疎外されざる状況であれ(364)、全体性であれ――の中に宥和された形で組み込むことになるのではなく、同一的なものの非同一性を、概念対そのものの克服に至るまで展開するのである。このことは非同一的なものという概念の意味のずらしを示している。アドルノは、最初は、非同一的なものを、認識論モデルの意味で概念化しているように見える。このモデルは、現実をよりよく把握するというだけでなく、同時にまた、同一的で普遍的なものとして、より高次の道徳的価値を有するものである。しかし、次の段階では、非同一的なものは、とりわけ、同一的なものが自ずから移行していく契機と見なされる。同一的なものと非同一的なもの双方が、認識過程の契機であり、道徳的には中立的である。第三段階では、最終的に、非同一的なものは、何ら肯定的なものではなく、それ自体では、全体性が真ではないことの、すなわち対立に満ちた社会が真ではないことのインデックスでしかないとされる(365)。理論と実践そのものの関係、すなわち、正しい行為についての意識と正しい行為そのものの間の非同一性が、このことを支持している。というのも、カント哲学以来、人々の知がもはや経験を直接的に合理的実践に導くことはなく、「非合理性の注入」(366)が必要とされるような形で、経験が定式化されてきたからである。体系は、自らが手持ちの諸概念によってすべてを把握することができるのだと信じ込ませたがっており、それに伴って、常に新たな諸矛盾を生み出してしまうがゆえに、非同一的なものが認識されねばならなくなる、というわけだ。宥和された状態では、体系は、客観的諸矛盾のダイナミズムから生じる弁証法を、もはや必要としない。「ユートピアの具体的可能性を顧慮すれば、弁証法は、間違った状態の存在論である。正しい状況は弁証法から解放されているであろう。そこには、体系もなければ矛盾もないからである」(367)。従って、弁証法は、それ自体としては、否定的すなわち批判的なカテゴリーなのであり、成功した解放によって自らを余計なものとするのである。弁証法を起点とするダイナミズムは、宥和された状態が、まさに全体性へと、矛盾のないという意味での全体性へと統合され、個々人を包摂することはない、ということを意味している。哲学には「全体性を望むことはもはや許されない」(368)のである。まさにこの希望こそが、社会主義構想を現実化しようとする試みにまで至る、啓蒙の歴史の中で展開されてきたものとしてアドルノが理解する、権威主義的帰結をもたらしたのである。アドルノはこれに対抗して、ラディカルで自己反省的な啓蒙は、同一性と非同一性の両者の矛盾したダイナミズムを止揚し、個別的なものがもはや矛盾としてではなく、差異や他者として妥当性を得るようにすべく努力しなければならない、ということを説得的に示そうと試みた。しかし、弁証法的批判が差異概念の下で安らうことはありえない。アドルノが、性差について、苦労している女性と行為に喜びを感じる男性の間の差違について確認したように、異なるものはそれ自体でなお宥和を必要とする。「差異の不名誉」の何一つとして、差異の幸福として生き残ることは許されない(369)のである。宥和は「非同一的なものを解き放ち、更に精神化された強制から解放し、差異という多数性を開くだろう。そして、弁証法は、この多数性には、もはや力を持ちえないだろう」(370)。弁証法はまさに出発点ではない。今は第一哲学ではなく、最後の哲学の時代である、というアドルノの命題は、言葉どおりに受け取られねばならない(371)。『否定弁証法』は、自らを徹底した哲学批判として理解している(372)。この批判は、哲学を人為的に保持するためにではなく、より理性的な仕方で哲学を超え出るために、哲学をそれ自身とその目的＝終焉（Ende）から救出する(373)。内容的な哲学は、単なる哲学なのではなく、哲学史への更なる貢献なのである。哲学は、物質的な社会過程についての批判的理論へと移行する。「まさに本来的に形而上学的な問いや（…）形而上学それ自体の物質的なものの層への移行、これこそが、納得している意識によって、あらゆる種類の公式的にイエスを言う姿勢によって抑圧されているものに他ならない。（…）こうした感情が問題なのである。すなわち、これら諸現象の中で人が直面するこのうえなく惨めな身体的実存が——私に言わせれば今日に至るまで正しく考え抜かれたことがほとんどなく、ただ時折思い出された時にしか考えられなかったような仕方で——人類の至高の関心と連関しているという感情だ」(374)。アドルノは以下のことに照準を合わせていた。啓蒙という歴史上の特殊形態として、これまでずっと、社会理論の自らを自覚しない一形態であった哲学が、アクチュアルに継続されうるのは、自らを社会理論としてはっきりと把握し、正しい実践や政治を準備する場合のみである、ということだ(375)。

急き立てるような調子で述べられたアドルノのテーゼには、焦りが見られる。「行為することによって、行為についての釈明を余計なものにすることが、哲学の理想であろう」(376)。今求められているのは、内容的な社会理論であり、正しい実践である。アドルノが哲学批判によって哲学の終焉を用意した後で、一つの問いが生じる。すなわち、何故すぐに、具体的な生活連関の分析としての唯物論的理論ではなくて、今なお哲学史全体の総括なのか、という問いである。多大な焦燥を抱いているにもかかわらず、哲学が崩壊する瞬間に哲学を救出することに、身振りや行為そのものとして、この瞬間を越える耐久性を持たせる必要はあるのだろうか？　この点に関して、アドルノとホルクハイマーの間には、ある程度、意見の相違があったらしい。というのも、アドルノはホルクハイマーに対して、いささか曖昧な態度で次のように書いているからである。「望むらくはこれ〔『否定弁証法』という分厚い子供：引用者注〕を哲学への後戻りと受け取らないで欲しいのです。これはむしろ、哲学の問題圏そのものの内から哲学の伝統的概念を、穏かな物言いをすれば、拡大しよう、とする試みを意味しています。（…）ただ、議論の余地があるかもしれないのは、それを理由に、所謂、専門哲学的な領域と関わりあうべきかどうか、ということです。しかし、それは今や、内在的批判に対する私の情念に対応しています。それは単なる情念ではありません。もしかすると、本そのものの中でもある程度正当化されているかもしれません」(377)、と。この正当化は、最終的には、批判理論の知識人が採るべき、複雑かつ逆説的な語りの位置において頂点に達する。批判理論の知識人は、精神的に労働している人間として自らを理解せざるをえない。しかし、まさしくそのことによって彼は、精神的かつ統制的労働と肉体労働との分離という支配の中心的契機に構成的に結び付いている――彼はこの分離を哲学という形態で組織化する。必然的に彼は、支配の諸概念で、すなわち観念論的に思索することになる。この連関から、精神による要求に抵抗せよ、という特別な挑発が生じる。精神は、純粋な妥当性や自律性であるかのように自己を誤解し、その発生と歴史とを自らの内から排除しているのである。これに対して、批判的知識人は、社会的実践によって歴史的に転換されて新たな布置連関へともたらされる関係として、主体と客体を把握する。目標は、自然史による数々の拘束から人類の開かれた歴史へと移行し、宥和の布置連関を生み出すことにある。知識人にとっての苦労は、哲学の伝統を克服しようと望むならば、まさにその伝統を身に付けねばならない、という点にある。従って、首尾一貫した批判者としての知識人は、原則として、自分自身と自らの実存基盤に抗して思考する。というのも、概念の運動、概念が抱える諸矛盾、及び、それと共に諸概念の歴史を思考するならば、知識人は、哲学的超越性や無時間性といったナイーブさの中に逃げ込むことができないからである。しかしアドルノは、知識人は哲学やその伝統をそれでもなお見捨てず、今まさにこの移行点に留まるのだ、という見解に固執した。このことはまた、彼の批判の位置の矛盾性を規定していた。アドルノは、『批判と社会』からの自らの考察を再度整理し、外部からであれ、自己の内部からであれ、とにかく批判というオルターナティヴが必須である、という思想を更に展開していった。批判的知識人は、内部のみにあるのでも、単に外部にあるのでもない。内部と外部は、それ自体で究極にして矛盾のない意味を成すわけではない。知識人は、諸概念の非同一性の弁証法を手がかりとして事物と結び付き、内在的批判を表明することができる。概念と事物の同一性を介した宥和を望むような、肯定的弁証法が生じるのを回避するためには、付随的に、外部からの批判が必要となる。「それに対して、思考の開かれた側面は、かの連関が全く真ではないと既に知っているような審級を表象している。この知識がなければ、思想の開かれた側面が力を発揮することはないだろうし、体系が持つ暴力を横領しなければ、思想は挫折するだろう」[378]。そのようなパースペクティヴは、必然的に万人に共有されるわけではない主観的経験に基づいている。このことは、批判者が話者としてエリート主義的な位置に立っている、という非難を引き起こしかねない。「真理が、怨恨によって暴き立てられるような特権的性格を失うのは、真理がそのおかげを被っている数々の経験を口実に言い逃れをすることなく、真理を助けて明証性にもたらしたり、その欠陥を認めさせるような、配置と根拠付けの連関へと組み込まれることによってである。エリート主義的高慢さほど、哲学的経験に相応しくないものはないだろう」[379]。もっともアドルノは、根拠付けということで、すべての特殊な主観性から浄化された、普遍的な道徳哲学の立場からなされる、批判の根拠付けのようなものを想定していたわけではない。彼は、哲学史を参照することによって、それを拒否した。何故なら、そのような根拠付けは無限退行に陥らざるをえないからである。批判の純粋性に対する疑いが繰り返し申し立てられるがゆえに、批判は道徳哲学的に根拠付けられないのである[380]。だとすれば、批判は一度も表明されえないことになろう。しかし、他ならぬ主観的経験こそが、批判に不可欠の契機なのである。主観的経験は、自己批判的反省を経て理論へと移行することによって、その恣意性を失うというのである。アドルノは更に二つの議論を呈示している。自足的体系（autarkes System）としての社会の内在的関連が、自らによって生み出された諸矛盾を捉える概念を何ら持たず、あたかも、これらの諸矛盾は、体系自体を脅かすことのない諸々の外的偶然であるかのように振る舞っている限り、外部自体が内部的である、という。しかし、批判的知識人は、実践哲学的に、自らの経験や思考そのものを社会全体の諸契機として理解する。批判は、社会を、かつてそうであった、そして現在そうある姿に照らして評価するだけではなく、その可能性に照らしても評価するわけである。そして、これらの可能性もまた、社会の内在的諸契機であり、社会の規定に寄与しているのである。しかし、決定的になるのは、様々な布置連関における思考である。それと共に、社会理論的知識人の語りの位置が根本的に変化する。というのも、知識人はもはや、普遍的なものの名の下に語るという要求を引き受けないからである――これは、いわば民主主義論的、反権威主義的な、図像化禁止のモチーフである。いまや知識人は、特殊なものを擁護する。すなわち、主体と客体、普遍的なものと特殊なものがその都度、新たにして自由な布置連関を形成し、「異なるものの共存」(381)のための社会的空間が開かれると主張するのである。

二節　否定弁証法についてのゼミナール

一九六七年夏学期と六七／六八年の冬学期にアドルノとホルクハイマーによって提供された哲学の主ゼミは、『否定弁証法』を扱った。カール＝ハインツ・ハーグ、ヴェルナー・ベッカー、ヘルベルト・シュネーデルバッハ、アーレント・クレンカンプといった研究員や助手たちと共に、七九人の学生が演習「『否定弁証法』Ｉ」を受講した。連続してゼミに参加した五四人の中には、リヒャルト・ザーゲ、エルンスト・テオドール・モール、ルドルフ・ヴァルター、ヘルムート・ライニッケ、アンゲラ・ダーフィス、アーヴィング・ヴォルファート、ライナー・ドルナー、ディミトリオス・マルキス、フーベルト・ロットロイトナー、ロルフ・ヴィガースハウス、ハイデ・シュルプマン、ハンス・イムホフ、ティルマン・レクスロート、エーベルハルト・クネードラー＝ブンテ、フォルカー・エルベス、ハンス＝ユルゲン・クラール、ベルンヴァルト・ライネヴェーバー、デトレフ・クラウセン、ウード・リーヒマンらがいた。参加者の多くは、フランクフルトのＳＤＳ（ドイツ社会主義学生同盟）グループのメンバーか、もしくはＳＤＳに近い立場を採っていた。ゼミでは、この本の個々の章が論じられる予定だった。序章についての報告は、アンゲラ・ダーフィスとアーヴィング・ヴォルファートが引き受けた。プロトコールから読み取ることができるのは、ゼミではその都度、この本の個々の節や、時には限定的否定のような個々の概念をめぐって詳細に議論がなされたということである。それ以前の授業のプロトコールとは違って、『否定弁証法』を扱ったこの二つのゼミについてのプロトコールからは、議論の流れはほとんど読み取れない。プロトコール群は、毎回、詳細な議論を展開した少数の報告発表、及びプロトコールに繋げる形で、おそらくはアドルノ自身が、時にはホルクハイマーが更に詳細に論じたと思われることを、様々な形で再現している。プロトコールには多くの不確かさがつきものかもしれないが、少なくとも、部分的には対立を含みながら、アドルノ哲学の根本的諸問題について議論がなされたことは明らかだ。アーヴィング・ヴォルファートが報告発表に引き続いて提出したテーゼ論文が、その一つのきっかけになった。

最初のテーゼで、ヴォルファートは、弁証法の偶然性をめぐる問いを投げかけ、それによって、一九五〇年代のアドルノによる社会学のゼミでも繰り返し論じられてきたテーマ（第一分冊第七章を参照）についても語っている。弁証法、すなわち矛盾の経験は、種の歴史から見て、意識に内在しているのか、それとも、意識が持つ統合への渇望は市民社会の客観的諸対立に負うているのだろうか？　この問いに対する解答は、宥和された状態にとって重大な帰結を持っていた。つまり、この状態において弁証法が止揚されるならば、退行の危険が迫るだろう。思考のより緩やかで強制のない形態も論理的カテゴリー群を依然として必要とするだろうからである。これを回避するには、宥和された状態においても、弁証法や、強制、及び論理が保持されねばならないだろう(382)。解答の中でアドルノは、自らがマルクスの否定的唯物論として理解しているものを引き合いに出している。マルクス唯物論のコンセプトによれば、弁証法は実践の中で止揚されるという。「そうなると、弁証法は、市民社会が自分自身についてなす経験として、内容的にも形式的にもこの社会に結び付くことになろう」(383)。このことによってアドルノは、彼のこの著作の眼目がマルクスの構想の内に無理なく反映されるであろうことを示唆している。アドルノは、『否定弁証法』のために、解放された思考それ自体に対して既に一定の帰結を伴うであろう精神的振る舞いのモデルを発展させたと主張した。体系の強制から解放された思考は、現存するものに対して、多大な抵抗力を持っている、という。何故ならそれは、非同一的なものを実体化することなく思考し、そして第一哲学ではないものとして自己自身について思考するからである。このような思考は、論理的カテゴリーを断念しないかもしれないが、これらを批判的反省を通して変化させる、という。「自己反省を介して具体的に論理学を超え出ていくような論理学の定式化が、『否定弁証法』の中心的意図である」(384)。ヴォルファートは、アドルノと同様に人々の幸福を求めて努力している、と斟酌することができる。しかし、彼が幸福と合理性を対立的にかみ合わせている限りにおいて、彼には非合理主義的な傾向が認められる。単なる特殊な理性に対する彼の正当な批判は、抽象的な批判と、無意識へと抑圧されたものという深淵への飛躍の主張に通じているからである。「『否定弁証法』では、概念を介して概念を越え出るために、すべての力が動員されているのだとすれば、ヴォルファートのテーゼは、それに反して、諸概念を放棄した後で、その後なお何が残るのか見てみよう、と提案しているように思われる」(385)。ヴォルファートは確かに、抑圧からの解放のことを考えてはいるのだが、「極右と極左が互いに似ているように」(386)、不安にさせるものがある。

ヴォルファートに対するこのような応答は、アドルノが、ヴォルファートの場合にそうであるように学生たちと良好な関係にあっても、学生のゼミへの貢献には、並々ならぬ真剣さで応じており、時には学生たちを厳しく批判していたことを改めて示している。議論の論争的性格は、更なる事例からも明らかとなる。夏学期の終わりにフリードリッヒ・W・シュミットとギュンター・メンシングがレポートを提出し、その後の冬学期に複数回かけてそのレポートが議論された。著者たちは、『否定弁証法』の中の矛盾した表現のいくつかを、対置図式の助けを借りてまとめ、いくつかの問いを投げかけ、考えられうる解答を予想して、更にその解答への問いを提出している：諸概念は一方では非同一的なものを意味しているが、他方では非同一的なものを包摂している：思想は、諸現象へと沈潜すべきであるが、それらに対して抵抗もすべきである：矛盾は、一方では本質的なものではなく、他方では、現実の掟であって、真ならざるもののインデックスであるが、同時に質的に異なるものを経験する媒体でもある：対立に満ちた社会は確かに普遍的エーテルの交換という形で存在するが、同時に特殊利害の産物でもある：精神的経験は自らの理論的立脚点についての釈明を免れているが、自らが持つダイナミズムに身を委ねることは許されていない。特にこの最後の矛盾は学生たちの理解に関わる中心的問題の一つだったように思われる。つまり、アドルノが批判をどのように根拠付けているか、という問題である。否定弁証法は抑圧されたものの視点を採るべき、というヴァルター・ベンヤミンの提案を、アドルノは非弁証法的であると見なした。「探求された諸現象全般を何らかのパースペクティヴから観察するのではなく、それらをその独自の概念に即して測る手続きを通して、立脚点となる思考自体を解体してようやく、弁証法的なのである」(387)。しかし、内在的批判それ自体の運動はどのように制御されるのだろうか？　内容を求める認識モードを介してだろうか？　「否定弁証法が依拠しうる最終審級は、特殊な認識関心である。その認識関心は、たとえ内在的否定から切り離されていないとしても、あらゆる内在的否定の彼岸にあって、個別的なものの可能性に与することを正統化し、展開しなければならないのである」(388)。従って議論は、『否定弁証法』は最終的には一つの立脚点を前提にしている、という異論へと行き着いた(389)。このレポートに繋げる形で、特に、内在的批判や限定的否定の問題に関わる問いが論じられた。限定的否定は、既に質的なものを想定しているが、この質的なものは肯定的に名指すことができず、痕跡としてのみ存在するにすぎない――『否定弁証法』の中では展開されなかった概念である。痕跡の中で、全体的社会の否定と、まだ存在せざるものへの意図＝志向（Intention）が遭遇する。痕跡の思考が内部と外部の双方からの批判を可能にし、否定弁証法を最後の方向転換として自らに対して向き直らせる。従って、否定弁証法は、最後に、そして体系が砕け散る瞬間において、自らを止揚するのである。それゆえ、アドルノの理解によれば、否定弁証法は一度として拠り所を与えない。同様に、痕跡が拠り所を提供するということもない。「しかしそれが思考を導いていく宛て先としての、解放された痕跡もまだない」[390]。この目標は名指すことができない。というのも言語それ自体が幻惑連関に囚われているからである、という。言語的無媒介性を生み出そうとする試みは、擬古主義へと陥る。確かに、「哲学は別の言語が存在しうる可能性への希望を断念」[391]してはならないが、それよりも、ターミノロジーとして採用されたカテゴリー群を受け入れて機能転換させた方がより適切だ。思想を別の思想と比較して初めて、内在的批判が展開され、新たな布置連関が生じることが可能になるのである[392]。否定弁証法が、事物の対他存在（das Für-anderes-Sein）には反対し、即自存在（das An-sich-Sein）には賛成していることの内に党派性の一つの契機が見出される。しかし、否定弁証法はこのことを直接的にではなく、観念論批判を介して為すのである。観念論は、自らが反証可能なものであることを実証する。というのも、何かについての思想が既にその「何か」を暗示しているからである。「思弁の帰結は、必然的に同一性原理を超え出る。客体の優位は――弁証法を止揚された契機として既に自己の内に保持しているリアリズムを弁証法に対して外部から接木しようとしたマルクス主義の場合のように――同一性哲学に対してアンチ・テーゼ的に対置されるべきではなく、むしろ、弁証法から内在的に展開されるべきである」[393]。しかし、客体の優位を承認する思考は、啓蒙となり、実践そのものの一契機として自らを理解するが、それによってまた、他方では、理論と実践の一致という観念論的見解をイデオロギーとして理解する。「実践を理論の単純な帰結として理解する観念論の思考は、硬直的な、そしてまたプラグマティックに意のままにできる自然支配の一契機であり、すべては実行可能だと信じている。実践家も理論家も、共に、社会全体の機能連関という不幸から世界を解放したいと願いながら、この不幸を再生産しているのである」[394]。従って、理論が自らを実践と不可分だと想定すれば、それは、理論にとっては致命的なことである。更にアドルノ――アドルノの考察がプロトコール群の中にある程度正しく再現されていると想定すれば、の話だが――によれば、そのような想定は、最初の一歩で、どちらかといえばペシミスティックな歴史哲学的解答のきっかけとなるような、現実の歴史の展開を誤解している。「実践的行為への要請は、無益なもの（das Vergebliche）という契機を否定してはならない。無益なものは、どのような歴史的実践にも付きものであり、今この歴史的瞬間に実践が可能かという問いの前で自己を閉ざすことはない」(395)。理論と実践は次第に非同時（代）的になっていく。というのも理論は、加速していく社会的過程の中では実現されえず、根本的に現れるのが遅すぎるので、社会的過程を常に逃してしまわざるをえないからである。しかし、オプティミスティックな方向転換をしたアドルノによれば、一緒にやって来なかったもの、完全に適応していないものを、来るべきものの番人にするのは、まさにこの非同時代性なのである。「哲学は自己の愚かさの契機を認めるところで、最も現実に近い。理論と実践の間には単に断絶（Bruch）があるだけではない――意識そのものが、自らの脆弱さ（Brüchigkeit）に気づかねばならないのである。このような経験においてようやく、権威主義的に意のまま振る舞っている思考の本質が没落するのである」(396)。

議論は、アドルノが、彼のテクストにおけるのと同様に、以下のような互いに矛盾する諸概念を一つの布置連関にまとめようとする光景を伝えている：高次の合理性要求と愚かさ；基盤喪失性と党派性；哲学に対する批判、伝統への知見、そして否定弁証法自体の止揚；観念論の継続と唯物論によるその克服；非合理的な右派の動向と教条的な左派の動向に対する批判と、批判的で弁証法的な唯物論の更なる展開への数々の提案；実践に対する批判と、実践が本来は必要であるという示唆；実践を概念的に導出することに対する批判と共に、恣意的に行為することへの批判。学生たちにとって不明瞭なままだったように思われるのは、これらの諸矛盾がどのようにして一つの布置連関へともたらされるのか、どのようにして連関する概念的運動として考えられているのか、そして、このことがもっぱらアドルノにとってだけ可能なのではないのか、ということだ。それゆえに、哲学的基礎付けを目指して努力する、というアドルノによって批判された試みが試みられたのである。哲学に対する批判と諸矛盾の運動の客観性とが初めてはっきりするのは、そもそも社会理論的考察においてであるが、そうした考察は、ゼミの議論では、従属的な意味しか持っていなかった。

三節　反響のネットワーク（Ⅲ）

一九六六年に刊行された『否定弁証法』は、初期の観察によれば、クリスマスのプレゼントを探す消費者の間で、ハーバマスが編集したヘーゲルの『政治論集』やコルシュの『マルクス主義と哲学』と同様に、人気があったという[397]。しかし、この難解な本に対する書評者たちの反応は、どちらかと言えば躊躇いがちだった。書評自体の数は決して多くなく、そのいくつかが最初に発表されたのは、ようやく一九六八年のことである。

この本のカバーに印刷された宣伝文が、この本をアドルノの主著として理解することをはっきりと否定していたにもかかわらず、この本は、アドルノの友人や論敵から長らく待ちわびられ期待されてきた著作として紹介された。この著作は、並々ならぬ功績であり、「ドイツの現代哲学の栄光に乏しい地形において、間違いようのないくっきりとした輪郭を伴う頂点として突出している」[398]と評された。それに対して、別の書評では、どちらかと言えば失望が表明されている。「この著書は、そもそも何ら新しいものをもたらしていないという限りにおいて、アドルノの主著ではない。否定弁証法をアドルノは昨日になってようやく書き始めたわけではない。アドルノは既にどこか別の場所で、ヘーゲル、カント、フッサール、ハイデガーらについて、似通った、否、根本的には同じやり方で、論じている。もっとも、それは否定弁証法という明確なレッテルの下ではなかった。確かにこのレッテルには何か魅力的なところがある」[399]。このような内容的連続性は、別の書評でも強調されている。文芸批評欄での専門家による受容の中に何ら新しい認識要素が存在しないように思われる限りにおいて、この本は、アドルノの文化・イデオロギー批判の継続と見なされていたといえよう。現存するものを、その疑わしさや非人間性のままに正当化しようとする支配的な思考体系やイデオロギーは、「批判的に詳細に解明され、否定された」[400]。仮象の問題群は化けの皮をはがれ、間違った位置は破壊され[401]、「時代のイデオロギー的廃棄物」は取り除かれた[402]。この本の大部分がもっぱら論争的な性格のものだったことは、この本の弱点と見なされた。もっとも、このことは、アドルノのエッセイが媒介する美的考察を損なうことはない、という[403]。それに対して他の書評では、この本は、「正当化」[404]として、そしてまた、「まさに扱いにくいものだということが判明せざるをえず、一般的なおしゃべり——独断的な概念の曲芸である——の余地を残さない」[405]、アドルノの批判的格率の「理論的基礎付け」として性格付けられた。この本は書評者たちから重要な哲学者の著作だと見なされたので、アドルノのことを、「その本性からして学者というよりは、文学的、否、こう言ってよければ、文芸欄的な精神、つまり現実との対決によってではなく、学術的な二次文献との対決によって偉大な知的体験をする精神である」[406]著者として紹介することが全くもって可能であった。この本の中心的観点への言及が——論拠の内的関連、特に社会理論との関連が叙述されないまま——キャッチフレーズ的に繰り返された：体系や概念に対する批判、そして特殊なもの、非同一的なもの、ユートピア的なポテンシャルに向かう姿勢；モデルや断片という形態での反体系的思考。アドルノの著作が幅広く注目を集めていくのに応じて、アドルノの哲学の営みが芸術による認識を準備していることが暗示されるようになると、彼が諸矛盾の客観性を明らかにするために言語的契機に置いた価値が、他ならぬ彼自身に背くことになるだろう、とも論じられた(407)。

テクストの言語は、それ以前のアドルノの著書の場合と同様に、しばしば浮上するトポスの一つであり、部分的に厳しい批判を招いた。語り方のスタイルは確かに易しくはないが、アドルノの哲学的反省は「興味を抱いた一般読者」に語りかける(408)。哲学的に容易く咀嚼することができないこの文献は、一般読者にとっては、アクチュアルであるだけでなく刺激的でもある(409)、という。それに対して、別のある書評者にとっては、反体系へと行き着くはずのアドルノの思考の道筋は、「哲学に通じた人にしか近づくことができない」(410)と思われるほどに、あまりにも回りくどくまた難解だった。この批判的コメントは、別の賞賛するコメントによって、間接的に補強されている。「『否定弁証法』は、実に広範に及ぶ対象を扱った大冊であり、アドルノの他の著作よりも難解であるが、カントやヘーゲル・フィヒテの著作ほど難解ではない」(411)。更なる書評は、読者にとっての、予期される難解さという印象を更に強めるものだった。アドルノの「並外れた反省能力は、ベルリンの『ターゲスシュピーゲル』誌によれば、時折『著名な思想家』ですら驚嘆のあまり絶望させるほどである。アドルノが演じる概念の曲芸があまりに難解であるために、あるジャーナリストは彼のことを『三人のアドルノたち』と呼んでいる」(412)。この難解さゆえに、ある書評者は、苦情を申し立てている。曰く、アドルノが正真正銘の反言語を用いて、読解を拷問にかけるために成しうることなら何でもしているせいで、このテクストは読者に対して極端なまでに大きな犠牲を要求している(413)。ルートヴィッヒ・マルクーゼもまた、ギュンター・グラスによる詩の中の皮肉な一行を引用して、「アドルノは優美な舌で」悪文を書き、言語障害を生み出し、自分の私的なジャーゴンによって言語を貧困化させている、と強調している(414)。「にもかかわらずこの著作もまた、ジャーゴンに、あるいはもしも我々がこの概念の下になお留まりたいと望むならば、猛烈に反陳腐さを掲げる数々の表現に満ち満ちている。それらの表現の中では、最終的には言語と思考が解体されてしまうので、読者は最後には玉葱を手にしたペール・ギュントのような状態になる」(415)。ジャーゴンはアドルノの本に「理解しがたい」という名誉ある形容をもたらした。ルートヴィッヒ・マルクーゼがアルフォンス・ジルバーマンを引用することによって示唆したところでは、この「真にドイツ的な畏敬」(416)は、ある種の傲慢な姿勢と表裏一体である。「アドルノは、何について語ろうと、『我々はすべて恐ろしくバカなのだ』ということを示しながら、『すべてを片付けてしまい、後には何ものっていない机しか残さない』のである」(417)。他方では、アドルノの難解な言語はジャーゴンである、という批判に対して、反論を試みた書評者もいる。曰く、アドルノの言語は「教育的目標を充たすだろう。すなわち、『無害な』情緒から無害さを追い出してくれるだろう」(418)。マルクーゼの側からも、現実がアドルノの概念の網目を寸断することになるので、彼のジャーゴンは、思弁に有利な仕方で事実からの逸脱を促進することになる、という反論が出されている。最終的には、アドルノの語りの位置は特権化されたものとして批判されることになる。その理由は、よくある非難にあるように、アドルノがジャーゴンを用いていたから、というものだ。アドルノ自身が、自らの認識能力の特権性を、恩寵の選びの世俗化された形態として理解している場面を見る限り、墓穴を掘っているかのように見える(419)。ジャーゴンは、権威主義的なものに見えるかもしれない。何故なら、ジャーゴンを使う人々は、常にお互いに既に理解し合っているという感情を抱いており、その際に、自分の思考がいかに限定されたものであるか、ということに全く気付かないからである。アドルノ自身の分析から引き出されたこの考察（本書第二部第六章を参照のこと）が、今や彼自身に向けられ、批判的思考はジャーゴンによって単なるポーズになってしまう、とさえ思われた。「アドルノの著書が持つ批判的価値は、一般的に言っても個別的に言っても、その『破壊的』で異端的な姿勢にある。たとえこの姿勢が多くのサークルの中で目下流行中の身振りに落ちぶれてしまっているとしても。アドルノによってアドルノに反対する語り方をすれば、事ここにまで至りえた、ということは、必ずしもアドルノにとって好都合な事態ではない」[420]。この言明は、ジャーゴンに対する批判を規定しているかもしれない、基本的モチーフを示唆している。すなわち、批判理論の拡大と一般化とを妨げようとする試みである。ジャーゴンに対する疑念は、とりわけ、この本の実践的次元に向けられた。そうした実践的次元は、ホルクハイマーとアドルノが、批判的知識人という姿勢の形成に実際に寄与することを望んでいたことから窺える——この点に関して書評は正しかったわけである。ルートヴィッヒ・マルクーゼは、多くの学生はアドルノの命題をもはや世界変革への要請とは見なさいだろうと書き、まさにアドルノが反対しているような形態の実践を提唱する形で、アドルノの議論のこの側面に異論を唱えている。「必要なのは（…）思弁的な政治学者ではなく、訓練された政治家である」[421]。ただ、この時期に発達しつつあった学生による抗議運動は、アドルノの理論を参照しており、こうしたマルクーゼが問題にしているような側面をアドルノの考察の新しい受容モデルと対置していた。このような動きと突き合わせれば、マルクーゼの主張は、客観的に間違っており、抗議運動の理論的な中心的参照点を否認しようとする試みとして理解することができる。

アドルノの著書が概念的かつ遂行的に作り上げようとしたハビトゥスは、諸矛盾の中での批判と思考を要求する語りの位置である。「そのように（つまり、アドルノのように：引用者による補足）議論する人は、危ない綱渡りをしている。このような人は、伝統全体との論争を引き受けねばならず、それと同時に、自らが囚われているかもしれない幻惑のことを忘れてはならない。このことが、『否定弁証法』の読解を困難にしている。それに耐え抜く人は、事物から自分自身へと転移してくる落ち着かなさによって、報いられるだろう」[422]。イヴォ・フレンツェルは、この本の道徳哲学的性格を強調している。「総体として、この世界において無力にも個別化されている人に耳を傾けることのできる、人間性の新たな、そしてもしかすると最終の在り方を示している」[423]、という。ここではアドルノのテクストによって構成された社会批判的語りの位置は、どちらかと言えば臆病でペシミスティックなものとして規定されているが、『シュピーゲル』誌上では、ハーバマスへの言及と共に、アドルノの哲学は希望の哲学として紹介されている(424)。別の箇所では、この本が持つ、実践へと駆り立てるような身振りが、はっきりと強調されている。「ここでは、哲学的反省の厳密さを駆使して、我々の思考と熟慮が、いわば人倫的あるいは道徳的に呼び覚まされ、挑発されている。そのような『崩壊の論理』の道徳的結論は、今後は『既存のもの das Bestehende』を存続（bestehen）させることなく、それが別様になるよう協力せよ、という聞き逃すことのできない呼びかけである」(425)。更に決定的なのは、アドルノの批判的唯物論が、解放（Befreiung）という目標を共有する史的唯物論に近いところに位置付けられたことである。「アドルノはヘーゲルからはっきりと距離を取り、解放の弁証法へと向かっている。この弁証法は、具体的であると同時に革命的・ユートピア的である」(426)。アドルノの思考が実際に解放的実践を目指していたかどうかは、学生運動の中では既に論争のテーマの一つだった。「今や、最近非常にポピュラーになったベルリンのアナーキストたちについて言えば、彼らの論争の中では、『精神的扇動者』である二人の哲学者の名前が繰り返し現れる。ヘルベルト・マルクーゼとテオドール・W・アドルノである。一人、すなわちマルクーゼの方は、真の使徒として賛美されており、もう一人は、偽りの使徒として『化けの皮を剥がされた』。人は長らくアドルノに耳を傾け続けてきたのだが、ついにその日が来たようだ。この男は『批判的無力』を拡大しており、反乱の旗に象徴として掲げるに値しない」(427)。アドルノの実践が実際に永遠に延期にされたかどうかは疑問であり、マンフレート・クレメンツは、この点について書評の中ではっきりと論じている。アドルノによって示された実践の不可能性ゆえに、アドルノ自身が、同一性の最後の砦としての神話の一片になっている、とされている。これに対してクレメンツは、あたかも道徳哲学の諸問題についてのアドルノの講義を聴いていたかのように、自由の潜在性から現実性への移行、あるいは理論から実践への移行がそれ自体として、非同一性の一契機であることを強調している。否定的・弁証法的で、基盤喪失した思考という視角から見れば、実践は、理論と一義的には結びついておらず、理論から導出されえず、基盤喪失状態にあって生じてくるものなのである。「アドルノが理解したような『全体的』な社会システムというコンセプトは、それゆえにヤヌスの頭的性格を持っていることが明らかとなる。このシステムが『破裂する』という論拠は、このシステムがまだ比較的堅固にまとまっているという論拠と同じくらい豊富に持ち出すことができる」[428]。アドルノは、自由を抑圧に対する抵抗として規定する限りにおいて、自発的に燃え上がる反逆の行為に——それが抽象的原理を気取るのでなければ——正当性があることを認めていた。否定弁証法の重心の移動が実践的モチーフに従っていることは、アポリアの尖鋭化という形で認められる。「もはやそこから引き返すことのできない全面的破局あるいは全面的非自由の不吉な前兆は、もはや何の言い逃れも許さないことによって、実践へのきっかけを形成する」[429]。従って、『否定弁証法』の語りの位置が際立たせているアポリアは、無力さや断念よりも行為へと駆り立てるものなのである。このことによって、非同一的なものや基盤喪失したものの地位が保持される。それは理論から直線的に導き出されるのではない。実践は、反省的布置連関における一契機として引き起こされる場合にのみ可能となる。ここで、アドルノは学生運動という実践を、まさにそのような広範囲に及ぶ解放的実践と見ていたかどうか、という問いが問われることになる。

アドルノの最も重要な理論的刊行物に対する書評は、彼が一九五〇年代に刊行した著作に対する書評ほどには熱狂的なものにはならなかった。たいていの場合、受容は表層的で型通りのものだった。『否定弁証法』の語りの身振りは、権威主義的でエリート主義的な理論を前提にしているとして、様々に批判された。しかし、実際には、これらのどちらかと言えば形式的なものに留まった批判の背後に、社会政治的目標に対する根本的な拒否が潜んでいたように思われる。というのも、もしもこれらの目標が肯定的に評価されるならば、アドルノの言語は批判されずに、逆にこの本の様々な関係性が、そして、その限りでのこの本の意義が明らかにされたことだろうからだ。ヘーゲルに対する批判や、知識人たちに対して新しい要請の数々を提示するような、社会批判的実践を再構成しようとする試みこそが、この本の意義だったのである。もっとも、『否定弁証法』がペシミスティックあるいは非合理主義的な著作と見なされることはほとんどなかった。書評の見解が分かれたのは、別の点にある。すなわち支持者は、この本の中で社会の発展に適した実践が用意されていることを見て取ったが、反対者にとっては、この本は社会理論としては端的にラディカルすぎたのである。

六章　解き明かす言葉——社会批判的に書く技法について

アドルノの書き方は、ある人にとっては、事柄に適したものに思えたが、別の人にとっては、エリート主義的で排他的な知識人サークルの言語、あるいは、知識人のジャーゴンに思えた。特に、通常はあまり使われない外来語の単語が過度に使用されていることが、ジャーゴンとしての性格を強めているように思われる。しかし、特筆すべきは、個々の書評者がそうした観察を公にするのを保留していたにもかかわらず、アドルノの書き方が、一九五〇年代半ばに、憤激を引き起こしていただけでなく、排他的であるという非難をも引き起こしていたことは注目に値する。そのような批判は、同時に、アドルノが文化上の主導的立場にあることを暗に認めるものでもあった。というのも、一つの理論をセクト的だとしてさらしものにし、物笑いにすることが意図されているのか、それとも、その理論が既に重要となっており、その基準が受け入れられ、その基準に基づいて当の理論が評定され、批判されているかの、いずれかだからである。しかし、この理論は、実際にはこの時点までに既に、かなりの程度まで公共的に通用するようになっていたのであった。この理論とその言語は、他の著者たちの語り方や書き方との対話の形をとっており、彼らがこの理論と対決することを余儀なくさせる。また、経済界、出版界、芸術界における多くの知識人の言明と対話し、それによって、彼らの概念的思考パターンに影響を及ぼし、それらの変容に寄与している。

アドルノのテクストに対する世論の反響、彼の書き方や知性に対するある種のヘゲモニー的な役割の付与、一つの学派が形成されつつあることに対する示唆にもなっているエリート主義的なものに対する非難――これらすべてが、アドルノと彼のテクスト自体が、公共的地位を獲得していたことを示唆している。こうした既に存在していた認知は、アドルノが一九五八／五九年にドイツ批評家協会から、文学的著作全体を対象とする文学賞を授与されたことによって確証されることになった。アドルノ自身は、自分の書き方に対するこのような反響を無視する、あるいは間接的にしか反応しないようにすることができたかもしれない。しかしそうしていたとしたら彼は、まさにホルクハイマーと共に彼自身も関係していたヘゲモニー構築の試みを自ら打ち切ってしまうことになったであろう。アドルノが自らの言語をめぐる公共での議論に理論的に反応しなかったとしたら、理論的な首尾一貫性が損なわれることになったろう。というのも、彼とホルクハイマーが、自分たちが危惧している、全面的統合に向けての社会の発展状況をどの程度だと評価していたのであれ、彼らは以下の事態から目を背けることはできなかった。それは、彼らの理論が、ドイツ連邦共和国の「客観精神」の一契機となっていること、つまり彼らの理論自体、そして研究所が、市民社会の広範な領域と様々な知識人集団の間の力関係の内部における権力ファクターになっているということである。アドルノとホルクハイマーは、今や自分たちのテクスト群やその受容を手がかりとして、ドイツ連邦共和国の社会がどのように発達してきたかを読み取ることができた。このことは、彼ら自身の見解からすれば、資本の論理という客観的論理だけから生じたものではなかった。彼らの理論理解においては、主体と客体は相互に媒介されている。まさに客体、すなわち社会が、非常に強力であり、かつ壮大に組織化し、諸主体やその理性との媒介連関を打破しようと試みているがゆえに、この媒介関連を常に繰り返し産出していくことが決定的に重要となるのである。こうした産出は、客観的傾向に体制順応的に伴走する常識＝日常的悟性（Alltagsverstand）に対する批判と、〝理論的思考が主体にもはや触れることがなく、常識が科学主義的に更に強化されていくような態度〟を目指す実証主義に対する批判を通して生じてくる。

このような状況に対してアドルノとホルクハイマーのテクスト群は、様々な仕方で教養の諸要素を保持し、それらの要素の拘束力ある真理倫理的諸契機を若い世代に更に媒介し、主体たちが社会の発展の圧力に抵抗できるようにする試みとして自らを理解している。ただ、それがドイツでどの程度成功しえたかについては、アドルノとホルクハイマーの理解は揺れ動いていた。彼らがドイツに帰国したのは、アメリカでは文化産業によって完全に破壊されてしまった教養の伝統の残滓を、ドイツではなお見出すことができると信じたからだった（本書第一部章第二章を参照）。アドルノは帰国後に、若干の好意を抱きつつ、ドイツにおける文化の復活を観察していたわけだ(430)が、だからこそ一九五〇年代後半には、文化が間違った方向で復活してしまった、と確認せざるをえなかったのである。人は、文化を財のように意のままにし、まさしくそれゆえに文化を喪失していく。恐怖に駆られた人たち――その恐怖のおかげで彼らの間に同意が生まれやすくなっていた――は、文化的伝統へと逃げ込んだ。アドルノにとっては伝統や歴史との関連は既に破壊され、経験はほとんど不可能となり、教養はドイツでもまた中途半端な教養へと切り詰められていた。伝統は、最も進歩した意識に照らして擁護されねばならない。そのような意識だけが、伝統を挑発し批判的に受容するがゆえに、過ぎ去ったものを愛する自由をも有するのである(431)。文化的伝統、教養は、批判を介してのみ刷新されうる。アドルノは最も進歩した意識を代弁する――そして彼は公共的にははっきりと、これに該当する人物であると認識されていた――という自負を充足しようとしたので、自ら教養の伝統を受容し、それを批判的に総括し、文化的発展に別の方向性やパースペクティヴを与えねばならなかった。さもなければ、それはまさに体制順応的な時代精神に自発的に服従するも同然であり、アドルノが、批判理論の公共圏での受け止められ方に反応したり、それを分析対象にしたりするようなことはなかったろう。ホルクハイマーと同様にアドルノも、ヘゲモニーについて明示的な理論を持っていなかった、すなわち知識人やそのテクスト群が知的領野――それは、常識と社会的コンセンサスが練り上げられるという意味で、非政治的諸概念が政治的に扱われる領野である――で取る権力的地位をはっきりと理解していなかったが、彼は、精神的客体化を諸力の布置連関として理解することを可能にする文化概念は持っていた。この点が、政治的に思考かつ行為することを重視し、文化的諸過程の中で形成される権力の分析にはあまり興味を示さなかったホルクハイマーとの若干の違いを示している。このことは、二人の間でもはっきりと語られていた。文化に対する根本的な批判に関しては、両者の見解は一致していた。ホルクハイマーは、批判的なアクセントを置きながら、アドルノの立場を次のように描き出している。「あなたの姿勢には、ドン・キホーテのようなところがあります。あなたはまるで、今日の状況において、この文化が我々が憎んでいる不正以外の何かと関連しうるかのごとく、ご自身にとって好ましくないことを捨象したがっているのではありませんか」。アドルノはこの指摘に同意しながらも、「この文化に対する仮借なき批判は、我々がなしていることの一つの契機です」、と言っている。このコメントに対して、ホルクハイマーは今一度、アドルノとは違う自らの立脚点を強調した。「そもそも私にとって純粋な文化批判はそれほど重要ではありません」。しばらく後で、事態はより明確になっていく。ホルクハイマー曰く、「革命的ではない状況にあって革命的に書きながら、そこで文化の中の肯定的なものを含めて考えないならば、すべては慰めのないことになるでしょう」。アドルノはこれに応えて、「しかしマルクスにとって、状況は神に見放されたものではありませんでした」と述べている。ホルクハイマーは「マルクスにはセクト的なところはありませんでした。いかなる言葉も、我々がこの社会の中に生きており、この社会の一部であることを否定することはできません」と返した。アドルノは「人は文化によって生き、この文化を批判するのです」と述べた。ホルクハイマー曰く、「私は社会のことを言っているのです」(432)。

この一連の対話から窺えるのは、この二人が、ドイツにおける知識人として決然とした自己理解を持っていただけではなく、マルクスに繋げる形で、内在的批判の内に、書くこと自体においても充たされるべき、望ましいものがあることを見て取っていた、ということである。文化的発展に対するアドルノの態度――アドルノは、批判理論をこの発展に属するものと見ていた――が変化したことが読み取れる兆候は、彼のテクストの性格が『プリズメン』刊行以後変化したことである。それに合わせて、いくつかの制度上の重要な決定が行われた。アドルノは、一九五三年の晩夏にアメリカから帰国してからは、ドイツ連邦共和国でその後の研究に完全に専念することができた。彼は哲学と社会学の員外教授に任命され、一九五七年に正教授になった(433)。フランクフルト社会研究所は、経験的調査研究の財政面をめぐる諸問題が深刻だったにもかかわらず再建され、社会学教育に責任を持つようになった。加えて、経験的研究と理論的研究に関する出版物が刊行され、フランクフルトに批判的知識人の学派が形成されつつある、という印象を次第に公共圏に広めて行った。フランクフルト社会研究所の代表は、DGS（ドイツ社会学会）内部にも進出し、いくつかのもくろみの実現には失敗したものの、注目すべき影響力を得ていた。ホルクハイマーと同様にアドルノも、自らの研究のために仕事をする時間が少なすぎることを様々に嘆いている。「三月一日までまだ生きていて、それまでに完全に頭がぼけていなかったら、私は感謝したい気持ちになることでしょう。(…)ところで、春にヘーゲルについて書いたのをまとめたものが、ズーアカンプ社から刊行されます。思い違いをしていなければ、私は少なくともまだ完全にぼけていないということです。以前に、多くの哲学研究を計画し、比較的長い論文を三本書くつもりだったのですが、これまでにまだたった一本しかテクスト化に漕ぎ着けていません。しかし、今や、自分の生活から、生産活動全体に必要なものを、いわば騙し取っていくしかないというのが、私の運命のようです。もしかすると、状況はこれでも最悪とは言えないのかもしれません。この状況は、私がぞんざいに書きなぐってきたものから、私自身が気付いた、もう一つ別の風変わりな気質と関連しているかもしれない、と想像しています。要するに、私のテクストはいずれも、そもそも一種の別れの告知になっているということです」[434]。この時期に、アドルノが授業でも部分的に取り上げたテーマを論じる一連の新しいテクストが生まれてくる。『ヘーゲル哲学の諸側面』（一九五七年）、『マーラー』（一九六〇年）、そして『音楽社会学序説』（一九六二年）である。『文学ノートⅠ』（一九五八年）と『文学ノートⅡ』（一九六一年）も刊行された。これらのテクストの多くは、『アクツェンテ（アクセント）』誌や『テクステ・ウント・ツァイヘン（テクストと記号）』誌などの前衛的文芸雑誌に収録された講演に由来するものであった。これらのテクスト群から、新たな方向性がが明らかになる。ホルクハイマーがそうしていたようにアドルノも、『モーナト』誌や『メルクーア』誌といった、自らのテクストの発表媒体に対して留保を付けていた。「『メルクーア』は同時に、他方ではあのハイデガーや論理実証主義のために万歳を唱えています。私たちにとって『メルクーア』は、他のもの（『モーナト』誌のこと：引用者注）と同様にあまりありがたくないフォーラムですが、私たちが意のままにできる場ではあります。もっとも、私たちがこう考えることが許されるならば、の話ですが」[435]。世間的に認められ、名声を確立していたアドルノは、一九五〇年代の後半になると、前衛芸術、現代芸術に関心を持っているだけでなく、それらの芸術を促進しつつあった比較的若い書き手たちと共同歩調を取った。「雑誌を編集しているグループは恐らく、今日のドイツに存在する、最もしっかりした集団であり、具体的に挙げるべき問題はほとんど見当たりません。あなたが私のように何かを掘り出すのであれ、私が提案したように、実証主義論文を寄稿されるのであれ、あなたが彼らに何かを提供するのは、非常に素晴らしいことだと思います。後者を選ばれるのであれば、特に喜ばしいことだと思います。何故なら、まさにこれらの若い人たちは、ドイツにはびこっている腐敗に対する反対派の一翼を形成しているもののの、ある種の実証主義的なものには抵抗力がなく、彼らに、あのカルナップがあのハイデガーと比べてましなわけではない、ということを示さなければならないからです」(436)。音楽、文学、文芸欄、ラジオ、哲学、社会学、精神分析、マルクス主義などの領域では、アドルノの名前は、現代的、社会批判的、反復古的なものとして連想された。これらの個別領域のモダニティの要素は、いずれも、他の領域のそれを強化する。ただし、アドルノが同時にモダニティの指標をそれ自体としては重視せず、ブレヒト、実存主義、実証主義、ジャズなどからはっきりと距離を取り、それらが実際に非体制順応的、非慣習的、批判的なのかどうか、今なお一度確認するよう迫ったことによって、彼の位置はますます際立っていった。

出版実践と同様に、テクスト実践もまた変化した。ホルクハイマーは、数々のインタビューや講演の中で自らの理論の伝統を解説するようになっていった。アドルノのテクストは、非難や批判あるいは誤解に対応し、知的刺激を受容し、特定の諸側面をめぐる思考を更に深め、自らの書き方に解説を加えると共に、他方では自らの論敵の言語を激しく攻撃する試みとして理解される。「形式としてのエッセイ」についてのエッセイは、彼によって公刊されたテクスト群の地位を解説しようとする試みである。エッセイという形式は、この上なく密接に支配と結びついている思考の原理のすべてを揺さぶる、というのがこの論証の趣旨である。エッセイは、反実証主義的、反存在論的、反科学主義的、一言で言えば「異端的」だという。アドルノはそれに対する自らの意図を告知していないが、とりわけ解釈についての定理を更に発展させている彼のテクストは、弁証法概念の解説としても理解されうる。アドルノは、エッセイは初めから既に精神的人工物を対象としているので、直接的なものという幻想に身を委ねることを拒むのだ、ということを何度も強調した。それによってエッセイは、自分自身が精神の現れであるがゆえに文化領域から脱出することはできない、という、自らのアプリオリを顕わにする。エッセイは、ありとあらゆる学問的、基礎的存在論な断言に抗して、自然に直接アクセスすることは不可能だということを示唆する。エッセイは、ある意味謙遜に、第一のものと見なされることを望んでおらず、対象として自らの目前にある諸概念や諸理念から出発する。エッセイは、産出されたもの、伝統や経験を評価する――そして、経験との関係は「歴史全体との関係である。歴史に最も近いものとして最初に取りかかる全く個人的経験にしても、それ自体が、歴史的人類の広範な経験に媒介されているのである」(437)。従ってエッセイは何ら独創性を主張せず、創造的であらねばならない、という過剰な期待から逃れている(438)。エッセイは数々の意味や意図と関わり、それらを明らかにし、解釈を介してそれらにまずもって生命を与える。「しかし、あらゆる精神的現象に包み込まれている意味の客観的な充溢は、覆いを取られて現れるには、かの主観的空想の自発性を受け手に求めねばならない――この自発性は客観的規律（ディシプリン）の名において罰を受けることになるわけだが。組み込まれている解釈でなければ、解釈として引き出すこともできない道理である」(439)。エッセイは、諸概念を定義するという科学的要求を拒む。というのも、それによってまさに、諸概念がとうの昔に意味を持たなくなっていることが前提されるからである。エッセイは、言語上の人為的な素材という形でとうの昔から目前にあったこれらの意味と関わり、「意味を――更に言えば、本質的には言語自体――を一層駆り立てていく」(440)のである。従って、エッセイは一つの解釈実践である。そして、この解釈実践は、常識や文化的人工物を規定する諸概念の意味を加工すると共に、それによって形式だけでなく、内容においても、コモン・センス（良識）、すなわち確立された意識へと浸透し、それを刺激し、挑発するのである。

しかし、エッセイは主観主義的ではない。エッセイ的な考察が可能なのは、著者が際立って頭がいい場合だけだと見なされる――アドルノのテクストに対する書評群では、まさに、そう見なされていたわけだが――ことがあるが、アドルノはこの点に、エッセイが現れさせる、事物を異化させるものへの恨みがあると見ている。アドルノは、ヴァルター・ベンヤミンの性格付けと結び付ける形で、解釈についての一九三〇年代の自分の見解を真逆に転換している。エッセイ――従って主体――は、対象によって決定されている。対象において、経験は解放される。そして、エッセイは、創造的なもの一般についての表象をはねつけるのと同様に、意味を樹立する主体としての著者の表象をも首尾一貫してはねつける。思考する人はそもそも思考しているのではなく、自らを「精神的経験の舞台」(441)にしているのである。エッセイにおいては、諸概念は操作的連続体を構成するのではなく、数々の布置連関の中に「絨毯状に自らを織り込み」、それらの概念が力の平行四辺形、もしくは、力の場を形成するのである。諸概念は相互に支え合っており、一つの配列=形状(Konfiguration)へと自己を分節化し、その中で、初めて自らの意味を受け取るのである。クルト・ホホフは書評の中で、アドルノはそのエッセイにおいてマルクス主義といううぐらつく足場に依拠していると非難したが、ここにアドルノの間接的な解答がある。エッセイは「いかなる足場も建築物も」(442)設けない。エッセイは自らが諸概念をその内に組み込む配列を介して初めて諸概念に意味を与えるので、対象に対して適用されるべく外部から働きかける立脚点や理論をすべて吸収する。エッセイは、自らの概念を従属させるのではなく諸概念を調整するのである(443)。このようなテーゼによってアドルノは、最終的には、エッセイがその構造からして自由かつ民主的な書き方であることを示唆する。エッセイのラディカルさは諸概念の配列において示される。配列は諸概念を運動させ、新しいもの、非連続的なもの、移ろうもの、非同一的なもの、つまり、概念において必ずしも常に浮上してくるわけではないものを出現させる。

こうした思考を追って行きながらアドルノは、最終的には、社会に対して批判的な知識人が自らのテクスト群の中で構成する語りの位置がどのような性質を持っているかを解説してもいる。エッセイは、解釈する者とその素材とを、解釈を通して自らの内へと引き込み、それによって最終的には自らの立脚点を喪失する、という。ただし、それはナイーブな立脚点喪失ではなく、媒介されたそれである。「エッセイは、身近にある理論の数々を食らい尽くす。エッセイは常に、意見を清算する傾向を示すが、自らが最初に掲げる意見も例外ではない。エッセイは、当初それがそうであったところのもの、すなわち、すぐれた批評形式なのである」(444)。エッセイは、自らを宙吊り状態に置く。しかし、まさにこのことが、最終的には批判的な語りの位置を守ることになるのである。文化的対象の中へ、文化的対象の諸概念へと沈潜し、それらを解釈するのはイデオロギー批判の語りの位置である――ただしこれは、精神的人工物を、経済的土台という別のものから派生していると見なしたり、どの程度まである理念に対応しているか、あるいは、その実現に寄与しているかで、それらの人工物を判定する伝統的な形態のイデオロギー批判とは異なる。エッセイがイデオロギー批判的なのは、エッセイにおいては、〝自らが媒介されていないもの、真理として見なされることを要求すると共に、文化を第二の自然と見なすこと〟を要求する諸概念が、媒介された諸概念であることが実証されるからである。そういうわけでエッセイは、最終的には〝第一のもの〟という偽り抜きで、批判的関係点を獲得し、「文化の要求に揺さぶりをかけ、自らの非真理性、すなわち、文化が自然へと頽落している（naturverfallen）ものとして現れてくる、かのイデオロギー的仮象の非真理性を自覚するよう仕向けることができる」(445)。この揺さぶりの中で、真理のどこまでも歴史的な性格が明らかとなる。時間的なものが無時間的なものから、発生が妥当性から区別され、いずれの場合も後者がより高次のものとして賞賛される、伝統的な真理の観念はその権威を失う。真理とはアポステリオリなもののアプリオリなものへの変容の実践である、ということが明らかになる。この実践は、新しいものを、〝常に既にあり、永遠に自らと同一のもの〟へと変容することを通して、幸福を「裏切り、それに伴って、自分自身をも裏切って」(446)きたのである——『プリズメン』の帯の宣伝文句の中で、〝アドルノはその哲学の中で客観的幸福という理想を真理と一致させている〟、と語っていた出版社の広告とは違って、アドルノ自身はここではむしろ、それと逆の見方を強調しているわけである。

このような幸福を、エッセイは自らの内から再生産することはできない。というのも、精神の現われとしての、すなわち、肉体労働と精神労働の区別の帰結の一つとしてのエッセイもまた、幸福を阻害する罪に搦め取られているからである(447)。アドルノが倦むことなく強調したように、エッセイが、社会的分業の歴史的段階を、特に、学問と芸術がお互いに対して強く区別された精神的領域へと分化されている状態を、後戻りさせることはできない。しかしながらエッセイは、ディシプリン毎の分業や縄張り思考に固執することなく、諸概念を繰り返し新たに解釈する自由を獲得する、という。エッセイは、デカルトによって定式化された近代合理主義の諸原理を挑発すると共に、第一哲学や存在論という根源の形而上学に対抗する。反体系的であるエッセイは、帰納的でもなければ演繹的でもない。エッセイは第一のもの、土台、原理を承認せず、何も導出しようとせず、あらゆる確実性と論理的にすっきりすることを断念する。エッセイは、自らにとって望ましいところで始まり、気に入ったところで終わる。エッセイは非連続であり、その関心は移ろいゆくものや特殊なものへと向かう。従ってエッセイは、根源的なもの、直接的なもの、神話的に第一のものが問題になる地平の彼岸を動く限りにおいて、分業を後戻りさせることはできなし、望むわけでもない。にもかかわらずエッセイは、分業と縄張り思考を受け入れるのではなく、媒介の過程をラディカル化し、完結へと駆り立てることによって、解放に寄与するのである。この完結というユートピア的な目標とはすなわち、図像と概念の宥和、すなわち知的直観である。

形式としてのエッセイは、アドルノが擁護したすべての目標を体現している。エッセイは、批判的であり、非体制順応的であり、解放的であり、真理と理性をめぐる陳腐で非歴史的な理解に対抗し、社会的分業や文化を批判し、宥和という目標を追求する。エッセイはそれ自体として民主的であり、非同一的なものに権利を与え、最終的には読者の自律性を強化する。というのも、読者の意志が弱められて、レトリック上のトリックを介して、著者の意志に屈服させられる、ということがないからである。エッセイの中での迅速かつ不作法な移り行きは、真理内実、すなわち論証的な論理学の拘束力のある導出においては妥当しえない諸概念の内的歴史性及び統一性と溶融する。これらすべての諸特性ゆえに、エッセイは最終的には単なる形式ではなく、アドルノが自らのものだと主張する思考に、極めて正確に対応する――そして、このことは、アドルノが、このような要請を掲げたエッセイを、『認識論のメタクリティーク』への序章と共に、「自らの哲学のプログラムを一番多く」(448)含んでいる著作と見なしていた、ということに対応しているのかもしれない。

アドルノは、自らの書き方を解放的な書き方として擁護し、エッセイに対する批判を、復古的で伝統的な哲学による防衛姿勢という、ドイツにおいてお馴染みの慣行として拒否したが、同様に彼は、外来語の使用に対する批判とも対決した。アドルノはその反論をあるエッセイで展開したが、そのエッセイの文体について、アーノルト・ゲーレンは、一九六一年一〇月一三日付アドルノ宛書簡の中で、興奮気味に語っている(449)。アドルノは反論のためのきっかけとして、プルーストについての彼のラジオ講演に寄せられた投書を取り上げている。それらの投書では、彼が頻繁に外来語を使うことに対してクレームが付けられていた。彼は、外来語の使用は明らかに特権的教養と結び付いており、そこにエリート主義的相貌がないわけではない、ということを認めている。「外来語に非難されるべきは、外来語を早くに学ぶ機会が与えられなかった者たちが排除されるということである。外来語には、啓蒙的な要素にもかかわらず、卜占官の言葉のような要素もあり、そのため、どこか甲高い響きがある」(450)。にもかかわらず、まさに外来語こそが、意識の退行や教養の頽落に抵抗しうるのである。というのも外来語は、責任を持って用いれば、失われつつある文章表現上の典雅さや彫琢性を人々に思い起こさせ、まさにそのことによって、平等な社会を再び準備するのに役立つであろうからである。「教養が特権でなくなったら、あるいはまた、教育による中途半端な教養へとすべての人々が平準化されるというような、特権的教養の最新版がなくなったら、どんなことが可能になるのかを、外来語は人々に教えるのでなければならない」(451)。まさにこうした頽落過程に対して、書き手は外来語によって客観的な言語過程に介入することで、抵抗を試みているのである。表現の要素を失い、因習的な意味の「どんよりとした流れ」の中を進みながら、単語を目的志向的伝達という操作的機能に切り詰めてしまう言語の、まさにこうした体制順応的な圧力に、外来語は対抗するのである。既に崩壊した教養の残滓としての外来語は、半ば自動化している均等な伝達の流れを、非妥協的に中断し、「どんな単語も置かれている状況を、つまり、言語が語る者を再び閉じ込めてしまうことを、言語は、語る者の独自の媒体にはなりえていないことを暴露してしまう」(452)のである。言語の自然発生性や有機性という仮象の中で、外来語は「自由の勃発」を際立たせる。外来語が持つ人工的で作られた性格は、社会の中の人間にとって事物がどれほど異質なものになっているのかをアレゴリー的に認識させる異質さを生み出すのである(453)。「来るべき言語の王国からの」死ぬほど疲れ切った「使者」(454)として、外来語は非同時性という緊張を生み出す。この非同時性は、譲歩することなく人を更に駆り立てる認識の余地を保証し、教養がいつの日か万人にとって可能になるであろうはずであることを想起させるだけでなく、他方では、異質なものへの愛情や言語の異種交配を代弁し、重力なき言語、すなわち、「歴史的に現存する者の呪縛に束縛されることがなく、大地を持たない言語」(455)というユートピアを保証するのである。

アドルノ自身は、自らの言語に対する、〝小さなサークルにとってしか理解できず、その限りにおいて、語り手のエリート主義的・文化批判的な位置を助長しているジャーゴンである〟、という非難に対して、そのような非難は、自分の書き方の解放的内実に対する防衛の一形態である、という見解を持っていた。ただし、彼は、外来語の使用がどうしてもエリート主義的側面を持ってしまう可能性は排除しなかった。自らの書き方が、批判的洞察、逸脱、非同一的なもののために、言語的伝達の磨き上げられた形式を打ち破ろうとしているという限りにおいて、アドルノはこのことを肯定的に評価することができた。にもかかわらず、アドルノの言語は、エリート主義的ではなくて、前衛的だった。というのも彼の言語は、現存する意識の中の概念的意味に批判的性格を付与すべく、言語の普遍性という媒体の中で運動し、反省的な言い回し＝転回（Wendung）において内在的に言語的普遍性の客体化を作業の対象にすべきことをはっきりと主張しているからである。ここで極めてはっきりと問題になるのは、言語実践を介した解放という普遍的な問いの下に、社会学の次元も含まれてしまう、というジレンマである。知識人たちは、自分たちが比較的大きな学派サークルに依拠することができ、世論に広範な反響を引き起こしている時にしか、文化資本を蓄積できない、という問題に繰り返し直面する。しかし同時に、知識人が特定のテーゼやテーマあるいは表明の仕方をもはや個人に帰属するものとして持っていなかったなら、インフレーションの危険がある。この問題は、弟子のリクルートにも影響を及ぼす。持続性のある弟子のサークルを形成するためには、理論は一般化可能性のミニマルな条件を示さなければならない。しかし他方では、理論は、まさに認識上の特権化された位置を約束していて、すべての人に開かれているわけではないがゆえに、魅力的だと見なされることもある。以下では、理論やその言語の真正さをめぐる議論を扱うことにする。多くの知識人が、理論の言語を身に付けようと試みる。何故なら、理論の言語は、普遍的なコミュニケーション媒体になるからである。言語がジャーゴンになる危険に対しては、知識人が理論の名において語る権利を論争含みのものにしてしまう純粋主義的な反応が展開される。批判理論の場合には、言語とその知的開放性の問題は、社会の発展に対して広範な影響をもたらすことになる諸帰結と結び付いている。というのも、社会のすべての構成員が理論を代表するならば、このことが社会を変化させるかもしれないからである。もっとも、それによって理論、そしてそれと共に理論を代表する知識人たちの語りの位置もまた、社会の発展は批判的社会理論からますますその基盤を取り上げていく、という想定に依拠している限りにおいて、疑問に付されることになる。それゆえに、批判理論のコンテクストにおいて、理論とその代表者たちが自らを余計なものにすることなく、理論の持続性の必要性を暗示的にも明示的にも基礎付けることになるような仕方で、理論の概念を構想する試みが繰り返しなされたのは驚くべきことではない。ある理論の真正さ（Authenzität）を意のままにしようとする試みを介して自己を再生産しようとする知識人集団のそうした試みは、精神労働と肉体労働の分離を持続させることになる権威主義的契機を内包している。この問題を見抜いていたアドルノは、自らの理論形成を、その全体的な運動の方向性からして、精神労働の内在的な持久力と、教養特権に対抗するものとして理解していた。従ってここから、アドルノが、聖別されたジャーゴンだという非難を関心ゆえの誤解として拒絶していただけでなく、自分の書き方を知的開放性を生み出すものとして構想してもいたことが窺える。アドルノはホルクハイマーとの議論で、「我々は何の措置も提案していません。我々が書いたものを読む人々は、目から鱗が落ちるはずです」(456)と述べている。もっとも、目から鱗が落ちた多くの人々が知識人としてどのように振る舞うか、という問いは残る。アドルノとホルクハイマーは、その後ますますこの問題と対決することになる。

ホルクハイマーもアドルノも、言語に対して体系的に注意を払ってきた、ということからすれば、アドルノがかなり長期にわたって自らの言語に対する批判に対応したことは、不思議ではない。ここで取り上げたいくつかの論文の中で既に、アドルノが本来性のジャーゴンに繰り返し対抗し、それによってとにかく、自分の書き方が決してジャーゴンとして理解されたくないと思っていることを示唆している、ということがこのことを示している。しかし、アドルノがジャーゴンという現象と体系的に取り組むようになったのは、ようやく、一九五〇年代末に始まった『否定弁証法』のための研究との関連においてである。一九六二年から六四年にかけて成立したアドルノの『本来性という隠語（ジャーゴン）』という小さな本は、「ドイツ的なるものというイデオロギーについて」というサブタイトルで、マルクスとエンゲルスの共著『ドイツ・イデオロギー』を思い起こさせるだけでなく、集団研究での問いを再び取り上げたものでもある。この本でアドルノはいわば逆ねじを働かせて、ドイツ的なるものというイデオロギーが現時点で取っている形態としてのジャーゴンに対する批判を通して、自分の書き方がジャーゴンではないことを示している。この時点までに既に、実存主義哲学の言語が一連の他の著者たちによってカリカチュア的に風刺され批判されてきたせいで、それに対する批判がもはや別段アクチュアルではなくなっていたので、アドルノのこの本は、とりわけ――アドルノの著作についての幾つかの書評の中で苦情が述べられていたように――〝実存主義の言語や新しいジャーゴンの中に逃げ込み、それによって、理論から批判的かつ非体制順応的な内実を奪い取る恐れのある知識人たち〟を追い払うための試みとしても理解できるかもしれない。しかしその帰結として、ただ体制順応的かつ皮相的に語る多くの知識人たちが、あたかもフランクフルト学派の一員であるかのように、批判理論が誤って一般化され拡大されたりすることにならざるをえなかった[457]。そのような知識人たちが言語を自立化させ、理論から立脚点を構成することは、十分に危惧されることだった。

　ジャーゴンは、実に様々な社会的諸領域で実践され、それらの諸領域を互いに結び付ける、口頭及び文字による表現実践の一つである。この実践は、哲学、神学、福音派アカデミー、各種青年団体、最終的には経済界の代表者たちや政治家の間にも見出される。アドルノはジャーゴンを、ここで挙げたような制度的領域で活動し、独立しておらず従属的で、「歴史的に非難されているか、もしくは、少なくとも没落しつつある」ものとして自己理解しているような知識人による特殊な意味実践として分析した(458)。ジャーゴンとは、社会的分業に基づいて関わってきた精神の後追いをずるずる続けるような形でその教養や意識が形成されている、知識人の職業病の一つであるという。この手の知識人は、自分たちの依存性や従属にもかかわらず、ジャーゴンを用いて、自分たちが時代の高みにたっており、自律的かつ自由な存在だと見せかけようと試みているのである。「形式的に自律を気取ることが、その内容の代わりになる」。ジャーゴンは、ごく少数の知識人によってだけではなく、「無数の生身の人々」によっても語られるがゆえに、宿命的な役割を演じる。「極上の文化」や個人性を装う性格ゆえに、ドイツにおけるジャーゴンは、アメリカにおける文化産業と類比的に、「進行しつつある中途半端な教養の兆候」になっている、という(459)。

ジャーゴンは表面的には、信号のように作用する語（Wort）のリストから成る：言明、委託、本来性、無意味さ。しかしアドルノは、ジャーゴンの場合でも、語よりもむしろ、それによって初めて語全般に特殊な意味が付与される、それらの布置連関の方が問題である、と主張し続けた。自分の物質的状況を良くするために、自分をありのまま以上の存在であるように見せかけなければならない個々人の社会的要求に、ジャーゴンは言語的に対応しているのである。というのも、アドルノが何度も繰り返した規定によれば、ジャーゴンは、「かのように Als-ob」なのである。ジャーゴンは、語のパッケージ以上の内実を持たない。ジャーゴンは言語としてのイデオロギーであり、「ありとあらゆる特殊な内容を度外視することの下に成立する」(460)。言語は言語的な身振りであり、媒体として既に、適応し、服従という社会契約に同意するというメッセージなのである。あらゆるコンテクストを無視する形で語に特定の意味を充填し、それによって、何かアウラ的なもので誇張されたものを保持することで、語からその意味や意図を奪ってしまう特殊技術である。アドルノによれば、彼自身が独自の書き方によって手に入れようと努力してきたのとは全く正反対のことが、ジャーゴンという形で起こる。ジャーゴンにおいて言語は遂行的になり、普遍的なものの媒体として同一性論理的に「すべてを社会によって用意済みのものに」変換するので、それ自体として既に社会を擁護しているのである(461)。ジャーゴンはまさに、言語に内在する普遍性という側面を物象化し、言語から弁証法を奪い取る技術なのである。語と事物との間の関係は、語相互の配列と同様に停止される。語は、思考する主体や具体的な歴史的コンテクストによって媒介されることなく、それ自体既に意味を持つ、つまり即自的に真であり、本来的な意味を所有している、ということになる(462)。言語において、言語と構成的に結び付いている意味過程は阻止され、それによって、理性の抗議が不可能にされてしまうのである。

自分自身の書き方と自分が否定的時代精神と見なして批判した書き方についてのアドルノの解説は、アドルノ自身が言語と思考スタイルによって時代精神に食い込みたいと思っていたことを明らかにしている。流布している言語的慣習を通して、権威主義的であると共にファシズム的な伝統、すなわち、いずれにせよ因習的で体制順応的な慣習が、引き継がれていく。これらが教養の崩壊に寄与していたのだから、アドルノにとっては、自分のテクストが読み手から難解だと見なされたことは驚くべきことではなかったろう。彼は、そうした難解さが、確立された意識や常識を刺激して掻き乱すのに寄与するかもしれないことを期待したのである。

アドルノは、自分の書き方と語の選択を、解放的実践として擁護した。この解放的実践は、言語という、普遍的なものの特殊な媒体の中で、体制順応主義、社会的分業、諸概念のトートロジー的性格などの裏をかいてその効力を失わせる、という。ただし、問題は最終的に、単なる信号としての記号へとますます切り詰められていき、体制順応的な行為へと駆り立てる言語の単なる擁護や、そうした言語への介入をはるかに越えたものとなる。しかしここで、書き方についてのこのような主張が、フランクフルト社会研究所の出版実践と研究所の代表者たちの特別な側面、すなわち自主検閲という側面と、どのように結びつくのか、という問題が浮上してくる。ホルクハイマーとアドルノが自分たちのテクスト群を入念に推敲し、特にマルクス主義の伝統を思い起こさせるようなカテゴリー群を犠牲にしたということは、しばしば観察され、コメントされ、批判されてきた側面である。自主検閲として理解されるこのような実践は、アデナウアー時代の復古的な風潮への適応であって、批判理論による実践の要素とは理解できない。これは批判理論の退廃的傾向と見ることができる。すなわち批判理論は、初期の、ラディカルと想定されていた段階を否定し、最終的にはパースペクティヴを失ってペシミスティックになり、統合され、支配的な社会情勢に従属しているのだ、という見方である。初期批判理論の首尾一貫した、あるいはラディカルな継続の本質がどこにありえたのかを明らかにすることなく、こうした批判がしばしばなされてきたことはいったん度外視したうえで、提起された疑いに即して、自主検閲をめぐる内部の議論を見ていくことにしよう。

アドルノとホルクハイマーは、自分たちが自らのテクスト群を自主検閲していることを、よく知っていた。このことは、彼らの往復書簡の多くの箇所で確証できる。二人とも、自主検閲によって何よりもまず、何らかの形で、スターリン主義陣営である、あるいは、同陣営のやり方で史的唯物論あるいは弁証法的唯物論を理解しているという嫌疑を受けることを回避したいと望んでいた。ホルクハイマー曰く、「そもそも、何故共産主義者であると同時にロシア人を軽蔑することができるのか、ということを我々の立場から明らかにしなければなりません」(463)。彼らが、国家社会主義体制の全体主義的でテロリズム的性格に対して何の共感も抱いていなかったことは明らかだろう。このことから、彼ら二人が、ベルトルト・ブレヒト、ハンス・マイヤー(464)、エルンスト・ブロッホ、ゲオルク・ルカーチ、レオ・コフラーのように、社会主義諸国においてまさに社会主義的な目標実現の可能性が展開されていくと期待した人々から、距離を取っていた理由が説明できる。ソビエト・マルクス主義において、マルクス主義のターミノロジーが、思考を事物から分離するための道具として実証主義的に利用されたせいで、もはやそれを安易に用いることはできないが、だからといって、それでマルクス主義自体の価値が引き下げられるべきではない。アドルノとの討論の中でホルクハイマーは述べている。「我々のターミノロジーにとってこのことはどのような帰結をもたらすのでしょうか？　マルクスのいくつかの命題の解釈をめぐってロシア人と論争するや否や、既に敗北しているのです」。アドルノが答えて言う。「他方で、マルクスのターミノロジーを放棄することは、我々には許されません」。ホルクハイマー曰く、「我々には他に選択肢がありません。しかし、マルクスのターミノロジーをどこまで保持しなければならないかは、私には分かりません」(465)。これと同じ討論で、二人は後でまたこの点に立ち返っている。アドルノ曰く、「だとすると、手段は諸目的に対して中立なのでしょうか？　言い換えれば、マルクス主義の伝統的な書き方と同じように書いていて、本当に私は野蛮に対抗できるのでしょうか？（…）私たちはそれをはっきりと表明し、それによって、どのようにして事態を変えうるのか見通しが利くような仕方で認識できるようにしなければなりません。思想を変化に合わせるべきではありませんが、しかし、事態は変わりうるかもしれないと想像できるようになれば、そこから実に多くのことが浮上してくるに違いありません」(466)。

従って、自主検閲の意味は、想定される読者を一つのチケットの選択にしか動機付けないような、スローガンあるいはキャッチワードを回避するための考察にあった。書き方が、チケット思考の裏をかきその効力を失わせるのだ。ペーター・ズーアカンプ主催の出版社の夕べでブロッホの講演を聞いた後、アドルノはホルクハイマー宛に次のように書いている。「ところで、講演はかなり絶望的でした。人柄としては」ブロッホは「感じがよく自由な人で、彼とは、どうにかこうにか、様々な立場を共有できそうです。しかし、それだけで事が済むわけではありません。この上なく正しい洞察であろうとも、得意顔でぺらぺらしゃべるだけで考え抜かれていないなら、何の役にも立ちません」[467]。従って、問題なのは、解釈図式でもなければ、ある理論的伝統への帰属と特定の立場を示すだけでしかないような、特定の専門用語でもない。つまり、特定の思考をジャーゴンのようにただ皮相的に使う能力が問題ではないのである。アドルノによれば、物事（Dinge）が、思考の中で既に必然性を持っているならば、口頭でもう一度繰り返す必要はない[468]。この考察に対応する形でホルクハイマーもまた、社会研究所の研究員たちを批判している。「今後卒業していく学生たちが安定したキャリアを積んでいけるように手助けしたい、と我々が望んでいるのに、学生の一部が、私たちが産業に対してあまりに譲歩しすぎていると非難し、コップの中での階級闘争を要求していることは、学生の何人かが既にあまりにも視野が狭く単純になってしまっていることを示す警告です。Hの論説（ここで念頭に置かれているのは、マルクスとマルクス主義をめぐる哲学的議論を扱った、ハーバマスによる文献報告のことである：引用者注）で方向付けられていたような団体精神が形成されるべきなのですが、実際には我々は自由な精神、すなわち独自の判断をする能力を持つ人々を教育しているのではなく、今日はこの本、明日はあの本という具合に、書物を信じる、信奉者たちを教育しているのです」[469]。

一九三〇年代以来、ホルクハイマーやアドルノの主張は、理論と実践の問題を、文体を介して解決することだった[470]。テクストは、まさに、理性の自然な担い手という名宛人を前提できないがゆえに、「諸概念からなる身振り」[471]を示すべきだった。身振りは、従来とは違う、権威主義的でない仕方で理論を継続することを可能とするはずだった。各種の文献におけるこの点についての多くの指摘とは違って、このことは、一九五〇年代にも変わることなくラディカルに当てはまる。「私たちは政党の敗北を今日的問題として受け止めて、いわば、以下のように言わねばならないでしょう。私たちは依然としてかつてと同じ様に拙いけれど、今日演奏されているような楽器＝道具（Instrument）で演奏しているのだ、と。（…）私たちについて、彼らは書くことにおいて確かに非常にラディカルだ、など言われるようであってはいけません。社会民主主義者に対しては、働かざる者食うべからず、という点を攻撃しなければならないでしょう。君たちはプロレタリアート独裁を望まなかった、と言うのではなく、君たちは人類を裏切ったのだ、と言うべきでしょう。プロレタリアートの独裁という言葉を口にすることからして既に、カルロ・シュミットや毛沢東と同盟することを意味しています。(…)ラディカルな表現を用いることによって、事態がラディカルでなくなるのです」(472)。何故なら、ラディカルな表現は「容易く、不遜な批判」へと通じ、高飛車に出ることで「権力に頼る不健全さ」となるからである(473)。

このような考察の数々は、『啓蒙の弁証法』というテクストをもう一度点検する上で、決定的な意味を持った。『啓蒙の弁証法』との再会は、刺激的なやり方で、二つの経験を成熟させました。一つは、このテクストにはいかに多くの思想が、それも適切かつ説得力のある形で、含まれているかということ、もう一つは、不穏な連中の群れに襲いかかられる危険を冒すことなく発言できることが、一五年前と比べて現在ではいかに少なく、あるいは、ずっと少なくなったか、ということです。(…)私の疑問符とチェックは、主として、あまりにも開けっぴろげな言語に対する懸念を示しています。『専門家』として記述内容の正しさを疑わざるをえない箇所は、ごくわずかしかなかったと思います。全体として、私は非常に憂鬱な結論に達しました。『啓蒙の弁証法』の内容は大衆の間で普及するには適していない、という結論です」(474)。

ポロックからの手紙で、自主検閲のもう一つの次元が明らかになる。それは、社会に対して批判的な知識人たちの自己理解の問題である。彼らは、支配の諸条件下にあって実際に開放的に書くことなどできない、と知っている。このことは、彼らの批判的ターミノロジーそのものが、支配の諸目的のために道具化され、そのため、マルクス主義の名の下に組織されるテロルを指摘することで批判理論の価値を引き下げる試みに利用されかねない、というような場合に、とりわけよく当てはまる。そうした関係から、他の著者たちに対しても、テクストへの介入が提案された。計画中の雑誌の第一巻に論文を発表する予定だったアーノルト・ハウザーなどがそうである。「あなたの論文に、当方では何点か検閲を希望しています。もちろんそれは、公式的に烙印を押されている用語にだけ該当するのであって、事柄には全く及びません。そして、当然のことながら、あなたにお伺いすることなく、こちらの一存で書き換えをすることは致しません。そうした配慮がいかにぞっとするものであるかを私は非常に良く知っていますが、長い経験から私が学んだのは、決定的な事態において精神的自由と、現実に対する若干の力を保持しうるのは、もっぱら、ある種の補助手段を用いる場合だけである、ということです。多くの点で私たちの置かれているそれを思い起こさせるような状況にあった一八世紀における私たちの精神的先祖たちも、こうした補助手段を軽蔑することはありませんでした」(475)。

最終的に、テクストの検証にとって決定的となった観点は、それらのテクストが歴史上の発展によって時代遅れになってしまっていないかどうか、ということだった。ホルクハイマーは、S・フィッシャー社に宛てた書簡の中でこのことを強調している。この書簡は、ホルクハイマー全集の一九三〇年代に書かれた彼の論文を集めた巻の冒頭に置かれている。当時書かれた論文は、公正な社会を求める意志によって、つまり、〝現実(Realität)は必然性を伴って、善を実現し、歴史の経過がその最終目標を逸することを妨げるであろう諸力を生み出す〟という見方によって動機付けられていたが、この期待は二〇世紀半ば以降は「そうでなくても不確かだった基盤を更に失うことになりました。進歩的な理論は、大衆の内の自由な生活に関心を持っている――その機能ゆえに決定的な役割を担っている――部分の存在にも、その部分と結び付いている偉大な諸個人にも依拠することができません。焦燥は逆説的に働くことでしょう。変化については、論文集の序言で触れることになるでしょう。変化に言及しなければ、正しいものを求める意志という、当時と同様に今日でも決定的なモチーフを犠牲にしてしまうことになるでしょうから」(476)。ホルクハイマーも不安だったのかもしれない。しかし、このような心理的動機よりも重要なのは、歴史的過程に対する慎ましさ、という体系的動機である。この慎ましさが、知識人にとっては、権威主義的簒奪を控えさせ、歴史的諸過程についての自らの解釈が誤っている可能性があることを理解するきっかけとなるのである。「語る時には、私はずっと慎ましやかですし、簡単な話し方をします。語る際には、私は自分の主体を一般的なものにしようとします。私は、語ることによって、主体の特殊性から自分自身を解放するのです。デューイによれば、いかなる思考行為にも、本来的に潜んでいることがあります。〝私がここで語ることは、実際には全体を所有しておらず、全体を知ることができない者によって語られているのであり、私はそれを議論の対象にしているだけである〟、ということです。それが正しいかどうかは、対決の歴史的過程においてのみ明らかになります」(477)。ホルクハイマーの場合、先ほど引用した序言のために百回以上も草稿を練り直したことに典型的に見られるように(478)、こうした熟慮はほとんどグロテスクなまでの相貌を帯びることになる――こうした傾向はポロックによって更に強められたようである。他方のアドルノは、既に引用したレーヴェンタール宛の書簡が示しているように、ホルクハイマーとは違う見解を抱いていた。彼は、市民社会の諸概念の全体を包括する批判理論の諸概念は、時代遅れになることなく、その布置連関の中でずらされ、その意味を変え、意味の変化によって地震計のように社会の変化を示しているのだ、という確信を体系的に主張した。

ホルクハイマーとアドルノの間の見解の違いは紛れもない。語や概念を選択する際に重要となるのは恐らく、バランスを取る曲芸であるが、アドルノとホルクハイマーの間では、この曲芸によって自分たちが公共的にどこまで踏み込むことを望んでいるのか、あるいは、どこまで踏み込むべきかがその都度新たに交渉され取り決められた。アドルノはホルクハイマーと同様に、研究所の出版物のトーンがあまりにも開放的だったりあまりにも尖鋭だったりすることには注意を払っていた。『学生と政治』をめぐる対立に際しては、アドルノは出版を「強く支持」した。しかし、彼が、テクストに介入する必要があると見ていたことは疑いない。「この点で、一連のあまりにも率直に書かれた箇所にはやはり検閲が必要です」(479)。フランクフルト社会研究所の名声が傷つけられてはならず、その地位が弱められてはならず、潜在的なパートナーをうろたえさせてはならず、既に存在するルサンチマンを公然たる敵意に駆り立ててはならなかったのである。そういうわけでアドルノは、理論的主張とはあまり関係ない、ドイツ社会学の現状について嫌々ながらにまとめた報告(480)で、導入部分に「若干の批判」を織り込んだ「けれども、その際に誰一人侮辱することがないよう、私は細心の注意を払いました」(481)、と書いている。

しかし検閲は、最終的には逆説的な効果を持つことになった。というのも、検閲そのものが重要になっていき、それに伴って、限定をますます大きくすることによってしか止められないような、コントロール不可能なダイナミズムが発動するからである。ポロックによる『社会学への補遺』の検証は、全体としては満足の行くものだった。「全体としての印象は非常によいです。どこにも検閲の必要は見当たらないように思われます」。そしてポロックは、アドルノが担当したイデオロギーの章について述べている。「マルクスのイデオロギー論は、周知のものとして前提されるだけでなく、マルクスの名をカットして、『古典的なイデオロギー論』として導入されています。ここでは、ほとんど予備知識を持っていないあらゆる人が、名指しされていない人物に気付かされる、という意味で、逆転が起こるのではないでしょうか」(482)。

もっとも、研究所政治的な観点は、アドルノにとっては、この研究所が全体として関わっている市民社会的・イデオロギー的力関係に対する――ホルクハイマーとは見解が分かれる――評価の一要素でしかなかった。アドルノは、一九五〇年代末以降は、戦術的側面をそれほど顧慮することなく、独自の理論を更に練り上げる――ホルクハイマーはそれを望んでいた――だけでなく、公の場ではっきりとした地位も占める、という心積もりを強めていた。だからこそ彼は、ホルクハイマーのある講演の中のいくつかの文について、「私には、時勢に対峙することの無益さが、いささか強調されすぎているように思われます」と批判したのである[483]。そして、ホルクハイマーのあるテクストについて、「肯定的なトーンに対する場合と同様に、私たちが慎重にならねばならない（…）いささか諦念的なトーン」[484]があると苦情を述べている。アイヒマンの逮捕をめぐるホルクハイマーの寸評に対するアドルノのコメントもまた、両者の評価が分かれたことを示している[485]。このコメントでアドルノは、ホルクハイマーにその寸評を公開しないよう勧めている。「もしも私があなたの立場なら、それでもそのコメントを発表しないでしょう。それは決して戦術的理由からではありません。そのような配慮をするには、我々二人とも年を取りすぎています。もしも我々が今思いのままに真理を語らないとすれば、今後いつ語る機会があるでしょう。でもトーンが問題なのです。私から見ればこのトーンは、あまりにも賢明すぎ、あまりにも物分りが良すぎるように思われるのです」。そしてその後で、恐らくは自分の批判によってホルクハイマーが傷つくかもしれないことを先取りしてのことと思われるが、アドルノは自らの立場を説明しつつ詫びている。「しかし、これは反応の仕方にすぎませんし、もしかすると、市民的世界から成熟として賞賛されてきたもの全般に対する反感が増しているというだけのことかもしれません。公開に反対する論拠は確かに何もありません」[486]。

　トーンに関する不一致は、事柄に関する不一致でもあった。重要なのはマルクスの伝統の中で理論を更に展開することである、という点では、五〇年代にはまだ争点はなかった。アドルノは「過去の処理とは何を意味するのか」と題する講演の中で、ナチズム的態度の克服は社会全体の変化にかかっている、という考察を明らかにし、ホルクハイマーに対しはっきりと賛意を表明している。「テクストの中ではっきりと述べられている、全体のより良きアレンジメントということが何を目指しているのであれ、理論的要素であれ、実践的・政治的要素であれ、それは退行への抵抗を意味するはずです。検閲しなければならないことは、私からすれば何一つ見当たりません。これらすべてを安心して語ってもいい、と思います」(487)。アドルノとホルクハイマーの間の事柄に即した差異は、語ることそれ自体が社会理論という観点において持つ意味についての見解の不一致にあった。というのも、形式、語彙、トーンの検討はすべて、基本的に、文体の問題ではなく、最終的には、理論的実践、書くことを介してどのように社会を変革できるか、ということに照準を合わせていたからである。アドルノは、そのような変革はいつであれ、既に可能であると見ていた。つまり、生産諸力は非常に広範に発展していたので、欠乏は客観的に時代遅れとなり、社会的非合理性の兆候として理解されうる。彼は、そうならないのは、つまり変革へと至らず、災厄や幻惑の連関にしか行き着かないのは、イデオロギーの影響だと見ていた。もっとも、ここの場合のイデオロギーとは、単なる意識の現象ではなくて、媒介を停止させる実践でもあった。アドルノ曰く、「そもそも、問題はもっぱらイデオロギーにあります。基本的に成さねばならないのは、もっぱら意識を変革して、各人の意識の中の幻惑の連関を解体することです。そうすれば、すべてうまくいくでしょうに」(488)。このような見方をすれば、批判的な書き方は、幻惑の連関を打ち砕き、覆いを投げ捨てることを可能にする実践である。テクストは、力の場なのである。諸概念が、最終的にはいつの日にか拘束力を持って諸状況を名指し、人々がそれらの状況の真の性格を経験し、根底から変革するに至るような布置連関へと、それらの概念をもたらすことこそが、批判的知識人の使命なのである。「社会が魔術をかけられて姿を変えられており、別様の在り方を示すポテンシャルが見当たらないままに、災厄に近づきつつあるという状態において、最高の関心とは、それも文字通り万人の関心とは、理論という形で事態についての十分な説明を見出すことです。人々は具体的に思考するようになればなるほど、解き明かす言葉を待ち望むようになります」(489)。いつの日か、予見されることなく、意図されることもなく、理論的身振りが諸概念を正しい布置連関にもたらすならば、自由を可能とする、解き明かす言葉が発せられるだろう。時代遅れとなった支配がすべてを維持することに全力をかけるせいで、事物を名付けることが困難になればなるほど、人々が状況を概念的に把握した時に、転換の可能性が高くなる。書くことは、諸概念を常に新たな布置連関にまとめようとする、情熱的な社会理論的活動となり、結果として、あたかも「開けゴマ」の呪文のように、驚くべき仕方で、宥和された社会状況の自由な形成を可能にする、というのである。

アドルノとホルクハイマーの間の見解の相違は、当初は些細なものだった。ホルクハイマーもまた、文字や宣言的な内実ではなく、身振りが問題だ、という見解を取っていた。だからこそ、ポロックは次のように書き残している。「ホルクハイマーは多くの講義の中で自分の学生たちに、私が諸君に伝えなければならないことの大部分は、言葉によって表現することが全くできず、身振りにするしかない、というのも、決定的な概念はそもそも定義されていないからである、と言っていた。（…）自由として想定されているものについて、人は実に不完全にしか語ることができない。しかし、もしも自由という理念を代表する人が、それを自らの身振りによって表現するならば、他の人においても、決定的なものが共鳴することが可能になるだろう」(490)。アドルノとホルクハイマーの間の不一致は、語りうるものと語りえぬものについても、身振りについても、後者が前者とは違う概念を持っていたことにある。アドルノはテクストの中で対立が生じているのを見て取っていた。対立の中で敗北することがあるかもしれないが、それは決定的な挫折ではない。それぞれの新たなテクストの中で、解き明かす言葉が発せられる場となる布置連関を生み出すことを、常に繰り返し試みることができるわけである。しかし、ホルクハイマーはまさにこのことを疑っていた。「アドルノは自らの分析のすべてに対して、その逆も述べている。しかし、頂点へと駆り立てられるこの弁証法にもかかわらず、彼が語ることは、真でないままである。というのも、真理は語りえないからである。そして、アドルノは個人的にはこれに関与できないままであり続ける。しかし、真理について持てるものをいかに現実化するかが問題だ」(491)。アドルノは、テクストの身振りが、テクストの明確な内実の下でテクストが真理を語らせることを可能にする、と理解していたとすると、ホルクハイマーはその逆に、決定的な次元は基本的に諸概念から逃れていき、決して身振りや布置連関によって表現されることはありえない、と考えていた――もっとも、真理を示唆するものは、実践の中で認識されるわけであるが。それゆえにホルクハイマーは、知識人の機能が変化したという結論に達した。つまり知識人は、今やお飾りやおしゃべりを生み出すだけであり、もはやより良き未来に貢献することがない、というのである(492)。文字に書きとめられた思想が持つ力や意味は、ますます弱まっていく。「書くことは、かつて備えていた意味をもはや持っていない」(493)。アドルノは、自分とホルクハイマーとの間の見解の不一致をよく理解していた。というのも、ホルクハイマー宛のある交換書簡の中で、相手の立場を簡潔明快にまとめているからである。「言葉に対するあなたの懐疑は、かの段階（ヒトラーの独裁下：引用者注）で、強められたのでしょう。あなたの唯物論的形而上学と呼びうるもの、すなわち、生の虚栄についての旧約聖書的意識は、思想に対するあなたの関係にも転移しています。あなたが経験されたところでは、最も深遠にして最も真実な思想さえ吹き消されてしまったわけです。忘却されたものの暗黒に直面する時、精神的に客体化されたものの持続は幻想ということになるのですね」(494)。この点でアドルノが真逆の見解を抱いていたことは疑いない。アドルノとは違って、ホルクハイマーは、解放的に書くことそれ自体からも災厄が生じうる、とさえ危惧していた。「一八世紀において、文学は、より良くなりうる世界に奉仕していた。しかし、今日においては、現実的には依然として待ち望まねばならないような変化は、いずれも更なる崩壊へと通じている。全体主義の恐怖に敵対する人は、それを加速することしかできない。没落しつつあった古代の哲学者たちは、公共圏から引きこもった。当時と同様に、もはや遅すぎるのだ」(495)。ホルクハイマーが、知識人の退却を事実上支持したのに対して、アドルノのテクスト理論的な考察は、まさに書く行為によって、社会の変革を引き起こすよう駆り立てるものだった。しかしホルクハイマーにしてみれば、アドルノには、実践的かつ肯定的なパースペクティヴがないように思われた。アドルノに向かって、こう語っている。「あなたなら、もし人がそれ（世界がありのままである限り、すべては虚偽である、ということ：引用者注）を口にするだけでも、既に多くのことが起きているのだ、とおっしゃることでしょう。けれども私だったら、それよりもずっと多くのことが起こらねばならない、恐怖がもはや必然ではなくなるような路線がもっと明確に示されねばならない、と言います。あなたにとっては、人がそれを語れば、理論が既に成就したことになります。しかし私の思うところでは、私たちは、それは悪いと語るだけではすまないことを、マルクス主義から確認しなければなりません」(496)、と。この論争では、問題になったのはもっぱら、両者の間の理論と実践をめぐる概念上の相違あるいは対立であり、あたかも、アドルノが理論にすべてを期待し、ホルクハイマーが実践にすべてを期待しているかのように見える。しかし、両者の違いは、実はもっと根深いものだったのである。

七章　超え出ていく実践——革命的保守主義

いかなる名宛人も、つまりいかなる党＝味方（Partei）がもはやいない状況に直面して、アドルノとホルクハイマーは、語りの、それと共に理論の意味に対する評価で意見が分かれた。一方のホルクハイマーがますますペシミスティックかつ保守的になっていき、それどころか状況に適応していったようにすら思われるのに対し、他方のアドルノは、やはり共著を書き進めるという要請をすべて断念したとはいえ、（自らの芸術的経験に引きこもり、美的近代のパトスの中に確実性を見出しつつ）自らの理性批判的思考に含まれるアポリアを更に瞑想的に召喚した、と述べるだけでは、両者の不一致を更に解明するには不十分である。両者の間の見解の不一致は、別の水準にあった。とりわけ、啓蒙などのようにして継続されうるか、その仕方をめぐるものだった。

ホルクハイマーとアドルノの二人は、更に共同の理論的プロジェクトに取り組むことを望んでいたし、そういう構想を抱いていた。二人は五〇年代後半にも、繰り返し、この共著研究のための時間を見つける必要性を確認し合っている――「私たちの中心的な仕事（…）これに対して私は実際に激しい焦燥感を覚えています。この仕事が、数々の中途半端な実践計画のためにこれ以上引き延ばされるようなことがあってはなりません」(497)。ホルクハイマーとアドルノは、学説を例外として、自分たちがやっていることの多くは、自分たちと社会研究所の地位を弱めたくないと考えている以上従わざるをえない、政治的、学問政治的な必要性に基づく業務と見ていた。「私がこの瞬間にやっていることはすべて、純粋に戦術的な事柄に関わるもので、私たちにとって最も重要なことには、ほとんど寄与しないということを、私はよく知っています。しかし、同じようなことは、他の多くのことにも当てはまります。ケーニッヒのための私の論考や、ドイツ社会学についてのあなたの報告も、決して私たちの生涯の課題に属するものではありません。（…）これらのすべてについて語り合いたいものです」(498)。特にアドルノが、ヘルムート・プレスナーのための記念論文集への寄稿の取り止めを検討していた時には、ホルクハイマーは、用意した論文を自分たちの共著のための叩き台にしてはどうかと提案している。「もしもプレスナーの記念論文集が発行されないのならば、自分たちで論集を作ることを考えるべきでしょう。テーゼや私の論文を一緒に吟味できたらいいと思います。テーゼの方は、方法論に対する私たちの拘束力を持った発言を含むことになるでしょうし、論文の方は、基礎的存在論についての批判的な節を更に書き加えることができるでしょう。もしかすると更に、原理的な論文一本と私たちのメモのいくつかを付け加えたうえで、全体を、私たちのテクスト群として、『講演とコメント』という形で刊行したらいいかもしれません。私は、この形態があなたの趣味に合わないことを知っていますが、少なくとも第一歩にはなるでしょう」(499)。アドルノが望んだ意味での共著の代替物は、一九六二年に、社会研究所による刊行物シリーズの一環として、論文および講演集からなる『ゾチオロギカⅡ』として実現した(500)。この論文集の序文では次のように述べられている。「二人の共著者は、全体に対して共に責任を負っている。共著者の一方を他方に対立させようとする誘惑が生じてくるかもしれないが、そういう見方をすれば、二人の今日の在り方は、もっぱら、各々のお互いに対する発展の帰結である、ということを忘れたことになるだろう」(501)。自分たちの著作の一体性や共同責任についての類似の見解は、繰り返し見出される(502)。

このような一体性を繰り返し互いに確認する必要性は、恐らく、分断の試みを阻止するためだけに生じてきたわけではなく、二人の間で時おり不協和音が確認されたことを示してもいる。ホルクハイマーの妻マイドンは、アメリカにいる夫に宛てて、アドルノは非常に不人気で、彼の妻グレーテルが社会研究所内で強力な独裁を敷き始めた、と書き送ったことがあるが、この時、彼女は夫のアドルノに対する留保を前提にしていたのかもしれない。「研究所の中ではひどい混乱が支配しているようです。(…)しかし、研究所の名声と、あなたのおかげで研究所が獲得した威信は、すぐに消えてしまうことでしょう。あなたが研究所から生み出したものが、良いものであり、かつ強力であることは誰もが知っています。しかし、今の体制は悲惨で、研究所のスタッフや外部の人々がこれくらいは期待できるだろうと思っていることに、ことごとく反しています。ご存じのように、よい事柄を慎重に確立するまでには長い時間がかかります。しかし、こうした勢力が幅を利かせるなら、良き事柄はすぐに再び消滅してしまうでしょう」(503)。アドルノは、ホルクハイマーの誕生日を祝う公開書簡の中で、ホルクハイマーの家父長的な相貌について語っている。それらの相貌は、実際緩和された形でほどよく理解されるであろうような、ある指標によって、和らげられた形で特徴付けられている、という。その指標とは、そうした彼の相貌が、「権力関係に対する特別な勘へと、また、それと共に、あなたとあなたに近しい人々が権力に抵抗しながら自己主張できるように配慮する能力」として精神化されているということ(504)である。二人の間の不一致は、社会研究所の運営の仕方にあり、それはとりわけ、『学生と政治』やそれぞれの独自のテクストのトーンに対する評価の違いにおいて明らかになった。

ドイツ連邦共和国の文化と政治の領域において、彼らの理論、社会研究所、そしてアドルノとホルクハイマー自身が重要になっていた。このような影響力を、彼ら二人はよく理解していた。ホルクハイマー曰く、「もはや党=味方は存在しないとしても、自分たちが存在している、ということの事態にはまだ価値がある、と自らに言い聞かせなければならない。私たちはこのことを出発点としなければならないでしょう」(505)。しかしアドルノが満足してこの事態を受け入れていたのに対して、ホルクハイマーは具体的なパースペクティヴの欠如を気にしていた。アドルノ曰く、「私は、私たちがしていることは既に何らかの形で影響を及ぼしている、と感じています」。それに対してホルクハイマー曰く、「何らかの実践の構想に対して私たちの立場が明晰かどうかで、影響力は増減します。人はどこかで社会主義を思い出すだろう、などと信じることはできません」(506)。それは、「ユートピア主義の概念、すなわち、何の行為にも繋がらない理論概念」に通じる、という(507)。ホルクハイマーは、肯定的なもの、目標、具体的な方向性の欠如に対する異議を表明している。「講演は非常に素晴らしいです。走り読みしながら、私は欄外に書き込みをしました。そのいくつかは、恐らく愚かなものです。我々にとってお馴染みのことながら、肯定的なものの中にこそ困難があるのです。あなたが予告したように、これが結論です。恐らく、最後の五頁は、そのままにしておかねばならないでしょう。変更するには遅すぎるからだけではなく、我々が実際にはあまり多くのことを提供できないからでもあり、ま、す、」(508)。アドルノはこの事態を違った風に理解していた。というのも、彼の目標は、否定的なものを概念によって媒介して展開することだったからである。「ある意味では、精神への崇拝と精神への敵対という両極端の間を、安全に通り抜けていく、というのが我々の哲学の課題であるわけですが、これは、肯定的な『立脚点』によってはほとんど不可能で、限定的否定によってのみ可能なのです」(509)。ホルクハイマーは、自分とアドルノの間の相違を非常に正確に指摘している。「もしも誰かがそれをしないならば、何も起こらないのだ、ということが、我々の批判から明らかにされねばなりません。（…）これに関して私は、もしも自分が何もできないとすれば、私は何も言わないだろう、と直感しています。あなたは、少なくとも否定的なものという形でユートピアを発見するのが、我々の課題である、という立場です。私はそれを更に発展させて、ユートピアと今日の現実の間の関係がより明確になるようにしたいと思っています」(510)。批判の尺度は、歴史的現実の中に既にある、具体的な契機であるべき、ということだ。

しかし、ホルクハイマーとアドルノの間の理論上の違いは、単に、オプティミズムとペシミズム、あるいは、理論と実践といった軸をめぐるものにとどまらず、社会批判についての考え方の違いによっても特徴付けられていた。アドルノは、理論的には、先進的な社会理論的態度を用意したいと考えていた。というのも、そのような態度こそが、所与の社会的状況を歴史的に克服するための出発点だからである。そのような態度は、概念的な布置連関から生じてくる。先進的意識は、諸概念の意味の具体的展開を知っていなければならない。そして、絶対的に現代的でなければならない、という命題は、文化的あるいは美的なプロセスにとどまらず、あらゆる概念的プロセスに関わる。従って、歴史的発展の犠牲にならないためには、絶対的に現代的であること、概念上の意味において最新の水準に立つことが必要となる。「歴史の動向においては、そうした動向とは何ら関わろうとしないものこそが、ようやく正しく現われることになる。歴史の動向は、救いとなるものや希望の可能性を何ら約束せず、概念の運動を最後まで追求することだけを約束するのである」(511)。歴史の発展から影響を受けた概念の意味のこうした最高次、極限の段階においてのみ、解放が実現されるのであって、まだ停滞している段階において、あるいは、社会的プロセスからの方向転換によっては、解放は実現されないのである。

歴史的かつ社会的発展の極限の水準において、批判的意識は、既存の社会が、最終的に自己自身を超えて進むよう仕向けることができるのである。アドルノは、カントに依拠しつつ、人間の状態は「純粋な理念からではなく、敵対関係を通してのみ、すなわち、自らによる強制からのみ」生じてくる、と書いている(512)。社会的運動だけでなく理論的・批判的運動もまた、矛盾や敵対関係の内的ダイナミズムから湧き起こり、内部から克服へと駆りたてられるというのである。「現在の世界の動きにおいて、将来、そして今日、一方ではかなりの蓋然性で破局的性格を帯びているものの、他方で、今日では断絶されているかの実践の可能性を再び生み出すであろう状況が生み出されるかもしれないということは、同じ事態の別の側面にすぎません。世界が敵対的であり矛盾が持続している限りにおいて、世界の変革の可能性が継承されていくのです」(513)。敵対的であり、決して自己自身と同一化しないような社会的諸関係は、自己をこのような同一性や全体性へとまとめ上げ、非同一的なものを統合するかもしくは排除しようとする。概念的思考は今や、一つの概念が横断する矛盾する諸側面のすべてを包摂しなければならない。というのも、そのような思考が、一つの概念を、その矛盾に満ちたダイナミズムから解き放ってしまうと、全体化へと向かう社会的プロセス、すなわち、社会が全体的に内在化しているという事実を、その最高次の帰結に至るまで追求することができなくなるからである。しかし、社会が自らの諸概念の中に全体的に閉じこもることが、その最も細部に至るまで確認されるならば、矛盾の絶対化によって、それ自体が自らの真逆のものへと転換するかもしれないような全体性が概念的に生じてくる。理論家の課題は、市民社会が自らの傾向に従って目指しているところの全体性になったこと、及び、市民社会は、それ自体として考えた場合、克服されうるものであることを明らかにすることである。アドルノ曰く、「今日において実際に全く新しく考えねばならないことがないとすれば、今日の状態に対して公正な宣言を書くべき、ということになるでしょう。マルクスは、社会の内在性が全体的になっている、という事態をまだ見抜くことができませんでした。このことは一方では、ほとんど表皮を剥ぐだけでよい、ということを意味していますが、他方では、もはや誰一人として他の在り方を望んではいない、ということを意味しています」[514]。批判的知識人は、最も進歩した意識によって、諸概念をその内在性において思考しなければならない。というのも諸概念が、他者の認識を解放するからである。自己同一的な社会は、非同一的なものを指示する[515]。あるいは別の側面から、知的命題かつ理論的綱領として定式化すると、次のようになる。社会がこのような仕方で自らの他者、限界、転換を語り寄せるので、全体性へと閉じるということを、批判理論は強調しなければならない。というのも、すべての個人にとって、自分たちが生きている社会的連関がすべての媒介を次第に除去しつつあり、純粋な無媒介性の中で硬直化し、すべての非同一的なものを統合し、生命の刺激を制御しているということが明らかになれば、彼らは、端的な他者を認識することができるようになるからである。しかし、諸概念の意味の断片のみがナイーブかつ幻想的に全体性の外部に留まっているとすれば、このことは虚偽の宥和へと通じる。全体はそれ自体としては認識不可能となり、境界線がずれる可能性があり、転換は起きない。従って、市民社会の連関が全体性として理解されたとしても、それは、ペシミズム、あるいは、文化批判的な保守主義の兆候ではないのである。「批判理論は、全体性へと向かうのではなく、全体性を批判するのである。しかしこのことはまた、批判理論がその内容からして反全体主義的であり、あらゆる政治的帰結を伴いうることを意味してもいる」[516]。全体性は、それ自体として認識されるならば、自らを超え出ていく。否定的なものであろうとも、すべてが交換によって媒介されるような布置連関において初めて、社会的諸関係の山を運動の中へと持ち込むことができるような、解き明かす言葉の発声が歴史的に可能となるのである。

これらの考察は、知的尺度へと翻訳すると、知識人が前衛的に振る舞うことを要求されていることを意味する。というのも、知識人たちは、最新の動向を代表するだけではなく、それを全体として思考することで、ただちに克服することもできるからである。知識人は、発展の頂点にあって、自分たちの批判的思考を介して、社会的転換をもたらす。しかし、アドルノはここに明々白々な問題を見ていた。時代精神が思考の唯一の参照点かつ地平となり、知識人の意識がもはや時代精神を超え出なくなり、それを物象化し、自らを事物のその都度の状態を体制順応的に反映するものに成り下がるならば、他ならぬ、現代的であるべし、という命題が、遂行的かつ体制順応的な行為になってしまう可能性がある。というのも、時代を概念にもたらすことができるようにする、つまり、全体の契機として「同時に全体をも」を表現する、という哲学に対する古くからの要請――この要請は、ドイツ連邦共和国のアカデミズムの哲学者たちによっても、精力的に掲げられていたわけだが――は、アドルノに言わせれば、同一性哲学によって動機付けられているからである[517]。そのような統一は、認識主体は社会の内部に生きているのに対して、社会理論が外的なものに留まる場合にのみ想像できる。更に、理論は、全体が敵対的関係にあるということを、体系的に誤認することにならざるをえない。従って、時代を概念へともたらすという要求を掲げる哲学は、簒奪的に振る舞うことになる。そのような哲学は、社会における矛盾の兆候となり、もはや矛盾を把握しなくなる――矛盾を把握するというのは、矛盾を超え出ているということだからである。

このような時代精神意識は、歴史の過程とその弁証法にそもそも気付くことができないようにする。たとえ現状の最も進歩的な水準にあろうとも内在性の内にある限り、意識はそれに気付くことはできない。アドルノは、自分の指導の下で成立したある博士論文にコメントしながら、その著者の誤解を指摘している。その著者によれば、「概念が、事物に対する自らの関係を解消し、一種の独自の生を営むのに対して、まさに弁証法的思考は、いかなる瞬間にも概念を事物そのものに対峙させることをその本質とする。彼（博士論文執筆者：引用者）は、極めて弁証法的に振舞っているのかもしれないが、弁証法の生命線を理解していない。当然、内在的批判によって、自己自身から不条理を導き出そうとする、かの考え方は、あまりにも非弁証法的にすぎる。というのも、内在的批判は常に同時に、概念の自己運動の動因となる一種の外部の知を前提にしているからである」(518)。アドルノのいう弁証法は、両者を指す。つまり、自らを超えたものを指し示す――そして、外部からの衝撃、あるいは主観的知によって、自らを超えたものを指し示すことができる――内在的批判である。このような主観的知は、記憶の能力から帰結する。アドルノは二つの理由から、個人の記憶能力を強化したいと願っていた。カントとニーチェにおいてそうであるように、アドルノにとっても、強い主体の形成は、常に記憶と並行する。というのも、個人はこのような仕方で、同一的で、行為する――過去を持ち、その都度の現時点にのみ埋没することがない――人格としての自分自身についての意識や知を獲得するからである。個人は自己自身を振り返ることによって、現在は常に瞬間であり移行であって、それゆえにこそ、常に一方での肯定、体制順応主義、連続性と、他方での批判、非体制順応主義、転換の間での二者択一を含んでいるのだ、ということが認識できるのである。アドルノ曰く、「客観的な対抗諸力が解放されることなしに、狂気にまで上りつめていく世界が存在するなどとは、私には想像できません」(519)。第二に、歴史的に取り返しのつかない喪失という悲しむべき経験、進歩が自由と共に非自由をも同時に増大させるという洞察は、記憶と結び付いている。個人が同時代人として現在の意味地平に統合されるならば、悲しみと経験は彼に対して同時に、この地平を、歴史的に自らを常にずらしていく意味のプロセスとして、いわば外部から理解する可能性を媒介することになる。記憶が弁証法を補完せざるをえない。何故なら、記憶なしに弁証法はありえず、アクチュアリティという意識は弁証法の中に埋没し、自分自身の運動に対してもはや反省的に関わることができないからである。アドルノは、ラディカルな社会変革の理論に伴うジレンマをはっきりと示唆している。「最終的には、まだプチ思考くらいはあります。すべからく世界を変革しようと望む運動には常に、古風で置き去りにされた時代錯誤的なものがあります。見て取られるものの尺度は、常に、かなりの程度まで、歴史の進歩を通して失われていった幸福なのです。全くもって時代の高みにある人は、常に完全に適応しており、それゆえに異なる事態を望みません。しかし、この時代錯誤的要素によって、同時にまた、変化を目指す試みそれ自体が——まさに、そうした試みが諸情勢に先行していると共に、かなり遅れを取っているがゆえに——常にこの上なく深刻な危険に晒されており、かつ、そうした反動的要素を少なくとも必要としている人々の間で、反動的であるとの非難に晒されるのです。それゆえに、例えばシェルスキーが私たちについて述べたように、私たちの見方は、そもそも高等リベラリズムの見方なのです。クックス氏が誰を『ロマン主義者』だと非難したか、あなたもご存知でしょう。このことに単純に疑義を申し立てるだけなら、もう希望なき状況に陥るしかありません。疑義を申し立てるのではなくて、まさにこの瞬間の真理を、理論そのものの中に受容しなければならないのです。すべては、この循環から抜け出すことにかかっているのです。もっとも、そのためには何よりもまず、自分自身を真摯に説明することが不可欠です。それも、歴史哲学の一部でしょう」(520)。記憶と、それと結び付いた教養は非同時(代)性の要素である。そのような要素が、〝自らは常に否応なく社会の発展の最新の段階にあり、そこから社会的状況についての特権化された考察を導き出すことができる〟、と思い込んでいる知識人たちの近代主義的で前衛エリート主義的な自己誤解を打ち砕くのである。批判理論の体系的非同時(代)性は、その敵によって利用されることになるだろう。アドルノによれば、批判理論は、もはやユートピア主義的あるいは前衛的なものとして「中傷されている」のではなくて、時代遅れで形而上学的で反動的でロマン主義的で神学的なものと見なされるようになる、というのである。彼はこのことを、批判理論がもはや排除されているわけではなく、間違った仕方で社会に統合されていることを示唆していると解釈した。意味が奪われてしまったので、何でも言うことができる、ということだ。同時に、合理性の契機もまた、こうした批判の吸収と結び付いていた。というのも、先ず第一に、保守しようとする、ロマン主義的で形而上学的な契機が強調されたからである。そして第二に、批判的社会理論に対する批判を、護教論と解放的理論の間の歴史的変化や解放の可能性の増大を示すトリックとして解読することが可能だったからである。「批判的思考は、そもそも発展に取り残されている、と述べることによって、批判的思考を片付ける」ことが試みられている。「今日この手の護教論が支配的であることによって明らかになっているのは、社会全体の状態です。今や啓蒙や成熟へのポテンシャルが明らかに高まり、社会の出来事を単に無反省に受け容れるのではなくそれを意識化できる可能性が明らかに増大した結果、後ろ向きに堰き止める復古的な議論では立ちゆかなくなり、取り残されているものは自分こそがより進歩したものだと自称することによってしか自己正当化できなくなっている、というのが現状です」(521)。

アドルノは、ホルクハイマーが自分への賛意を示す返書の中で使った見出し語を受容することで、自らが描き出した循環に立ち向かい、極度の現代性と、肯定的で解放的であるつもりのアナクロニズムの間の関係を解説しようとした。ホルクハイマー曰く、「『プチ思考』に私ははっきりと同意します。私もいくつかのメモで、ユートピアや理論一般の『反動的なもの』を特徴付けました。その根拠を、正確に述べることができます。それは、進歩が今日非合理な形態において完遂されている、ということです。ここから異なるものが生じる、という見方は、今日では百年前ほど正しくありません。今日どれほど技術的に前進していようとも、歴史的には下り坂にあるのです。その際に、歴史を自然史から区別しなければなりません。人類は自然史的には絶えず前に進んでいるものの、我々が歴史と名付けたもの、すなわち前史と、本来の歴史を先取りするまなざしが、一種のエピソードになるのではないか、という疑いを私は抱いています」(522)。既に述べたようにアドルノは、ホルクハイマーとは違って、発展の頂点にある今ここで、異なるものが生じてくるという見解を、すなわち、独自の理論が過去と未来との緊張の中で異なるものを能動的に呼び寄せることができるのだという見解をはっきりと抱いていた。進歩をめぐるそのような肯定的な概念を彼が初めて展開したのは、数年後の一九六二年一〇月のミュンスターでの哲学会議での講演においてである(523)。

この講演は、暗に、進歩に対して肯定的かつ前衛的に関わることから生じてくる、批判理論にとっての困難を問題にしている。全体として見ると、様々な布置連関において、進歩は現実の社会的敵対関係を介して、そして、最高次の水準においてのみ可能である、という論証が何度か繰り返されている。自由および宥和が可能となる条件は、非自由なのである。「自らをもぎ取るものの可能性は、否定性の圧力によって成熟する」(524)。進歩の弁証法の一部として、進歩の原理によって扇動された反動が、「人類が将来において反動を回避する手段を見出すための条件を提供してもいる」(525)ということがある。そして、自然支配を介して繰り返し展開されている理性だけが、すなわち、もっぱら自然支配を介して自らが恐れざるをえないものを生じさせている理性だけが、同時に、社会的支配一般を廃棄しうる媒体なのである(526)。

アドルノは、様々な方向に向かって論争を繰り広げている。先ず最初に彼は端的に、〝進歩は歴史においてまだ一度も起きていないので不可能である、という論拠によって、進歩信仰としての進歩を弾劾している人々〟に反対した。そのような進歩への敵対――アドルノは暗にアーノルト・ゲーレンの理論を念頭においている――に対して、アドルノは、増大しつつある技術的および美的自然支配としての進歩は確かにある、として異議申し立てしている。アドルノが、ヴァルター・ベンヤミンの『歴史哲学テーゼ』や『啓蒙の弁証法』よりも後退することを望まなかったことは明白である――彼は、進歩理論が病んでいる「神話に対する対抗毒」としての性質を有する、〝進歩に反対する説得力ある保守派の議論〟が、進歩理論によって吸収されることが必要だと見ていた。そうすると、進歩をオプティミスティックには信じられないものの、かといってペシミスティックに単純に捨てることもできないということになり、どのような水準で進歩を擁護すべきか、という問題が生じる。しかし、アドルノは、もっと深刻な問題に直面していた。というのも彼は、進歩を歴史の発展の存在論的原理とするような論証をも斥けなければならなかったからである。この意味で、類の治癒、もしくは、救済の歴史としての進歩についての目的論的見解と同様に、没落史という歴史の否定的な進歩の概念も同様に斥けねばならなかった――これによって、「下降線」というホルクハイマーの見解も批判されることになる。というのも、いずれの場合も、進歩が、肯定的であれ否定的であれ、歴史の過程の内在的原理として想定されているからである。「進歩は、最近の哲学者たちにとって確かにより心地よいであろう崩壊ではないのと同様に、存在論化されえないし、反省なしに存在に帰属させることはできない。述語的判断の形で進歩について口にするには、世の権力はあまりに善に乏しいわけだが、進歩なしには、いかなる善も、その痕跡すらありえない」[527]。

進歩の存在論に反対する批判理論の枠内で、二つの考察が語られている。第一に、そのような構想は、権威主義的な振る舞い方を可能にする。というのは、それによって個人が、地下において作用する歴史的権力に依拠することになるだろうからである。しかしこの論拠は、全体性としての人類という観念に対する批判において、間接的に展開することしかできない。これまで、人類について普遍史的に語ることができなかったのだ、という形で。これによってアドルノは、人類の進歩の名において誰かが――実在しないがゆえに、抵抗することができない――集団的主体の代理になる、という簒奪の可能性の基盤を奪う。アドルノは、人類は差異化と個体化によってのみ生み出されるのであり、極端な個体化こそが人類の場所を確保する、と強調した。第二に、進歩の存在論によって、諸個人の自由な行為の可能性が削り取られてしまう。実際、やはり極めて全能的な社会的諸状況や硬直した諸制度が、人間によって作り出されてもいる――「世界精神の隙間なき全体性」なるものは仮象である。自由な行為、変化、それと共に進歩が可能なのは、「その敵対的な本質ゆえに」、全体が「人々とのかの完全な同一性を力ずくで手に入れる」ことが不可能だからである(528)。歴史は、常に新たに支配的に生み出されざるをえない現在の幻惑の連関にもかかわらず、どの視点から見ても、開かれた過程なのである。「幻惑の連関における個々の特徴のそれぞれが、進歩の可能な終焉にとって有意味である。自らをもぎ取るもの、言語を見出し、目を開くものが善である。自らをもぎ取るものとして善は、宥和へと一義的に秩序付けられることなく、自らの運動の進行過程において自らの可能性を煌かせている歴史の中に織り込まれているのである」(529)。

しかしこのような二つの考察は、ある仕方で相互に矛盾している――そしてアドルノはこのことを見て取っていた。進歩は時間の中で、個々人が行為する啓蒙の経験的な過程としてのみ生じる(530)。しかし歴史的過程が諸個人の行為によって説明されるならば、進歩は歴史の過程に内在するダイナミズムとして解釈されることになる。それと共に、その発展段階を手がかりとして、進歩があるかどうかが読み取られることになる、人類という集団的主体が想定されることになる。アドルノは、このことと結び付いている――まさに、あるがままの社会的諸関係を、そしてそれに伴って、それまでの歴史の自然的な連関を美化する――進歩肯定・楽観主義の諸問題を見抜いていた。彼はこの二つの視点を、前史および自然史としてのこれまでの歴史との断絶――この断絶は、それによって最終的に歴史が生じることが可能となり、人類が救済されるものとして想定される――としての進歩の概念へと統合した。「進歩とは、人間が自らの自然発生性を知覚して、自然に及ぼされ、それによって自然支配が継続するような支配を阻止することによって、拘束から抜け出し、それ自体もまた自然である進歩の拘束からも抜け出すことである。その限りにおいて、進歩は自らが終わる地点で生じる、と言うことができる」(531)。

ここから必然的に生じる問いは、内在的進歩という神話的運命の中で断絶が歴史的に実現するかどうか、をめぐるものである。「進歩の反神話的な特徴は、精神の自足性という妄想に対する手綱となるような実践的行為なしには、考えられない」(532)。「超え出ていく進歩」(533)がありうるとすれば、それを現実化する実践はどのような性質のものでなければならないだろうか？　というのも、実践そのものが、自然に束縛された進歩の螺旋を再びより高次の段階で継続し、諸個人が自らのしていることについて改めて錯覚を抱くようになると考えることは間違ってはいないからである。アドルノにとって断絶はそもそも、後期資本主義社会の諸条件の下で初めて可能となった。何故なら、後期資本主義社会において、内在的進歩が全面的に展開され、同時に全体がそれ自体で、自らの神話的な〝常に同じであること〟性を再生産するからである。時機を得た実践――アドルノは、そこから批判理論をエリート主義的な語り手として位置付ける結論が導き出されることがないような仕方でそうした実践を構想することを何度か試みている――とは、自らをもはや絶対的な理性として、すなわち実践から切り離された理性として誤認することなく、一つの「振る舞い方」として理解するような、理性の自己反省の実践なのである。アドルノ曰く、「思考そのものが実践の一形態であり、私が思考する時、私は何かをしているのです。最高次の精神的活動の中にも、常に既に実践的なものが含まれているのです。（…）思考は、奇妙な仕方で、まるで人間の行為がもはやそこに含まれていないものであるかのような外観を有する、振る舞い方なのです」(534)。しかしまた、自らの自己関係性を認識する思考は、実践から分離した理論は自らの内で破綻を来たしており、古めかしいものである、ということを理解してもいる(535)。にもかかわらず、理論は非同時代的に持続する。何故なら、今日すべてが実践となるべきなのに、「実践の概念が存在しない」からである。「私たちは革命的状況の内で生きているわけではなく、そもそも、すべてが以前より悪くなっています」(536)。進歩のダイナミズムが自らを超えて行くよう仕向ける進歩の中での断絶――アドルノはここでヘーゲルやマルクスを参照している――は、市民社会の空転するダイナミズムや市民社会を構成している交換過程との断絶なのである。このような断絶は、社会的分業を基盤として生じてきた理性へのアクセスという自らの特権を利用する、知識人たちによってもたらされる。アドルノ曰く、「理論は、まさに取り出されていること自体によって、幸運の代理とでもいうべきものになっているのです。実践によって生み出される幸運を今日の世界において反射しているものは、椅子に腰掛けて考えをめぐらせている人々の振る舞いをおいて他にありません」(537)。ホルクハイマーは理論に対して、何をすべきかについての解答を与えることを要求し、もはや何の行為にも繋がらない理論をユートピア主義的なものと見なした(538)。アドルノは、まさにこの点を争ったわけである。アドルノにとって、分業の中で絶対的なものとして現れてくる理性の制約性に対する、知識人の批判的な自己反省という振る舞い方は、進歩からその特殊性を奪い、進歩を全体の進歩にすることができるものだった。しかしそれと共に、全体は、もはや全体的ではなくなる。何故なら、そうした全体は、敵対関係を強制的に否定するような統一性をもはや体現しなくてもよくなるからだ。つまり、諸個人はもはや、集団的なものに帰属させられることはなく、差異化された個々人として評価される、ということになる。結局のところ、自由な人間性＝人類（Menschheit）の状態にあっては、進歩概念自体が意味を失うことになる(539)。

アドルノが理論を、正しい、超え出ていく実践の形態として構想していたということは、彼のシュペングラー論の中で初めて示唆された――体系的に展開されることはなかった――彼の政治批判からも裏付けられる（本書第二部三章一節を参照）。『学生と政治』での成果は、ある意味、格別際立ったものではなかった。シェルスキーや、その共同研究者であるゲルハルト・ヴルツバッハーやウルリッヒ・ローマー――彼は長年にわたってＳＤＳの議長だった――

たちによって実施された、青年層をめぐる一連の研究は、青年層が脱政治化し、政治や政治政党に対して敵対的な立場を取るようになっていることを示していた。アドルノは「ドイツ社会学の現状」についての「膨大で、ぞっとする」[540]報告の中で、エムニートのアンケート結果を引用している。それによれば、青年層の約六〇％が政治に関心を持っておらず、民主的国家に賛成するのはわずかに三九％であり、民主的国家を拒否するものが一九％、残りの四二％は態度未定であった[541]。ＤＩＶＯ（Deutsches Insitut für Volksumfragen ドイツ世論調査研究所）による調査報告によれば、他の年齢層と比べて青年層は、平均を超える頻度で、一党支配や強力な指導者を支持していた。フランクフルト社会研究所による学生アンケート調査は、社会において今後指導的集団を形成していくことになる教養層を対象としていたため、その結果はとりわけ憂慮すべきものだった。

このような経験的データは、アドルノに一つの体系的問題を突きつけた。ヘルムート・シェルスキーは青年層の政治放棄の態度を、大規模な組織構造を持つ大衆民主主義に徹頭徹尾ふさわしい非政治的・民主的振る舞いとして解釈していたが、アドルノはこの点で彼と完全に意見が一致していたからである。このことは、青年層が醒めており、現実的で非イデオロギー的な態度を取っていることを示している、という[542]。アドルノにとっても、政治参加の意義という問題が浮上してきた。というのも、社会的諸関係が自立化し、諸個人を疎外し、諸個人の行為によってはもはや媒介されなくなればなるほど、青年は政治にアンガジュマンし、関心を抱くべきであると、主意主義的に要求するしかなくなってきたからである。アドルノは一九六一年にフランクフルト学生会館での講演の中で、自らの物象化定理のこのような帰結をはっきりと語っている。「すべての人が巨大な機構に実質的に依存していることが自由の可能性を最小限に制約しているという状況において、個人の自由を求める訴えにはどこかしら空虚さがつきまとう、ということは認めることにしましょう」[543]。しかし、青年層が状況に適応し、行動の自由を断念するならば、彼らは、正常性に神経症的にしがみつく傾向を示すであろう――とアドルノは、シェルスキーに反論している[544]。問題は、社会を特徴付けるアンチノミー（二律背反）である。

しかしアドルノの言い回しのいくつかも、行為への動機がどこから生じうるのかを説得的に説明していない、主意主義的な訴えに傾いているきらいがある。そういうわけでアドルノは、「意識が、無意識や下意識あるいは前意識ほど多くの災いをもたらすことは、ありえない」[545]と自分には思われる、と書く時に、個人の意識水準に大きく依存していたのである。彼が意識に対して比較的大きな意義を認めずにはいられなかったことは明らかである。というのも、アドルノの理論的実践は確かに根本的に、常識（common sense）、確立され物象化された意識を批判すること、動かし、変化させることを目指していたからである[546]。アドルノは、意識主体を重視していたわけだが、とりわけ、啓蒙された知識人――つまり、教育と活動を通して、経験や精神的なものに対して開かれている特別な反省能力を獲得した人々――の意識を念頭に置いていたように思われる。精神は軽く、移ろいやすく、流体的、動的であり、単なる存在の重力を超え出ていこうとするものだ、という。精神は隠喩的にも、飛行の能力と結び付けられる[547]。無論、ハビトゥスのこれらの特性は、すぐに反転しうるし、知識人たちをして、自らを特別に意識的であると見なして、それゆえに、自分たちは本質的に記憶の喪失、具体化傾向、体制順応、物分りのよさ、反ユダヤ主義、物象化などの大地に縛り付ける束縛を免れている、と信じるように仕向けるかもしれない。知識人たちは、自らを、社会学や精神分析あるいは芸術といった反省的諸制度と結び付いた小エリートと感じているのかもしれなかった。その場合の小エリートとは、特別な教養や特別な社会理論的知識、あるいは概念の努力への資質ゆえに、自分たちが他人よりも優っていることを知っており、疎外され物象化された社会のベールを透視する洞察力を持つエリートということである[548]。というのも、これらの知識人たちは、疎外された体系との緊張に耐え抜き、体系に従属しないからである。彼らは経験に対して開かれており、感受性が高く、自発的で、最終的にはまさに民主的な態度を取り、政治に関心を抱いている。このような考察の帰結から示唆されるのは、アドルノが、政治化を支持していた、あるいは少なくとも支持しているものと理解できる、ということである。この場合の政治化とは、学生や青年層の、政治や民主主義の状態に関心を持ち、アンガジュマンする素質ということである。

しかし、アドルノは、直接政治的な関連においては、政治化や政治的アンガジュマンへの賛成を表明しておらず、むしろ、教養や精神への賛意を表明していた。このことは、特別な行為領域としての政治に対する――それ以降更に練り上げられることはなかったけれども――若干の重要なコメントによって補足されている。批判理論は、早くから既に、政治そのものに対する根本的な留保を表明しており、政治を支配として規定していた。「しかし、社会は、狭義の自然支配や、新しい生産方法の発明、機械の構築、ある種の健康状態の維持等にのみ依拠しているのではなくて、同様にしばしば、人間による人間の支配にも依拠している。このような事態へと至る道筋やこの支配の維持に寄与する数々の措置を総括する概念を、政治と呼ぶのである」(549)。アドルノは、一九五〇年代においても、政治を解放的実践の形態としては理解していない。もっとも彼は、社会と個々人の間の媒介過程を切り開く、かの実践的で反全体主義的な契機が、政治の中に含まれていることを見誤ってはいなかった。アドルノ曰く、政治は、「一面ではイデオロギーですが、他の一面では、変革を可能にするであろう諸事象はすべて、政治的な事象ということになるでしょう。政治は、イデオロギーであると同時に、最も現実的なものでもあるのです」(550)。ホルクハイマーとの討論の中でアドルノは、政治に対して仮借なき批判を加えつつも、政治に拘っている。これに対してホルクハイマーの方は、懐疑的な見解を述べている。ホルクハイマーは先ず最初に、批判理論が今日自らの敗北主義を認めざるをえないこと、つまり、「致命的ではないが、自らが何も成しえないことを、我々自身が分かっている状況にある」(551)ことを認めざるをえないと確認した後で、この考察を政治にも拡大している。政治は歴史的にもはや不可能である、というのである。「これまでのいかなる時点よりも、政治によって正しいものが成就されえなくなっている瞬間は、同時に、政治がもはやアクチュアルではない瞬間でもあるのです」[552]。アドルノが、政治に対していくつもの根本的な留保をしながらも、解放の実践としての政治はなお可能であると見ていたのに対し、ホルクハイマーは、政治的・実践的なものをアドルノよりもはるかに強く強調していたものの、その実行可能性に対しては根本的な懐疑を表明していた。一年ほど経ってから、両者はもう一度この問題に立ち戻ることになった。カルロ・シュミット、アーノルト・ベルクシュトレッサー、そしてヴォルフガンク・アーベントロートを招いての、社会学と政治というテーマでのいくつかの講演を計画した際、アドルノはホルクハイマーに対しても、このテーマについて、いわばフランクフルト社会研究所の立場を代弁して講演するよう依頼した。アドルノはこの講演によって政治に対する批判がなされることを期待していた。「私は今、このテーマについての三番目の講演をあなたに引き受けていただこうと、思い至りました。私たちは、まさにこの複合体について、様々に語るべきことがあるはずであり、それには、あなたが適任です。前学期に明らかになったことですが、私たちのどちらか一人が語り、そのようなテーマについての社会研究所のいわば公式見解が宣言されるならば、特別に多くの聴衆が集まります。そうした講演の中で、一方では、政治は上っ面でありイデオロギーであって、社会こそが基本的なリアリティーであるけれど、他方では、変革的な社会実践は政治という形態、つまり政治の廃止のための政治という形態を取る、という弁証法的な関係を端的に展開することができるでしょう（あなたは、彼は私たちを何と美しきところに導こうとしていることか、とおっしゃるでしょう。確かに神父様のように話す必要はありませんが、どうにか堪えて下さい）」[553]。理論的側面と並んで、先ずとりわけ興味深いのは、そのような立場を公に代表することにホルクハイマーが同意しないであろうことをアドルノが予期していることである。しかし返信の中でホルクハイマーは、自分が実際には全く別の方向に進むであろうことをほのめかしている。まずそのトーンについては、「対象は我々の現在の関心に非常に深く関わっています。決定的な実践は政治の形態を取る、というあなたのテーゼと、政治を廃止するという目標は、現状からすれば、無論、甲高いトーンでしか語ることはできません」(554)、という。これは、一見すると、事柄を外交的に呈示しようとする提案のように見えるが、実際にはアドルノの議論をまさに真逆のものに変容させている。つまりホルクハイマーが強調しているのは、アクチュアルな社会の脱分化、あるいは別の言い方をすれば、政治的媒介が撤収され、政治が直接経済と結び付いている、という事実である。「まず第一に、政治はむしろ経済の直接的機能であるかのような様相を呈しています。思うに、民主主義がこの疑わしい同一性を最小限の摩擦によって遮断することはできない、という驚くべき状況の下に留まらざるをえないでしょう。原子爆弾に対する不安でさえも、商売をうまく進めようとする気遣いの前では無力です。分析すべきは、意識が何かと真剣に取り組もうとするや否や、意識を占領することになる生活水準という概念でしょう。(…)そこに、それ自身はもはや善ではない啓蒙が、対立項として加わってきます。一種の普遍的な不機嫌さから、〝醒めていて有能で、物分りよくあらねばならないこと〟や、人間的連帯が存在しないことに対する隠された怒りから、すべてが、有無を言わせず神話として説明されて、拭い去られ、給料と雑貨店との間の距離が本質性として残されるわけです。(…)一つの講演では、特に、政治と社会の直接的統一性が進歩的であると同時に退行的な意味を有することを強調することが重要になるでしょう。それによって、政治を廃止するための政治、というあなたのテーゼが明白になるでしょう」(555)。ホルクハイマーは、この発言によってアドルノとは違うもう一つの問題を視野に入れていた。ホルクハイマーは、一九四〇年代初頭に社会研究所でなされた国家論をめぐる議論の中で、社会的諸媒介が撤収され、社会は経済的・政治的権力中枢によって直接操縦されようになるだろう、と述べていたのだが、その議論に繋げて考えていたわけである。それに伴って、合理的な社会形成という社会主義的期待が倒錯した仕方で現実となるだろう、というわけだ。それに対してアドルノは目下、解放された生活状況のアレンジメントを妨げるのに寄与する、政治支配の機能をより強く強調しているわけである。ただアドルノは恐らく、特に具体的な学生聴衆を想定しており、その学生たちに対してホルクハイマーは、〝政治的アンガジュマンそれ自体は、常にポジティヴな振る舞いであるわけではなく、内的矛盾性によって規定されていること〟を示してやるべきだ、と考えていたようである。政治に関心がある人々は、自らの関心の領域自体を再び物象化してはならず、自らのアンガジュマンに特定の方向性を与えるべき、というわけだ。それは、自分たちのアンガジュマンや実践の必要性を余分なものにするような方向性だ。アドルノは、政治の弁証法が叙述されるのを望んだ。確かに彼は政治的アンガジュマンを念頭に置いていたが、それは政治が、そもそも変革的な実践が起こりうる場となる社会的形態であるからだ。しかし彼は、政治それ自体を批判していた。政治は支配だからである。つまり彼は、はっきりと政治的態度を刺激しようと望んでいたが、そうした態度は、政治主義的なものとして物象化されてはならず、言わば、自らの暫定的性格を常に意識し続けねばならないのである。最終的にはこのことが、革命と改革の関係に対するアドルノの考察を規定する。彼は、超え出ていく実践を支持していたにもかかわらず、同時に、革命と改革の区別は時代遅れと見ていた。彼は、社会的全体性という概念が、〝変革されねばならず、静寂主義的に誤解されてはならないもの〟が有する複雑性への理解を生み出すであろうことを明らかにし、社会それ自体の根本的変革を目指す強い実践を説いていた。しかし同時に、彼は、ささやかな諸改革の必要性をも強調していた。それはまさに、細部において情勢を変えないまま放置しておくことが悪に寄与することになるからだ。「あれかこれかの二者択一をここで示したからといって、例えば実証主義的社会学者たちがプラグマティックな方向を取っている限りで実際に提案しているような特定の改良を、私が軽視しているとは思わないで下さい。全体の構造を重視するあまり、既存の状況の枠内での改良の可能性を過小評価したり、（…）否定的に言い立てたりするのは、悪しき観念論的抽象性でしょう。そうした発想には、今ここで個別に生活している人々の関心を無視する全体性概念が働いているでしょうし、またそこには世界史の歩みに対する一種の抽象的な信頼が窺えます。いずれにせよ、そのような形態の信頼は、私が絶対に口にすることのできないものです」(556)。従ってアドルノは、まさに進歩概念に対する批判を通して、改革を支持したわけである。もっともそれには、ささやかな改善が全体そのものの構造に関わっていく、という期待が結び付いていた。「さしあたって個人は、自由民主主義的な秩序の中に十分な居場所を確保しており、諸制度の中でも、そしてまたそれらの助けを借りて、若干はそれらの制度の修正に寄与している。惑わされることなく、批判的意識を持って、行政手段や諸制度を利用している人は、常になお、単なる管理された文化以外の何かを実現する能力を有する。彼に対して開かれている、〝常に同一なるもの〟におけるミニマルな差異は、いかに無力であっても、全体に関わる差異を代表する。差異それ自体、逸脱の中に、希望が集積しているのである」(557)。ダイナミックな成長、という以外の変革の形態を知らず、それを静止する能力を持たないような、完全に硬直した社会においては、いかなる改革も、全体性の限界の経験に至り、それによって、限界を超えたところを指し示すのである(558)。

従ってアドルノが、歴史的な自然法則や超え出ていく進歩の決定的断絶をもはや不可能なものと見なすどころか、未だかつてなく時宜を得ていると見ていたのに対し、ホルクハイマーは、異なるものは今、此処からは生じないだろう、という見解を決然と表明していたわけである。恐らくホルクハイマーから見て、アドルノはまだあまりに進歩を信じすぎていたのだろう。というのも、アドルノは、転換は歴史の発展のまさに最高点においてすら、そしてまさにそこで可能であり、強制的な全体性は自由な社会というその真逆のものへ移行しうる、と考えていたからである。「人々から、多少なりとも洗練されたアメリカ的システム以上のものを期待することはできません。我々の間に存在する差異は、T（アドルノ）においては、一部神学の声が加わっていることにあります。私には、善人は次々と死んでいく、と言いたくなる傾向があります。最善のものは、依然として計画中でしょう」[559]。こうした姿勢を告白する敗北主義、敗北し、意味に満ちた生活の機会を逸したという感情は、どうやらホルクハイマーの最も親密な友達だったフリードリッヒ・ポロックさえも怒らせたようで、揉め事になった[560]。ホルクハイマーは、自らがペシミズムと呼んだものに対して一連の論拠を持っていたものの、それらを体系的にまとまった形で展開することはなかった。むしろそれらの理由は、この時期の彼の仕事がその機会ごとのものという性格を持っていたことに対応して、多くの講演やメモの中に分散している。ここで問題となるのは、時代診断的、社会理論的論拠と共に、哲学的論拠、及び――当初はアドルノのものとして想定されていたように見える――神学的論拠である。

先ず最初にホルクハイマーは、アメリカやドイツそして東欧諸国において自分が観察した諸現象を、管理社会への、すなわち地球規模での全体主義への不可逆的な発展として解釈している。消費財生産や生活水準向上のための狂ったような工業化は、社会の平準化をもたらした。ありとあらゆる媒介の撤廃、すなわち、とりわけ経済による政治の直接的コントロールは、野蛮の予告である[561]。最終的に、高度に自由な段階の到来と共に、自由に決定を下す企業家の必要性が消滅した。企業家は同時に、家長として、子供たちの良心という審級、すなわち自我の自律性を形成する上で意味を持っていた。女性たちも男性と均等に遇され職業に就くようになったので、家庭が、それに伴って、まだ愛情が育まれる可能性があったケアの領域が弱体化した。歴史の発展の更なる帰結の一つは、繰り返される単純な操作による分業や技術発展が、個々人の精神的状態を「その都度の現在的なもの」へと切り詰めていく、ということだ。すなわち、記憶、感受性、彷徨するファンタジー、自発性などが無用となるだろう、というのである[562]。

一般的で社会的に引き起こされた健忘症によって、人々は、自由のための殉教者についての記憶をも失ってしまった。人々は、抑圧が続いている、という経験を喪失した――という調子で、ホルクハイマーは、聖書の預言者たちが示したような憤激や絶望へとトーンを高めていく。他の動物という種を貪り食らう略奪の種族としての人類、自分たちの倉庫にはちきれんばかりに穀物を貯蔵していながら他人を飢えさせている諸民族、「貧民が腐臭と不幸の中で無気力に暮らしている牢獄の傍らに住む」実直なる人々――これらすべての人々は、犯罪的であり、恥ずべき振る舞いをしているのである(563)。進歩の弁証法は忌わしい。自由のための物質的諸条件が高度に発達して存在するにもかかわらず、まさにこれらの諸条件が、個々人が、自分たちの自由を実際に自由な行為のために用いるという点で無能かつ無気力になるように仕向けている。完全雇用と大量消費の時代のさなかにあって、人々は無気力であり、「社会的事象についての知見」を得ようと努力せず、共同体的生に関心を持っていない、という(564)。消費生活だけをなお志向している個々人の下では、政治は不快感を呼び起こす。こうした市民の棄権主義的態度によって、政治は抽象的なものとなる。「それに刺激を与えるべき、市民たちの活力に満ちた参加、彼らの自発的で真剣で生き生きとした関心を欠いた政治装置は、たとえ政治家が最良の意志を持っていたとしても、全体としては抽象的な孤立した要素に留まらざるをえない」(565)。アドルノが取り組んでいた、〝諸個人が自らの参加する権利の認識から遠ざけられている状況にあって、政治に対する生き生きとした関心はどこから生じるのだろうか？〟という問いに対しては、ホルクハイマーは何の解答も示さなかった。

市民が自分たちの自由権を認識しておらず、それでも自由に生きたいという意志が生じてこない、という事実は、ホルクハイマーにとっては、彼が観察した、ヨーロッパの文化と文明の深刻な危機の兆候の一つだった。西洋は疲弊し、ヨーロッパは危機にあり、諦めており、ヨーロッパ文化はもはや生きていない(566)。長い文明の伝統の中で展開されてきた自由や公正さといった規範はもはや妥当性を持たない。ホルクハイマーは、アクチュアルな展開を、ヨーロッパ史における大きな崩壊の時期や時代の断絶と様々に比較している。「大転換が起きた現在、すなわち、二度に亘る世界戦争や全地球上で覚醒した各ネーション、そして人口の途方もない増大が見られる時代は、古代や中世の没落と比較される」[567]。無論、ホルクハイマーは、ソ連の支配領域で起こったことからは、いかなる救いも期待していなかった。というのも、彼は、そこでは自由や公正さといった理念は、そもそも全く妥当していない、と見ていたからである。逆に、東側の全体主義もまた、西洋における自由を攻撃的に脅かしていた。彼はある席で、CDU（キリスト教民主同盟）の反共プロパガンダと全く同じスタイルで、ヴィルヘルム二世を参照しながら、黄禍論を語っている[568]。しかし彼は、そのような外的ファクターよりも、西洋自体の内的発展の方が、遙かに決定的だと見ていた。西洋は、自由を実現し、自由への傾向とその身振りを「異なる諸民族に植え付ける力をもはや持たなくなっている」[569]。西側世界がロシアに対して宣戦布告する用意がなく、諸政府が自由を裏切っていることが、その兆候である、という[570]。発展のパースペクティヴとして、以下の傾向が際立ってきている。それは、「自由主義的な徒弟時代を飛び越え、偉大な市民的遺産によって阻止されることなく、すべてを包括する管理体制を打ち立て、個人の自由はせいぜいのところ未来に委ねている」東側が、西側＝西洋の発展にとって潜在的に「最も前進した歴史的モデル」として決定的に重要になりつつある、ということだ[571]。ホルクハイマーにとってこのことは、〝この役割に関してアメリカがお役ご免になるということ〟、そしてまた、〝自由の伝統が歴史的発展の一契機として守られていかないのであれば、自由の最後の残滓さえも失われていくということ〟を意味していた。ホルクハイマー曰く、「私は、ヨーロッパ・アメリカの文明は、その繁栄と公正さという点では、今日までの歴史がもたらした最高のものだと思っています。問題は、それがこの高い状態で守られていくかということです」[572]。彼とポロックが再びアメリカへと戻ることを改めて検討していた時期である一九五〇年代半ば以降、ホルクハイマーは、アメリカの状況を非常に肯定的に評価していた。

「私たちは、今日アメリカで到達されたこと、例えば法の安定性やドラッグストアが、未来においても保持されることを望んでいます」[573]。しかし彼は、一九六〇年代末には、自分をドイツへの移住へと突き動かした考察に立ち戻っていた。ここドイツでは、「権力ブロックの闘争の中にある」アメリカにおいてよりも、文化が遙かによく保持されている、という[574]。

その帰結が、〝生活水準や純粋な管理合理性の中に埋没しつつある、実証主義的な生き方〟という形で既に際立ちつつある、社会の発展の否定的な流れに対抗して立ち上がること、革命の試みさえも企てることは、ホルクハイマーには、見込みがないだけでなく、更に悪いことに、「田舎臭くなりつつある国家的な構造物を、東側に関心を持っている人々に早急に与えてしまう」ことになりかねないとさえ思われた[575]。彼は、進歩的な反乱あるいは革命の諸形態に反対した。何故ならそれらは、まさに、自らが支持するものを破壊してしまい、権威主義的国家への移行を加速する恐れがあるからである[576]。「求められているのは既存のものに対するラディカルな批判であるが、同時に、その変革に向けての大規模で集団的に構想された催しが、そうした既存のものに囚われ、すべてを更に悪化させるかもしれないことが明らかにされねばならない」[577]。これに対して彼は、経験、自発性、ファンタジーのために自らを開く個性や能力を救出し、擁護し、全体主義へと移行しつつある新たな社会状態においても生き延びさせることを、批判理論の本来の課題と規定した。管理社会における良心と知的自律性の退化に抗して、自立的思考が強化されねばならない、という。しかし諸個人は、理論の真理とそれと結び付いている幸福とを経験する能力を、まだ持っているに違いない。真理とは、真なるものの下での一つの生き方、日々の事象の変転やその刺激に抵抗し、一つの事柄に対して責任を負う心構えと能力のことである――ホルクハイマーはそう言っていると思われる。真理を通して、自由に拘ろうとする意志は強められる。「始まりつつある時代には、大衆の群れが管理されることになるだろうが、そうした時代にあっても、キリスト教の創始者もその一人であったような歴史の犠牲者のように、抵抗する能力を持った若干の人々がなお見出される。このことについての研究は希望であり続ける」(578)。

一九四〇年代中盤以降のホルクハイマーは、これに合わせて若干の個人を見出して動員する、救出と保持の戦略に向けての考察を表明しており、それが彼のドイツへの帰国の動機となった。しかし彼は、後の講演やメモでは、社会の発展を非常にペシミスティックに予想するコンテクストに立っており、結果としてそうした予想が、彼の批判理論理解の決定的な指標となっていった。アドルノとは違ってホルクハイマーは、はっきりと保守派に好意を見せていた。「ラディカルであることは、今日では保守的であるということだ」(579)。彼は、こうした保守主義を自覚しており、社会研究所のスタッフたちに対しても、それを明示的に表明していた。「以前のスタッフたちは既存のものの変革を支持している。それが、進歩的な執筆活動の目印として役立つからだ。保守主義への信仰告白は、その逆だ。しかし、それは似非保守主義に対する闘いだ」(580)。彼は回顧的にこうした事態についてはっきりと語っており、自らを革命的保守主義者として特徴付けている。「ええ。あなたは私を、確かに、ある種の革命的保守主義者と呼ぶことができるでしょう。というのも、私は、真の保守主義者は、ファシズムのようなものよりもむしろ真の革命家に近い、とか、真の革命家は、今日共産主義と呼ばれているものよりも真の保守主義に近い、ということを非常にしばしば書いてきたからです。問題は、特定の形態を保持することだからです――その点で保守主義は正しいのです」(581)。もっとも彼は、現状での保守主義との明確な相違点を指摘してもいる。この相違が、現状での保守主義は挫折せざるをえない理由の説明になる。「例えば社会生活や芸術あるいは政治といった他の諸領域においてと同様に、彼ら〔保守的な諸集団：引用者注〕は、古い真理を歴史的状況に対応させる形で常に新たに告げ知らせてきた偉大な伝統とは対照的に、伝えられてきたものを、現状や未来において意味ある仕方で保持し実践するのではなく、変わらない形でそのまま継続しようとする傾向があります。そのような姿勢は、崩壊の過程を押し留めることができず、少なからずその過程に組み込まれています。そうです。抵抗することなく時に身を委ねる、というまさにその真逆の姿勢と同様に、崩壊過程を加速させてしまうのです」[582]。従って、ホルクハイマーは、革命的・保守的な構想を展開しようとしていたわけであるが、この構想が、成功を収め実際に何かを救出すべきものとされている限りにおいて、彼は保守主義者と区別される。彼が選んだ理論戦略は、神学への方向転換の戦略であった。

アドルノと同様に、ホルクハイマーも、歴史の過程が実際に開かれているのか、それともその否定的な発展方向は既に阻止しようもなく確定しているのか、という点で揺れ動いていた。「何らかの意味を伴う歴史哲学などというものは無意味であり、孤独な人間の不安の産物であり、支配の道具であり、上と下の双方向からのプロパガンダである。(…)破滅へと至る場合を除いて、歴史に道筋などはない。すべては崩壊であると同時に必然性であるが、意味ではない」[583]。歴史が開かれていることに対するこうした洞察は、ホルクハイマーにおいては、彼の思考の決定的契機の一つとなる。いつの日か遠い将来の数世代がより良き状態に移行するために、今日の人々が苦悩に耐えるべきなのは何故かを根拠付けることはできない。退行の脅威は常にあり、最終的には、人々によって追求される目標さえもが、コスモスの永遠性と無限性ゆえに、滑稽なものになるという。「学問が正しいとすれば、それも学問的な意味で正しいとすれば、地球は、無限の宇宙においては、ショーペンハウアーが述べたように、カビに覆われ、微生物が住み着いた、実にささやかで取るに足りない一つの原子にすぎない。この微生物の一つ、人間とその生が、永遠性にとって意味を持つと想定するならば、このことは思考に対して少なくとも法外な努力を要求する」[584]。絶対者としての歴史の中で理性が徐々に現実化されていく、という啓蒙主義の見方は、ショーペンハウアーに言わせれば、もはや維持されない。歴史の過程の義務論的な覚醒と脱呪術化は、今一度、理性それ自体の影響力に関わる。というのも、まさに啓蒙それ自体に基づいて、真理や理性といった概念が、あるいはまた主体という概念さえもが、個々人にとってかの拘束力ある性格を失ってしまったとすれば、人間が歴史の過程に対抗して真理を支持すべきなのは何故かを根拠付けられないからである[585]。しかし歴史の過程が根本的な法則性によって規定されているとしても、あるいは、治癒的な出来事として救済へ向かっているとしても、そこから、個々人の自由な行為のための根拠付けを導き出すことはできない。というのも、いかなる意味もない、すなわち、いかなる深い社会的法則であろうとアクターにとっての尺度もしくは規範ではありえないという洞察が、決定的なものだからである。行為をめぐるそのような存在論的論拠付けは、常に権威主義的となるだろう。「確かに、行為に際してより高次のものに依拠すること、高次のものに頼ることは、基本的には組織された暴力の一部である。（…）操作や抑圧、社会的に条件付けられた苦悩などに抵抗する人はしばしば、それがその人に直接的に関わるか否かにかかわらず、超越的正当化のことを十分に分かっていない。（…）より高次のもの、法則、民族、プロレタリアート、神に、確固として迷うことなく依拠する人々は、私には、自らの名前でそれをなすことに懐疑的な人々よりも、自分が闘っているものにむしろ若干近いように思われる」[586]。従ってホルクハイマーは、何故人々はそもそも否定的な社会的全体性に抵抗して、正しい社会という目標と関わるべきなのか、何故人は間違ったものを単純に間違っているものとして放置すべきでないのか、といったことを繰り返し自問していたわけである。彼は、あらゆるやり方での根拠付けが、権威への固執という致命的ダイナミズムを始動させることになるのではと危惧していた。そして彼は、啓蒙や、正しい社会への希望あるいはそのための行為をどのように根拠付けることができるのか、自分には分からないと、繰り返し告白した[587]。「行為が道徳的に悪い、とか、この社会はよくない、といった言明や、それと類似のいわゆる『価値判断』に対して、批判的理論も何ら論拠を持たない。（…）批判的理論の言明には論拠はない。そうした言明を受容したいと思うか、それとも、実証主義がするように、形而上学、ロマン主義、願望の表象として拒絶したいと思うかを決定するのは、個々人の問題である」(588)。そのような決断主義的・美学的解答と並んで、彼はまた、同苦倫理的、人間学的、そして快楽主義的解答をも提示しており、抵抗に対する自らの期待を、各人が経験する可能性がある、その都度の満足感の後に「幸福と享楽」(589)へと常に繰り返し駆り立てる衝動の内的経験と結び付けることも試みている。しかし体系的に見て、彼はその立場に留まっていなかった。というのも、「天国についての記憶」という享楽でさえ、依然として、神学的動機を示唆しているからである(590)。

そうなったのは、彼の考察が再び、意味なき歴史過程においては、解放的で超え出ていく行為は、理論が個々人を直接捉えるようなやり方では根拠付けられない、というパラドクスの周りを堂々巡りするようになったからである。アドルノが、〝概念の運動におけるまさしくこのような宙吊りの状態を思考によって引き寄せ、耐え続けることこそが、もはやどこにも拠り所を求めることなく、忍耐強く抵抗しながら正しい社会を支持する非体制順応的な知識人にとっての基盤である〟、という見解をとったのに対して、ホルクハイマーは、そのような忍耐だけではまだ不十分であり、アドルノもその実現に固執している実践には、ポジティヴな目標設定が必要なのではないか、と危惧していた。もしも根拠付けが権威主義的であって、それゆえに慎まれるべきであるとすれば、ホルクハイマーは逆に、根拠付けがないままの状態で真理を支持する知識人たちが見出されるかどうか疑わざるをえなかった。この点で、ホルクハイマーは、権力とヘゲモニーという問題についてアドルノよりも自覚的であり、一九三〇年代に衝撃的に意識することになった考察を続行することになった。すなわち、理性は担い手がなければならない、という考察だ。もはや行為を根拠付けることのできない理性は、力を失う。理性は、無力なものとしてしか正しい社会という将来を支持することができないにもかかわらず、まさしく無力なものとして、自らを支持してくれる自然な主体をもはや見出せないのである。啓蒙主義の時期、すなわち市民層の勃興の段階には、思想、精神、真理は社会的担い手を持ち、それゆえに力を持っていたが、「今日では、逆に、自由な精神は無力であるという感情」が広がっている[591]。真理の担い手という古い意味での知識人、すなわち、真理のための殉教を引き受ける覚悟があり、以前の世代の苦悩についての記憶を保持しているような知識人は、大衆文化の諸制度によって周辺へと追いやられ、管理社会という同時代の生活条件の下で排除されてしまう。「このような知識人は、全体主義的国家群においては、個人主義者、非体制順応主義者として抹殺されることになる」[592]。ホルクハイマーは、労働アカデミーで講演し、労働組合に対して、彼らが民主主義を守り擁護する社会的力であることを確認した[593]が、この講演は、まさに、知識人に対して伝統的に労働組合が取ってきた姿勢への熟考を求めるアピールとして理解されうる。何故なら、知識人もまた、労働組合と同じ様に、市民的啓蒙の諸価値やそれらの実現を支持してきたからである。

ホルクハイマーによれば、非体制順応的な知識人は、字義通りの意味で、しかしまた形而上学的・歴史哲学的な意味で排除されている。というのも、知識人が無力になると、真理や理性といった諸価値が若い世代に対してもはや何の魅力も持たなくなる事態へと至るからである。ホルクハイマーによれば、実証主義が真理や理性自体について既に啓蒙しているので、真理や理性はもはや自らの内から根拠付けられなくなっており、歴史上で失われていく危険に陥っている。そして、これらの価値と結び付けられてきた啓蒙や解放のポテンシャルも同じ危険に晒されている、という。この点でホルクハイマーは、政治神学の構築を目指す思考の歩みに踏み出そうとしていた[594]。つまりホルクハイマーは、キリスト教やユダヤ教を、人格、誠実さ、幸福、真理、殉教の覚悟などの諸概念の理念史的、素質的、制度的基盤と見なしていたのである。「西欧で文化と呼ばれているものすべて、人格、友情、伝統的文化とその逆の現代芸術などの表象の基盤には、意識されていようといまいと、肯定されようと否定されようと、時間と永遠性についてのキリスト教の観念がある」[595]。彼は、アドルノのための記念論文集に寄稿した「無神論―有神論」の中で、次のように述べた時、アドルノに反対する形で、この考え方に拘ろうとしていたように見える。「際立っているもの、人間の過ちを越えて生き残っていくものとしての真理は、しかし、有神論と端的に分離することはできない。さもなくば、最新の神学が、あらゆる矛盾にもかかわらず、結び付いているところの実証主義が通用することになるだろう。この実証主義によれば、真理とは、計算の諸機能である。（…）神なしに無制約の意味を救出するのは、虚しい。（…）不正にも迫害された人の救済という行為は、神的なものに依拠しなければ、その栄光を失う。（…）神と共に永遠の真理もまた死んだのである」[596]。従って、神と共に社会的諸制度としての真理が死に、真理と共に、経験や洞察を時代を超えて保持し、たとえ殉教することになってもそれらを守り続けるという気質もまた消滅したのである。神や永遠なるもの、無限のものに対する信仰の消滅は、ホルクハイマーが恐れるように、それに加えて更に、真空地帯を生じさせる。この真空地帯は、別の諸価値への退行、特にナショナリズムへの退行によって埋め合わされることになる。「新たなる神的なものとは、ナショナルな『我々』のことに他ならない」[597]。従って、決定的なのは、ホルクハイマーが極めて啓蒙的かつ唯物論的に述べたように、人間の投影としての神的なものが、世界内的行為を永遠性という観念に結び付けることで義務論上のパラドクスを解消しようとする態度を伴っている、ということである。「情勢によって駆り立てられるそのような自己放棄に対峙する形で、人間に与えられている諸力は、歴史の中で自己を展開し、かつてその都度如何なるおぞましい事象が生じていようとも、善に貢献するよう定められている、という考え方がある。いかにして、そして、何故かは明らかにされることはなく、我々は、自分たちの限定された洞察に従って、それに参与することを試みることしかできない。知識や学問は確かに不可欠ではあるが、別のより高次のものに対しては相対的である、ということへの気付きは、刷新を意味しうる。それは非合理的なものへの跳躍を指しているわけではなく、〝一見すれば非常に正確で目的意識を持っているようでありながら深刻に途方に暮れている現在の意識〟とは対立する形で、我々の生活の場である文明を可能にするものを保持すること、すなわち、異なるもの、神的なものに対する信頼を意味する」(598)。彼は、「彼岸への迷信」の喪失を悲しんでいる。何故なら迷信から解放されていくにつれて、社会は、この地球を耐えうるものとしてきた夢から離れていくからである(599)。

ホルクハイマーは、行為へと義務付ける社会的概念としての真理を救済し保護するという目的のために、真理政治の戦略を追求した。この戦略は、キリスト教の制度やドグマに依拠しており、それらの中に一つの態度として含意されてきたし、今もそうである。問題は、近代的な振る舞いの素質の文化的基盤である。そうした文化的基盤は、市民社会の存続にとってなお不可欠だが、市民社会によって刷新されうるわけではなく、支配され、使い尽くされて、抹消されるかもしれないものだった。「自由な市民的秩序は常になお、合理的な利害関心以外のものを指し示している。そのような秩序を呼び覚ますうえで、伝統的宗教とその諸制度は常に、いかなる種類の世界観的無神論よりも優れている」(600)。もちろんホルクハイマーは、アドルノと同様に、啓蒙と近代理性が、他ならぬかの伝統的態度と宗教を、理性的根拠付けという強制に晒してきたことを承知していた。宗教の妥当性の根拠は理性によって自己を正当化できなかったので、宗教は無力となり、消滅の危機に晒されたのである(601)。ホルクハイマーは、諸制度や大学、哲学や神学が持つ歴史的意義を思い返し、その非同時代性を守ることに賛成していたが、これらの諸制度それ自体を守ることが可能であるとも、これらの諸制度が恒久的に救済されるべきだとも思っていなかった。とりわけ教会に対しては彼は徹底して批判的であり、教会が何世紀もに亘って、支配や迫害あるいは拷問や殺人に手を染め、それらの行為を神学的に正当化してきたからだ。とはいえ彼は、それらが自らの機能を転換し、今や諸概念とそれらの妥当性のために必要な個人の資質とを守るようになったという限りにおいて、教会と神学を肯定的に評価した。そういうわけで、一九六三年四月にヨハネ二三世が出した回勅「地上の平和」について、進歩と保持を互いに結び付けるものだという見方を示している。「そこでは、社会的進歩についての理解は、その内在的論理によって、肯定的な市民的性質からできる限り多くのものを――たとえそれらの性質が、支配者的なものに対する素早い適応を疑問に付すかもしれないとしても――新たな状況に向けて救出しようとする努力と結び付けられていた」(602)。こうしたコメントにもかかわらず、ホルクハイマーは、ドイツでもようやくカントと啓蒙主義が一般の意識に浸透すべき時が来た、と繰り返し強調する、戦闘的啓蒙家であり続けた(603)。ホルクハイマーは、その論述に、一見するとそれと真逆のことを言っているように思われる箇所が極めて多いにもかかわらず、晩年でもなお、神の実在を信じていなかった。「批判理論が真理を語ることを断念したにもかかわらず、この理論の根底には恐らく一つのパラドクスが横たわっている。批判理論は、神が存在しないことを知っているが、神を信じているのである」(604)。神とは、歴史的、政治的に特定の姿勢と結び付けられてきた世界内的公準なのである。

しかし、議論には更に紆余曲折がある。宗教や教会によって決定される態度や諸概念が、救出され守られるならば、このことは、啓蒙のプロセスもまだ終わってはおらず、新たに挑発を受け、プロセスの続行のための新しい基礎を見出す、ということを含意している。啓蒙は批判、そしてアンチ・テーゼとして、改めて始められうるのである。「偉大な無神論者は、ブルーノやヴァニーニのように、自ら真理の殉教者となったわけではないが、アンチ・テーゼ、ラディカルな、そして端的な逸脱が、テーゼ、つまり福音の精神によって生かされてきたことは極めて明白だ。そのおかげでアンチ・テーゼは、宗教への関心を消し去るよりもむしろ深めることができたのである」(605)。この発言は決定的である。宗教的思考を保持することによって、緊張が残されるわけだが、その緊張の中で、啓蒙のアンチ・テーゼが改めて展開される可能性がある。しかしそれと共に、ホルクハイマーは、歴史的に新しい何かが可能になることを望んでいたらしい。というのも、歴史上、第一の啓蒙は挫折したからである。人間と自然への支配としての市民的支配の道具としての啓蒙は、絶対的なもの、真理や理性への信仰を、迷信として除去した。歴史と未来、有限性と無限性の緊張を、つまり、自由が実現される場となるべき正しい社会という目標を担っていく能力が、単なる反応へと切り詰められた諸個人から失われた。「恐らく我々の理性には、真理を捉えることができない。しかし、単に『相対的』ではないものへの憧憬が、若干の人々にはなお残っている。彼らの数はますます少なくなり、もはや問題があること自体が理解されなくなる。しかし今日でもなお人々は、この憧憬が――それがはっきりと表現されているか否かにかかわらず――その内面で生きづいているか、それとも、その憧憬を既に忘れ去ってしまったか、によって区別される」[606]。歴史の過程における犠牲者を想起する能力が保持されていることによって、宗教と啓蒙の間の緊張の中で、それでもいつの日か啓蒙が、その内で伝統に由来するかの素質や概念のすべてが保持される統合的啓蒙へと展開される可能性を考えることが可能になる。神学と啓蒙の間の対立を記憶し、保持し、展開することによって、啓蒙のプロセスは新たに始動され、失敗に終わった第一の啓蒙の犠牲というトラウマが治療的に意識化されるようになる。世俗化の過程がもう一度始まる、というわけだ。

ここまで見てきたようなホルクハイマーの保守主義における世俗化とは、先ずもって哲学において、全体についての思考、真理への忠誠、経験のための素質などが拡大され、最終的には二〇世紀において、社会学に代って替わられることを意味している。社会学の中で、社会は絶対的かつ全体的なものとして考えられる。このことによって社会学は、伝統的に神学が占めてきた位置を引き継ぎ、理論という形で全体を思考する能力や、全体と社会学の双方を批判する能力を持つのである[607]。ホルクハイマーは、神学から哲学を経て社会学へ、というコントの三段階モデルを踏襲している。「全体を思考することが、思考しながら全体に影響を及ぼすことのできる可能性によって取って代わられることはないだろう。ヨーロッパ哲学が神学に取って代わり、自然的秩序への信仰に代えて、人間関係を理性的洞察に沿って規定していくという課題を設定した時、そうした可能性への信頼が、哲学の特性となったのである。（…）かつて先触れとして、市民的世界とその学問の到来を告げ知らせた哲学とは違って、社会学は、自由になれば、後ろに目を向ける。すなわち、自らの原理、人々の間の正しい状態を実現するのを助ける力を、ヨーロッパ社会が自らの内に感じていた歴史的段階に、目を向けるのである。かのポテンシャルをめぐる思考の中で、社会学は、数々の破局を経た人類が恐らくはより経験豊かになって帰還することのできる位置を保持しようとする」(608)。

社会理論は、依然として自らに対立するものを含んでいる神学からの遺産を想起する時にのみ、退行に抵抗し、全体それ自体のその都度の状況を繰り返し新たに促進することを可能にする、無限なものの表象、自由の理念との結び付きを保ち続けることになる。「というのも、〝この世界で起きていること、不正や恐怖は究極のものではなく、異なるものがある〟という憧憬を通して、我々全員が結び付かねばならないからである。そして我々は、宗教と呼ばれるものにおいて、異なるものを確認する。我々は、有限の存在であるという知識の中で、互いに結ばれていなければならない。我々は、宗教が展開してきた無限性という概念を放棄してはならないが、この概念をドグマにすべきではなく、かの憧憬を維持するために、自分たちが過去のある種の習性を引き摺っていることを認めるべきなのである」(609)。マルクスは、既に資本主義の中に人々の正しい共同生活が準備されているものと信じていた実証主義者として解釈される(610)。マルクスの誤りは、社会、現世において、社会的転換が起こり、搾取や不幸の廃止された後に、不可逆的に自由が展開することになる、と信じたことだという。「しかし、社会階級群の廃止、更には、諸民族の提携は、たとえこれらがどれほど望ましいことであれ、あくまで暫定統治期間にすぎず、退行の蓋然性とは言わないまでも、可能性を内包している。ただ、この可能性自体の内に、より善き現世的秩序をめぐってよく考えられた哲学的構想がそこから導出されてくる、高次の秩序、真の永続性への忠誠が含まれている場合は別であるが」(611)。

従ってホルクハイマーの理論的・社会的戦略は、ありふれた意味で保守的なのではなく、依然としてなお正しい社会へと繋がるダイナミズムを持っているかもしれないいくつかの要素を、全体主義的な管理国家という顕著になりつつある新たな社会状態に組み込もうとする試みである。そのために必要となるのは、もはや、ラディカルな政治という意味での行為ではなく、むしろ、伝統的知識人と彼らの知性の保持、救出、市民的合理性の反省的自己限定——つまり、最終的には自然との宥和へと至る自己限定——であろう。啓蒙の反復的な宥和と救出のプロセス、市民社会の伝統的基盤が市民社会自体の中に取り込まれるという条件下での市民社会の維持——こうしたコンセプトは、アドルノの思考運動や身振りからはっきりと区別される。アドルノは、敵対関係を介しての進歩と全体性へと突き進んでいくことを望んでおり、最終的にはいつの日か——具体的に、この地上において、時間的次元において——すべての現存する苦悩が廃棄され過去のものとして拭い去られるような、新しい布置連関への転換を期待していたからである(612)。ホルクハイマーは、反省的諸制度と個人的態度の維持を望んだ。それらは、永遠性という時間を尺として社会的全体そのものを視野に入れ、歴史の犠牲者を想起し、無限の批判的過程の中で社会が近づいていくであろう自由を支持するものである。諸対立の止揚、すなわち宥和は、無限なものにおいて始まる(613)。カントや、ハイエクのような新自由主義理論家とも一致するこのような論証は、全くもって肯定的な特徴を持っている。常に繰り返し個々人に、漸進的改良への意志や無条件の自由への希求を引き起こすのは有限な不自由の経験だ。逆に、自由を無限に求める努力やその都度の新たな水準での公正さの追求は、必然的に、具体的な不自由あるいは不公正を前提としており、そもそもそこから、変革への願いが生じてくるのである(614)。「『持たざる者』が求め、公正さとして要求するものは、基本的には、『持てる者』が既に所有しているもの以外の何ものでもない。しかし、彼らがそれを持つならば、すなわち、公正と平等への要求が実現されていたならば、建設的なものを生み出そうとする刺激は消え失せてしまうだろう」(615)。このような状況がいつの日か終焉を迎えるだろう、というのはマルクスの社会理論的な幻想だった(616)。ホルクハイマーのこのような考察は、批判理論にとって、更なる帰結をもたらした。批判理論は、「自由と公正は不可分であり、万人にまっとうな生活を保証する良く秩序付けられた社会は、実際には自由ではなく、あくびが出るような退屈さに満ちた自由を生み出す」(617)ということを見通さねばならない。

アドルノの見解は全く違った。無限性を目指す有限な運動は、時間を要する。彼は、このような時間がまだあるか疑った。というのも、あまりに多くの時間が過ぎれば、救出すべきであると同時に、自由の王国への跳躍のための条件でもあるものが、あまりにも損なわれてしまうだろうからである。ホルクハイマーは、ラディカルな解決策や断絶はすべてを更に悪化させるのではないか、と危惧していた。一方のアドルノは、弁証法論者として、解き明かす言葉、歴史の断絶に希望を託していた。しかし断絶の後、進歩は意味を失い、歴史のダイナミズムは不要となり、永遠平和が現実となる。アドルノは、怠惰である権利、という具体的なユートピアを支持していた。「動物のように何もせず、水の上に寝そべり、満ち足りて天を見上げ、『他の何の規定も充足もなく、ただ存在しているだけ』の状態が、過程、行為、充足に取って代わって、根源に戻るという弁証法的論理の約束を実現することになるだろう」(618)。この文章を書いた二〇年後に、アドルノは、フランクフルトで催された社会学会大会でのダーレンドルフとの討論で、静寂主義に対する非難を、歴史的にアクチュアリティを失ったものとして斥けた。「闘争あるいは生活の貧窮が生産的であるという観念は、かつては確かに真理の契機を秘めていました。現在の技術が持つ破壊的ポテンシャルに直面し、そしてまた、他方において、根本的に平和な状態の実現を予測できる状況に直面すると、闘争には飛翔する力がある、というあの観念が今も妥当するとは思えません。そうした力は実際のところ、その無害さを既に失った相対的に害のなかった競争段階に由来するのです。（…）それに対して、今や平和な社会は実際に眠りにつこうとしている、あるいは、停滞するのではないか、という不安で答える人がいるとすれば、私は先ずもってごく単純に、それは後で心配すべきことだ、と言うことでしょう。世界が素晴らしいものになりすぎる可能性は、私にとっては、それほどひどく驚愕すべきことではありません。ところで、一九世紀の自由主義を蒸し返すような響きを立てているものがあるとすれば、それはまさに、このかすかな不安でしょう」[619]。この議論全体に散りばめられたアイロニーは、暗にホルクハイマーへの反論となっている。この議論は、とりわけ、ホルクハイマーの保持（Bewahrung）の構想を間接的に批判している。もっとも、この構想によって投げかけられる、何を判断基準として保持すべきものと見なされたり、棄却されたりするのか、という問題を、アドルノは取り上げていない。

アドルノの場合と同様に、批判理論の若い世代によるホルクハイマー批判もまた、一九世紀の価値を保持するという原理に照準を合わせた。オスカー・ネークトが『シュピーゲル』誌に寄せた読者投稿では、次のように述べられている。「ホルクハイマーとアドルノの二人の間の友情関係が伝説的なものになるにつれて、両者の思想の中で、何が二人を結び付け、何が分かつのか、ということは、ますますその陰に隠れていく。アドルノの啓蒙へのパトス――それはもともとの形態の批判的理論を全体として特徴付けるものであった――が、後期のホルクハイマーの宗教的段階と何の関係もないというだけのことではない。この二人のマルクスとの関係についても、ほとんど共通点を挙げることができない。従って中心的なポイントにおいて、アドルノを彼の友から擁護することが必要なのである」[620]。確かに二人は、「人類の近代市民的解放の段階を忘却させてはならない」という意図を共有していた。しかし、ホルクハイマーとは違ってアドルノは、諸条件が完全に変化している時に保守を試みることは、独自の弁証法を展開させ、反動的イデオロギーになる、ということを意識していた。「アドルノは、歴史に対する感受性がゆえに、市民層の自己破壊の過程を逆行させることを思いとどまった」(621)。この批判は、抗議運動のダイナミズムを介して生じてきた、ホルクハイマーの保守主義に対する誤った評価に関わっている。よく吟味すれば、ホルクハイマーの保守主義が、何かを逆行させる試みではなく、第一の啓蒙が全面的に支配され管理された社会に行き着いてしまった後で、「自由の孤島」(622)を守ることによって、啓蒙の新たな歴史的時代を発足させようとする試みである、ということが分かる。ホルクハイマーのペシミズムは、解放的思考における偽りの宥和という幻影的契機のすべてをラディカルに解体せよ、という要求であり、まさにこのペシミズムゆえに、ホルクハイマーは、後のテクストで今一度、非常にラディカルな社会理論の位置を代表したのである(623)。

実際にホルクハイマーは、マルクスに対して距離を取っていることを明言している。「我々はマルクス主義者ではない」(624)と。ただし、彼は、「右翼の全体主義者たちの支配」(625)に対処する際には、マルクス主義者であり、革命主義者であるという。彼によって表明された留保は、特に、マルクス理論に含まれる実証主義と科学への要請に向けられている(626)。ホルクハイマーは、マルクス理論を反啓蒙主義的に用いることを可能にした、と理解することができる。「マルクス主義の堕落の咎を負うべきは、誤った理論というよりも、むしろ意地の悪い口調や弱者や子供に対する蔑視である。これらの諸問題のすべてにおいて、決定的に重要なのは定式化である。人があるテーゼを言葉によって把握しようとするならば、ほとんどの場合、すべてが虚偽となる」(627)。アドルノもまた、この批判を共有していた。科学は、生産力として生産諸関係に組み込まれており、それによって、批判理論によって批判される物象化に服している、という。それゆえに科学は「批判理論の尺度ではありえないのであり、批判理論はマルクスやエンゲルスが掲げていた意味での科学ではありえない。このことは、批判理論において、マルクス主義が――弱体化することなく――自らを批判的に反省しなければならない、というのと同等のことを意味する。マルクス主義は実証主義に対して宥和的ではない。実証主義は、理性の限定された形態である。実証主義の非理性は内在的に規定されうる。批判理論は、変化を経た理性概念によって動機付けられるであろう」[628]。アドルノは、マルクスの理論に固執し、それを概念的に更に展開すべきだと主張したが、それはホルクハイマーもまた、何度か強調していたことである。「マルクスは社会の本質を他の誰よりもよく見抜いていた。社会を理解するのにこれ以上優れた理論がない限り、我々は、彼の理論に固執せざるをえない。我々には、彼の理論の弁証法的『止揚』を試みることしかできないのである」[629]。ホルクハイマーもまたアドルノと同様に、批判理論に特徴的な、否定的唯物論者としてのマルクスの評価に拘っていたわけである。アドルノの場合、次のような言い方になる。「批判理論は存在論ではない。肯定＝実証的唯物論でもない。批判理論の概念の中には、物質的欲求の充足は、社会の解放にとって必要条件だが十分条件ではない、ということが含意されている。実現された唯物論は、同時に、盲目的な物質的利害への依存としての唯物論の撤廃でもあるのだ」[630]。ホルクハイマーにおいても、マルクスは、これと同じ理由から観念論者だった。マルクスは、市民的な哲学と革命を最後まで（zu Ende）考え抜き、偉大な啓蒙が自らを超え出ていくように仕向けたのだという[631]。人々の関係は、もはや人間による自然支配の物質的手段によってではなく、人々が自由に発展できるように「人々の自由から」規定されるべきだ[632]。自律性と個性とを破壊する資本主義的な支配関係の破壊的ダイナミズムを批判したという点で、マルクスは正しかった。ホルクハイマーはここに接続する形で、生産諸力は「理性的で万人にとって有益な生産秩序」の実現に十分なほどに発展している、という批判理論の中核的考察を強調している。それゆえに、今日関心が持たれるべきは、どのように批判すべきか、ということである。つまり、「今や市民層から労働者への支配の移行はどのようにして起きるのか、そして、この移行によって、文明、つまり肯定的なものも受け継がれるのかどうか」[633]という問いである。ここで言う肯定的なものとは、最終的には諸階級の克服のことである。ホルクハイマーによれば、「現在では問題含みのプロレタリアートの連帯」は、人類の連帯に変化すべきである。人間は有限の存在であるがゆえに、この理念は力強いものとなるべきであり、また、そうなりうる――ホルクハイマーの議論はそう理解できる。人類＝人間性（Menschheit）ということで、個々人の目に世界内的に浮かぶのは、種の永遠性である(634)。

没落しつつある文化の中で未来社会の相貌がもはや語られないならば、絶望が深まってしまうので、未来社会についての理念が定式化されねばならない。ホルクハイマーには、限定的否定だけでは足りず、そのこと自体が危機の兆候だと思われた。彼が肯定的なものを要請したことは、この要請の中に検閲を見出したアドルノとの決定的な相違として際立っている。「思考は、帰着点という巧妙な検閲に屈服させられる。批判的に現れる限り、思考は、自らが望む肯定的なものを示さねばならない。そのような肯定性が遮断されているのを見て取ると、思考は、あたかもその遮断性が、事柄の指標ではなく自らの罪であるかのように、諦め、疲れるのだ」(635)。アドルノと同様にホルクハイマーもまた、肯定的なものをめぐるこのテーマに繰り返し立ち戻った。彼がこのテーマに取り組んだ理由には、絶対的なものや歴史あるいは未来をその今日的な図像によって確定することを禁じた、図像化禁止に断固として固執していたということもあるだろう(636)。そのような確定は、権威主義的身振りも同然だ、というのである(637)。だからこそ彼は、〝学生たちの抗議は抽象的で、肯定的な数々の目標によって規定されていない〟という非難に対して、彼らの抗議運動を弁護し、自らが批判理論の一員であることを公言しながら、以下のように定式化している：「つまり、私は、何が間違っているかを言うことならできるが、何が正しいかを定義することはできない」(638)。ただしホルクハイマーは肯定的なものを主張した。彼は、抗議活動をしている若者たちに対して、ドイツ連邦共和国という具体的な社会と関わり合って、この社会の中で変革のために努力し、時代に相応しく行動することを要求した。おそらくはこのことを理由として、彼は、晩年の多くの講演の中で、改革のための多くの提案、とりわけ教育制度、授業スタイル及び内容をめぐる改革の提案をするに至った。個々人の生活の具体的な改善は、文化を守り、連帯を強める。それゆえに、個々人と集団による解放的な行為が、なおも可能であり続けるのである。「個々人の意味は、次第に消滅しつつある。しかし個々人は、時代に相応しい方法で、真の連帯の中で個々人を守ることのできる時代にそぐわない集団の形成に貢献することで、理論と実践の両面で、発展に対して批判的に介入することができる」(639)。決定的なのは、最終的には図像化禁止それ自体において、ホルクハイマーを再びアドルノに近づける弁証法が展開される、ということである。何かが真ではないと言えるということは、真理に近づくのに貢献しているだけでなく、とりわけ、そもそも真理はあるのだ、という肯定的なものを含意してもいる(640)。行為へと義務付ける概念としての真理は、それによって維持される。ホルクハイマーが批判理論について残した最後の言葉は、アドルノにも共有されていた、〝にもかかわらず自らが真なるものや善きものと見なしているもの〟をやり抜く態度を本質とするオプティミズムを指し示している。ホルクハイマーは、彼の友人と自分自身のために、労働運動の伝統全体をありありと描きながら、次のように強調した。「そしてだからこそ、理論的にはペシミスト、実践的にはオプティミストであれ、というのが我々の基本だったのです」(641)。

(注)

(1) 社会学の試験についてのアドルノによる詳細な描写と彼の結論を参照。Theodor W. Adorno, *Einleitung in die Soziologie* (1968), NGS (= Theodor W. Adorno, Nachgelassene Schriften) IV/15, S.96ff.（河原理・太寿堂真・高安啓介・細見和之訳『社会学講義』作品社、二〇〇一年、九九頁以下）

(2) Rolf Wiggershaus, a.a.O., S.497.

(3) Adorno an Horkheimer, 24. 1. 1953, MHA VI 1E. 283.

(4) Adorno an Horkheimer, 12.3.1953, in: HGS 18, S.248.

(5) Ebd.

(6) Theodor W. Adorno, *Probleme der Moralphilosophie* (1963), NGS IV/10, S.13（舟戸満之訳『道徳哲学講義』作品社、二〇〇六年、一三頁）.

(7) Dominick LaCapra, "Geistesgeschichte und Interpretation", in: ders. und Steven L. Kaplan (Hg.), *Geschichte denken*, Frankfurt am Main 1988, S. 50.

(8) Judith Butler, Ernesto Laclau, "Verwendung der Gleichheit. Eine Diskussion via e-mail", in: Judith Butler, Simon Critchley, Ernesto Laclau u.a., *Das Undarstellbare der Politik*, Wien 1998 を参照。

(9) Alex Demirović, "Führung und Rekrutierung. Die Geburt des Intellektuellen und die Organisation der Kultur", in: Walter Prigge (Hg.), *Städtische Intellektuelle. Urbane Milieus im 20. Jahrhundert*, Frankfurt am Main 1992 を参照。

(10) アドルノは一九五二年にフィッシャー社宛の書簡の中で、一九四七年に刊行された『啓蒙の弁証法』の三分の一に当たる一〇〇〇部がまだ売れ残っていることを嘆いている。彼は、売れ行き不振の理由を次のことに帰している。「この本のために、出版社から、あまりにも少しのことしかなされていません。と申しますのも、次のように申し上げても思い上がりを自らに許したことにはならないと思いますが、ホルクハイマーと私の名前は現在のドイツでは非常に有名で、書店がこの本の存在に注意を喚起して、この本の存在をもっと多くの人が知れば、相当な需要があると思われるからです。私のアフォリズムの本（引用者注：『ミニマ・モラリア』のこと）の売れ行きなどを見ると、こう思えて仕方がないのです」（Adorno an den S. Fischer Verlag, 20. 8. 1952, IfSA（= Archiv des Instiuts für Sozialforschung）, Ordner: Korrespondenzen mit Insituten）出版社は、この本をもう一度書店に卸すことを約束した。

（11）*Musikhandel*, Januar 1953.

（12）G.Sch., "Th. W. Adorno: Versuch über Wagner", in: *Bücherschiff*, Nr. 10, 1953.

（13）Jürgen Habermas, *Der philosophische Diskurs der Moderne, Zwölf Vorlesungen*, Frankfurt am Main 1985, S.130（三島憲一・轡田収・木前利秋・大貫敦子訳『近代の哲学的ディスクルスⅠ』岩波書店、一九九九年、一八七頁）.

（14）Jürgen Habermas, *Theorie des kommunikativen Handelns*, Bd.1, Frankfurt am Main 1981, S. 515（藤沢賢一郎・岩倉正博・徳永恂・平野嘉彦・山口節郎訳『コミュニケーション的行為の理論（中）』未来社、一九八六年、一五三頁）.

（15）Jürgen Habermas, *Der philosophische Diskurs der Moderne*, a. a. O., S. 144f.（『近代の哲学的ディスクルスⅠ』、二〇九頁）

（16）Ebd., S.154（同右、二二一頁）.

（17）Ebd., S.156（同右、二二五頁）.

（18）Jürgen Habermas, *Theorie des kommunikativen Handelns*, Bd.1, a.a.O., S.516f.（『コミュニケーション的行為の理論（中）』、一五五頁）この議論は、若干トーンを和らげて、以下のテクストでも展開されている。Habermas, "Bemerkungen zur Entwicklungsgeschichte des Horkheimerschen Werkes", in: Alfred Schmidt, Norbert Altwicker（Hg.）, *Max Horkheimer heute: Werk und Wirkung*, Frankfurt am Main 1986, S.175.

（19）Jürgen Habermas, *Theorie des kommunikativen Handelns*, Bd.1, a.a.O., S.514（『コミュニケーション的行為の理論（中）』、一五三頁）を参照。Habermas, "Bemerkungen zur Entwicklungsgeschichte des Horkheimerschen Werkes", in: Alfred Schmidt, Norbert Altwicker（Hg.）, *Max Horkheimer heute: Werk und Wirkung*, a.a.O., S.165 も併せて参照。

（20）Martin Jay, "The Debate over Performative Contradiction: Habermas vs. The Post-Structualists", in: Axel Honneth, Thomas McCarthy, Claus Offe, Albrecht Wellmer（Hg.）, *Zwischenbetrachtungen. Im Prozeß der Aufklärung*, Frankfurt am Main 1989 を参照。

(21) Theodor W. Adorno, "Wozu noch Philosophie" (1962), in: AGS 10.2, S. 473（大久保健治訳『批判的モデル集Ⅰ　介入』法政大学出版局、一九七一年、三一頁）.

(22) Theodor W. Adorno, *Minima Moralia* (1951), in: AGS 4, S. 249（三光長治訳『ミニマ・モラリア』法政大学出版局、一九七九年、三四三頁）を参照。Ebd., S. 252（同、三四七頁以下）も併せて参照。

(23) Ebd., S. 105 und S. 122（同右、一三〇頁以下、及び、一五五頁以下）を参照。

(24) Ebd., S. 123（同右、一五七頁）を参照。また、Theodor W. Adorno, *Einleitung in die Soziologie* (1968), NGS IV/15, S. 75f.（『社会学講義』、七八頁以下）も併せて参照。

(25) Thedor W. Adorno, *Minima Moralia* (1951), in: AGS 4, S. 48（『ミニマ・モラリア』、五〇頁）.

(26) Jürgen Habermas, *Der philosophische Diskurs der Moderne*, a.a.O., S. 155（『近代の哲学的ディスクルスⅠ』、二一三頁）.

(27) Theodor W. Adorno, *Minima Moralia* (1951), in: AGS 4, S. 172（『ミニマ・モラリア』、二一九頁）.

(28) Ebd.（同右、二一九頁）

(29) Theodor W. Adorno, *Ästhetische Theorie*, in: AGS 7, S. 391（大久保健治訳『美の理論・補遺』河出書房新社、一九八八年、五頁）. また、Alex Demirović, *Jenseits der Ästhetik. Zur diskursiven Ordnung der marxistischen Ästhetik*, Frankfurt am Main 1982 も併せて参照。

(30) Theodor W. Adorno, *Minima Moralia* (1951), in: AGS 4, S. 16（『ミニマ・モラリア』、五頁以下）.

(31) Ebd., S.28（同右、二〇―二一頁）.

(32) Fritz. K. Ringer, *Die Gelehrten, Der Niedergang der deutschen Mandarine 1890-1933, Stuttgart 1983*（西村稔訳『読書人の没落』名古屋大学出版会、一九九一年）を参照。

(33) Theodor W. Adorno, *Minima Moralia* (1951), in: AGS 4, S. 169（『ミニマ・モラリア』、二一四頁以下）、及び、Max Horkheimer, "Programm einer intereuropäischen Akademie" (1944/45), in: HGS 12, S. 203 のアドルノによる注を参照。

(34) Ebd., S.85（『ミニマ・モラリア』、一〇一頁）を参照。

(35) Theodor W. Adorno, *Minima Moralia* (1951), in: AGS 4, S. 99f.（同右、一二一頁以下）

(36) Ebd., S.58（同右、六四頁）.
(37) Ebd., S.59（同右、六五頁）.
(38) Ebd., S.56（同右、六一頁以下）.
(39) Ebd., S. 169（同右、二二四頁）.
(40) Ebd., S.55（同右、六〇頁）.
(41) Ebd., S.232（同右、三二一頁）を参照。
(42) Ebd., S. 282（同右、三九一頁）.
(43) Ebd., S. 242（同右、三三三頁）を参照。
(44) Ebd., S. 128（同右、一六五頁）.
(45) Ebd., S. 114（同右、一四四頁）、及び、S. 159（二一〇頁）も併せて参照。
(46) Ebd., S. 86（同右、一〇二頁）を参照。
(47) Ebd., S. 83（同右、九九頁）を参照。
(48) Ebd., S. 81f.（同右、九七頁）.
(49) Ebd., S.300.
(50) Ebd., S. 112（同右、一一〇頁以下）.
(51) Ebd., S.28f.（同右、二二頁以下）.
(52) 比較参照のための例を挙げよう。一九五三年に出版されたハイデガーの『形而上学入門』には、約四〇の書評が出た。この種の比較にとって制約となるのは、依拠しうる書評が出版社に集められたものに限られることである。出版社は、ほぼすべての書評が集められていると期待しうる、おそらく唯一の場所である。とはいえ、収集漏れがあることは十分考えられる。特に、ここでなされた分析に原則として当てはまることだが、個々の書評の重要性そのものを、常に推測しうるとは限らない。それが再びメディアなり書評者なりの、論壇における重要性によって決定的に左右されるからである。

（53）Alex Demirović, “Zwischen Nihilismus und Aufklärung. Publizistische Reaktionen auf die *Minima Moralia*”, in: Rainer Erd, Dietrich Hoß, Otto Jacobi, Peter Noller（Hg.）, *Kritische Theorie und Kultur*, Frankfurt am Main 1989 を参照。

（54）Kracauer an Adorno, 4.7.1951, Pressearchiv des Suhrkamp Verlags.

（55）Brief Peter Suhrkamps, 28. 3. 1951, Pressearchiv des Suhrkamp Verlags.

（56）Klappentext der 1. Auflage der *Minima Moralia*.

（57）Brief des Suhrkamp Verlags, 6. 3. 1951, Pressearchiv des Suhrkamp Verlags.

（58）Ebd.

（59）Joachim Günther, “Philosophie im kleinen Format”, in: *Deutsche Rundschau*, Juni 1951, S.569f.

（60）Herbert Gottschalk, in: *Die Pforte* 41/42, S. 279f.

（61）Hans Kudzus, “Das falsche Leben”, in: *Der Kurier*, 16. 8. 1951.

（62）Dr. Friedrich Rasche, “Rösselsprung des Geistes”, in: *Hannoversche Presse*, 16. 11. 1951.

（63）Alfred Andersch, “Soziologische und philosophische Bücher”, Hessischer Rundfunk, Bücherstunde am 23. 10. 1951（Typoskript）

（64）*Generalanzeiger*, Bonn, 17. 5. 1951.

（65）Walter Friedländer, “Die traurige Wissenschaft”, in: *Frankfurter Allgemeine Zeitung*, 30. 6. 1951

（66）Joachim Günther, “Reflexionen aus einem ‘beschädigten Leben’”, in: *Der Monat*, Juli 1951, S.433ff.

（67）Karl August Horst, “Minima Moralia”, in: *Merkur*, Heft 41, 1951, S. 695.

（68）Walter Friedländer, “Die traurige Wissenschaft”, in: *Frankfurter Allgemeine Zeitung*, 30. 6. 1951

（69）Rudolf Hartung, Büchermarkt, Radio Bremen, 2. 10. 1951（Typoskript）を参照。

（70）Reinhold Lindemann, Am Büchertisch, RIAS Berlin, 22. 8. 1951（Typoskript）を参照。

（71）Rolf Shroers, Typoskript einer Rezension, Archiv des Suhrkamp Verlages. 刊行地は詳らかではない。

（72）Wilhelm Alff, “Richtiges Denken in verkehrter Welt”, in: *Aufklärung*, Heft 4, Juni 1951, S.92ff.　アルフは、この雑誌をハインツ・マウスと共に編集していた。

（73）Adorno an Alff, 27. 6. 1951, IfSA, Ordner: Korrespondenzen.

（74）Karl August Horst, “Minima Moralia”, in: *Merkur*, Heft 41, 1951, S. 696.

（75）Ebd.

（76）Hermann Krings, “Grenze der Dialektik”, in: *Hochland*, Heft IV, April 1953, S. 362ff.

（77）Theodor W. Adorno, *Minima Moralia*（1951）, in: AGS 4, S.239（『ミニマ・モラリア』、三二七頁以下）を参照。

（78）Hermann Krings, “Grenze der Dialektik”, in: *Hochland*, Heft IV, April 1953, S. 362ff.

（79）“Im Spiegelkabinett der Reflexion”, in: *Wort und Wahrheit*, Oktober 1951.

（80）H. Goebel,“Philosophie und Dasein”, in: *Weser Kurier*, 14. 8. 1951 を参照。

（81）*Neues Buch*. 日付は確認できない。この批評に編集部によるコメントとして付けられている前置きには、確かに次のように書かれている。ここで取り上げる本を図書館で所蔵するよう勧めることまではできないが、この本は「文学上の関心の的」なので、選書係の職員はそのことを知らされるべきだろう、と。

（82）Karl Thieme, “Apokalypse unserer Zeit”, in: *Frankfurter Hefte*, Dezember 1951, S. 944ff. を参照

（83）Alfred Andersch, Bücherstunde, Hessischer Rundfunk, 23. 10. 1951（Typoskript）.

（84）Hans Hennecke, Bücherstunde, Hessischer Rundfunk, 29. 5. 1951（Typoskript）.

（85）H. Goebel, “Philosophie und Dasein”, in: *Weser Kurier*, 14. 8. 1951.

（86）Hans Kudszus, “Das falsche Leben”, in: *Der Kurier*, 16. 8. 1951, Hans Kudszus, “Mut zur Wahrheit”, in: *Der Tagesspiegel*, 30. 9. 1951.

（87）Hans Hennecke, Bücherstunde, Hessischer Rundfunk, 29. 5. 1951（Typoskript）.

（88）Dr. Friedrich Rasche, “Rösselsprung des Geistes”, in: *Hannoversche Presse*, 16. 11. 1951.

（89）Roland Wiegenstein, Das Buch der Woche, Südwestfunk Baden Baden, 7. 10. 1951（Typoskript）を参照。

(90) Hansgeorg Meier, "Die traurige Wissenschaft. Wider die Restauration des beschäftigten Lebens", in: *Die Welt*, 19. 6. 1951.
(91) G. J. Klose, "Worauf wartet diese Kultur?", in: *Rhein Echo*, 9. 11. 1951 を参照。
(92) Christian Lewalter, "Traurige Wissenschaft. Zu Th. W. Adornos Kritik des Abendlands", in: *Die Zeit*, 10. 7. 1951.
(93) Max von Brück, Buch des Tages, Nortwestdeutscher Rundfunk（Köln）, 6. 8. 1951（Typoskript）.
(94) Rudolf Hartung, "Philosophie der verwirkten Hoffnung", in: *Neue Zeitung*, Berliner Ausgabe, 22. 7. 1951.
(95) Rudolf Hartung, Büchermarkt, Radio Bremen, 2. 10. 1951（Typoskript）.
(96) Reinhold Lindemann, Am Büchertisch, RIAS Berlin, 22. 8. 1951（Typoskript）.
(97) Roland Wiegenstein, Das Buch der Woche, Südwestfunk Baden-Baden, 7. 10. 1951（Typoskript）.
(98) Rudolf Hartung, "Philosophie der verwirkten Hoffnung", *Neue Zeitung*, 8. 7. 1951.
(99) Rolf Schroers, Rezension（Typoskript）.
(100) Theodor W. Adorno, *Minima Moralia*（1951）, in: AGS 4, S.216（『ミニマ・モラリア』、二九七頁）.
(101) mb.（=Max von Brück）, "Die Anstrengung des Begriffs", in: *Die Gegenwart*, 15. 4. 1951.
(102) Ebd. および、Max von Brück, Buch des Tages, Nortwestdeutscher Rundfunk（Köln）, 6. 8. 1951（Typoskript）.
(103) Theodor W. Adorno, "Die Aktualität der Philosophie"（1931）, in: AGS 1, S.334（中尾健二訳「哲学のアクチュアリティ」『静岡大学教養部研究報告：人文・社会科学篇』二一巻二号、一九八五年、一五九頁）.
(104) Peter von Haselbach, "Geist und Aristokratie", in: Josef Frächtl, Maria Calloni（Hg.）, *Geist gegen den Zeitgeist. Erinnerung an Adorno*, Frankfurt am Main 1991 を参照。
(105) Theodor W. Adorno, "George und Hofmannsthal. Zum Briefwechsel: 1891-1906"（1955/1942）, in: AGS 10. 1, S. 232（渡辺祐邦・三原弟平訳『プリズメン』筑摩学芸文庫、一九九六年、三六五頁）.
(106) アドルノの対話的実践がいかに入り組んでいるかは、以下の点からも明らかになる。それは、ここで表明されたゲオルゲに対する批判は、アドルノの自己批判であるだけでなく、シェーンベルクに対する批判でもある、という点である。

シェーンベルクは、弦楽四重奏曲第一〇番の第四楽章で、「私はただ聖なる火の煌き。／ただ聖なる声の轟き」というゲオルゲの詩句を引用していたのである。この第四楽章の解釈に繋げる形でアドルノは、シェーンベルクは、卓越したやり方ではあるが官僚的にではなく、音楽の題材を扱っている、と断言している。外的なものとなった題材は、シェーンベルクにとっては、それ自体ではもはや何の意味も持たないので、彼はこの題材に対して、彼が望むものを指示するように強いている、という。Theodor W. Adorno, *Philosophie der neuen Musik*（1949）, in: AGS 12, S. 114（渡辺健訳『新音楽の哲学』音楽の友社、一九七五年、一五一頁以下）を参照。ちなみに、シェーンベルクのこの弦楽四重奏の第一楽章は、フランクフルト社会研究所の再開式で演奏された。

（107）Theodor W. Adorno, "Das Bewußtsein der Wissenssoziologie"（1955/1953/1937）, in: AGS 10. 1, S. 38（『プリズメン』、四八頁）.

（108）この意味での芸術作品概念については、"Theodor W. Adorno, "Valély Proust Museum"（1955/1953）, in: AGS 10. 1, S. 181ff.（同右、二六五頁）を参照。

（109）Theodor W. Adorno, "Veblens Angriff auf die Kultur"（1955/1953/1941）, in: AGS 10. 1, S. 72f.（同右、九九頁以下）を参照。

（110）Theodor W. Adorno, "Charakteristik Walter Benjamins"（1955/1950）, in: AGS 10. 1, S. 238（同右、三七八頁）.

（111）Theodor W. Adorno, "George und Hofmannsthal"（1955/1942）, in:AGS 10.1, S.198（同右、二九五頁）を参照。

（112）Ebd.,S.227（同右、三五六頁以下）.

（113）Theodor W. Adorno, "Spengler nach dem Untergang"（1955/1950/1941）, in: AGS 10.1, S.63（同右、八五頁以下）.

（114）Theodor W. Adorno, "Kulturkritik und Gesellschaft"（1955/1951）, in: AGS 10. 1, S. 15f.（同右、一六頁）を参照。

（115）Ebd.（同右）

（116）Ebd., S. 17（同右、一八頁）.

（117）Ebd., S.17f.（同右、一八頁）を参照。

（118）Ebd., S. 21（同右、二三頁）.

（119）Ebd., S.20（同右、二三頁）.

(120) Ebd., S.21（同右、二三頁）.

(121) これらの論述が、『否定弁証法』で再び取り上げられていることからも、その重要性を読み取ることができよう。

(122) Ebd., S. 22f.（『プリズメン』、二六―二七頁）.

(123) Theodor W. Adorno, "Replik zu einer Kritik der 'Zeitlosen Mode'"（1953）, in: AGS 10. 2, S. 805.

(124) Theodor W. Adorno, "Kulturkritik und Gesellschaft"（1955/1951）, in: AGS 10. 1, S. 26（『プリズメン』、三〇頁）.

(125) Ebd., S. 24f.（同右、二九頁）.

(126) Ebd., S. 13（同右、一一頁）.

(127) Ebd., S. 25（同右、二九頁）.

(128) Ebd., S. 29（同右、三五頁）.

(129) Ebd., S.25（同右、二九頁）.

(130) Ebd., S.27f.（同右、三二頁以下：強調は引用者）

(131) Ebd., S. 25（同右、二九頁以下：強調は引用者）.

(132) エリート主義的教養保守派だけでなく、大衆文化から距離を取ろうとしているリベラルな啓蒙された人々もまた、この批判された布置連関に陥っている。それゆえにホルクハイマーは、アメリカ西海岸の新居にいたフェリックス・ヴァイルとその妻についての印象を、全くもって批判的に描いた。「彼は、自分自身と、体と魂において彼自身と同じくらい障害のあるアンのことを、上品に隠遁生活しているリベラルなカップルと見なし、かの地の、騒々しい社交活動に代表される、教養のない映画その他の下々の世界とは対照を成すものと考えていた」（Horkheimer an Pollock, 11. 12. 1957, in: HGS 18, S.401f.）

(133) Theodor W. Adorno, "Kulturindustrie und Gesellschaft"（1955/1951）, in: AGS 10.1, S.29（同右、三四頁：強調は引用者）.

(134) Ebd., S.29f.（同右、三四頁以下）.

(135) Ivo Frenzel, "Kritik und Verheißung", in: *Frankfurter Hefte*, Heft 2, 1956, S.134.

（136）アドルノ全集（*Gesammelte Schriften*）第一〇巻の編者後書きを参照。

（137）Theodor W. Adorno, “Das Bewußtsein der Wissenssoziologie”（1955/1953/1937）, in; AGS 10.1, S. 42f.（『プリズメン』、五三頁以下）

（138）Hermann Glaser, *Kulturgeschichte der Bundesrepublik Deutschland*, Bd.2: *Zwischen Grundgesetz und Großer Koalition 1949-1967*, München 1986, S.191.

（139）Theodor W. Adorno, “Das Bewußtsein der Wissenssoziologie”,（1955/1953/1937）, in: AGS 10.1, S. 46（『プリズメン』、六〇頁）.

（140）Ebd., S.31f.（同右、四〇頁）.

（141）Ebd., S.45（同右、五八頁）.

（142）Ebd., S.38f.（同右、四八頁以下）

（143）Ebd., S.34（同右、四一頁）.

（144）Theodor W. Adorno, “Spengler nach dem Untergang”（1955/1950/1941）, in: AGS 10.1, S.49（同右、六三頁）を参照。

（145）Theodor W. Adorno, “Aldous Huxley und die Utopie”（1955/1951/1942）, in: AGS 10.1, S.99（同右、一四〇頁）.

（146）Karl Thieme, “Apokalypse unserer Zeit”, in: *Frankfurter Hefte*, Heft 12, 1951, S.944 を参照。

（147）Theodor W. Adorno, “Aldous Huxley und die Utopie”（1955/1951/1942）, in: AGS 10.1, S.99.

（148）Theodor W. Adorno, “Spengler nach dem Untergang”（1955/1950/1941）, in: AGS 10.1, S.57（同右、七八頁）を参照。

（149）Theodor W. Adorno, “Aldous Huxley und die Utopie”（1955/1951/1942）, in: AGS 10.1, S.103（同右、一四七頁）を参照。

（150）Theodor W. Adorno, “Zeitlose Mode. Zum Jazz”（1955/1953）, in: AGS 10.1, S. 124（同右、一七六頁）.

（151）Theodor W. Adorno, “Spengler nach dem Untergang”（1955/1950/1941）, in: AGS 10.1, S.71（同右、九七頁以下）.

（152）Theodor W. Adorno, “Aldous Huxley und die Utopie”（1955/1951/1942）, in: AGS 10.1, S. 116f.（同右、一六四頁以下）

（153）Theodor W. Adorno, “Veblens Angriff auf die Kultur”（1955/1953/1941）, in: AGS 10.1, S.88 und S.96（同右、一二二頁及び一三三頁）.

（154）Theodor W. Adorno, “Spengler nach dem Untergang”（1955/1950/1941）, in: AGS 10.1, S.65（同右、八九頁）.

(155) ロータッカーの“Probleme und Methoden der Kulturanthropologie”（1950）に対するホルクハイマーの副報告（Horkheimer, HGS 13, S.18）を参照。
(156) Theodor W. Adorno, “Aldous Huxley und die Utopie”（1955/1951/1942）, in: AGS 10.1, S.111（『プリズメン』、一五七頁）.
(157) Max Horkheimer, “Zum Problem der Bedürfnisse”（1942）, in: HGS 12, S.254.
(158) Max Horkheimer, “Karl Kraus und die Sprachsoziologie”（1954）, in: HGS 13, S.23.
(159) Theodor W. Adorno, “Veblens Angriff auf die Kultur”（1955/1953/1941）, in: AGS 10.1, S.78 und S.88（『プリズメン』、一〇九頁、及び、一二二頁以下）を参照。
(160) Ebd., S.82（同右、一一四頁）.
(161) Ebd., S.86（同右、一二〇頁）.
(162) Ebd., S.90（同右、一二五頁）.
(163) Theodor W. Adorno, “Aldous Huxley und die Utopie”（1955/1951/1942）, in: AGS 10.1, 118f.（同右、一六三頁以下）
(164) Theodor W. Adorno, “Spengler nach dem Untergang”（1955/1950/1941）, in: AGS 10.1, S.64（同右、八七頁）.
(165) Ebd.（同右）
(166) Theodor W. Adorno, “Veblens Angriff auf die Kultur”（1955/1953/1941）, in: AGS 10.1, S.94（同右、一三〇頁以下）.
(167) Theodor W. Adorno, “Aldous Huxley und die Utopie”（1955/1951/1942）, in: AGS 10.1, S.118（同右、一六八頁）.
(168) Theodor W. Adorno, “Spengler nach dem Untergang”（1955/1950/1941）, in: AGS 10.1, S.67（同右、九一頁）.
(169) Theodor W. Adorno, “Veblens Angriff auf die Kultur”（1955/1953/1941）, in: AGS 10.1, S.87（同右、一二一頁）.
(170) Ebd., S.95f.（同右、一三二頁以下：強調は引用者）
(171) Curt Hohoff, “Der schräge Blick des Apokalyptikers”, in: *Die Tat*（Zürich）, 5.11.1951.
(172) Thomas Horter, “Im dunklen Licht der Hoffnung”, in: *Diskus*, Juni 1955.
(173) Adorno an Köhne, 28. 6. 1955, IfSA, Ordner: Korrespondenzen mit Instituten.

(174) Adorno an Marcuse, 16. 5. 1955, IfSA, Ordner: Allgemeine Korrespondenzen.

(175) Curt Hohoff, "T. W. Adornos Prismen. Kulturkritik mit schräger Front", in: *Rheinischer Merkur*, 25. 11. 1955.

(176) Werner Oehlmann, Das Buch der Woche: Theodor W. Adorno: "Prismen", Hessischer Rundfunk, Kulturelles Wort, 5. 6. 1955 (Typoskript).

(177) Curt Hohoff, "T. W. Adornos Prismen. Kulturkritik mit schräger Front", in: *Rheinischer Merkur*, 25. 11. 1955 を参照。

(178) Peter Merseburger, "Beiträge gegen die Restauration. Der Verzicht auf die Utopie. Bemerkungen zu Th. W. Adornos 'Prismen'". この記事は、ズーアカンプ社の印刷物資料室にあるが、発行された場所も日付も記されていない。

(179) Thilo Koch, Am Büchertisch: Th. W. Adorno——"Prismen", SFB, Literarisches Wort (Typoskript, ohne Datum).

(180) Marianne Regensburger, "Adornos Geschäft mit dem Nichts" in: *Die Zeit*, 12. 5. 1955. レーゲンスブルガーは、一九五三年末から五四年末まで、フランクフルト社会研究所の所員であり、計画されていた研究所の機関誌のための編集上の準備作業を担当していた（本書の第一分冊第八章を参照）。

(181) Hermann Schweppenhäuser, "Theodor W. Adorno: 'Prismen'. Kulturpolitik und Gesellschaft", in: *Archiv für Philosophie* 10, 1/2.

(182) Willi Reich, "Prismen", in: *Neue Züricher Zeitung*, 14. 6. 1955.

(183) Rudolf Hartung, Buch des Tages, Nordwestdeuscher Rundfunk (Köln), 31. 5. 1955 (Typoskript).

(184) Curt Hohoff, "T. W. Adornos Prismen. Kulturkritik mit schräger Front", in: *Rheinischer Merkur*, 25. 11. 1955.

(185) Werner Oehlmann, Das Buch der Woche: Theodor W. Adorno: "Prismen". In: Hessischer Rundfunk, Kurturelles Wort, 5. 6. 1955 (Typoskript).

(186) Tk., "Kulturkritik und Gesellschaft", in: Sonntagsblatt (Hamburg), 21. 8. 1955 を参照。

(187) Joachim Leithäuser, Rezension, in: *Telegraf*, 21. 12. 1956 を参照。

(188) Werner Oehlmann, Das Buch der Woche: Theodor W. Adorno: "Prismen". In: Hessischer Rundfunk, Kurturelles Wort, 5. 6. 1955 (Typoskript).

(189) N. N., Rezension, ohne Titel, in: *Mittag* (Düsseldorf), 3. 12. 1955.

(190) Hugo Loetchser, Prismen, in: Tagesanzeiger (Zürich), 15. 10. 1955.

(191) Marianne Regensburger, "Adornos Geschäft mit dem Nichts", in: *Die Zeit*, 12. 5. 1955.

(192) Wolfgang Irtenkauf, "Der Prismen-Feuerwerker Theodor W. Adorno", in: *Schwäbische Zeitung*, 23. 4. 1955 及び in: *Göppinger Nachrichten*, 27. 4. 1955. また、*Nürtlinger Kreisnachrichten*, 22. 4. 1956 に、"Eine gewichtige, aber strapaziöse Kulturkritik" というタイトルで掲載されている。

(193) Rolf Hindenbrandt, "Adornos Prismen", in: *Der Tag*, 23. 12. 1956.

(194) Curt Hohoff, "Th. W. Adorno- prismatisch", in: *Wort und Wahrheit*, Heft 10, 1955, S.785.

(195) Thomas Horter, "Im dunklen Licht der Hoffnung", in: *Diskus*, Juni, 1955. これに加えて、Conrad Lay, "'Viele Beiträge waren ursprünglich Rundfunkarbeiten.' Über das wechselseitige Verhältnis von Frankfurter Schule und Rundfunk", in: Rainer Erd u.a. (Hg.), *Kritische Theorie und Kultur*, a. a. O. も併せて参照。

(196) Dr. Rolf Bongs, "Prismen der Zeit", in: *Westfalenpost*, 17. 2. 1956.

(197) Walther Friedländer, "Mit heilsam bösem Blick", in: *Frankfurter Allgemeine Zeitung*, 9. 7. 1955. 一九五七年に若くして亡くなったフリートレンダーは、アドルノにとっては、フランクフルト社会研究所の門弟の一人だった。

(198) Ivo Frenzel, "Kritik und Verheißung", in: *Frankfurter Hefte*, Heft 2, 1956, S.134.

(199) Rudolf Hartung, Buch des Tages, Nordwestdeutscher Rundfunk (Köln), 31. 5. 1955 (Typoskript).

(200) Walter Friedländer, "Mit heilsam bösem Blick", in: *Frankfurter Allgemeine Zeitung*, 9. 7. 1955.

(201) Marianne Regensburger, "Adornos Geschäft mit dem Nichts", in: *Die Zeit*, 12. 5. 1955. この書評が公刊された後、レーゲンスブルガーはアドルノに謝罪の手紙を書いている。「私はあなたに対して、獅子身中の虫のような反応をしてしまったことを率直に認めます。あなたは、私たちが、事柄において見解が一致しないことをご存知ですし、そしてまた、私が、舌鋒の鋭さと手厳しい辛辣さを持っていることもご存知です。そのせいで、私の書評は特別鋭くなってしまいました。しかし私のことを恐らく十分にお分かりのあなたは、私が、事柄において辛辣な拒否をしていても、個人的な意地悪のようなことはしていないことを信じて頂けるものと思います。しかし、編集上の変更によってまさに、そうした個人的な意地悪らしきものが書評の中に紛れ込んでしまいました」。彼女はアドルノに、『ツァイト』紙の編集部に宛てた彼女の手紙の写しを同封している。その中で彼女は、距離を取る姿勢を鮮明にしている。「私は、私の草稿には含まれていなかった『階級なき社会のプロパガンディスト』という言い回しから、はっきりと距離を取りたいと思っています。何故なら、それは事柄に即して正しくないからです」（Regensburger an Die Zeit, 11. 5. 1955, MHA VI 2. 34）

（202）Siegfried Melchinger, “Die Enthüllungen Th. W. Adornos, Zu dem neuen Buch des Frankfurter Soziologen und Kulturkritikers”, in: *Stuttgarter Zeitung*, 9. 7. 1955. メルヒンガーは、この書評の要約版も公刊している（Die Presse（Wien）, 21. 8. 1955）。

（203）このクルト・ホホフの立場は、相互にわずかな違いが見られるものの基本的に同じ基調の以下の二つの書評で表明されている。“Der schräge Blick des Apokalyptikers”, in: *Die Tat*（Zürich）, 5. 11. 1955, “Th. W. Adorno- prismatisch”, in: *Wort und Wahrheit*, Heft 10, 1955, “T. W. Adornos Prismen. Kulturkritik mit schräger Front”, in: *Rheinischer Merkur*, 25. 11. 1955.

（204）Marianne Regensburger, “Adornos Geschäft mit dem Nichts”, in: *Die Zeit*, 12. 5. 1955.

（205）Curt Hohoff, “T. W. Adornos Prismen. Kulturkritik mit schränger Front”, in: *Rheinischer Merkur*, 25. 11. 1955.

（206）Siegfried Melchinger, “Die Enthüllung Th. W. Adornos”, in: *Stuttgarter Zeitung*, 9. 7. 1955. メルヒンガーの書評は、一九五五年八月二六日付のニューヨークの亡命者向け雑誌『アウフバウ』誌上でも公刊されている。アドルノの知人の一人はこれに憤慨した。「あなたには私の憤激を想像して頂けるでしょう。私はすぐに主任編集者であるマンフレート・ゲオルゲに電話をして、倫理的、知的、政治的関係においてあまりに厚顔無恥な殴り書きが、私が長年にわたって密接に関わってきた紙面に印刷されたことに対する、私の疑念を伝えておきました。私は、フランクフルト社会研究所もしくはその所員の一人に対するあの攻撃を、自分自身に対する個人的侮辱と感じていますが、それをひとまず脇に置くとしても、ここでジークフリート・メルヒンガー氏という人間の正体が露呈していることに気づかないのは、政治的本能の相当な欠如である、と彼に告げました」（N. N. an Adorno, 4. 9. 1955, MHA VI 2. 15）

（207）Werner Oehlmann, Das Buch der Woche: Theodor W. Adorno: Prismen, Hessischer Rundfunk, Kulturelles Wort, 5. 6. 1955（Typoskript）. イヴォ・フレンツェル（Ivo Frenzel）も、自らの書評においてはっきりとマリアンヌ・レーゲンスブルガーに反対する態度を表明している：Kritik und Verheißung, in: Frankfurter Hefte, Heft 2, 1956, S.133.

（208）Walter Friedländer, “Mit heilsam bösem Blick”, in: Frankfurter Allgemeine Zeitung, 9. 7. 1955.

（209）Walter Hanf, “Theodor W. Adorno: Prismen”, *Forum Akademicum*, Mai 1955.

（210）Bernhard Rang, “Theodor W. Adorno: Prismen”, in: *Bücherei und Bildung*, Heft 9/10, 1955.

（211）Ivo Frenzel, “Kritik und Verheißung”, in: *Frankfurter Hefte*, Heft 2, 1956, S.133.

（212）Hans Kudszus, “Triumph der Methode”, in: *Kritische Blätter für Literatur der Gegenwart*, Oktober 1955.

（213）Walter Friedländer, “Mit heilsam bösem Blick”, in: *Frankfurter Allgemeine Zeitung*, 9. 7. 1955.

（214）Günther Busch, “Das schwierige Geschäft der Kulturkritik”, in: *Süddeutsche Zeitung*, 17./18. 9. 1955 を参照。

（215）Bernhard Rang, “Theodor W. Adorno: Prismen”, in: *Bücherei und Bildung*, Heft 9/10, 1955.

（216）N. N., Nordwestdeutscher Rundfunk, 9. 8. 1955（Typoskript）.

（217）Ivo Frenzel, “Kritik und Verheißung”, in: *Frankfurter Hefte*, Heft 2, 1956, S.134.

（218）wn, “Wagner und seine Zeit”, in: *Allgemeine Zeitung der Juden in Deutschland*, 3.4.1953. 以下も併せて参照。H.W. Nicklas, “Kunst und Gesellschaft”, in: *Deutsche Studentenzeitung*, Heft 6-7, 1955;A.N., “Immer übers Ziel hinaus”, in: *Düsseldorfer Nachrichten*, 8.6.1955.

（219）N. N., “T. W. Adorno: ‘Versuch über Wager’”, in: *Delmenhorster Kreisblatt*, 6. 12. 1952.

（220）N. N., “Goetheplakette für Prof. Adorno”, in: *Bayreuther Tagesblatt*, 13. 9. 1963; N. N., “Soziologie und Musikkritiker”, in: *Deutsches Volksblatt*, 11. 9. 1963.

（221）W. Stauch-v. Quitzow, “Die Freiheit im Widerspruch”, in: *Allgemeine Zeitung*, 11. 9. 1963. 同じような記述は、以下にも見られる。*Westfälische Rundschau*, 11. 9. 1963, in: *Sonntagsblatt*, 15. 9. 1963.

（222）HLS, “Theodor W. Adorno wird 60 Jahre alt”, in: *Deutsche Zeitung und Wirtschaftszeitung*, 11. 9. 1963.

(223) Theodor W. Adorno, "Parataxis. Zur später Lyrik Hölderlins"（1963）, in: *Noten zur Literatur III*（1965）, in: AGS 11, S.452（三光長治・高木昌史・圓子修平・恒川隆男・竹峰義和・前田良三・杉橋陽一訳『文学ノート2』みすず書房、二〇〇九年、一六七頁）を参照。

(224) Theodor W. Adorno, *Einleitung in die Soziologie*（1968）, NGS IV/15, S.70（『社会学講義』、七三頁）を参照。

(225) 一九五七年の夏学期に行われた、社会学の学生を対象とする入門講話のプロトコールによれば、アドルノはこのように述べたという。IfSA, Ordner: Publikationen, Korrespondenz mit Europ. Verlagsanstalt.

(226) Theodor W. Adorno, "Wozu noch Philosophie", in: *Eingriffe*（1963）, in: AGS 10.2, S.460（『批判的モデル集I　介入』、九頁）.

(227) Ebd., S.471f.（同右、二八頁）を参照。

(228) Alex Demirović, "Symphilosophein oder die organisierte Philosophie. Die Allgemeine Gesellschaft für Philosophie in Deutschland und ihre Veranstaltungen（1947-1951）", in: *Widerspruch*, Heft 18, 1990を参照。

(229) Rundschreiben vom 27.4.1951, in: IfSA, Ordner: Korrespondenzen mit Instituten. これは「同僚」だけに送られ、フォン・リンテレンとリットが署名している。

(230) Ebd.

(231) Rundschreiben der Allgemeinen Gesellschaft für Philosophie in Deutschland vom September 1951, unterzeichnet von Ebbinghaus, Heyde, Krüger und Landgrebe, AGPDA

(232) Gadamer an Horkheimer, 3. 5. 1951, MHA IV 6. 105.

(233) Brief von Ebbinghaus, Heyde, Krüger, Landgrebe an die Kollegen in der Allgemeinen Gesellschaft für Philosophie in Deutschland, September 1951, AGPDA.

(234) Protokoll der Geschäftssitzung des Engeren Kreises in Hamburg am 27.10.1959, AGPDA. エビングハウスは、比較的若い同僚であったハーバマスに対して、インナー・サークルの意義を説明するために、次のように書いている。「インナー・サークルは、もっと自由で学術的な大学で哲学教師を職業としている人々のための職業組織として設立されました（哲学会への加入は、もっぱら「社会学的理由」に基づいています。それについて、大量のインクを費やして多くのことが書かれてきました。私はもうインクを無駄にしたくありません）」（Ebbinghaus an Habermas, 30. 9. 1963, AGPDA）

（235）Ebbinghaus an Habermas, 13. 4. 1964, AGPDA.

（236）Protokoll der Geschäftssitzung des Engeren Kreises am 26.10. 1960 in München 及び、Protokoll der Geschäftssitzung des Engeren Kreises am 23.10. 1961 in Marburg を参照。後者のプロトコールからは、ブルーメンベルクの理解では、エビングハウスは、哲学会の会員ではないので、インナー・サークルのメンバーではありえないことが分かる。最終的には、Protokoll der Geschäftssitzung des Engeren Kreises am 2.5. 1964 も参照のこと。

（237）Protokoll der Geschäftssitzung des Engeren Kreises in Hambrug am 27.10. 1959.

（238）Protokoll der Geschäftssitzung des Engeren Kreises am 2.5. 1964, AGPDA.

（239）Habermas an Ebbinghaus, 4. 10. 1963, AGPDA.

（240）Ebbinghaus an Habermas, 17. 10. 1963, AGPDA.

（241）Ebbinghaus an Habermas, 30. 9. 1963,AGPDA.

（242）Ritter an Habermas, 20. 4. 1964, AGPDA.

（243）v. Kempski an Habermas, 11. 2. 1964, AGPDA.

（244）Adorno an Gäbe, 20. 5. 1952, IfSA, Ordner: Korrespondenzen mit Instituten.

（245）Adorno an Ebbinghaus, 2. 8. 1952, IfSA, Ordner: Allgemeine Korrespondenz mit anderen Instituten.

（246）Horkheimer an J. E. Heyde, 17. 8. 1955, AGPDA.

（247）Ebbinghaus an Habermas, 30. 9. 1963, AGPDA を参照。

（248）Odo Marquards Beitrag zu :“Noten zu Theodor W. Adorno”, in: *Frankfurter Allgemeine Zeitung*, 6. 8. 1994）を参照。

（249）Wein an Herrn Professor（ohne namentliche Ansprache）, 18. 5. 1950, IfSA, Ordner: Kongresse.

（250）N. N., Bericht über den dritten deutschen Kongreß für Philosophie in Bremen und die Tagung der Görres-Gesellschaft in Mainz, IfSA,

Ordner: Kongresse.

(251) Ebd. この報告は、ホルクハイマーとアドルノが、亡命先から帰国してすぐに、かつて同じ専門の同僚として関わりがあった人々について、一定の情報を得ていたことを示唆している。興味深いのは、ナチズムを支持してきた知識人たちを列挙しているこのリストに、この会議で「歴史形成の諸力」についてのシンポジウムを主催した、ハンス・フライヤーの名前が欠けていることである。二年後にホルクハイマーは、フライヤーの影響力は大きかったのか、というあるジャーナリストの問いかけに対して、次のように答えている。「確信を持って申し上げても差し支えないと思いますが、フライヤーの場合はそうではありません。ある種の委員会の中で再び彼の名前が挙がることがあるかもしれません。いずれにせよ、彼の影響力は決定的なものではありませんでしたし、いかなる仕方でも学界の状況にとって典型的なものではありません。私にとって特に重要だと思われるのは、ドイツにおいて善を求める努力を、今促進することです。『ドイツ人たち』という言い方をして、それを全体として拒否するだけではだめです」(Aktenvermark über eine Besprechung mit Herrn Dr. Dolan aus Tel Aviv, 21. 10. 1952, MHA V 55.13-19)

(252) Adorno an Horkheimer, 11. 11. 1957, MHA VI 2.235.

(253) Gerd Kalow, “Die Geschichte ist unvollendbar. Zum VII. Deutschen Kongreß für Philosophie in Münster”, in: *Frankfurter Allgemeine Zeitung*, 10. 11. 1962. カロウは恐らくアドルノから評価されていた。これについては、Adorno an Horkheimer, 15. 12. 1966, in: HGS 18, S.634 を参照。

(254) Ebd.

(255) Cramer an Horkheimer, 13. 4. 1964, AGPDA.

(256) Ebbinghaus an Habermas, 13. 4. 1964, AGPDA.

(257) Horkheimer an Habermas, 26. 2. 1963, MHA V 83. 182.

(258) Habermas an Adorno, 8. 5. 1963, MHA V 83. 177.

(259) Protokoll der Geschäftssitung des Engeren Kreises am 26. 10. 1960 in München, AGPDA.

（260）Rundschreiben an die Mitglieder des Engeren Kreises vom 7. 9. 1953, unterzeichnet von v. Rintelen, IfSA, Ordner: Korrespondenzen mit Instituten.

（261）Adorno an Wisser, 10. 9. 1953, IfSA, Ordner: Korrespondenzen mit Instituten.

（262）*Empfehlungen des Wissenschaftsrates zum Ausbau der wissenschaftlichen Einrichtungen. Teil I. Wissenschaftliche Hochschulen*, Tübingen 1960, S.83ff.; *Anregungen des Wissenschaftsrates zur Gestalt neuer Hochschulen*, o. O. 1962 を参照。

（263）Die “Empfehlungen” und “Anregungen” des Wissenschaftsrates（Entwurf einer Stellungsnahme）, AGPDA.

（264）v. Kempski, Geschäftssitzung des Engeren Kreises am 2. 5. 1964, Tagesordnung Punkt 1, 11. 2. 1964.Protokoll der Geschäftssitzung des Engeren Kreises am 2. 5. 1964 も併せて参照。カール＝フリードリッヒ・フォン・ヴァイツゼッカーも、哲学史と体系論の制度化を、講座の設置によって制御することに対して警告を発している。

（265）v. Kempski an Zeltner, 17. 3. 1963, AGPDA.

（266）v. Kempsky an Zeltner, 17.3.1963, AGPDA.

（267）Zeitschrift für Philosophische Forschung, Bd. XVIII, 1964, S. 517 を参照。

（268）Theodor W. Adorno, “Philosophie und Lehrer”（1961）, in: *Eingriffe*（1963）, in: AGS 10.2, S.476（『批判的モデル集Ⅰ　介入』、三七頁）.

（269）Ebd., S.484（同右、五〇頁）を参照。

（270）Ebd., S.485（同右、五一頁）.

（271）Ebd.（同右）

（272）Ebd., S.476（同右、三七頁）.

（273）Theodor W. Adorno, “Notiz über Geisteswissenschaft und Bildung”（1962）, in: *Eingriffe*（1963）, in: AGS 10. 2, S. 496（『批判的モデル集Ⅰ　介入』、六七頁）.

（274）Ivo Frenzel, “Die Eule der Minerva”, in: *Frankfurter Hefte*, Heft 12, 1957.

(275) Theodor W. Adorno, "Aspekte"（1957）, in: AGS 5, S.261 と S.294（渡辺祐邦訳『三つのヘーゲル研究』河出書房新社、一九八六年、三二頁、及び七八頁）を参照。
(276) Ebd., S.256（同右、一六頁以下）を参照。
(277) Ebd.（同右）
(278) Ebd., S.293（同右、七六頁）, S.259（同右、二二頁）も併せて参照。
(279) Ebd., S.258（同右、二一頁）.
(280) Ebd., S.284（同右、六三頁）を参照。
(281) Ebd., S.287（同右、六六頁）.
(282) Ebd.,S.264（同右、三〇頁）.
(283) Ebd., S.266f.（同右、三三頁）を参照。
(284) Ebd., S.269（同右、四〇頁）.
(285) Ebd., S.271（同右、四一頁）.
(286) Ebd., S.272（同右、四四頁以下）.
(287) Ebd.（同右）
(288) Ebd., S.277（同右、五二頁）.
(289) Ebd.（同右）
(290) Ebd., S.289（同右、七〇頁）.
(291) Ebd., S.290（同右、七二頁）.
(292) Ebd., S.294（同右、七八頁）を参照。
(293) Ludwig Gieß, ohne nähere Angaben, Süddeutscher Rundfunk.
(294) G. B., Adorno über Hegel, in: *Stuttgarter Nachrichten*, 14. 9. 1957.

(295) *Düsseldorfer Nachrichten*, 15. 8. 1957.

(296) dpa-Buchbrief, Theodor W. Adorno: Aspekte der Hegelschen Philosophie, 21. 9. 1957.

(297) *Bücherei und Bildung*, Heft 12, 1957.

(298) *Fränkische Landeszeitung*, 6. 3. 1959.

(299) Iring Fetscher, Rezension, ohne Titel, NDR Hannover, 3. 10. 1957.

(300) dpa-Buchbrief, Theodor W. Adorno: Aspekte der Hegelschen Philosophie, 21. 9. 1957.

(301) Kern, "Adorno, Th. W., Aspekte der Hegelschen Philosophie", in: *Scholasitik*, I, 1959.

(302) Cramer an Horkheimer, 14. 1. 1958, in: HGS 18, S.411.

(303) Cramer an Horkheimer, 3. 2. 1958, in: HGS 18, S. 418.

(304) Horkheimer an Cramer, 29. 1. 1958, in: HGS 18, S.414 を参照。

(305) Theodor W. Adorno, "Aspekte" (1957), in: AGS 5, S.251（『三つのヘーゲル研究』、九頁）. アドルノは、映画館や写真入りの新聞によって予め操作されている人々は、カントが自分たちにまだ何か言うべきことがあるかどうか問う前に、まず自らの習慣を断念すべきであると要求する文脈で、これと同じ論法をより決然とした仕方で用いている。Theodor W. Adorno, "Zum Studium der Philosophie" (1955), in: AGS 20.1, S.325.

(306) Adorno an Horkheimer, 16. 6. 1949, in: HGS 18, S.52.

(307) Theodor W. Adorno, *Negative Dialektik* (1966), in: AGS 6, S.9 und S.400（木田元・徳永恂・渡辺祐邦・三島憲一・須田朗・宮武昭訳『否定弁証法』作品社、一九九六年、三頁、五〇四頁）及び、Susan Buck-Morss, *The Origin of Negative Dialectics. Theodor W. Adorno, Walter Benjamin, and the Frankfurt Institute*, New York 1977 を参照。

(308) Max Horkheimer, *Notizen 1949-1969* (1974), in: HGS 6, S.201f. を参照。ホルクハイマーがハイデガーのジャーゴンについて述べている箇所として、Horkheimer an Maier, 4. 10. 1956, in: HGS 18, S.363 を参照。また、ホルクハイマーがアドルノと二人での論文集のために基礎存在論批判の論文を寄稿しようという意図を強調している箇所として、Horkheimer an

Adorno, 17. 4. 1957, MHA VI 2. 310 を参照。
(309) Theodor W. Adorno, zit. Nach Rolf Tiedemann, "Editorisches Nachwort", in: AGS 7, S.537.
(310) Theodor W. Adorno, *Metaphysik*（1965）, NGS IV/14, S.214 を参照。
(311) 非同一的なものと美的なものを理性の他者として強調するだけに終わる、ポスト・モダン哲学と結び付いたアドルノのテクストの読み方に、ジェイムソンは反対し、アドルノによるマルクス主義への寄与を強調している。もっともジェイムソンも、商品が持つ交換合理性の中に埋没しない契機としての使用価値の経済的規定というまさに問題含みの側面においてアドルノとマルクスの学説との関係を探る時、誤ちを完全に免れているとは言いがたい。それによって示唆されるのは、非同一的なものにも実質的な何かが付着しており、その何かは資本の論理の下へと徐々に包摂されていく、ということである（Fredric Jameson, *Spätmarxismus, Adorno oder Die Beharrlichkeit der Dialektik*, Hamburg, 1991, S.31 を参照）。
(312) Theodor W. Adorno, *Philosophische Terminologie*（1962/63）, Bd. 2, Frankfurt am Main 1974, S.268 を参照。
(313) Theodor W. Adorno, *Negative Dialektik*（1966）, in: AGS 6, S.39f.（『否定弁証法』、三九頁以下）を参照。
(314) Ebd., S.146（同右、一七四頁）を参照。
(315) Ebd., S.147（同右、一七六頁）.
(316) Theodor W. Adorno, *Probleme der Moralphilosophie*（1963）, NGS IV/10, S. 255（『道徳哲学講義』、二〇四頁）を参照。
(317) Theodor W. Adorno, *Negative Dialektik*（1966）, in: AGS 6, S. 382（『否定弁証法』、四七九頁）を参照。*Probleme der Moralphilosophie*（1963）, NGS IV/10, S. 74 und S.102f.（『道徳哲学講義』、八四頁、及び、一一一頁以下）も併せて参照のこと。
(318) Theodor W. Adorno, *Metaphysik*（1965）, NGS IV/14, S. 198.
(319) Ebd., S.188.
(320) Theodor W. Adorno, *Probleme der Moralphilosophie*（1963）, NGS IV/10, S.131（『道徳哲学講義』、一四九頁以下）を参照。
(321) Theodor W. Adorno, *Negative Dialektik*（1966）, in: AGS 6, S. 160（『否定弁証法』、一九三頁）、及び、Ebd., S. 174, S.357f.（二一二頁、及び四四二頁）を参照。また、*Philosophische Terminologie*（1962）, Bd. 1, a. a. O., S. 87、更に ders., *Methaphysik*（1965）,

NGS IV/14, S. 180 も併せて参照。

（322）Theodor W. Adorno, *Philosophische Terminologie*（1962）, Bd. 1, a. a. O., S. 126.

（323）Theodor W. Adorno, *Metaphysik*（1965）, NGS IV/14, S. 200. もしかするとアドルノは、一九六三年以降に社会的弾圧を暴露するための行動を説いて回っていた「破壊活動」グループに反対しているのかもしれない。このグループは、宣伝活動において、自分たちの刊行物を知っており、ゼミの中で論じていたアドルノを、拠り所にしていた（Tilman Fichter, *SDS und SPD, Parteilichkeit jenseits der Partei*, Opladen 1978, S. 375 を参照）。ごく最近まで、アドルノは自分の授業の中で自分の学生たちをテロリズムに駆り立てたとして非難されてきたので（Niels Werber, “Blicke auf das grauenhafte Sein der Welt”, in: *die tageszeitung*, 22. 4. 1998 を参照）、引用箇所は特に重要である。というのも、この箇所は、学生運動当時に生じた対立よりも前に、本来的に権威主義的な国家のファサード（表面）を粉砕し、その純粋な抑圧を暴露しようとする政治にアドルノがはっきりと反対していたことを窺わせるからである。一九四〇年代にホルクハイマーが既に強調してきたように、生を救うことができるのは、まさに諸媒介なのである。

（324）Theodor W. Adorno, *Philosophische Terminologie*（1962/63）, Bd. 2, a. a. O., S. 230ff. を参照。

（325）Theodor W. Adorno, *Probleme der Moralphilosophie*（1963）, NGS IV/10, S. 13（『道徳哲学講義』、一三頁）. また、*Negative Dialektik*（1966）, in: AGS 6, S.146f.（『否定弁証法』、一七四頁以下）も併せて参照。

（326）Theodor W. Adorno, *Philosophische Terminologie*（1962/63）, Bd. 2, a. a. O., S. 236f.

（327）Theodor W. Adorno, *Negative Dialektik*（1966）, in: AGS 6, S. 30f.（『否定弁証法』、二八頁以下）を参照。

（328）Theodor W. Adorno, *Philosophische Terminologie*（1962）, Bd. 1, a. a. O., S. 46f.

（329）Ebd., S.9, 30, 72, 80.

（330）Theodor W. Adorno, *Probleme der Moralphilosophie*（1963）, NGS IV/10, S. 149（『道徳哲学講義』、一七〇頁）.

（331）Ebd., S.62f.（同右、七〇頁以下）と *Negative Dialektik*（1966）, in: AGS 6, S. 65（『否定弁証法』、七二頁）を参照。

（332）Ebd., S. 27（同右、二四頁）.

(333) Theodor W. Adorno, *Probleme der Moralphilosophie* (1963), NGS IV/10, S. 11(『道徳哲学講義』、一一頁).
(334) Theodor W. Adorno, *Negative Dialektik* (1966), in: AGS 6, S. 355(『否定弁証法』、四三九頁以下).
(335) Ebd., S. 21(同右、一六頁). Theodor W. Adorno, *Philosophische Terminologie* (1962), Bd. 1, a. a. O., S. 82 も併せて参照。ここでの哲学と同じ様に、別の箇所で形而上学が規定されている(ders., *Philosophische Terminologie* (1962/63), Bd. 2, a. a. O., S.167 を参照)。
(336) Theodor W. Adorno, *Negative Dialektik* (1966), in: AGS 6, S. 53(『否定弁証法』、五七頁).
(337) Ebd., S. 20(同右、一四頁)., Ebd., S.26(同右、一二三頁)も併せて参照。
(338) Ebd., S. 23(同右、一八頁).
(339) Ebd., S. 44(同右、四六頁)., Ebd., S. 139f.(同右、一六四頁以下)も併せて参照。
(340) Ebd., S.24(同右、二〇頁)を参照。
(341) 似たような仕方で、アンケ・ティエンもアドルノのテクストを解釈している。もっとも、彼女が、非合理主義であるとの非難から擁護しようとして、『否定弁証法』を『啓蒙の弁証法』の歴史哲学から切り離していることには問題がある。道具的理性を介しての自然支配という『啓蒙の弁証法』のテーゼは、道具的理性に対する批判もまた、他ならぬこの抑圧的理性に奉仕するだけでしかありえないので、アポリアに陥らざるをえない、というのである。ティエンは、『否定弁証法』において、非同一的なものを合理的に把握することを可能にする、経験の理論が呈示されていることを示そうと試みている。この非同一的なものが、概念的なものの境界概念だというのである(Anke Thyen, *Negative Dialektik und Erfahrung, Zur Rationalität des Nichtidentischen bei Adorno*, Frankfurt am Main 1989, S. 204 を参照)。ユルゲン・リッツァートも、非同一的なものは「秘密に満ちた実体」ではなく、一連の重要な哲学的および社会学的問いを示唆する問題概念であることを示している。Jürgen Ritsert, "Das Nichtidentische bei Adorno", in: *Zeitschrift für kritische Theorie*, Heft 4, 1997, S. 48 も併せて参照。
(342) Theodor W. Adorno, *Negative Dialektik* (1966), in: AGS 6, S. 164(『否定弁証法』、一九八頁).

（343）Ebd., S.43（同右、四五頁）.
（344）Ebd., S.39（同右、三九頁）. Ebd., S.57 und S.164（同右、六二頁以下、及び一九八頁）も併せて参照。
（345）Ebd., S.164f.（同右、一九九頁以下）Ebd., S.62（同右、六八頁以下）も併せて参照。
（346）Theodor W. Adorno, *Philosophische Terminologie*（1962）, Bd.1, a.a.O., S.118ff. を参照。
（347）Theodor W. Adorno, *Negative Dialektik*（1966）, in: AGS 6, S.157f.（『否定弁証法』、一八八頁以下）を参照。
（348）Ebd., S.165（同右、二〇〇頁）.
（349）Theodor W. Adorno, *Probleme der Moralphilodophie*（1963）, NGS IV/10, S. 21（『道徳哲学講義』、一七頁以下）を参照。
（350）Anke Thyen, *Negative Dialektik und Erfahrung*, a. a. O., S. 116f. も併せて参照。
（351）Theodor W. Adorno, *Negative Dialektik*（1966）, in: AGS 6, S. 47（『否定弁証法』、五〇頁）.
（352）Theodor W. Adorno, *Philosophische Terminologie*（1962/ 63）, Bd. 2, a. a. O., S. 112 を参照。
（353）Theodor W. Adorno, *Negative Dialektik*（1966）, in: AGS 6, S. 150（『否定弁証法』、一八〇頁）.
（354）Ebd., S.398（同右、五〇一頁）. Ebd., S. 22 und S. 40（同右、一六頁以下、及び、四〇頁）も併せて参照。まさにこのような弁証法的な内在的批判がマルクスの下で展開する、とアドルノは見ている。Theodor W. Adorno, *Philosophische Terminologie*（1962/63）, Bd. 2, a. a. O., S. 261 を参照。
（355）Ebd., S. 58（同右、六三頁）.
（356）Ebd., S. 29（同右、二五頁）.
（357）Ebd., S. 179（同右、二一七頁以下）. Theodor W. Adorno, *Metaphysik*（1965）, NGS IV/14, S. 186f. も併せて参照。
（358）Theodor W. Adorno, *Negative Dialektik*（1966）, in: AGS 6, S. 391（『否定弁証法』、四九〇頁）.
（359）価値の転換についてのアドルノのこの考察は、非常にニーチェ的である。公共圏では繰り返しヘーゲル主義者として性格付けられてきた人物にしては驚くべきことに、アドルノは、自分がヘーゲルよりもニーチェから多くを負うていることを強調している。Theodor W. Adorno, *Philosophische Terminologie*（196263）, Bd. 2, a. a. O., S. 254 を参照。

（360）Theodor W. Adorno, *Philosophische Terminologie*（1962/63）, Bd. 2, a. a. O., S. 254.

（361）Ebd., S. 260f. を参照。

（362）Ebd., S.262f.

（363）Theodor W. Adorno, *Negative Dialektik*（1966）, in: AGS 6, S. 176（『否定弁証法』、二一四頁）.

（364）Ebd., S. 174（同右、二一一頁以下）の疎外概念批判を参照のこと。また、『非体制順応的知識人』第一分冊第七章も併せて参照。

（365）Theodor W. Adorno, "Aspekte"（1957）, in: AGS 5, S. 277（渡辺祐邦訳『三つのヘーゲル研究』、五一頁以下）. 本書第二部第四章二節も併せて参照。

（366）Theodor W. Adorno, *Probleme der Moralphilosophie*（1963）, NGS IV/10, S. 168f.（『道徳哲学講義』、一九〇頁以下）

（367）Theodor W. Adorno, *Negative Dialektik*（1966）, in: AGS 6, S. 22（『否定弁証法』、一八頁）. アンケ・ティエンは、経験論に対する関心ゆえに、解釈の際に、アドルノの論証が持つ社会理論的かつ実践哲学的意味を見落としている。ティエンによれば、アドルノは経験をめぐる実証＝肯定的哲学の構想を追求していたのだという。彼女は、偽りの持続するものについての存在論としての弁証法を『啓蒙の弁証法』に組み込んで理解しており、アドルノが哲学の終焉と弁証法のない宥和された社会を論じていることを無視している（Anke Thyen, *Negative Dialektik und Erfahrung*, a. a. O., S. 205 und S. 112 を参照）。非同一的なものは宥和というユートピアと同一視されてはならない、と書く時、ティエンは正しい。しかし、それはもっぱら、非同一的なもの自体が依然として支配によって汚染されているからである。

（368）Ebd., S. 140（同右、一六六頁）.

（369）Theodor W. Adorno, "Veblens Angriff auf die Kultur"（1955/1953/1941）, in: AGS 10.1, S. 82（『プリズメン』、一一三頁）.

（370）Theodor W. Adorno, *Negative Dialektik*（1966）, in: AGS 6, S. 18（『否定弁証法』、一一頁）. Ebd., S. 148（一七六頁以下）も併せて参照。

（371）Theodor W. Adorno, *Zur Metakritik der Erkenntnistheorie*（1956）, in: AGS 5, S. 47（細見和之・古賀徹訳『認識論のメタクリティーク』

法政大学出版局、一九九五年、五四頁）を参照。

（372）Theodor W. Adorno, *Philosophische Terminologie*（1962/63）, Bd. 2, a. a. O., S. 22 und S. 255.

（373）Theodor W. Adorno, *Negative Dialektik*（1966）, in: AGS 6, S. 39（『否定弁証法』、四〇頁）を参照。

（374）Theodor W. Adorno, *Metaphysik*（1965）, NGS IV/14, S. 183. *Negative Dialektik*（1966）, in: AGS 6, S. 391（『否定弁証法』、四九〇頁）も併せて参照。

（375）Theodor W. Adorno, *Probleme der Moralphilosophie*（1963）, NGS IV/10, S. 205 und S. 262（『道徳哲学講義』、二三二頁、及び、二九一頁）を参照。

（376）Theodor W. Adorno, *Negative Dialektik*（1966）, in: AGS 6, S.58（『否定弁証法』、六四頁）。

（377）Adorno an Horkheimer, 15. 12. 1966, in: HGS 18, S. 633f.

（378）Theodor W. Adorno, *Negative Dialektik*（1966）, in: AGS 6, S. 40（『否定弁証法』、四一頁）。

（379）Ebd., S. 52（同右、五六頁）。

（380）Theodor W. Adorno, *Methaphysik*（1965）, NGS IV/14, S. 181f. を参照。

（381）Theodor W. Adorno, *Negative Dialektik*（1966）, in: AGS 6, S. 153（『否定弁証法』、一八三頁）。

（382）Irving Wohlfarth, "Zwei Thesen"（ohne Datum）を参照。ちなみに、以下で引用される二つのゼミナール関係の資料は、マックス・ホルクハイマー文書館に所蔵されている。MHA XIII 213 und XIII215.

（383）Protokoll von Bernd Moldenhauer, 11. 5. 1967.

（384）Ebd.

（385）Protokoll von Helga Pesel, 15. 6. 1967.

（386）Ebd.

（387）Protokoll von Bernd Moldenhauer, 11. 5. 1967.

（388）Friedrich W. Schmidt, Günther Mensching, "Thesen und Fragen zur Kritik der 'Negativen Dialektik'".

（389）この批判は、どこか優柔不断なままである。というのも、『否定弁証法』が首尾一貫しないやり方で一つの立脚点を前提にしていることを指摘すると共に、そのような立脚点の根拠付けが必要であることをも示唆しているからである。筆者との対談の中でフリードリッヒ・W・シュミットは、アドルノが、自分とギュンター・メンシングのことを、基盤喪失に耐え抜いていないと非難したことを思い出した。これが事実だとすれば、アドルノはむしろ、ここに挙げた第二の意味で批判を解釈したことになる。

（390）Protokoll von Bettina von Thümen, 2. 11. 1967. このプロトコールには、この考えを口にしたのが誰かは書き留められていない。しかし、まさしくそれゆえに、これがアドルノによる詳細な説明ではないか、と推測される。

（391）Ebd.

（392）Protokoll von Manfred Schreck, 24. 11. 1967 を参照。

（393）Protokoll von Wolfgang Kröpp, 1. 2. 1968.

（394）Protokoll von Bettina v. Thümen, 2. 11. 1967.

（395）Ebd.

（396）Ebd.

（397）Heinrich Vormweg, “Das Buch zu Weihnachten. Tendenzen und Erfahrungen”, Hessischer Rundfunk, 25. 12. 1966（Typoskript）.

（398）Ivo Frenzel, “Ist Philosophie noch möglich?”, in: *Süddeutsche Zeitung*, 2. 9. 1967. Gerd-Klaus Kaltenbrunner, “Theodor W. Adorno: Negative Dialektik”, Hessischer Rundfunk, Das Buch der Woche, 5. 2. 1967（Typoskript）も併せて参照。これは、その後以下でも公表されている : *Schweizer Rundschau*, 6. 6. 1967, *Literatur und Kritik*, Heft 13, 1967 及び Tribüne, Heft 22, 1967.

（399）Helmut Lamprecht, Rezension ohne Titel, Radio Bremen, 28. 8. 1967（Typoskript）.

（400）Bernhard Rang, Rezension, in: *EKZ*, Juni 1967.

（401）Bernhard Rang, Rezension, in: *Bücherei und Bildung*, Heft 6, 1967 を参照。

（402）Franz Schöler, “Austreibung der Harmlosigkeit. Ein Philosoph räumt ab”, in: *Echo der Zeit*, 2. 7. 1967.

（403）Helmut Lamprecht, “Frankfurter Sozialphilosophie. Zu neuen Büchern von Th. W. Adorno und M. Horkheimer”, Deutschlandfunk, 11. 3. 1968.
（404）“Gang nach Otterbach”, in: *Münchner Merkur*, 12. 10. 1967.　同様に、Günter Zehm, “Ist Dialektik ein Schimpfwort?”, in: *Die Welt*, 29. 7. 1967.
（405）Franz Schöler, “Austreibung der Harmlosigkeit. Ein Philosoph räumt ab”, in: *Echo der Zeit*, 2. 7. 1967.
（406）Christoph Meyer, “Tortur mit der Antisprache von Adorno”, in: *Münchner Merkur*, 5. 1. 1968.
（407）Helmut Lamprecht, “Frankfurter Sozialphilosophie. Zu neuen Büchern von Th. W. Adorno und M. Horkheimer”, Deutschlandfunk, 11. 3. 1968　及び Gerd-Klaus Kaltenbrunner, “Theodor W. Adorno: Negative Dialektik”, Hessischer Rundfunk, 5. 2. 1967（Typoskript）を参照。
（408）Bernhard Rang, Rezension, in: EKZ, Juni 1967.
（409）Bernhard Rang, Rezension, in: *Bücherei und Bildung*, Heft 6, 1967 を参照。
（410）N. N., Rezension ohne Titel, in: Psychologische Menschenkenntnis, 2. 8. 1967.
（411）Gerd-Klaus Kaltenbrunner, “Theodor W. Adorno: Negative Dialektik”, Hessischer Rundfunk, Das Buch der Woche, 5. 2. 1967（Typoskript）.
（412）“Denken nach Auschwitz”, in: *Der Spiegel*, 29. 5. 1967. 付け加えればこの書評は、「体系的意味に富むシンボルとしてのアウシュヴィッツに注意を集中させた唯一のものである。「一九四五年以降の哲学の歴史において初めて、哲学と社会学を専門とする一人の学者が、アウシュヴィッツという道徳上の破局が、西欧思想という栄えある構築物に、どのような深層の亀裂の数々を残したのかを示そうと試みた」。
（413）Christophe Meyer, “Tortur mit der Antisprache von Adorno”, in: *Münchner Merkur*, 5. 1. 1968.
（414）Ludwig Marcuse, “Die schöne Zunge”, in: *Die Zeit*, 13. 10. 1967.
（415）Jean Améri, “Jargon der Dialektik”, in: *Merkur*, November 1967, S. 1055.

(416) Ludwig Marcuse, "Die schöne Zunge", in: *Die Zeit*, 13. 10. 1967.
(417) Ebd.
(418) Franz Schöler, "Austreibung der Harmlosigkeit. Ein Philosoph räumt ab", in: *Echo der Zeit*, 2. 7. 1967.
(419) Helmut Lamprecht, "Frankfurter Sozialphilosophie. Zu neuen Büchern von Th. W. Adorno und M. Horkheimer", Deutschlandfunk, 11. 3. 1968 (Typoskript).
(420) Franz Schöler, "Austreibung der Harmlosigkeit. Ein Philosoph räumt ab", in: *Echo der Zeit*, 2. 7. 1967.
(421) Ludwig Marcuse, "Die schöne Zunge", in: *Die Zeit*, 13. 10. 1967.
(422) Ivo Frenzel, "Ist Philosophie noch möglich?", in: *Süddeutsche Zeitung*, 2. 9. 1967.
(423) Ebd.
(424) "Denken nach Auschwitz", in: *Der Spiegel*, 29. 5. 1967.
(425) Bernhard Rang, Rezension, in: *Bücherei und Bildung*, Heft 6, 1967.
(426) He., "Dialektik der Befreiung", in: *Evangelischer Digest*, Heft 2, 1968.
(427) Günter Zehm, "Ist Dialektik ein Schimpfwort?", in: *Die Welt*, 29. 7. 1967.
(428) Manfred Clemenz, "Über die Schwierigkeit, nein zu sagen", in: *Frankfurter Rundschau*, 20. 4. 1968.
(429) Ebd.
(430) Theodor W. Adorno, "Die auferstandene Kultur" (1950), in: AGS 20.2.
(431) Theodor W. Adorno, "Zum Gedächtnis Eichendorffs" (1958), in: AGS 11. S. 69f.
(432) Max Horkheimer, Theodor W. Adorno, [Diskussion über Theorie und Praxis] (1956), in: HGS 19. S. 69.
(433) Rolf Wiggershaus, *Die Frankfurter Schule*, a. a. O., S. 520f.
(434) Adorno an Plessner, 11. 2. 1957, IfSA, Ordner: Korrespondenzen mit Instituten.
(435) Horkheimer an Adorno, 6. 12. 1949, in: HGS 18, S. 74.

(436) Adorno an Horkheimer, 13. 1. 1959, MHA VI 3. 448.
(437) Theodor W. Adorno, "Der Essay als Form" (1958), in: AGS 11, S. 18（三光長治・恒川隆男・前田良三・池田信雄・杉橋陽一訳『文学ノート1』みすず書房、二〇〇九年、一三頁）.
(438) Ebd., S. 26（同右、二二頁）を参照。
(439) Ebd., S. 11（同書、五頁）.
(440) Ebd., S. 20（同書、一五頁）.
(441) Ebd., S. 21（同右、一六頁）.
(442) Ebd.（同右、一七頁）
(443) Ebd., S. 31f.（二九頁以下）を参照。
(444) Ebd., S. 27（同右、二四頁）.
(445) Ebd., S. 29（同右、二六頁）.
(446) Ebd., S.31（同右、二八頁）.
(447) Ebd., S. 16 und S. 31（同右、一〇頁以下、及び、二八頁以下）を参照。
(448) "Editorische Nachbemerkung", in: AGS 5, S. 386.
(449) アドルノとゲーレンの往復書簡に対する洞察を私に与えてくれたことについて、カール＝ジークベルト・レーベルク氏に感謝する。遺稿の著作権法上の理由から、ゲーレンの書簡から直接引用することはできない。
(450) Theodor W. Adorno, "Wörter aus der Fremde" (1959), in: AGS 11, S. 222（『文学ノート1』、二七四頁）.
(451) Ebd., S. 224（同右、二七六頁）.
(452) Ebd., S. 221（同右、二七二頁）.
(453) Theodor W. Adorno, "Über den Gebrauch von Fremdwörtern", in: AGS 11, S. 643.
(454) Ebd., S. 644.

(455) Theodor W. Adorno, "Wörter aus der Fremde"（1959）, in: AGS 11, S. 224（『文学ノート1』、二七六頁）. S. 218（同右、二六九頁以下）も参照。

(456) Max Horkheimer, Theodor W. Adorno, [Diskussion über Theorie und Praxis]（1956）, in: HGS 19, S. 53.

(457) オド・マルクヴァートによれば、ジークフリート・クラカウアーは一九六六年に、フランクフルトの解放のジャーゴンが、『本来性という隠語』の後に続くかもしれない、と批判的な意見を表明していたという（"Noten zu Theodor W. Adorno", in: *Frankfurter Allgemeine Zeitung*, 6. 8. 1994 を参照）。

(458) Theodor W. Adorno, *Jargon der Eigentlichkeit. Zur deutschen Ideologie*（1964）, in: AGS 6, S. 425（笠原賢介訳『本来性という隠語』未来社、一九九二年、二六頁）.

(459) Ebd.（同右、二六頁以下）

(460) Ebd., S. 520（同右、一九一頁）.

(461) Ebd., S. 441（同右、五三頁）.

(462) Ebd., S. 452 und S. 469（同右、七二頁、及び、一〇〇頁以下）を参照。

(463) Max Horkheimer, Theodor W. Adorno, [Diskussion über Theorie und Praxis]（1956）, in: HGS 19, S. 66.

(464) 一九四八年／四九年の冬学期以来、ライプツィヒ大学で教鞭をとっていたハンス・マイヤーは、「熱心に私たちと自分を同一視しようとしています。これは必ずしも気持ちのよいことではありませんが、彼がこの上なくひどい手合いの一人であるとは言えないでしょう。思うに、私は、関係を友好的に維持すると同時に、トルキスタン人たちから私たちをこの上なくはっきりと区別できるようになったようです」（Adorno an Horkheimer, 16. 12. 1949, MHA VI 1, D. 29）

(465) Max Horkheimer, Theodor W. Adorno, [Diskussion über Theorie und Praxis]（1956）, in: HGS 19, S. 46f.

(466) Ebd., S. 70.

(467) Adorno an Horkheimer, 15. 3. 1960, MHA VI 3. 527. ジークフリート・ウンゼルトとマーティン・ヴァルザーの叙述によれば、アドルノと付き合いのあった時点では、ブロッホの方が状況を支配していたという（"Noten zu Theodor W. Adorno", in: *Frankfurter Allgemeine Zeitung*, 6. 8. 1994）。

（468）Theodor W. Adorno, "Wörter aus der Fremde"（1959）, in: AGS 11, S. 230（『文学ノート1』、二八三頁）を参照。

（469）Horkheimer an Adorno, 27. 9. 1958, in: HGS 18, S. 445f.

（470）Max Horkheimer, Theodor W. Adorno,［Diskussion über Theorie und Praxis］（1956）, in: HGS 19, S. 53 を参照。

（471）Adorno an Horkheimer, 30. 7. 1941, in: HGS 17, S. 153. この点については、Gunzelin Schmid Noerr, *Gesten aus Begriffen*, a. a. O., S. 51ff. も併せて参照。

（472）Max Horkheimer, Theodor W. Adorno,［Diskussion über Theorie und Praxis（1956）］, in: HGS 19, S. 54.

（473）Ebd., S. 48.

（474）Pollock an Horkheimer, 24. 1. 1961, in: HGS 18, S. 502. マルクーゼ - ホルクハイマー - アドルノの間の往復書簡（HGS 18, S. 533f.）も併せて参照。

（475）Adorno an Hauser, 17. 7. 1954, IfSA, Ordner: Allgemeine Korrespondenz（und Memos）. ここで問題となっている論文は、元々はハウザーが社会研究所で行った講演だった。

（476）Max Horkheimer, "Brief an den S. Fischer Verlag"（1965）, in: HGS 3, S. 9f.

（477）Max Horkheimer, Theodor W. Adorno,［Diskussion über Theorie und Praxis（1956）］, in: HGS 19, S. 36f.

（478）die Anmerkung 2 des Herausgebers, in: HGS 18, S. 578 を参照。

（479）Adorno an Horkheimer, 24. 3. 1959, MHA VI 3. 408.

（480）Theodor W. Adorno, "Zum gegenwärtigen Stand der deutschen Soziologie"（1959）, in: AGS 8 を参照。

（481）Adorno an Horkheimer, 2. 2. 1959, MHA VI 3. 425.

（482）Friedlich Pollock, Memo Re: Soziologische Exkurse, 15. 5. 1956, IfSA Ordner: Publikationen, Korrespondenz mit Europ. Verlagsanstalt.

（483）Adorno an Horkheimer, 6. 5. 1957, MHA VI 2. 309.

（484）Adorno an Horkheimer, 16. 3. 1959, MHA VI 3. 410.

（485）Max Horkheimer, "Zur Ergreifung Eichmanns"（1960）, in: HGS 8 を参照。

（486）Adorno an Horkheimer, 30. 12. 1960, in: HGS 18, S. 499（強調は引用者）.

（487）Horkheimer an Adorno, 4. 11. 1959, MHA VI 3. 248.

（488）Max Horkheimer, Theodor W. Adorno, [Diskussion über Theorie und Praxis（1956）], in: HGS 19, S. 70.

（489）Adorno an Horkheimer, 31. 1. 1962, in: HGS 18, S. 521（強調は引用者）. Theodor W. Adorno, "Fortschritt"（1962）, in: AGS 10.2, S. 617（大久保健治訳『批判的モデル集Ⅱ　見出し語』法政大学出版局、一九七〇年、三一頁以下）も併せて参照。

（490）Max Horkheimer, "Späne. Notizen über Gespräch mit Max Horkheimer", in: HGS 14, S. 297.

（491）Ebd., S.339.

（492）Max Horkheimer, *Notizen 1949-1969*（1974）, und ders., in: HGS 6, S. 394"Nachgelassene Notizen", in: HGS 14, S. 128 を参照。

（493）Max Horkheimer, "Kritische Theorie gestern und heute"（1970）, in: HGS 8, S. 352.

（494）Adorno an Horkheimer, 14. 2. 1965, in: HGS 18, S. 598.

（495）Max Horkheimer, *Notizen 1949-1969*（1974）, in: HGS 6, S. 380.

（496）Max Horkheimer, Theodor W. Adorno, [Diskussion über Theorie und Praxis（1956）], in: HGS 19, S. 68.

（497）Adorno an Horkheimer, 17. 2. 1957, MHA VI 2. 362.

（498）Horkheimer an Adorno, 25. 1. 1959, MHA VI 3. 432.

（499）Horkheimer an Adorno, 17. 4. 1957, MHA VI 2. 310. ここで「テーゼ」というのは、アドルノの"Thesen über Soziologie und Research"のことである。これは、"Soziologie und empirische Forschung"というタイトルで公刊された。また、ここでホルクハイマーが自分の「論文」と言っているのは、"Der Begriff des Menschen"のことである。

（500）ヴィガースハウスは、この論集によって二人の著者は、「社会の理論という問題」における自分たちの断念の記念碑を建てたのだ、と語っているが、これは、いささか誇張にすぎる（Rolf Wiggershaus, *Die Frankfurter Schule*, a. a. O., S. 625f.）。

一つには、それは端緒、すなわち、領域の輪郭を定める論文集である、というホルクハイマーの言い回しが、あまり本気で受け止められていない、ということがある。もう一つには、社会の理論のプロジェクトが論文集という形では追求されえないのは何故かが明らかにされていない。二人の著者が、自分たち独自の理論的研究が断片化していることについて、理論的説明を提示しえている以上、尚更のことである。その説明というのは、社会がますます認識からずれていると共に、行政的なものによって彼ら独自の理論的研究が規定される度合いが強まっており、純粋に時間的な理由から、彼ら二人がもはや思索できない状態に陥っている、という事実である（Horkheimes Entwürfe zur Vorrede, in: HGS 18, S. 522f. を参照）。ゲーレン宛のアドルノの書簡は、アドルノがこの論文集を、公共圏に対して最終的に、自分たちの理論的仕事を、少なくともそのいくつかの要素を提示する試みとして理解していたことを示唆している。「私は、私たちの本があなたに対して何かを伝えたことを、大変嬉しく思っています。これは、ほとんど無秩序に増大していく負債を分割払いにしているようなものです。私たち自身の意図の債務者である私とホルクハイマーが引きずり出してきたものが、無駄ではなかったということが、あなたのそれのような反応が示しているとすれば、その分だけ私たちにとっては慰めになります」（Adorno an Gehlen, 26. 7. 1962, TWAA）

（501）Max Horkheimer, Theodor W. Adorno, *Soziologica II. Reden und Vorträge*（Frankfurter Beiträge zur Soziologie, Bd. 10）, Frankfurt am Main 1962, S. 1.

（502）Adornos Entwurf einer Erklärung vom November 1949, in: HGS 18, S. 69;『三つのヘーゲル研究』に対するアドルノによる序文、及び "Editorische Nachbemerkung", in: AGS 5, S. 249S. 386;Horkheimer an die Redaktion der Zeitung *Die Zeit*, 25. 3. 1965, in: HGS 18, S. 601 を参照。

（503）Maidon Horkheimer an Horkheimer, 11. 9. 1954, in: HGS 18, S. 278.

（504）Adorno an Horkheimer, 14. 2. 1965, in: HGS 18, S. 599.

（505）Max Horkheimer, Theodor W. Adorno, [Diskussion über Theorie und Praxis（1956）], in: HGS 19, S. 61.

（506）Ebd., S. 48.

(507) Ebd., S. 64.

(508) Horkheimer an Adorno, 4. 11. 1959, MHA VI 3. 248（強調は引用者）. ここで言及されている講演とは、アドルノの "Was bedeutet: Aufarbeitung der Vergangenheit" のことである。

(509) Adorno an Horkheimer, 16. 6. 1949, in: HGS 18, S.52.

(510) Max Horkheimer, Theodor W. Adorno, [Diskussion über Theorie und Praxis（1956）], in: HGS 19, S. 55.

(511) Theodor W. Adorno, "Wozu noch Philosophie"（1962）, in: AGS 10.2, S. 473（『批判的モデル集Ⅰ　介入』、三一頁）.

(512) Theodor W. Adorno, *Jargon der Eigentlichkeit. Zur deutschen Ideologie*（1964）, in: AGS 6, S. 453（『本来性という隠語』、七四頁）.

(513) Adorno an Horkheimer, 31. 1. 1962, in: HGS 18, S. 521.

(514) Max Horkheimer, Theodor W. Adorno, [Diskussion über Theorie und Praxis（1956）], in: HGS 19, S. 65.

(515) Theodor W. Adorno, "Wozu noch Philosophie"（1962）, in: AGS 10.2, S. 466（『批判的モデル集Ⅰ　介入』、一九頁）を参照。

(516) Theodor W. Adorno, "Zur Spezifikation der kritischen Theorie"（1969）, MHA VI 5. 131.

(517) Ebd., S. 472.

(518) Adorno an Horkheimer, 24. 4. 1959, MHA VI 3. 397.

(519) Max Horkheimer, Theodor W. Adorno, [Diskussion über Theorie und Praxis（1956）], in: HGS 19, S. 47.

(520) Adorno an Horkheimer, 5. 4. 1957, in: HGS 18, S. 387f.（強調は引用者）.

(521) Theodor W. Adorno, *Einleitung in die Soziologie*（1968）, NGS IV/15, S. 80f.（『社会学講義』、八四頁）

(522) Horkheimer an Adorno, 17. 4. 1957, in: HGS 18, S. 389（強調は引用者）.

(523) 帰国後最初のアドルノのゼミナールの一つは、「進歩」をテーマとしていた。残念ながら、この授業については資料が少なく、議論の経過や立場を物語るものはほとんど残されていない。

(524) Theodor W. Adorno, "Fortschritt"（1962）, in: AGS 10. 2, S. 627（『批判的モデル集Ⅱ　見出し語』、四五頁）.

(525) Ebd., S. 630（同右、四九頁）.

(526) Ebd., S. 627（同右、四五頁）を参照。
(527) Ebd., S. 622（同右、三八頁）.
(528) Ebd., S. 632（同右、五二頁）.
(529) Ebd., S. 622（同右、三八頁）.
(530) Ebd., S. 623（同右、四〇頁）.
(531) Ebd., S. 625（同右、四二頁）.
(532) Ebd., S. 628（同右、四七頁）.
(533) Ebd., S. 632（同右、五一頁）.
(534) Max Horkheimer, Theodor W. Adorno, [Diskussion über Theorie und Praxis（1956）], in: HGS 19, S. 60.
(535) Ebd., S. 67 を参照。
(536) Ebd., S. 70.
(537) Ebd., S. 61.
(538) Ebd., S. 64.
(539) Theodor W. Adorno, "Fortschritt"（1962）, in: AGS 10.2, S. 638（『批判的モデル集Ⅱ　見出し語』、六〇頁）を参照。
(540) Adorno an Horkheimer, 13. 1. 1959, MHA VI 3. 448
(541) Theodor W. Adorno, "Zum gegenwärtigen Stand der deutschen Soziologie"（1959）, in: AGS 8, S. 521ff. を参照。
(542) Ebd., S. 527 を参照。
(543) Theodor W. Adorno, "Philosophie und Lehrer"（1961）, in: AGS 10.2, S. 492f.（『批判的モデル集Ⅰ　介入』、六二頁）
(544) Theodor W. Adorno, "Zum gegenwärtigen Stand der deutschen Soziologie"（1959）, in: AGS 8, S. 530 を参照。
(545) Theodor W. Adorno, "Was bedeutet: Aufarbeitung der Vergangenheit"（1959）, in: AGS 10.2, S. 569（『批判的モデル集Ⅰ　介入』、一七九頁）.

(546) 一九六三年に公刊されたアドルノの『介入』への序文（AGS 10.2, S. 457（同右、三頁以下））を参照。
(547) Theodor W. Adorno, “Philosophie und Lehrer”（1961）, in: AGS 10.2, S. 493（『批判的モデル集Ⅰ　介入』、六三頁）及び“Fortschritt”（1962）, in: AGS 10.2, S. 633（『批判的モデル集Ⅱ　見出し語』、五三頁以下）を参照。
(548) 一九六〇年代前半にアドルノの下で学んだ学生たちの間では、これが極めて重要な生活感情であったことを、私はフリードリッヒ・W・シュミットとの対話で確認した。
(549) Max Horkheimer, “Anfänge der bürgerlichen Geschichtsphilosophie”（1930）, in: HGS 2, S. 183（角忍・森田数実訳『批判的理論の論理学』恒星社厚生閣、一九九八年、七頁）.
(550) Max Horkheimer, Theodor W. Adorno, [Diskussion über Theorie und Praxis（1956）], in: HGS 19, S. 47. アドルノの政治概念については、以下も併せて参照。Carsten Schlüter-Knauere, 》Grundzüge des Politischen bei Adorno《, in: Gerhard Schweppenhäuser（Hg.）, *Soziologie im Spätkapitalismus. Zur Gesellschaftstheorie Theodor W. Adornos,* Darmstadt 1995.
(551) Max Horkheimer, Theodor W. Adorno, [Diskussion über Theorie und Praxis（1956）], in: HGS 19, S. 65.
(552) Ebd., S. 71.
(553) Adorno an Horkheimer, 25. 10. 1957, in: HGS 18, S. 388（強調は引用者）.
(554) Horkheimer an Adorno, 3. 11. 1957, in: HGS 18, S. 397.
(555) Ebd., S. 397f.
(556) Theodor W. Adorno, *Einleitung in die Soziologie*（1968）, NGS IV/15, S. 52（『社会学講義』、五五頁）.
(557) Theodor W. Adorno, “Kultur und Verwaltung”（1960）, in: AGS 8, S. 146（三光長治・市村仁訳『ゾチオロギカ』イザラ書房、一九七〇年、四七頁以下）.
(558) Theodor W. Adorno, *Einleitung in die Soziologie*（1968）, NGS IV/15, S. 52, S. 88（『社会学講義』、五五頁、及び、九二頁以下）. Theodor W. Adorno,“Vorbemerkung” zu *Eingriffe*（1963）, in: AGS 10.2, S. 458（『批判的モデル集Ⅰ　介入』、四頁以下）も併せて参照。
(559) Max Horkheimer, Theodor W. Adorno, [Diskussion über Theorie und Praxis（1956）], in: HGS 19, S. 41.

（560）Pollock an Horkheimer, 3. 1. 1960, in: HGS 18, S. 457 を参照。
（561）Max Horkheimer, "Philosophie als Kulturkritik" (1960), in: HGS 7, S. 91 を参照。
（562）Max Horkheimer, "Zum Begriff des Menschen" (1957), in: HGS 7, S. 71.
（563）Max Horkheimer, *Notizen 1949-1969* (1974), in: HGS 6, S. 359.
（564）Max Horkheimer, "Zum Begriff der Freiheit" (1962), in: HGS 7, S. 149.
（565）Ebd., S. 150.
（566）Max Horkheimer, "Philosophie als Kulturkritik" (1960), in: HGS 7, S. 92 und S. 98.
（567）Max Horkheimer, "Theismus — Atheismus" (1963), in: HGS 7, S. 180f.（『哲学の社会的機能』、一六五頁）
（568）Max Horkheimer, "Zum Begriff der Freiheit" (1962), in: HGS 7, S. 151 を参照。
（569）Ebd., S. 152.
（570）Max Horkheimer, "Späne. Notizen über Gespräch mit Max Horkheimer", in:HGS 14, S. 492f. を参照。
（571）Max Horkheimer, "Der Bildungsauftrag der Gewerkschaften" (1962), in: HGS 8, S. 214.
（572）Max Horkheimer, Theodor W. Adorno, [Diskussion über Theorie und Praxis (1956)], in: HGS 19, S. 46.
（573）Ebd., S. 56.
（574）Max Horkheimer, "Zur Kritik der gegenwärtigen Gesellschaft" (1968), in: HGS 8, S. 329.
（575）Max Horkheimer, *Notizen 1949-1969* (1974), in: HGS 6, S. 114
（576）Max Horkheimer, "Späne. Notizen über Gespräch mit Max Horkheimer", in:HGS 14, S. 526 を参照。
（577）Ebd., S. 469.
（578）Max Horkheimer, "Theismus — Atheismus" (1963), in: HGS 7, S. 185（『哲学の社会的機能』、一七一頁：強調は引用者）.
（579）Max Horkheimer, "Späne. Notizen über Gespräch mit Max Horkheimer", in:HGS 14, S. 413.
（580）Ebd., S. 469.　S. 419 でもほとんど同じことが語られている。

（581）Max Horkheimer, "Ehe und Familie in der Krise? （Gespräch mit Otmar Hersche）"（1970）, in: HGS 13, S. 222（強調は引用者）. また、"Kritische Theorie gestern und heute"（1970）, in: HGS 8, S. 352f. も併せて参照。

（582）Max Horkheimer, "Einige Gedanken zum heutigen Zeitbewußtsein"（1965）, in: HGS 13, S. 76（強調は引用者）.

（583）Max Horkheimer, *Notizen 1949-1969*（1974）, in: HGS 6, S. 277.

（584）Max Horkheimer, "Kritische Theorie gestern und heute"（1969）, in: HGS 8, S. 346.

（585）Max Horkheimer, "Die Aktualität Schopenhauers"（1961）, in: HGS 7, S. 131（徳永恂訳「ショーペンハウアーの現代的意義」『ショーペンハウアー全集別巻』白水社、一九七五年、二五六頁）.

（586）Max Horkheimer, "Skepsis und Glaube"（1963）, in: HGS 13, S. 66f.

（587）Ebd., S. 71 及び Max Horkheimer, *Notizen 1949-1969*（1974）, in: HGS 6, S.262 を参照。

（588）Max Horkheimer, "Späne. Notizen über Gespräch mit Max Horkheimer", in: HGS 14, S. 509。Ebd., S. 449 と S. 520f. も併せて参照。

（589）Max Horkheimer, "Die Aktualität Schopenhauers"（1961）, in: HGS 7, S. 131（『ショーペンハウアー全集別巻』、二五六頁）.

（590）Max Horkheimer, *Notizen 1949-1969*（1974）, in: HGS 6, S. 393.

（591）Max Horkheimer, "Zum Begriff des Menschen"（1957）, in: HGS 7, S. 57.

（592）Max Horkheimer, "Soziologie und Philosophie"（1959）, in: HGS 7, S. 120.

（593）Max Horkheimer, "Der Bildungsauftrag der Gewerkschaften"（1962）, in: HGS 8 を参照。

（594）宗教的問いとの取り組みの連続性については、以下を参照。Mathias Lutz-Bachmann, "Humanität und Religion", in: Alfred Schmidt, Norbert Altwicker（Hg.）, *Max Horkheimer heute: Werke und Wirkung*, a. a. O., S. 108f.

（595）Max Horkheimer, "Einige Gedanken zum heutigen Zeitbewußtsein"（1965）, in: HGS 13, S. 79.

（596）Max Horkheimer, "Theismus — Atheismus"（1963）, in: HGS 7, S. 184（『哲学の社会的機能』、一六九頁：強調は引用者）.

（597）Max Horkheimer, "Die Aktualität Schopenhauers"（1961）, in: HGS 7, S. 139（『ショーペンハウアー全集別巻』、二六五頁）.

（598）Max Horkheimer, "Einige Gedanken zum heutigen Zeitbewußtsein"（1965）, in: HGS 13, S. 76.

(599) Max Horkheimer, *Notizen 1949-1969*（1974）, in: HGS 6, S. 393.
(600) Ebd., S. 223.
(601) Theodor W. Adorno, "Vernunft und Offenbarung"（1957）, in: AGS 10.2（『批判的モデル集II　見出し語』、一九－二〇頁）も併せて参照。
(602) Max Horkheimer, "Theismus — Atheismus"（1963）, in: HGS 7, S. 182f.（『哲学の社会的機能』、一六七頁）.
(603) Max Horkheimer, "Kants Philosophie und die Aufklärung"（1962）, in: HGS7,S. 171 を参照。
(604) Max Horkheimer, "Späne. Notizen über Gespräch mit Max Horkheimer", in: HGS 14, S. 508.
(605) Max Horkheimer, "Theismus — Atheismus"（1963）, in: HGS 7, S. 178（『哲学の社会的機能』、一六一頁以下）.
(606) Max Horkheimer, "Späne. Notizen über Gespräch mit Max Horkheimer", in: HGS 14, S. 498.
(607) Horkheimer an Adorno, 8. 5. 1949, in: HGS 18, S. 31 及び Horkheimer an Adorno,3.2. 1957, in: HGS 18, S. 379 を参照。
(608) Max Horkheimer, "Soziologie und Philosophie"（1959）, in: HGS 7, S. 118f. und S. 121.
(609) Max Horkheimer, "Kritische Theorie gestern und heute"（1969）, in: HGS 8, S. 343.
(610) Max Horkheimer, "Marx heute"（1968）, in: HGS 8, S. 311f. を参照。
(611) Max Horkheimer, "Einige Gedanken zum heutigen Zeitbewußtsein"（1965）, in: HGS 13, S. 79.
(612) アドルノは、ホルクハイマーに抗する形で、このことを強調しているように思われる。Theodor W. Adorno, Negative Dialektik（1966）, in: AGS 6, S. 395（『否定弁証法』、四九七頁）を参照。
(613) Max Horkheimer, "Zum Begriff des Menschen"（1957）, in: HGS 7, S. 56 を参照。
(614) Max Horkheimer, "Die Aktualität Schopenhauers"（1961）, in: HGS 7, S. 140（『ショーペンハウアー全集別巻』、二六七頁）及び、"Zum Begriff der Freiheit"（1962）, in: HGS 7, S. 149ff. を参照。
(615) Max Horkheimer, "Späne. Notizen über Gespräch mit Max Horkheimer", in: HGS 14, S. 441. Hans Günter Holl, "Religion und Metaphysik im Spätwerk Max Horkheimers", in: Alfred Schmidt, Norbert Altwicker（Hg.）, *Max Horkheimer heute: Werk und Wirkung*, a. a.

O., S. 138f. も併せて参照。

（616）Max Horkheimer, “Späne. Notizen über Gespräch mit Max Horkheimer”, in: HGS 14, S. 439.

（617）Ebd., S. 475. S. 497 も併せて参照。

（618）Theodor W. Adorno, *Minima Moralia*（1951）, in: AGS 4, S. 177（『ミニマ・モラリア』、二三八頁）.

（619）Theodor W. Adorno（1968）, “Spätkapitalismus oder Industriegesellschaft?”,in: AGS 8, S. 584f.“Über Statik und Dynamik als soziologische Kategorien”（1961）, in: AGS 8, S. 237（『ゾチオロギカ』二四一頁以下）及び Theodor W. Adorno, Ursula Jaerisch, “Anmerkung zum sozialen Konflikt heute”（1968）, in: AGS 8, S. 178f. も併せて参照。

（620）Leserbrief von Oskar Negt, in: Der Spiegel, Nr. 6 / 1970.

（621）Ebd.

（622）Max Horkheimer, “Späne. Notizen über Gespräch mit Max Horkheimer”, in: HGS 14, S. 497.

（623）Gérard Raulet, “Kritik der Vernunft und kritischer Gebrauch des Pessimismus”, in: Alfred Schmidt, Norbert Altwicker（Hg.）, *Max Horkheimer heute: Werke und Wirkung*, a. a. O., S. 46ff. を参照。

（624）Max Horkheimer, “Späne. Notizen über Gespräch mit Max Horkheimer”, in: HGS 14, S.204.

（625）Max Horkheimer, “Die Sehnsucht nach dem ganz Anderen（Gespräch mit Helmut Gumnior）”（1970）, in: HGS 7, S. 385.

（626）Max Horkheimer, “Späne. Notizen über Gespräch mit Max Horkheimer”, in: HGS 14, S. 325 und S. 358 を参照。

（627）Ebd., S. 247.

（628）Theodor W. Adorno, “Zur Spezifikation der kritischen Theorie”（1969）, S. 2, MHA VI 5. 131.

（629）Max Horkheimer, “Späne. Notizen über Gespräch mit Max Horkheimer”, in: HGS 14, S. 325. また、S.242, 322, 328 も併せて参照。

（630）Theodor W. Adorno, “Zur Spezifikation der kritischen Theorie”（1969）, S. 1, MHA VI 5. 131.

（631）Max Horkheimer, “Marx heute”（1968）, in: HGS 8, S. 307 und S. 313. また、ders,“Späne. Notizen über Gespräch mit Max Horkheimer”, in: HGS 14, S. 248 und S. 250 も併せて参照。

(632) Max Horkheimer, "Zur Kritik der gegenwärtigen Gesellschaft" (1968), in: HGS 8, S. 327.

(633) Ebd., S. 324.

(634) Ebd., S. 332. また、Max Horkheimer, "Der Planet — unsere Heimat" (1968); "Späne. Notizen über Gespräch mit Max Horkheimer", in: HGS 14, S. 426, 483, 521 も併せて参照。

(635) Theodor W. Adorno, "Gesellschaft" (1965), in: AGS 8, S. 19.

(636) Max Horkheimer, "Späne. Notizen über Gespräch mit Max Horkheimer", in: HGS 14, S. 491 を参照。

(637) Ebd., S. 518f.

(638) Max Horkheimer, "Zur Kritik der gegenwärtigen Gesellschaft" (1968), in: HGS 8, S. 331. Max Horkheimer, *Notizen 1949-1969* (1974), in: HGS 6, S. 419f. を参照。

(639) Ebd., S. 434.

(640) Max Horkheimer, "Späne. Notizen über Gespräch mit Max Horkheimer", in:HGS 14, S. 488, 495 を参照。

(641) Max Horkheimer, "Kritische Theorie gestern und heute" (1969), in: HGS 8, S. 353.

訳者後書き

仲正昌樹

本書は、Alex Demirović, *“Der nonkonformistische Intellektuelle. Die Entwicklung der Kritischen Theorie zur Frankfurter Schule”*（Suhrkmap, 1993 :『非体制順応的知識人』）の内、ホルクハイマーとアドルノの「理論」観を主題とする、第一章「管理社会と客観的理性」（本書第一部）と第五章「理論的実践」（本書第二部）の二つの章を一冊としてまとめたものである。

この二つの章の主題を、あえて一言でまとめれば、マルクス主義の影響を強く受けた左派の言説においてお馴染みの、「理論と実践 Theorie und Praxis」ということになるだろう。「理論」をいかにして社会を変革する「実践」に繋げていくか、あるいは、「実践」が「理論」の構成／再構成にいかにフィードバックされるかという問題である。

「理論」と「実践」の相関関係あるいは緊張関係をめぐる問題は、アリストテレスにおける「観想（＝理論）theoria／実践 praxis／制作 poiesis」の三分法以来、西欧の哲学史において、様々な形で論じられてきた。カント哲学でも、「理論理性」と「実践理性」の関係をめぐる問題は、中心的な位置を占めている。「理論」の側に定位する「哲学」が、理論の〝外部〟において現実化する実践あるいは行為とどのように関わるべきかというメタ〝理論〟的な問題は、体系性を志向する「哲学」にとって避けて通れない問題である。特に、道徳哲学や倫理学の領域では、「哲学」は、自らが理論的に体系化したことが、どのように、現実世界における実践のレベルに反映するのか、常に自己反省せざるを得ない。

しかし、マルクスがイデオロギー論あるいは上部／下部構造という形で、「理論」自体がその都度の社会的関係、特に生産関係を介して「生産／再生産」されている可能性を示唆したことによって、「哲学」の「理論と実践」への関わり方が――少なくとも、マルクス主義の影響を受けた社会・政治・法哲学においては――大きく変容した。「理論」の側に安住して、「実践」を外からもっぱら観察することが許されなくなり、自らも「実践」に積極的に関与すること（＝アンガジュマン）が求められるようになった。

フォイエルバッハ・テーゼの「哲学者たちは世界を様々に解釈してきただけだ。肝心なのは、世界を変革することだ」という有名なフレーズに代表されるように、マルクス主義系の思想では、書斎＝内面に閉じこもって思索し続けるのではなく、世界変革の実践に関わりながら、変化する現場において（唯物論的な）「真理」を見出すことが、〝理論家〟たちに求められるようになった。マルクス主義的左派の思想においては一般的に、〝純粋理論家〟あるいは〝純粋哲学者〟であることは許されない。

本書の主人公であるホルクハイマーやアドルノを中心に形成されたフランクフルト学派は、その基本的な理論枠組みにおいてマルクス主義の伝統を継承しているものの、「理論」と「実践」を直接的かつ早急に結び付けようとする傾向の強い正統マルクス主義とは一線を画したことで知られている。単純に革命運動あるいは市民運動にコミットするだけで、市民社会を覆っている幻想連関を突破して打破して、唯物論的な真理に到達できるわけではない。特にアドルノは、初期マルクスに見られる物象化論的な考察を深めて、ルカーチ流の主体性復活論的な傾向の強い疎外＝物象化論と〝理論〟的に対立した。我々の〝主体性〟自体、更には〝理性〟自体が、あらゆる事物を計算可能・代替可能な対象に還元しようとする物象化作用の産物である以上、物象化された世界の彼岸に、汚染されてない〝真の真理〟を発見し、開示することは、何人にも不可能のはずである。

フランクフルト学派は、こうしたメタ批判的な視角から、高度に物象化が進んだ資本主義社会における、「理論」と「現実」の間の複雑な関係を捉え直し、新しいマルクス解釈の道を切り開いたわけだが、その反面、通常の意味での〝実践〟から遠く隔たってしまったのではないかと、〝左派〟陣営の内部でしばしば批判を受けることになった。一九六八年の学生蜂起に際して、学派の代表であると共にフランクフルト大学の教授であるアドルノと、それまで彼を理論的指導者として信奉していた学生たちの間で、対立が表面化したことはよく知られている。

邦訳『非体制順応的知識人』第一分冊の訳者解説でも既に述べたように、著者デミロヴィッチは、ホルクハイマーやアドルノが「実践」を全く放棄したわけではなく、自らの研究・教育・社会活動を通して、グラムシ＝フーコー的な意味での「真理政治」を「実践」しようとしていた、という見解を取っている。『非体制順応的知識人』全体が、それを歴史的に実証するための総合的思想史の試みと見ても過言ではない。本書に収めた二つの章では、ホルクハイマーとアドルノの「理論」観、両者の共通点と相違点が、公刊された著作・論文、往復書簡、記録メモなどを詳細に検討しながら、再構成することが試みられている。

第一部〔原書第一章〕では、アドルノとホルクハイマーの〔理性―理論―実践〕観が戦前と戦後でどのように変化し、彼らが戦後西ドイツの社会状況の中で「批判理論」が取るべき立ち位置について、どのように考えていたかが概観されている。戦前のホルクハイマーとアドルノ、批判理論が先ず第一に対峙すべき〝敵〟は、西欧文明に内在する野蛮への退行の兆候を具現したかに見えるナチズムであったが、戦後の西ドイツ社会において彼らが直面した新たな脅威は、むしろ計算的合理性によって社会全体を一元的・物質的に支配しようとする道具的理性、いわば、啓蒙的理性の最終形態である。

ナチズムに抵抗するには、市民的理性の〝善き部分〟に訴えかけて、野蛮に対抗しての連帯を訴えかけるという戦略が有効であったが、客観的理性との闘いでは、単純にそれと同じ戦略を取ることはできない。市民的伝統の中で発展・保持されてきた市民的＝公共的理性自体が、全てを同一化し、支配しようとする道具的理性（＝物象化する理性）に汚染されている可能性があるからだ。見方によっては、啓蒙的理性を〝批判〟しているつもりの「批判理論」自体が、啓蒙的理性の一部であり、〝批判〟というポーズを取りながら、実は自らの出身母体の拡大に寄与しているのかもしれない。「批判理論」は、誰を味方とし、何を足場としていいのか分からない、理性の深淵に向き合わざるを得なかった。

第二次大戦中に書き上げられ、戦後のホルクハイマーとアドルノの出発点になったとされる『啓蒙の弁証法』は、批判理論が陥らざるを得ないジレンマを端的に描き出している。アモルファス（無定型）な自然の脅威を象徴する〝野蛮な怪物〟たちを倒し、自立した「主体」としての自己を獲得していく英雄オデュッセウス＝啓蒙理性自体が、その怪物討伐の過程で、自らが残虐なる暴力、野蛮の権化と化していく。そうした神話時代に始まった啓蒙の弁証法の逆説が、第二次大戦後の世界において、端的に現実化していった。自らの恥部、鬼っ子とも言うべきナチスを倒したアメリカを中心とする西欧文明は、文化産業等によって人々の批判精神を弛緩させ、計算的合理性の下に一元的に管理される世界を構築し始めた。『啓蒙の弁証法』は、あたかもそうした状況を予見していたかのように見える。

一般的に、『啓蒙の弁証法』は、自らの批判の足場を見失ってしまった批判理論の袋小路を示していると理解されることが多いが、著者デミロヴィッチは敢えてこれを「実践」のための書として読もうとしている。つまり、ホルクハイマーやアドルノたちが、自らの理論的基盤が極めて危ういことを十分に理解したうえで、それでもなお、人々の日常性に忍び込んで同一化の圧力を強めつつある道具的理性に抵抗するための、綱渡り的な戦略を模索していたと前提したうえで、その原型を『啓蒙の弁証法』に見ようとしたわけである。

アメリカ的な大量消費文化、文化産業に抗する形で、ドイツの大学においてヨーロッパの伝統的な人文知を制度的、人的に復興させようとした彼らの試みも、単なる復古・懐古趣味などではなく、ナチス的な野蛮への退行と、道具的理性の支配への全面服従というういずれの極からも距離を取り、批判的理性を生き延びさせるための複雑な「真理政治」の現れとして解釈されている。

第一部の四倍近くの分量に及ぶ第二部（原書第五章）では、特にアドルノの戦後の代表的な「テクスト」のいくつかに照準を合わせながら、「テクストを通しての実践」あるいは「テクストの行為遂行的次元」について詳細な検討が行われている。

アドルノの代表的著作にはアフォリズム集やエッセイなど、体系的に叙述される「論文」とは明らかに異なる形態を取るものが多い。そうした著作での彼の文体は、構文が不自然なまでに複雑で、特殊な文脈でしか意味の通じにくい寓意やアイロニーを多用しており、とにかく難解なことで知られている。従来から、そうしたアドルノのスタイルは、計算的理性に対する抵抗の戦略、限定＝規定的否定（bestimmte Negation）の〝実践〟的な試みとして解されてきた。「限定的否定」とは、自らが批判のターゲットにしようとしている対象を真っ向から全面否定するのではなく、先ずその対象の基本的な性格を、その対象が従っている（ように見える）論理に内在する形で厳密に「規定 bestimmen」したうえで、その規定された境界線の内で浮上してくる諸矛盾を明らかにし、ミクロに分析する形で進められる批判の様式である。自らの批判の〝対象〟が、無規定的に拡がっていかないよう予め「限定 bestimmen」するわけである。

そのように「批判＝否定」の射程を「限定＝規定」する必要があるのは、アドルノが問題にしている啓蒙的理性が、全てを同じ論理（＝計算的合理性）によって把握し、自らの内へと同一化しようとする同一化＝全体化への傾向を帯びているからである。そして、啓蒙的理性の同一化＝全体化作用によって、（理性的）「主体」として産出された〝我々〟自身の内にも、その同一化＝全体化に順応しようとする傾向がある。そのため、「現代資本主義を動かしている物象化の論理の本質は、啓蒙的理性に由来する〇〇である」というような形で、批判のターゲットの〝本質〟を確定的に描き出し、その〝本質〟を超える〝真の真理〟を掴んでいるものとして自らを絶対的に位置付けようとすると、〝批判している私〟自身が、同一化＝全体化の論理の権化と化してしまう恐れがある。もう少し分かりやすく言うと、傲慢な理性中心主義者の依拠している〝理性〟なるものの本質を、〝私〟が私自身の〝理性〟によって全面的に見切っているとすれば、〝私〟の方が相手よりも、〝更に徹底して傲慢な理性中心主義者〟ということになってしまうのではないか、ということだ。ならず者を取り締まるために暴力を行使する者が、よりならず者になるというのと、パラレルな関係にある。ミイラ取りがミイラになってしまうわけである。

［正→反→合］という形で進行するヘーゲル弁証法は、そうした同一化＝全体化の罠にはまりやすい。相手を（全）否定することで、理性の自己展開を前進させようとする発想に基づいているからである。そこでアドルノは、理性による理性批判が、同一化＝全体化の運動へと同調していかないように、（批判する）自己の立場を限定し、抑制する「限定的否定」の方法を模索し続けた。エッセイやアフォリズム、断片のように、非体系的で、自己言及的＝アイロニカルな記述を行いやすく、多義的な解釈に開かれているスタイルを多く採用したのはそのためである。自らの批判の足場を固定化することなく、絶えず変動させることで、同一化＝全体化作用が無際限に拡大しにくくするわけである。

無論、同一化へと誘う分かりやすい解釈を拒むかのような文体を採用するわけであるから、読者が著者アドルノの期待するような仕方で読んでくれるとは限らない。アドルノのオリジナルな意図を超えるような多様な「読み」の実践が行われるのであれば、彼の戦略が成功したことになるが、難しいからとか、否定的なトーンで書かれていそうだから、といった理由で、「読む」こと自体を最初から拒否されてしまっては、意味がない。また、アドルノが「限定的否定」による絶えざる自己差異化を、「書く」ことにおいて実践したつもりでも、読み手の方が、「批判的知識人アドルノ」についての出来合いのイメージに従って、同一化するような読み方しかしなければ、逆効果になる。

デミロヴィッチは、アドルノのそうしたテクスト的実践の代表作として『ミニマ・モラリア』『プリズメン』『ヘーゲル哲学の諸側面』『否定弁証法』を取り上げて、これらのテクストにおいてアドルノが具体的に何を批判のターゲットとし、それがどのように同時代人の知識人や学生たちに受け止められたか、雑誌媒体等に掲載された書評や、それぞれの著作の刊行と連動したゼミの記録などを史料として詳細に検討している。そうした史料を頼りに、テクストをめぐる布置連関を再現することで、アドルノがどのような状況で、真理政治としてのテクスト実践にコミットしたのか、明らかにしようという試みである。概して言えば、いずれのテクストも必ずしも肯定的に評価されたわけではなく、アドルノのシンパたちからも十分に理解されたとは言い難いものの、解釈をめぐる認知的不協和を引き起こし、後期資本主義社会における理性批判の困難さをパフォーマティヴに示した、という逆説的な意味で一定の成果を挙げたとは言えそうだ。

こうしたアドルノのテクスト・出版実践に繋げる形で、六〇年代に入ってから徐々に表面化した、アドルノとホルクハイマーの間の「トーン」の違いも論じられている。アドルノは、自らのテクスト実践における「理論的身振り」が、人々をイデオロギー的幻惑から解き放ち、自由へと導く契機になる、という信念を抱き続けていた、という。アドルノのテクストは、読者にペシミスティックな印象を与えることが多いが、彼自身は、矛盾に耐え抜いて考え抜こうとする「理論的身振り」が、解放的効果をもたらす、と信じていたというわけである。

それに対してホルクハイマーは、計算的合理性がますます優位になっている現代的状況における「知識人」の役割に対して懐疑的になっており、〝解放的に書くこと〟がかえって災厄に通じるかもしれない、と危惧していた。彼は、「現実」を具体的に変化させることのできる「実践」に直接繋がらない〝理論〟を肯定的に評価しようとはしなくなったが、そういうスタンスを取る彼自身も、ポジティヴな「実践」のための具体的な手がかりを見出せないでいた。頼りにすることのできる味方がいなかったのである。

歴史が更に進んでいく内に、資本主義自体の内に、それまでの歴史の流れを断絶し、ラディカルな変革へと繋がるものが生じてくると期待し続けたアドルノに対し、晩年のホルクハイマーは、「今、此処」において〝新しいもの〟が生じてくる可能性を信じず、むしろ、市民社会がもたらした自由、民主主義、啓蒙、「正しい社会」などの諸理念や価値を保持することにコミットすることこそが、今日における革命的実践家の使命と見なした。ホルクハイマーはそうした自らを、「革命的保守主義者」と呼んでいる。ホルクハイマーは更に、市民的諸理念を準備した精神的基盤として、ユダヤ教やキリスト教によって培われてきた宗教的態度や概念も重視しており、その意味で彼の「革命的保守主義」には神学的次元も含まれている。

こうしたホルクハイマーの保守主義的な傾向は、フランクフルト学派の内部では、老年期に入っての理論的な退行として否定的に評価されがちだが、デミロヴィッチは、それを単なる現状との妥協ではなく、管理社会にあって、失われつつある「正しい社会」についての理念を保持し、部分的にでも現実化していこうとする戦略として再評価したうえで、彼をより深い次元で、アドルノに再接近させようとしている。それは、末尾で引用されている、「理論的にはペシミスト、実践的にはオプティミストであれ」、という基本姿勢である。内容的には極めてペシミスティックな現状分析を行っているにもかかわらず、それを単なるぼやきに留めることなく、何らかの形で「自由」を拡大する「実践」へと展開していこうとする戦略的な姿勢を保持し続けたことが、彼らの揺らぐことなき共通性であった、というわけだ。

著者デミロヴィッチの評価が、自らの学派の始祖であるアドルノとホルクハイマーに対して甘くなりがちであることは否めない。しかし、メタ理論的な考察を続けるばかりで、「実践」から次第に遠ざかったと見られがちの二人の「理論と実践」問題に対するスタンスがそれほど消極的なものではなく、自由や解放へのパースペクティヴを含んでいたことを、彼らの様々な発言記録に丹念に当たりながら明らかにしている点で、地味ではあるが貴重な研究であると言える。

訳の作業に当たっては、福野が作成した訳文を、仲正が全体的に点検し、既に刊行されている第一分冊、第二分冊との整合性を念頭に置きながら、適宜手を入れた。引用されている文献で邦訳のあるものはできるだけ参照したが、本書の文脈に合わせて適宜改訳させてもらった。本書の訳に対する最終的責任は、当然、監訳者である仲正にある。

二〇〇九年一〇月二九日
金沢大学角間キャンパスにて

訳者紹介

責任編集・監訳者

仲正昌樹（なかまさ　まさき）

金沢大学法学類教授　政治思想史

訳者

福野明子（ふくの　あきこ）

大阪大学大学院単位取得退学　社会思想

非《ひ》体制順応的《たいせいじゅんのうてき》知識人《ちしきじん》

――批判理論のフランクフルト学派への発展――

第三分冊：「批判理論《ひはんりろん》」とは何《なに》か

2010年6月18日　第1版第1刷発行

著　　者――アレックス・デミロヴィッチ

責任編集――仲　正　昌　樹

発 行 者――橋　本　盛　作

発 行 所――株式会社 御 茶 の 水 書 房

〒113-0033　東京都文京区本郷5-30-20

電話　03-5684-0751

振替　00180-4-14774

印刷・製本――(株)タスプ

Printed in Japan

ISBN978-4-275-00873-2 C3010

非体制順応的知識人——批判理論のフランクフルト学派への発展

アレックス・デミロヴィッチ著　責任編集　仲正昌樹

第一分冊　戦後ドイツの「社会学」とフランクフルト学派
仲正監訳／太寿堂真・高安啓介・福野明子・竹峰義和・松井賢太郎・安井正寛訳
価格五四〇〇円

第二分冊　戦後ドイツの学生運動とフランクフルト学派
出口剛司訳
価格三二〇〇円

第三分冊　「批判理論」とは何か
仲正監訳／福野明子訳
価格七〇〇〇円

第四分冊　フランクフルト学派の「真理政治」
仲正監訳／安井正寛・松島裕一・松井賢太郎・田中均訳